Der junge Shootingstar unter den Politexperten Ezra Klein erklärt in diesem Buch, warum sich in den USA zwei Lager in scheinbar unüberwindbarer Feindschaft gegenüberstehen. Donald Trump hat damit nur am Rande zu tun. Kleins messerscharfe Analyse der Ereignisse, die Republikaner und Demokraten immer mehr zu reinen Klientelparteien werden ließen, reicht zurück bis in die fünfziger Jahre, als die großen Verwerfungen unserer Zeit ihren Anfang nahmen. Er zeigt, warum Trump nicht der Ursprung, sondern eine logische Folge dieser Entwicklung ist und welche Auswirkungen das auf Gesellschaft, Medien und Politik hat. *Der tiefe Graben* offenbart die Versäumnisse und Verwerfungen in der jüngsten Geschichte der US-Politik und ist zugleich eine dringende Warnung an alle demokratischen Staaten, die sich im Prozess einer zunehmenden gesellschaftlichen Spaltung befinden.

Ezra Klein arbeitete für MSNBC, *Bloomberg* und die *Washington Post* und ist heute Chefredakteur der progressiven Nachrichtenwebseite *Vox*. Er ist einer der gefragtesten politischen Experten der USA; das Magazin *GQ* zählte ihn jüngst zu den 50 einflussreichsten Personen in Washington. Sein Blog wurde vom *Time Magazine* zu einem der 25 besten Politblogs gekürt.

Katrin Harlaß studierte Germanistik und Anglistik und übersetzt seit vielen Jahren Belletristik und Sachbücher aus dem Englischen, u. a. Nelson Mandela und Jacques Cousteau, zuletzt Jodi Kantor und Megan Twohey mit *#Me too – Von der ersten Enthüllung zur globalen Bewegung*. Sie lebt in Berlin.

Ezra Klein

DER TIEFE GRABEN

Die Geschichte der gespaltenen Staaten von Amerika

Aus dem amerikanischen Englisch
von Katrin Harlaß

Hoffmann und Campe

Die Originalausgabe erschien 2020 unter dem Titel
Why We're Polarized bei Avid Reader Press,
an Imprint of Simon & Schuster, Inc., New York.

1. Auflage 2021
Taschenbuchausgabe

www.hoffmann-und-campe.de
Umschlaggestaltung: Lisa Busch
© Hoffmann und Campe
Umschlagabbildung: © iStock / Klubovy
Satz: fuxbux, Berlin
Gesetzt aus der Minion und der Avenir Next
Druck und Bindung: C. H. Beck, Nördlingen
Printed in Germany
ISBN 978-3-455-01241-5

HOFFMANN
UND CAMPE

Ein Unternehmen der
GANSKE VERLAGSGRUPPE

INHALT

EINLEITUNG

Was nicht passiert ist

Seit dem 8. November 2016 ist kaum ein Tag vergangen, an dem mich nicht die immer gleiche Frage gequält hätte«, schreibt Hillary Clinton in *What Happened.* »Warum habe ich verloren?« [1]

What Happened ist ein ungewöhnliches Buch. Erschienen nur wenige Monate nach den Präsidentschaftswahlen 2016, stellt es den Versuch der gescheiterten Kandidatin dar, zu verstehen, warum sie versagt hat. Den Kern des Werkes bildet die Überzeugung, dass 2016 etwas Außergewöhnliches und äußerst Bizarres geschehen sei – ein Wahlausgang jenseits aller Grenzen des normalen US-Politikbetriebs, eine Anomalie, die nach einer Erklärung verlangt.

Hätte 2012 Mitt Romney gewonnen, hätte Barack Obama kein Buch mit dem Titel *What the Hell?* herausgebracht. Genauso wenig hätten sich 2004, wäre John Kerry mit fliegenden Fahnen ins Weiße Haus eingezogen, Millionen von Amerikanern gemeinsam mit George W. Bush den Kopf darüber zerbrochen, wie es wohl zu einem solchen Dammbruch hatte kommen können. In der US-Politik gehört Verlieren einfach dazu. Clintons Buch – und ebenso den gequälten Aufschrei von Liberalen und notorischen Trump-Verweigerern, der nach den Wahlen landesweit die Kommentare bestimmte – durchzieht von Anfang bis Ende derselbe Unterton: die feste Überzeugung, 2016 sei weder mit 2012 noch mit 2004 vergleichbar. Es hätte eine Kontinentalverschiebung gegeben. Uns stünden Antworten zu.

Fairerweise muss man einräumen, dass in der Tat etwas Seltsames passiert war. Donald Trump hatte die Wahl gewonnen. Es gibt ein Zitat von Maya Angelou, das während der Wahlen 2016 in sämtlichen sozialen Medien die Runde machte: »Zeigt dir jemand sein wahres Gesicht, dann glaube ihm.« Trump zeigte uns fröhlich, wer er war, und zwar unablässig. Er verspottete John McCain dafür, in Vietnam in Gefangenschaft geraten zu sein. Er stellte die Behauptung auf, der Vater von Ted Cruz sei an der Ermordung von JFK beteiligt gewesen. Er brüstete sich mit der Größe seines Penis und sinnierte in aller Öffentlichkeit darüber, dass sein gesamtes bisheriges Leben von Gier getrieben gewesen sei. Er machte keinerlei Geheimnis um seine Bigotterie oder seine sexistischen Auffassungen. Er nannte sich selbst ein Genie, während er auf Twitter Verschwörungstheorien verbreiten half – in Großbuchstaben.

Nicht einmal Trumps Team glaubte daran, dass er gewinnen würde. Es wurde an Plänen für einen eigenen Fernsehsender gearbeitet, den er nach seiner Niederlage einrichten wollte. Und dann kam die Wahlnacht. Er gewann das Electoral College, das Wahlmännerkollegium, obwohl Nachwahlbefragungen ergaben, dass 61 Prozent der Wähler der Auffassung waren, er sei für das Präsidentenamt nicht ausreichend qualifiziert; obwohl die Mehrheit der Wählerinnen und Wähler eine höhere Meinung von Clinton hatte und überzeugt war, Trump verfüge nicht über die Charaktereigenschaften, die das angestrebte Amt verlangte. [2] Die Präsidentschaft der Vereinigten Staaten ist ein kostbares Heiligtum, ihr Inhaber gebietet über unvorstellbar zerstörerische Macht, und nun hatten wir es einer Naturkatastrophe in Menschengestalt übergeben. Noch dazu wissentlich, absichtlich.

Dieser Affront ist die Motivation für *What Happened*. Clinton versucht, in dem Buch zu erklären, wie es Trump gelingen konnte, die Wahl zu gewinnen. Sie sucht sich selbst zu entlasten, doch ihre Verwirrung ist echt. Dazu tragen auch die besonderen Umstände von Trumps Triumph bei. Dem Popular Vote, den landesweit abgegebenen Wählerstimmen, zufolge hatte er mit einem Abstand von mehreren Millionen Wählerstimmen verloren, und seinen Vorsprung im Electoral College verdankte er lediglich einem winzigen Bruchteil der Bevölkerung. Clinton schreibt, sie hätte gewonnen, »hätten nur 40 000 Leute in Wisconsin, Michigan und Pennsylvania ihre Meinung geändert«.

Bei einem derart hauchdünnen Vorsprung – insgesamt wurden mehr als 136 Millionen Stimmen abgegeben – kommt als Erklärung alles in Frage. Und genau darauf richtet Clinton ihre Bemühungen: Sie weist überzeugend nach, dass alles, von James Comeys Brief über die Einmischung Russlands bis hin zu einem tief verwurzelten Sexismus, für diese äußerst knappe Niederlage verantwortlich gemacht werden kann – und es wahrscheinlich auch war.

Doch solche Analysen stellen eher leichte Fragen als schwere. Anstatt uns zu fragen, wie es Trump gelingen konnte, die Wahl zu gewinnen, sollten wir uns fragen, wie es ihm gelingen konnte, auch nur in die greifbare Nähe eines möglichen Sieges zu rücken. Wie ist es zu erklären, dass ein Kandidat wie Trump – ein Kandidat, der Geringschätzung gegenüber der Partei ausstrahlte, die er repräsentierte, und für den Job, den er anstrebte, nicht zu taugen schien – überhaupt so weit kommen konnte, dass letztlich ein paar tausend Stimmen über seine Wahl entschieden?

Diese Frage stellte ich Mitte 2017 Larry Bartels, Politikwissenschaftler an der Vanderbilt University, dessen nüchterne Analyse der amerikanischen Politik ich über lange Jahre politischer Berichterstattung schätzen gelernt hatte. Mit ihm zu sprechen vermittelt einem das grauenhafte Gefühl, einen Computer mit Fragen zu füttern, dem es absolut egal ist, ob man die Ergebnisse seiner Berechnungen mag. Während er mich irritiert betrachtete, bombardierte ich ihn also mit meinen Theorien zu dieser Wahl. Nachdem alles aus mir herausgesprudelt war und ich nichts mehr zu sagen wusste, antwortete er mit einer einzigen Gegenfrage, und die beschert mir bis heute Albträume: Was, wenn überhaupt nichts Ungewöhnliches passiert ist?

Die Prämisse all meiner Fragen, erklärte mir Bartels ruhig, bestünde darin, dass 2016 eine verrückte Wahl gewesen sei. Und damit hatte er recht. Genau das war mein Ausgangspunkt. Ich hatte Vorgänge in der amerikanischen Politik erlebt, die ich, wären sie in einer Folge von *House of Cards* aufgetaucht, als lachhaft und vollkommen unrealistisch bezeichnet hätte; und hätte ich sie in *Veep – Die Vizepräsidentin* gesehen, als zu düster, um lustig zu sein. Außerdem war ich nicht der Einzige, dessen Hirn eine solch hysterische Reaktion produzierte. Meine Meinung war eine gemäßigte Version der gängigen Meinung. So argumentierte etwa Adam Gopnik im *New Yorker*, Trumps Sieg sei ein Beleg für die Hypothese, dass »wir in einer Computersimulation leben und dass da seit kurzem irgendwas verrücktspielt«. [3]

Doch Bartels hatte sich die Daten angeschaut und war anderer Auffassung. Es sehe nicht so aus, als sei die Wahl von 2016 eine Fehlfunktion gewesen. Es sehe, zumindest größtenteils, so aus, als sei sie wie alle anderen Wahlen gewesen, die wir in letzter Zeit gehabt hätten. Falls es überhaupt etwas Auffälliges an der Simulation gebe, dann, dass sie zu stabil sei – als hätten wir Tornados über unsere virtuelle Stadt hinwegfegen und Meteore auf sie niederregnen lassen, und dabei seien lediglich ein paar Fensterscheiben zu Bruch gegangen. Das Entnervende an dem Ganzen sei seine Normalität.

Nehmen wir die Geschlechterfrage: Clinton war die erste je von einer großen Partei als Präsidentschaftskandidatin nominierte Frau. Trump war ein männliches Es in einem Anzug, ein Idiot, der sich damit brüstete, Frauen an die Muschi zu grapschen, und, ohne mit der Wimper zu zucken, die sexuelle Anziehungskraft aller in Zweifel zog, die ihm zu widersprechen wagten. Diese Wahl war also wie geschaffen dafür, uns weitaus stärker nach Geschlecht zu polarisieren als jemals zuvor in der jüngeren Geschichte.

Doch schauen wir uns die Nachwahlbefragungen an. 2004 erhielt der republikanische Präsidentschaftskandidat 55 Prozent der Männerstimmen. 2008 erhielt er 48 Prozent der Männerstimmen. 2012 waren es 52 Prozent. Und 2016? Trump erhielt 52 Prozent der Männerstimmen und fuhr damit exakt Mitt Romneys Ergebnis ein.

Bei den weiblichen Wählern sieht es ähnlich aus. 2004 erhielt der Republikaner 48 Prozent der Frauenstimmen. 2008 erhielt er 43 Prozent. 2012 waren es 44 Prozent. Und 2016? 41 Prozent. Weniger, aber lediglich zwei Prozentpunkte unter dem Ergebnis von John McCain 2008. Kein Erdbeben.

Betrachten wir das Ganze aus einem anderen Blickwinkel: Dies war die Wahl der weißen Nationalisten. Eine Wahl, bei der die große Stunde der alternativen Rechten schlug. Eine Wahl, bei der Trump versprach, hinter dem ersten schwarzen Präsidenten in der Geschichte der USA gründlich aufzuräumen und Amerika wieder zu dem zu machen, was es einmal war, eine Mauer zu bauen und das Land wieder groß zu machen. Dennoch: 2004 erhielt der Kandidat der Grand Old Party (GOP) 58 Prozent der weißen Wählerstimmen, 2008 waren es 55 Prozent, 2012 dann 59 Prozent. Und 2016? 57 Prozent.

Es gab natürlich keine Gruppe, auf die Trump regelmäßiger einhackte als die hispanischen Immigranten. Zu Beginn seines Wahlkampfs kam er eine goldene Rolltreppe herabgefahren und verkündete: »Wenn Mexiko seine Leute schickt, dann schickt es nicht die besten. Sie schicken nicht euch [...]. Sie bringen uns Drogen. Sie bringen uns Verbrechen. Es sind Vergewaltiger. Und ein paar davon sind vielleicht auch gute Menschen.« 2004 erhielt der republikanische Präsidentschaftskandidat 44 Prozent der Wählerstimmen der Hispanics. 2008 waren es 31 Prozent. 2012 dann 27 Prozent. Und 2016? 28 Prozent.

Nach dem Sieg der GOP 2004 wurde die Dominanz der Republikanischen Partei weithin Bushs tiefverwurzelter, authentischer

Verbindung zu weißen Evangelikalen zugeschrieben, die zu 78 Prozent für seine Wiederwahl gestimmt hatten. 2008 gewann der Kandidat der GOP 74 Prozent der Stimmen dieser Wähler. 2012 wieder 78 Prozent. Doch Trump war anders: ein moralisch zwielichtiger Typ und notorischer Fremdgeher, der ungeniert seinen Reichtum zur Schau stellte und, als er während des Wahlkampfes einmal gefragt wurde, ob er sich jemals an Gott gewandt habe, um Vergebung zu erbitten, geantwortet hatte: »Da bin ich mir nicht sicher.« Wie also schnitt er bei der Wählergruppe der weißen wiedergeborenen Christen ab? Er bekam 80 Prozent ihrer Stimmen.

Vielleicht lässt sich das Ganze am besten durch die Brille der Parteibindung betrachten. 2016 nominierten die Republikaner einen in dritter Ehe verheirateten Milliardär, der noch wenige Jahre zuvor Demokrat gewesen war, den eine Titelstory des *National Review* als Bedrohung für den Konservatismus abqualifizierte [4], den mit den Republikanern nur wenig verband, der die vorherigen Bannerträger dieser Partei mit Geringschätzung betrachtete und offen über seine Sympathien für den Sozialstaat, Medicare und Planned Parenthood sprach. 2004 erhielt der republikanische Kandidat 93 Prozent der Stimmen derjenigen, die sich selbst als Republikaner bezeichneten; 2012 waren es 93 Prozent; 2016 dann 88 Prozent. Ein Rückgang, sicher, aber keine Katastrophe.

Auch die Differenzen bei den Wählerstimmen sprechen Bände. 2004 gewann der republikanische Kandidat mit einem Vorsprung von drei Millionen Stimmen. 2008 gewann der Demokrat mit einem Vorsprung von mehr als neun Millionen Stimmen. 2012 gewann der Demokrat mit einem Vorsprung von knapp fünf Millionen Stimmen. Und 2016 gewann die Demokratin auch, mit einem Vorsprung von knapp drei Millionen Stimmen. Das zwischengeschaltete Wahlmännerkollegium kippte diesen Vorsprung natürlich wieder, aber betrachtet man allein die abgegebenen Wählerstimmen, dann hat es 2016 keine auffällige Anomalie gegeben.

Und jetzt kommt Bartels' Punkt: Bekämen Sie einen Ausdruck der Wählerdaten der letzten paar Wahlen und würden gebeten herauszufinden, welche von ihnen die bizarre war, also die, die das politische System der USA durcheinanderwirbelte und zu einer Flut von Büchern führte, die versuchten, das Ergebnis zu erklären – wären Sie dazu imstande? Die Ergebnisse von 2016 ähnelten im Großen und Ganzen denen von 2012, 2008 und 2004, auch wenn der Sieger eine der bizarrsten Gestalten ist, die das politische System der USA jemals hervorgebracht hat.

Das Überraschende an den Wahlergebnissen von 2016 ist nicht das, was passiert ist. Es ist das, was *nicht* passiert ist. Trump hat weder mit einem Abstand von 30 Prozentpunkten verloren noch mit einem Abstand von 20 Prozentpunkten gewonnen. Die meisten Menschen, die ihre Stimme abgaben, entschieden sich 2016 für dieselbe Partei, die sie bereits 2012 gewählt hatten. Das soll nicht heißen, dass diese Wahl keine Besonderheiten hatte oder nichts, das einer Untersuchung wert wäre. Entscheidend war, dass weiße Wähler ohne Collegeabschluss scharf in Richtung Trump abbogen und dass es ihre Überrepräsentanz in Schlüsselstaaten war, die ihm den Sieg sicherte.* [5] Doch nimmt man allein die Zahlen, dann war der Wahlkampf größtenteils ein typischer Wettlauf zwischen Republikanern und Demokraten.

Dass die Wähler Trump am Ende behandelten, als sei er auch nur ein ganz normaler Republikaner, spiegelt den enormen Druck wider, den die parteipolitische Polarisierung heute in unserem Poli-

* In einer von dem amerikanischen Nachrichtenportal Vox publizierten Analyse fanden der Politikwissenschaftler und Statistiker Andrew Gelman und der Wirtschafts- und Strategieprofessor Pierre-Antoine Kremp Folgendes heraus: »Bezieht man erst einmal das Wahlmännerkollegium ein, dann besitzen Weiße 16 Prozent mehr Macht als Schwarze, 28 mehr Macht als Latinos und 57 Prozent mehr Macht als alle, die in eine andere ethnische Kategorie fallen.«

tiksystem entfaltet – sie fällt derart stark ins Gewicht, dass sie das Ergebnis einer so bizarren Wahl wie 2016 in dieselben Spurrinnen zwingen kann wie das von Romneys Rennen gegen Obama oder Bushs Rennen gegen Kerry. Wir sind unseren politischen Identitäten so sehr verhaftet, dass im Grunde kein Kandidat, keine Information, keine wie auch immer gearteten Umstände uns zwingen können, unsere Meinung zu ändern. Solange es unserer Seite dient, werden wir eine Rechtfertigung für beinahe alles und jeden finden, und das Resultat ist eine Politik, in der es weder Leitplanken noch Standards, Überzeugungsmöglichkeiten oder Möglichkeiten einer Haftbarmachung gibt.

Aber wir selbst haben uns doch gar nicht so sehr verändert, oder? Wir arbeiten nach wie vor als ehrenamtliche Trainer in den Nachwuchsligen und kümmern uns um unsere Eltern. Wir weinen immer noch, wenn wir romantische Komödien sehen, und mähen immer noch unseren Rasen. Wir lachen immer noch über unsere Verschrobenheiten und entschuldigen uns für harte Worte. Wir wollen immer noch geliebt werden und wünschen uns immer noch eine bessere Welt. Das soll uns keineswegs von unserer politischen Verantwortung freisprechen. Aber – und hier zitiere ich ein Klagelied, das jenseits der Politik sehr häufig angestimmt wird – sind wir denn nicht besser als das?

Ich denke, ja, oder zumindest können wir es sein. Doch toxische Systeme verderben gute Menschen nur allzu leicht. Und zwar nicht, indem sie von uns fordern, unsere Werte zu verraten, sondern, indem sie unsere Werte auf eine Weise kapern, die dazu führt, dass wir *einander* verraten. Ein Handeln, welches wir als Individuen für rational oder sogar moralisch halten, wird destruktiv, sobald es kollektiv geschieht.

Wie die US-amerikanische Politik zu einem toxischen System wurde, warum wir daran teilnehmen und was das für unsere Zukunft bedeutet – darum geht es in diesem Buch.

Denken in Systemen

Lassen Sie mich gleich zu Beginn eines klarstellen: Dies ist kein Buch über Menschen. Dies ist ein Buch über Systeme.

Die Geschichte der US-amerikanischen Politik wird gern mit Hilfe der Geschichten einzelner politischer Akteure erzählt. Wir fokussieren uns auf ihre Genialität, ihre Hybris, ihre Anständigkeit, ihre Betrügereien. Wir erzählen von ihren Fehden, ihren Gedanken, den Bonmots, die sie bei privaten Treffen vom Stapel lassen, und den Seelenqualen, die sie Freunden im Stillen eingestehen. Wir machen in den Entscheidungen, die sie treffen, die historischen Schlüsselmomente aus. Und indem wir das tun, deuten wir an, dass sie andere Entscheidungen hätten treffen können oder dass andere an ihrer Stelle andere Entscheidungen getroffen hätten. Diese Annahme ist vom Liebreiz der Wahrhaftigkeit umweht, enthält allerdings nicht so viel Wahrheit, wie wir glauben oder wie atemlose Insiderberichte aus dem Weißen Haus und Wahlkampfintrigen uns glauben machen wollen.

Ich studiere die amerikanische Politik als Journalist schon beinahe 20 Jahre lang. Ich habe versucht, sie aus der Perspektive von Politikern, Aktivisten, Politikwissenschaftlern, Geldgebern, Wählern, Nichtwählern, Stabsmitarbeitern und Experten zu verstehen, der Perspektive aller also, die von ihr betroffen sind oder auf sie einwirken. Im Verlaufe dieser Berichterstattung traf ich so einige politische Akteure, die ich für Zyniker, Narren oder Schurken halte. Sie verkörpern den Teil der amerikanischen Politik, der kaputt ist, und die Versuchung, unsere Probleme ihrer niederen Moral oder ihrem mangelnden Urteilsvermögen anzulasten, ist groß. Aber genau das tun wir bei jeder Wahl, wenn unsere Unzufriedenheit mit dem System uns dazu bringt, einige seiner Funktionsträger zu feuern und andere an ihrer Stelle zu engagieren. Und wenn wir dann ein paar Jahre später feststellen, dass das System immer noch kaputt ist, tun wir es wieder. Und wieder. Und wieder.

Während ich zusah, wie sich die Helden der einen Wahl in die Schurken der darauffolgenden verwandelten, während ich rational denkenden Menschen zuhörte, die mir gut durchdachte Begründungen für lächerliches Verhalten lieferten, habe ich den Glauben an diese Geschichten verloren. Wir brechen systemische Probleme auf personalisierte Erzählungen herunter, und indem wir das tun, vernebeln wir unser Verständnis von amerikanischer Politik und bringen unsere Theorien für deren Reparatur durcheinander. Wir versuchen, das System zu reparieren, indem wir die Menschen austauschen, die es bedienen, nur um festzustellen, dass auch sie Teil des Systems geworden sind. Ich habe Republikaner getroffen, die, obwohl sie für McCain gestimmt hatten, große Hoffnungen auf Obama setzten – um dann festzustellen, dass er auch einfach nur ein ganz normaler Demokrat war. Ich habe Demokraten kennengelernt, die sich darauf freuten, dass Trump die Republikanische Partei entlang populistischer Linien neu ausrichten würde, und die dann bitter enttäuscht waren, als er beinahe alles absegnete, was die Republikaner im Kongress ihm vorlegten.

Alle paar Jahre taucht eine neue Generation von Politikern auf, die versprechen, das Land über die Partei zu stellen, im Namen des Volkes statt im Namen der Mächtigen zu regieren, stärker auf »unsere guten inneren Engel« zu hören als auf das Geheul aus unterschiedlichsten Lagern. Und dann tickt die Uhr weiter, die Rebellen werden Teil des Establishments, eine breite Desillusionierung setzt ein, das Wahlvolk rückt ein Stückchen hinüber zur anderen Seite, und wir fangen wieder von vorne an. Dieser Kreislauf bildet einen Nebenfluss, der sich in den großen Strom des landesweiten politischen Aufruhrs ergießt. Es macht einen doch wirklich verrückt, wenn man unablässig versucht, ein Problem zu lösen, das immer nur schlimmer zu werden scheint.

Ich möchte in diesem Buch aus der Perspektive einzelner Individuen herauszoomen, um einen besseren Blick auf die ineinandergreifenden Systeme zu bekommen, die sie umgeben. In einigen Fällen werde ich spezielle Politiker als Beispiele anführen, doch nur insofern, als sie Marionetten breiterer Kräfte sind. Ich bin hier nicht auf eine Story aus, vielmehr möchte ich eine Blaupause erstellen, einen Wegweiser durch die Maschinerie, die politische Entscheidungen formt.

Diese Analysemethode wird in anderen Bereichen vielfach angewandt, auf meinem Gebiet aber oft ignoriert. In seinem Buch *Drift into Failure: From Hunting Broken Components to Understanding Complex Systems* unterscheidet Sidney Dekker, Gründer des Safety Innovation Lab an der Griffith University in Brisbane, Australien, zwei verschiedene Methoden, mit deren Hilfe die Ursachen für ein Systemversagen diagnostiziert werden können. Der traditionelle und am weitesten verbreitete Ansatz besteht darin, ein Problem zu erkennen, das schadhafte Teil ausfindig zu machen und dieses zu ersetzen. Da Dekkers Spezialgebiet Havarien sind, führt er als Beispiele Flugzeugabstürze oder Ölkatastrophen an, Fälle, in denen auf das Desaster jedes Mal eine obsessive Suche nach der einen kaputten Schraube, dem einen unterlassenen Wartungscheck, der einen in der Kälte geborstenen Landeklappe folgt. Die amerikanische Politik ist defekt, und das Problem sind Geld, Political Correctness, die sozialen Medien, irgendwelche Politikberater oder Mitch McConnell. Repariere das schadhafte Teil, so versprechen diese Analysen, und du hast wieder ein funktionierendes Ganzes.

Die Realität, so Dekker, sei jedoch eine andere: Komplexe Systeme ließen die Öffentlichkeit oftmals im Stich, selbst wenn sie ihrer eigenen Logik nach erfolgreich seien. Entdeckt man die gebrochene Schraube oder den versäumten Wartungscheck, ist man versucht zu glauben, man hätte das kaputte Teil gefunden. Übersieht man dabei jedoch, auf welche Weise die Börse das Unternehmen, das Wartungskosten eingespart hatte, belohnte, dann hat man die eigentliche Ursache der Krise übersehen und ist daher an der Aufgabe, eine Wiederholung der Katastrophe zu vermeiden, gescheitert. Beim Denken in Systemen, so schreibt er, gehe es darum, »zu verstehen, wie es zu Havarien kommen kann, wenn es keine defekten Teile gibt beziehungsweise Teile nicht als defekt wahrgenommen werden«. [6]

Kann sein, dass das alles für Sie klingt, als hätte es nichts mit amerikanischer Politik zu tun. Und tatsächlich ist es ein Klischee, sie an dieser Stelle als defekt zu bezeichnen. Doch genau da liegt unser Fehler. Das politische System der USA – das alle umfasst, von den Wählern über die Journalisten bis hin zum Präsidenten – ist voller rational denkender und handelnder Akteure, die in Anbetracht der Anreize, die ihnen geboten werden, rationale Entscheidungen treffen. Wir sind eine Ansammlung funktionierender Teile, deren Bemühungen ein dysfunktionales Ganzes ergeben.

Dass die schlimmsten Akteure so häufig die größten Erfolge feiern, beweist nicht, dass das System kaputt ist, sondern vielmehr, dass sie begriffen haben, auf welche Weise es in Wahrheit funktioniert. Und genau dieses Wissen brauchen auch wir anderen, wenn wir das System verändern wollen. Das folgende Zitat von Sidney Dekker beschreibt nicht nur vieles von dem, was ich gesehen habe, sondern ebenso die wesentlichen Absichten, mit denen ich an diese Untersuchung herangehen möchte:

> In den Geschichten darüber, wie Systeme ins Versagen geschlittert sind, scheitern Organisationen eben daran, *dass* sie gut funktionieren, und zwar innerhalb einer engen Bandbreite von Leistungskriterien – denen nämlich, für die sie in ihrer aktuellen politischen oder ökonomischen oder kommerziellen Ausgestaltung belohnt werden. Beim Schlittern ins Versagen kann es zu Havarien kommen, ohne dass etwas kaputtgeht, ohne

dass jemand einen Fehler macht oder die Regeln verletzt, die als relevant erachtet werden. [7]

Ich bin anfällig für diese Anreize, weil sie auch mein Leben steuern. Ich befinde mich nicht außerhalb des Systems und schaue hinein, sondern innerhalb des Systems und schaue hinaus. Ich bin Journalist, Experte und Mitbegründer des Nachrichten- und Erklärportals Vox. Ich bin Teil der Politikmedien, und mir ist klar, dass wir alle, sosehr wir auch versuchen, es zu verbergen, politische Akteure sind und die Entscheidungen, die wir treffen, zugleich Ursache und Konsequenz der größeren Kräfte sind, die uns umgeben. Ich bin Wähler, Nachrichtenjunkie und Liberaler. Meine Motivation besteht zum Teil in der radikalisierenden Erkenntnis, dass ich oftmals nach der Pfeife eines Systems tanze, das ich nicht mag, in der Frustration, die mich überkommt, wenn mir bewusst wird, dass ich eher funktioniere wie die amerikanische Politik und weniger wie ich selbst.

Und ich bin nicht allein. Ich verbringe meine Tage damit, Akteure des amerikanischen Politiksystems zu interviewen, kluge Menschen, die ihr Bestes geben, sich den Kopf über die gewaltige Dysfunktionalität zerbrechen, die sie umgibt, und ihren eigenen Anteil daran wegerklären. Ich komme aus der politischen Berichterstattung. Ich habe über die Jahre die verschiedensten Themen beleuchtet und dabei immer wieder mitbekommen, wie sich stets ein und dasselbe Muster wiederholte. Egal, worin das Problem besteht, immer fängt es mit Meetings und Gesprächsrunden an, in denen die verschiedensten Experten zusammensitzen und aus ihrer jeweiligen Perspektive die zahlreichen Möglichkeiten diskutieren, wie es gelöst werden kann. Zu diesem Zeitpunkt gibt es stets ein breites Einverständnis in Bezug auf viele Dinge, und es herrscht die Überzeugung vor, dass ein Kompromiss zu erreichen sei, mit dem alle Seiten am Ende besser dastehen werden als zuvor. Doch mit der Zeit verengen die Politiker ihren Fokus, die Medien berichten entsprechend, und schon löst sich dieses Einverständnis auf. Was die Beteiligten anfänglich für vernünftige Kompromisse hielten, verwandelt sich in unvernünftige Forderungen. Was anfänglich eine Verhandlung war, bei der alle Seiten etwas gewonnen hätten, verwandelt sich in einen Krieg, bei dem niemand etwas gewinnt. Und alle Beteiligten sind überzeugt, dass jede der eigenen Entscheidungen bis hierher vernünftig war. Für gewöhnlich hat jeder und jede von ihnen, aus der eigenen Perspektive betrachtet, recht.

Daher bin ich zu der Auffassung gelangt, dass die amerikanische Politik am besten zu verstehen ist, wenn man zwei Arten von Wissen, die häufig getrennt belassen werden, miteinander verflicht: zum einen die unmittelbaren, realen Einsichten von Politikern, Aktivisten, Regierungsbeamten und anderen Personen, die Teil meiner Berichterstattung sind, zum anderen die eher systemischen Analysen von Politikwissenschaftlern, Soziologen, Historikern und sonstigen Personen, die sowohl über die Zeit als auch die Methoden und Expertise verfügen, die amerikanische Politik in großem Maßstab zu untersuchen. Bleiben sie unter sich, ignorieren die politischen Akteure häufig die Anreize, die ihre Entscheidungen formen, und akademische Forscher übersehen die menschlichen Beweggründe, die politische Entscheidungsfindung antreiben. Zusammen jedoch werfen sie ein helles Licht darauf, wie und warum die amerikanische Politik so funktioniert, wie sie es tut.

In der amerikanischen Politik läuft vieles schief, und ich werde in diesem Buch nicht versuchen, einen vollständigen Katalog dieser Dinge zusammenzutragen. Ich bin jedoch zu der Überzeugung gelangt, dass die Masterstory – die Geschichte, die hinter beinahe allen Trennlinien steht und das Verhalten der Beteiligten am stärksten prägt – die Logik der Polarisierung ist. Diese Logik lautet, einfach ausgedrückt, wie folgt: Um eine zunehmend polarisierte Öffentlichkeit anzusprechen, verhalten sich politische Institutionen und Akteure auf immer stärker polarisierte Weise. Und in dem Maß, wie sich politische Institutionen und Akteure polarisieren, verstärken sie wiederum die Polarisierung der Öffentlichkeit. Dies setzt einen Teufelskreis in Gang: Um eine immer stärker polarisierte Öffentlichkeit anzusprechen, müssen sich Institutionen immer stärker polarisieren; konfrontiert mit immer stärker polarisierten Institutionen polarisiert sich die Öffentlichkeit und so weiter und so fort.

Der Schlüssel zu dieser Geschichte liegt in dem Verständnis, dass wir alle in Beziehung mit unseren politischen Institutionen existieren, dass diese von uns verändert werden, aber auch uns verändern. Wir nutzen Politik nicht nur für unsere Zwecke. Die Politik nutzt uns auch für ihre Zwecke.

»Identitätspolitik« retten

Es gibt viele verschiedene Arten einer möglichen Polarisierung, und einige von ihnen werde ich an späterer Stelle in diesem Buch diskutieren. Doch vor allem möchte ich mich hier auf das Gebiet der politischen Identität konzentrieren. Und dies macht es erforderlich, ein paar Worte über einen Begriff zu verlieren, der eigentlich in der amerikanischen Politik von großem Nutzen sein könnte, inzwischen jedoch beinahe unbrauchbar geworden ist: Identitätspolitik.

Ein Kernargument dieses Buches besteht darin, dass alle, die sich mit amerikanischer Politik befassen, mit Identitätspolitik befasst sind. Dies ist weder eine Beleidigung, noch ist es kontrovers. Wir alle prägen laufend Identitäten aus und formen diese um, das ist ganz natürlich. Identität ist in der Politik auf die gleiche Weise vorhanden wie Schwerkraft, Evolution oder Wahrnehmung. Soll heißen: Identität ist omnipräsent in der Politik, weil sie omnipräsent ist in uns. Es ist schlicht unmöglich, die Literatur darüber, wie Menschen ihre persönlichen und Gruppenidentitäten ausbilden und verteidigen (Literatur, die ich in diesem Buch betrachten werde), zu lesen und zu glauben, auch nur einer von uns sei dagegen immun. Identität ist derart tief in unsere Psyche eingeprägt und kann selbst von den schwächsten Reizen und entferntesten Bedrohungen derart leicht aktiviert werden, dass es unmöglich ist, ernsthaft darüber zu sprechen, wie wir miteinander interagieren, ohne zu diskutieren, wie unsere Identitäten diese Interaktionen prägen.

Leider ist der Begriff »Identitätspolitik« zu einer Waffe verkommen. Am häufigsten wird er von Rednern benutzt, die Politik als etwas beschreiben, das von Mitgliedern historisch marginalisierter Gruppen praktiziert wird. Bist du schwarz und machst dir Sorgen wegen Polizeigewalt, dann ist das Identitätspolitik. Bist du eine Frau und machst dir Sorgen wegen der Einkommenslücke zwischen Frauen und Männern, dann ist das Identitätspolitik. Bist du aber ein auf dem platten Land wohnender Waffenbesitzer, der allgemeine Hintergrundchecks als Tyrannei verunglimpft, oder ein milliardenschwerer Firmenchef, der sich darüber beschwert, dass hohe Steuern den Erfolg verteufeln, oder ein Christ, der Krippenbilder auf öffentlichen Plätzen fordert – nun, dann ist das einfach gute alte Politik. So wird aus Identität im Handumdrehen etwas, das nur marginalisierte Gruppen haben.

Auf diese Art gebraucht verschleiert der Begriff »Identitätspolitik« die Dinge eher, als dass er sie erhellt; dann wird er benutzt, um die Belange schwächerer Gruppen kleinzureden oder als eigennütziges Gejammer zu diskreditieren, um so die Agenda für die Belange stärkerer Gruppen freizumachen, die als rationalere und angemessenere Themen für die politische Debatte beschrieben und eingeordnet werden. Doch indem wir Identität geschwungen haben wie ein Schwert, haben wir dafür gesorgt, dass sie uns als Linse verloren geht, haben uns in der Absicht, uns einen politischen Vorteil zu verschaffen, selber blind gemacht. Und so suchen wir weiter vergeblich nach dem, was zu sehen wir uns weigern.* [8]

Alle Politik ist von Identität beeinflusst. Und Identitäten sind dann am mächtigsten, wenn sie derart weit verbreitet sind, dass sie entweder unsichtbar werden oder als unumstritten gelten. »Amerikanisch« ist eine Identität. Und »christlich« ebenso. Wenn Politiker, auch areligiöse, ihre Reden mit der Formel »God bless America« beenden, dann nicht, um sich mit einer Bitte an eine höhere Macht zu wenden, sondern um an unsere in Stein gemeißelten Identitäten zu appellieren. Falls Sie mir nicht glauben, dann fragen Sie sich doch mal, wieso es unter unseren Politikern so wenige erklärte Atheisten oder auch nur Agnostiker gibt.

* In ihrem Buch *How We Get Free* verfolgt Keeanga-Yamahtta Taylor die Spur des Begriffs »Identitätspolitik« bis zu seinem erstmaligen Gebrauch im Manifest des Combahee River Collective von 1977 zurück. Dort heißt es:

> *Diese Fokussierung auf unsere eigene Unterdrückung ist im Konzept der Identitätspolitik verkörpert. Wir glauben, dass die grundlegendsten und potenziell radikalsten politischen Strategien direkt aus unserer eigenen Identität kommen und nicht aus der Arbeit für die Beendigung der Unterdrückung anderer. In Bezug auf schwarze Frauen ist dies ein besonders abstoßendes, gefährliches, bedrohliches und daher revolutionäres Konzept, denn sieht man sich die politischen Bewegungen an, die der unseren vorausgegangen sind, wird deutlich, dass alle anderen es eher wert sind, befreit zu werden, als wir. Wir wollen weder aufs Podest gehoben werden noch Königinnen sein, und ebenso wenig wollen wir zehn Schritte hinter allen anderen herlaufen. Als menschliche Wesen anerkannt zu werden, und zwar auf Augenhöhe, reicht vollkommen aus.*

Und Barbara Smith, eine der Gründerinnen des Kollektivs, erzählte Taylor: »Was wir damit meinten, war, dass wir ein Recht als Menschen haben, die nicht nur Frauen sind, nicht nur schwarz, nicht nur lesbisch, nicht nur Angehörige der Arbeiterklasse oder Arbeiterinnen. Wir sind Menschen, die alle diese Identitäten verkörpern, und haben ein Recht darauf, eine politische Theorie und Praxis zu entwickeln und zu definieren, die auf diesen Gegebenheiten basiert.«

Dies bedeutet nicht, dass Politik eine Gleichung ist, die mit Hilfe der Verortung von Identität gelöst werden kann. Identität formt unsere Weltsicht, aber sie entscheidet nicht auf mechanistische Art und Weise darüber. Und obgleich wir häufig den Singular benutzen, also »Identität«, ist sie doch stets ein verwirrender Plural – wir alle haben zahllose Identitäten, von denen manche in offenem Widerspruch zueinander stehen und andere vor sich hin schlummern, bis sie durch Bedrohung oder großes Glück aktiviert werden. Vieles von dem, was in politischen Kampagnen passiert, lässt sich am besten als Auseinandersetzung darum verstehen, welche Identitäten die Wähler am Wahltag letztlich annehmen werden: Werden sie sich als Arbeiter fühlen, ausgebeutet von ihren Chefs, oder als Bewohner des Landesinneren, missachtet von den an den Küsten lebenden Eliten? Werden sie ihre Stimme als patriotische Traditionalisten abgeben, zutiefst gekränkt von Spielern der NFL, die sich während der Nationalhymne hinknien, oder als Eltern, die sich darum sorgen, unter welchen klimatischen Bedingungen ihre Kinder später leben?

Gruppenidentität und Gruppenstatus – das sind die beiden Dinge, über die wir in der amerikanischen Politik so häufig streiten. Diese Auseinandersetzungen kommen in den Debatten über Politik und Macht zum Ausdruck, können in Wahrheit aber weder von der einen noch von der anderen beigelegt werden. Bei der Gesundheitspolitik kann eine Gruppe gewinnen, Identitätspolitik dagegen ist ein Nullsummenspiel.

Nun ist Identität natürlich nichts Neues. Wie kann sie dann also die Veränderungen in unserer Politik erklären? Die Antwort ist, dass unsere politischen Identitäten sich verändern – und verfestigen. Die mächtigsten Identitäten im Gefüge der modernen Politik sind unsere politischen Identitäten, und diese haben sich in den vergangenen Jahrzehnten so entwickelt, dass sie auch eine ganze Reihe anderer Identitäten umfassen und verstärken. Während der letzten 50 Jahre sind unsere Identitäten als Anhänger bestimmter Parteien mit unseren ethnischen, religiösen, geographischen, ideologischen und kulturellen Identitäten verschmolzen. Und diese verschmolzenen Identitäten haben ein Gewicht erlangt, das unsere Institutionen zusammenbrechen lässt und an den Bindungen zerrt, die dieses Land zusammenhalten. Diese Form der Identitätspolitik ist heute landesweit die alles beherrschende und auch die, die am entschiedensten hinterfragt werden muss.

Der erste Teil dieses Buches erzählt davon, wie und warum sich amerikanische Politik im 20. Jahrhundert um Identität herum polarisierte und was diese Polarisierung für die Art und Weise bedeutet, wie wir die Welt und einander sehen. Die zweite Hälfte dieses Buches widmet sich den Feedbackschleifen zwischen polarisierten politischen Identitäten und polarisierten politischen Institutionen, die unser politisches System immer tiefer in die Krise treiben.

Was ich hier zu entwickeln versuche, ist nicht so sehr eine Lösung für die Probleme amerikanischer Politik als vielmehr ein Rahmenwerk, um diese Probleme zu begreifen. Im besten Fall bietet dieses Buch ein Modell an, das dazu beitragen kann, eine Ära in der amerikanischen Politik zu verstehen, die für viele keinen Sinn zu ergeben scheint.

Legen wir also los.

KAPITEL 1

Wie aus Demokraten Liberale wurden und aus Republikanern Konservative

Als Allererstes muss ich Sie davon überzeugen, dass sich etwas verändert hat.

Die amerikanische Politik vermittelt eine tröstliche Illusion von Stabilität. Seit 1864 haben die Demokratische und die Republikanische Partei die Wahlen dominiert und miteinander um Macht und Popularität gerungen. Ein Streifzug durch die Geschichte der USA macht klar, dass sich Demokraten und Republikaner zu allen Zeiten gegenseitig verleumdet und unterminiert, Verschwörungen angezettelt und sogar physische Gewalt gegeneinander ausgeübt haben.* [1] Es ist einfach, einen schnellen Blick über die Schulter zu werfen und davon auszugehen, dass unsere Gegenwart im Großen und Ganzen unserer Vergangenheit gleicht, dass die Beschwerden, die wir heute in Bezug auf Politik vorbringen, die Beschwerden früherer Generationen spiegeln. Doch die Demokratische und die Republikanische Partei von heute sind nicht die Demokratische und die Republikanische Partei vergangener Zeiten. Wir durchleben gerade etwas wirklich Neues.

Rückblick ins Jahr 1950. Damals veröffentlichte der Parteienaus-

* In *The Field of Blood*, ihrer bemerkenswerten Geschichte der Gewalt im Kongress, legt die Historikerin Joanne Freeman offen, dass es »zwischen 1830 und 1860 mehr als *70* gewaltsame Zwischenfälle zwischen Kongressabgeordneten sowohl im Senat wie auch im Kongress oder auf den nahegelegenen Straßen und Duellplätzen« gab. Und wie sie mir versicherte, lag die eigentliche Zahl erheblich höher.

schuss der American Political Science Association (APSA), des führenden Berufs- und Fachverbands von Politikwissenschaftlern in den USA, einen Ruf zu den Waffen, der für heutige Ohren wie Satire klingt. Übertitelt mit dem Slogan *Towards a More Responsible Two-Party System*, fordert das 98 Seiten starke Papier (ein Konglomerat aus Beiträgen vieler der bekanntesten Politikwissenschaftler des Landes, das sogar auf der Titelseite der *New York Times* besprochen wurde) ein stärker polarisiertes Politiksystem. Die Parteien, so seine Klage, seien zu Sammelbecken viel zu vieler, stark divergierender Meinungen geworden und arbeiteten viel zu reibungslos zusammen, was dazu führe, dass die Wähler ratlos seien, wen sie nun eigentlich wählen sollten und warum. »Solange sich die Parteien nicht mit Programmen identifizieren, ist das Volk nicht in der Lage, eine intelligente Wahl zwischen ihnen zu treffen«, warnten die Autoren. [2]

Angesichts des Abstimmungsverhaltens entlang harter Parteilinien und der geringschätzigen Haltung gegenüber Kompromissen, die den Kongress von heute prägen, ist es schwer erträglich, Sätze zu lesen wie: »Die Parteien haben wenig dafür getan, jene Art von Einigkeit innerhalb der Kongresspartei herzustellen, die derzeit so flächendeckend gewünscht wird«, und die Logik herauszuhören, die hinter solchen Äußerungen steht. Fasst man diesen Bericht in heutiger Zeit zusammen, dann kann er leicht nach »Weniger Hundebabys, mehr Hautpilz!« klingen.

Doch wie Sam Rosenfeld, Politikwissenschaftler an der Colgate University, in seinem Buch *The Polarizers: Postwar Architects of Our Partisan Era* argumentiert, gab es damals gute Gründe, sich Sorgen zu machen wegen des Kuddelmuddels, in das die Parteien die amerikanische Politik um die Mitte des Jahrhunderts verwandelt hatten. Die Aktivisten und Politiker, die über Jahre unermüdlich daran arbeiteten, das polarisierte politische System zu schaffen, das wir heute sehen, hatten gute Gründe für ihr Tun. Die Anerkennung der Logik hinter den Argumenten der Polarisierer in Verbindung mit dem Trümmerhaufen, den ihr Erfolg hinterlassen hat, ist nicht nur ein wirksames Heilmittel gegen eine Verklärung der Vergangenheit als Goldene Zeit, sondern auch gegen übertrieben zuversichtliche Rezepte für die Zukunft.*

Um die Besorgnis der Politikwissenschaftler zu verstehen, müssen wir die Rolle begreifen, die politischen Parteien in einer Demokratie zukommt. Betrachten Sie einmal die Themen, über die Sie sich als Bürger oder Bürgerin dieses Landes üblicherweise ein Urteil bilden sollen. Sollten wir in den Krieg ziehen gegen den Irak oder Syrien oder Iran oder Nordkorea? Ist es sinnvoll, unser um private Versicherer gestricktes Gesundheitssystem mit Hilfe von Regulierung und einem Einzelmandat, einem staatlichen Versicherungssystem für alle, auf Vordermann zu bringen? Was wäre die richtige Geltungsdauer für ein Urheberrecht – zehn Jahre, 40 Jahre, 100 Jahre? Oder bis die Sonne zu einer Supernova wird und diese zerbrechliche Welt hinwegfegt? Sollten die Steuereinnahmen des Bundes in der kommenden Dekade bei 28 Prozent, 31 Prozent oder 30 Prozent des BIP liegen? Wo liegt die angemessene Obergrenze für die Zahl von Einwanderern pro Jahr, und wie viele der Immigranten sollten zum Zweck der Familienzusammenführung ins Land kommen beziehungsweise um wirtschaftliche Bedarfe zu decken? Niemand von uns ist in der Lage, sich genügend Fachwissen zu einer derart breitgefächerten Anzahl von Themen anzueignen.

Politische Parteien sind Abkürzungen. Der APSA-Bericht nannte sie »unverzichtbare Regierungsinstrumente«, weil sie »den Wählern eine angemessen breite Auswahl zwischen alternativen Handlungsvorschlägen [bieten]«. Wir mögen das exakt richtige Niveau von Steuereinnahmen nicht kennen, wir mögen nicht wissen, ob

* Es wäre sinnvoll, diese Warnung im Hinterkopf zu haben, wenn Sie die Lösungen im Schlusskapitel dieses Buches studieren.

es sinnvoll ist, eine Flugverbotszone über Syrien einzurichten. Was wir aber wissen, ist, ob wir die Demokraten, die Republikaner, die Grünen oder die Liberalen unterstützen. Die Entscheidung für eine Partei ist die Entscheidung darüber, wem wir es zutrauen, unsere Werte in exakte politische Urteile in Bezug auf eine riesige Bandbreite von Herausforderungen umzuwandeln, vor denen das Land steht. »Für die große Mehrheit der Amerikaner«, schreiben die Autoren, »liegt die wertvollste Möglichkeit, den Kurs der öffentlichen Angelegenheiten zu beeinflussen, darin, eine Entscheidung bei den wesentlichen Wahlen treffen zu können.«

1950 bestand das Problem darin, dass die beiden wichtigsten Parteien des Landes die Absichten ihrer Wähler nicht einlösten. Eine Demokratin aus Minnesota, die 1954 für Hubert Humphrey stimmte, den liberalen Senatskandidaten ihrer Partei, stimmte ebenso für eine Senatsmehrheit, zu der auch Strom Thurmond gehören würde, Senator aus South Carolina und eines der konservativsten Mitglieder der Kammer überhaupt. Anstatt den Wählern eine echte Wahl zu bieten, boten sie ihnen einen undefinierbaren Brei.*

So sahen die Mitglieder von APSA das Problem. Die State Parties (Parteien auf Bundesstaatsebene) organisierten Politik entlang von Linien, die die National Parties (Parteien auf nationaler Ebene) nach und nach aufweichten. »Die National- und State-Party-Organisationen sind größtenteils unabhängig voneinander. Sie operie-

* Hier ist es wichtig festzustellen, dass nicht alle Politikwissenschaftler mit diesen Argumenten übereinstimmten. J. Austin Ranney etwa veröffentlichte eine geradezu prophetisch klingende abweichende Meinung, indem er argumentierte, »geeinte, disziplinierte und verantwortungsbewusste Parteien eignen sich *ausschließlich* für eine Regierung, die danach strebt, die *volle* öffentliche Macht in die Hand populärer Mehrheiten zu legen«. Im Gegensatz dazu sei das politische System der USA geschaffen worden, um politische Mehrheiten zu frustrieren, und erfordere fortwährende Kompromisse. Für diese Art von System, so Ranney, seien polarisierte Parteien »ziemlich ungeeignet«. Er hatte recht.

ren alle in ihrer eigenen Sphäre, ohne nennenswerte gemeinsame Ansätze zu Fragen der Parteipolitik und -strategie«, beschwerten sich die Autoren. Im US-Kongress saßen Demokraten, die konservativer waren als viele Republikaner, und Republikaner, die genauso liberal waren wie die meisten linksgerichteten Demokraten. Sie beraubten die Wähler ihrer wertvollsten Möglichkeit, den Kurs der öffentlichen Angelegenheiten zu beeinflussen.

Senator William Borah, ein Republikaner aus Idaho, brachte es 1923 pikanterweise so auf den Punkt: »Jeder Mann, der eine republikanische Vorwahl tragen kann, ist ein Republikaner.« Und weiter: »Er mag an freien Handel glauben, an eine vorbehaltlose Mitgliedschaft im Bund der Völker, an die Rechte der Bundesstaaten und an jede Politik, für die sich die Demokratische Partei jemals starkgemacht hat. Und dennoch: Hat er seine republikanische Vorwahl getragen, dann wäre er ein Republikaner.« [3] Republikaner zu sein bedeutete nicht, Konservativer zu sein. Es bedeutete, Republikaner zu sein. Parteienzugehörigkeit war eine Tautologie in sich, kein reichhaltiger Signifikant für bestimmte Prinzipien und Sichtweisen.

1950 gab Thomas Dewey, der ehemalige Gouverneur von New York und Präsidentschaftskandidat der GOP 1944, offen zu, dass, wenn der Maßstab für eine »echte« politische Partei darin bestünde, dass es sich um »eine einheitliche Organisation mit einem nationalen Blickwinkel auf wichtige Themen« handele, weder die Republikanische noch die Demokratische Partei eine seien. Dewey hielt dies für eine große Stärke, denn »keine einzige Religion oder Hautfarbe oder Rasse und auch kein einziges ökonomisches Interesse ist beschränkt auf die eine oder andere unserer Parteien. Jede Partei stellt bis zu einem gewissen Grad das Spiegelbild der anderen dar. […] Vielleicht ist dies ein Teil des Geheimnisses unserer enormen Macht, dass der Wechsel von einer Partei zur anderen für gewöhnlich eine Kontinuität des Handelns und der politischen

Entscheidungen der Nation als Ganzes zu den meisten grundlegenden Fragen eingeschlossen hat.« Er räumte ein, dass es auch jene gebe, die »über beide Parteien lästern und sagen, sie würden nichts weiter repräsentieren als die Wahl zwischen Dick und Doof«. Würden die Kritiker ihren Kopf durchsetzen, so sagte er, »würden sie in der Tat dafür sorgen, dass alles schön geordnet ist. Die Demokratische Partei wäre die liberale bis radikale Partei. Die Republikanische Partei wäre die konservative bis reaktionäre Partei.« [4] (Erzähler: Sie sollten ihren Kopf durchsetzen.)

1959 zog Richard Nixon – der später als Präsident die Environmental Protection Agency, die Staatliche Umweltbehörde, schuf, über ein minimales Grundeinkommen nachdachte und einen Plan für ein nationales Gesundheitswesen vorlegte, der ambitionierter war als Obamacare – voller Spott über jene her, die danach strebten, die Parteien nach ihren Überzeugungen voneinander zu scheiden. »Es wäre eine große Tragödie, wenn es dazu käme, dass sich unsere beiden größten und wichtigsten politischen Parteien entlang einer Linie auseinanderdividierten, die wir konservativ-liberal nennen würden«, sagte er. Die Stärke des politischen Systems der USA läge darin, dass »wir im Großen und Ganzen bei Regierungswechseln brutale Umschwünge von einem Extrem in das andere bisher vermieden haben. Und der Grund dafür ist der, dass es in beiden Parteien stets Raum für ein breites Spektrum an Meinungen gegeben hat.« [5]

In diesem Punkt (einem von sehr wenigen) stimmte sogar Robert F. Kennedy Nixon zu. Der Journalist Godfrey Hodgson erinnert sich an ein Gespräch, in dem Kennedy davor warnte, dass »das Land bereits in vertikaler Richtung gespalten« sei, »nämlich in Sektionen, Rassen und ethnische Gruppen«, und es daher »gefährlich« wäre, »es auch noch horizontal zu spalten, nämlich in Liberale und Konservative«. [6] So betrachtet war Politik dazu da, unsere Divergenzen einzuebnen, nicht dazu, sie zu repräsentieren.

1959 veranstaltete das Republican National Committee, die bundesweite Parteiorganisation der Republikaner, eine interne Debatte darüber, ob die Partei sich von einem Kanon präzise umschriebener ideologischer Werte leiten lassen sollte. Zur Eröffnungsversammlung des Committee for Program and Progress (Komitee für Programm und Fortschritt), das mit der Ausarbeitung einer Agenda für die GOP beauftragt war, lud die Gruppe den Politikwissenschaftler Robert Goldwin ein, der dafür plädieren sollte, dass es »für eine große politische Partei weder möglich noch wünschenswert« sei, »sich von Prinzipien leiten zu lassen«. Unsere modernen Grabenbrüche verleihen Goldwins Bedenken ein Gewicht, das sie 1959 wohl nicht hatten. »Da beide Parteien sowohl Liberale als auch Konservative in ihren Reihen haben«, sagte er, »werden Differenzen, die ansonsten zu Hauptthemen des Wahlkampfs würden, mit Hilfe von Kompromissen innerhalb der jeweiligen Partei beigelegt.« Er warnte: »Unsere nationale Einheit würde geschwächt, sollten die theoretischen Differenzen verschärft werden.« [7]

Dieser Punkt ist grundlegend genug, um sich einen Augenblick bei ihm aufzuhalten. Existiert eine Spaltung innerhalb einer Partei, gibt es zwei Möglichkeiten: Unterdrückung oder Kompromiss. Parteien wollen keinen internen Zwist. Existiert jedoch eine Spaltung zwischen Parteien, nimmt der Umgang mit ihr die Form eines Konfliktes an. Ohne Einhegung durch eine einheitliche Parteilinie eskalieren politische Streitigkeiten. Ein Beispiel dafür ist das Gesundheitswesen: Demokraten wie Republikaner geben Milliarden Dollar für Wahlspots aus, in denen sie ihre Differenzen in diesem Punkt betonen, weil sie hoffen, dass die Debatte ihre Unterstützer mobilisiert und die öffentliche Meinung gegen ihren politischen Gegner wendet. Der Vorteil daran ist, dass wichtige Probleme offen angesprochen und manchmal sogar gelöst werden. Der Nachteil ist, dass die sie umgebenden Spaltungen sich vertiefen und zunehmend wütender ausgetragen werden.

Die Debatte erreichte 1964 explosionsartig die Öffentlichkeit, als Barry Goldwater die Rede hielt, in der er seine Kandidatur für die Präsidentschaftswahlen verkündete. Sie ging in die Geschichte ein, weil Goldwater darin das Versprechen abgab, »eine Wahl« anzubieten, »kein Echo«. Weniger bekannt, dafür aber wohl aufschlussreicher, sind die Gründe für seine Kandidatur, die er einige Absätze weiter oben benennt. Dort sagt er, und zwar nicht ganz ohne Abscheu: »Ich habe von keinem Republikaner, der seine Kandidatur angekündigt hat, eine Declaration of Conscience gehört, die dem amerikanischen Volk bei den nächsten Präsidentschaftswahlen eine klare Entscheidung ermöglichen würde.« Dies war Goldwaters Gewissenserklärung: Sollten die Republikaner ihn nominieren, dann würde die Wahl »kein Gefecht der Persönlichkeiten werden, sondern ein Gefecht der Prinzipien werden.« Goldwater gewann natürlich die Vorwahlen und wurde dann von Lyndon B. Johnson vernichtend geschlagen.

Goldwaters Nominierung war eine Angelegenheit, bei der zwischen den parteiinternen Lagern nur so die Fetzen flogen und die konservativen Republikaner ihr Möglichstes taten, um den gemäßigten Flügel der Partei hinauszudrängen. Im Nachgang dazu schrieb George Romney, der damalige Gouverneur von Michigan und ein Hauptvertreter der gemäßigten Republikaner, einen zwölfseitigen Brief, in dem er seine Unstimmigkeiten mit Goldwater darlegte. »Dogmatische, ideologisch geprägte Parteien neigen dazu, das politische und soziale Gefüge einer Nation zu zersplittern, führen zu Regierungskrisen und Stillstand und verhindern die Kompromisse, die so häufig nötig sind, um Freiheit zu erhalten und Fortschritt zu erreichen«, schrieb er recht prophetisch. [8] (Jahrzehnte später sollte sein Sohn, der das Erbe seines Vaters als beliebter gemäßigter Gouverneur von Massachusetts weitertrug, die Nominierung der Republikaner als Präsidentschaftskandidat erhalten, indem er sich als »streng konservativ« neu erfand.)

Goldwaters vernichtende Wahlniederlage etablierte die gängige Auffassung dieser Zeit: Ideologen verloren Wahlen. In seinem 1960 erschienenen Buch *Parties and Politics in America* schrieb Clinton Rossiter: »Es gibt keinen echten Unterschied zwischen Demokraten und Republikanern, und es kann ihn auch nicht geben, denn die ungeschriebenen Gesetze der amerikanischen Politik verlangen, dass sich die Parteien in ihren Prinzipien, ihrer Politik, ihrem Charakter, ihrer Attraktivität und ihrem Zweck zu einem Großteil überlagern – oder sie hören auf, Parteien zu sein, die irgendwie darauf hoffen können, eine nationale Wahl zu gewinnen.« [9] Lieber ein Echo sein als unter »ferner liefen«.

Das Parteien-Kuddelmuddel zieht sich bis in die jüngste Zeit. Morris Fiorina, Politikwissenschaftler an der Stanford University, stellt fest, dass, als Gerald Ford gegen Jimmy Carter antrat, lediglich 54 Prozent der Wähler glaubten, die Republikanische Partei sei konservativer als die Demokratische Partei. Knapp 30 Prozent waren der Auffassung, es gäbe zwischen den beiden Parteien keinerlei ideologische Differenzen. [10] Stellen Sie sich das mal vor! In einer Welt, in der die ideologischen Differenzen zwischen der Demokratischen und der Republikanischen Partei so gering waren, dass die halbe Bevölkerung in Verwirrung gestürzt wurde, wie viel weniger Macht muss da Parteiidentität entfaltet haben.

Eigentlich müssen wir uns das gar nicht vorstellen. Wir können es sehen.

Die Macht negativer Parteilichkeit

Unter Wählern war lange Zeit *ticket-splitting* gang und gäbe: Vielleicht bevorzugte man ja den Demokraten Lyndon B. Johnson als Präsidenten, den Republikaner George Romney dagegen als Gouverneur. Und war man ein Ticketsplitter und die meisten von denen, die man kannte, ebenfalls, dann war es schwierig, sich allzu sehr mit einer der beiden Parteien zu identifizieren. Letztlich stimmte man gelegentlich für beide.

In einer bestechenden Analyse mit dem Titel »All Politics Is National« zeigen Alan Abramowitz und Steven Webster, Politikwissenschaftler an der Emory University, wie dieses Verhalten in der zweiten Hälfte des 20. Jahrhunderts in sich zusammenfiel und beim Übergang ins neue Jahrtausend offenbar gänzlich verschwand. Als sie sich Wahlbezirke ansahen, in denen die Sitze im Repräsentantenhaus sehr hart umkämpft waren, stellten sie fest, dass zwischen 1972 und 1980 das Verhältnis zwischen dem Stimmenanteil der Demokraten bei den Wahlen zum Repräsentantenhaus und den Präsidentschaftswahlen 0,54 betrug. Zwischen 1982 und 1990 kletterte dieser Faktor auf 0,65. Und 2018 hatte er 0,97 erreicht! [11] Innerhalb von 40 Jahren entwickelte sich die Unterstützung für den demokratischen Präsidentschaftskandidaten von einem zwar hilfreichen, aber nicht wirklich verlässlichen Prognosefaktor zur Abschätzung der zu erwartenden Unterstützung des Kandidaten einer Partei bei den Wahlen zum Repräsentantenhaus zu einer beinahe perfekten Richtschnur.

Ticketsplitting setzt voraus, dass man sich mit beiden Parteien einigermaßen wohlfühlt. Die Ursache für den Niedergang dieses Verhaltens liegt darin, dass sich dieses Wohlgefühl verflüchtigt hat. Inmitten einer ganzen Reihe von Fragen, die die Amerikaner bei jeder Wahl von Prognoseinstituten gestellt bekommen, lauert etwas, das als »Gefühlsthermometer« bezeichnet wird. Bei dieser Frage werden Menschen gebeten, ihre Gefühle in Bezug auf die beiden politischen Parteien auf einer Gradskala von 1 bis 100 einzuordnen, wobei 1 »kalt« bedeutet und negativ ist, »100« dagegen »warm« und positiv. Seit den achtziger Jahren sind die Gefühle der Republikaner gegenüber der Demokratischen Partei und die

Gefühle der Demokraten gegenüber der Republikanischen Partei regelrecht abgestürzt.

Noch 1980 gaben Wähler der gegnerischen Partei eine Gradzahl von 45 – nicht so hoch wie die 72 Grad für ihre eigene Partei, dennoch aber ziemlich respektabel. Nach 1980 jedoch begannen die Zahlen zu fallen. 1992 bekam die gegnerische Partei nur noch 40 Grad, 1998 lediglich 38. Und 2016 schließlich magere 29. Gleichzeitig fiel die Gradzahl, die Parteien bei ihren eigenen Wählern erreichten, von 72 im Jahr 1980 auf 65 im Jahr 2016. [12]

Aber es waren nicht nur Parteianhänger. In seinem wichtigen Aufsatz »Polarization and the Decline of the American Floating Voter« fand Corwin Smidt, Politikwissenschaftler an der Michigan State University, heraus, dass zwischen 2000 und 2004 selbsterklärte Unabhängige in ihrer Unterstützung einer Partei stabiler waren als selbsterklärte starke Parteianhänger von 1972 bis 1976. [13] Noch einmal: Die unabhängigen Wähler von heute stimmen verlässlicher für eine Partei und gegen die andere als die Parteianhänger von gestern. Dies ist eine bemerkenswerte Tatsache.

Allerdings ist daran etwas seltsam, und zwar Folgendes: Im selben Zeitraum schüttelte das Wahlvolk seine treue Parteiengefolgschaft ab. Noch 1964 sagten etwa 80 Prozent der Wähler, sie seien entweder Demokraten oder Republikaner. Bis 2012 war diese Zahl auf 63 Prozent gefallen, »den niedrigsten Prozentsatz der politischen Selbstzuordnung in der Geschichte der American National Election Studies«, notieren Abramowitz und Webster – während der Anteil der selbsterklärten Unabhängigen stark zunahm.

Auf den ersten Blick scheinen sich diese beiden Trends zu widersprechen: Wie kann das Wahlvolk zugleich parteilicher in seinem Abstimmungsverhalten und unabhängiger in seiner Parteienzugehörigkeit werden? Sollte denn die beständige Unterstützung einer Partei nicht zu einer engeren Bindung an diese Partei führen?

Das Schlüsselkonzept, mit dem wir es hier zu tun haben, heißt

»negative Parteibindung«. Parteiliches Verhalten ist nicht von positiven Gefühlen gegenüber der Partei motiviert, die man unterstützt, sondern von negativen Gefühlen gegenüber der Partei, die man ablehnt. Falls Sie sich je bei einer Wahl mit der Kandidatin, die Ihre Stimme bekam, ein bisschen unwohl gefühlt haben, zugleich aber Angst vor dem Neandertaler oder Sozialisten hatten, der gegen sie angetreten war, dann waren Sie negativ parteilich. Wie sich herausstellt, ist es vielen von uns schon einmal so gegangen. Eine Umfrage des Pew Institute fand 2016 heraus, dass selbsternannte Unabhängige, die dazu neigten, für die eine oder andere Partei zu votieren, eher negative Motive dafür hatten. Eine Mehrheit sowohl der den Republikanern wie auch der den Demokraten zuneigenden Unabhängigen gab an, einer der Hauptgründe für ihre Neigung läge darin, dass die Politik der jeweils anderen Partei schlecht für das Land sei. Im Gegensatz dazu gab nur ein Drittel aus jeder Gruppe an, ihre Motivation bestünde darin, die Politik der Partei zu unterstützen, die sie wählten. [14]

Hier dann also eine Zusammenfassung der amerikanischen Politik der letzten 50 Jahre: Wir halten beständiger zu der Partei, die wir wählen. Wir tun das aber nicht, weil wir unsere Partei inzwischen mehr mögen – tatsächlich mögen wir die Parteien, für die wir stimmen, inzwischen weniger –, sondern weil unsere Abneigung gegen die gegnerische Partei gewachsen ist. Selbst dann, wenn die Hoffnung nachlässt und der Wandel ins Stocken gerät, schreiten Angst und Hass voran.

Die Frage lautet, *warum* das alles passiert ist. Welche Veränderungen in der amerikanischen Politik haben dazu geführt, dass Wähler sich inzwischen mit derart großer Verlässlichkeit parteilich verhalten?

Der rationale Parteianhänger

Der Begriff »Parteianhänger« ist in den USA negativ konnotiert. Die Aussage: »Die Amerikaner sind seit 1972 mehr und mehr zu Parteianhängern geworden«, ist nicht neutral. Sie liest sich wie eine Anklage. Eine Beleidigung. Parteilichkeit ist schlecht. Parteilich zu sein ist undurchdacht, ärgerlich, ja sogar unamerikanisch.

Parteianhänger – das sind genau die Leute, vor denen uns schon George Washington in seiner Abschiedsrede gewarnt hat. Sie …

> setzen an die Stelle des delegierten Willens der Nation den Willen einer Partei, bilden häufig eine kleine, jedoch kunstvoll und geschäftstüchtig agierende Minderheit innerhalb der Gemeinschaft; außerdem machen sie, entsprechend alternierenden Triumphen verschiedener Parteien, die öffentliche Verwaltung zu einem Spiegel schlecht abgestimmter und miteinander unvereinbarer Projekte verschiedener Lager anstatt zum Ausführungsorgan konsistenter und förderlicher, in gemeinsamer Beratung und von wechselseitigen Interessen modifizierter Pläne.

Widerliches Zeug.

Washingtons Rede nahm vieles von dem vorweg, was in der amerikanischen Politik noch kommen sollte. Wie Sean Wilentz, Historiker an der Princeton University, im Politikmagazin *New Republic* schrieb, handelte es sich um einen »höchst parteilichen Appell, vorgebracht in Form eines Angriffs auf die Parteilichkeit und die niederen Demagogen, die diese geschürt haben«. [15] Washington hielt diese Rede, deren Co-Autor Alexander Hamilton war, in einer Zeit, als Amerika sich in ein Zweiparteiensystem aufspaltete – die Föderalisten, angeführt von John Adams und Hamilton, und die Demokratischen Republikaner, angeführt von Thomas Jefferson und James Madison. Washington war im Grunde Föderalist, und seine Warnung vor dem Entstehen politischer Lager war eine Warnung vor jenen, die angetreten waren, um die von ihm ausersehenen Nachfolger herauszufordern. Wilentz schreibt dazu: »Jefferson oder seine Unterstützer werden in Washingtons Rede an keiner Stelle explizit erwähnt, doch die unverhohlene Attacke gegen eine organisierte politische Opposition war unmittelbar gegen sie gerichtet.«

Washingtons Einwände mögen parteiisch gewesen sein, seine Instinkte waren durch und durch amerikanisch. So sieht die Balance aus, die das amerikanische Volk seit damals gehalten hat: ein System, das von politischen Parteien definiert wird, deren Existenz wir anprangern. Ideologen und Parteianhängern misstrauen wir. Zentristen, Gemäßigte, Unabhängige verehren wir. In einem aufschlussreichen Experiment forderten Samara Klar und Yanna Krupnikov Probanden dazu auf, über politische Meinungsverschiedenheiten nachzudenken, und gaben ihnen anschließend Fotos von fremden Menschen in die Hand, von denen einige als Unabhängige bezeichnet waren, andere dagegen als Parteianhänger beschrieben wurden. Die Unabhängigen wurden als attraktiver bewertet, und zwar »sogar dann, wenn, gemessen an objektiven Standards, die Parteianhänger eigentlich attraktiver waren«. Bei einem anderen Test dieser Theorie fanden Klar und Krupnikov heraus, dass sich Amerikaner mit fast 60 Prozent höherer Wahrscheinlichkeit als »Unabhängige« bezeichnen, wenn sie aufgefordert werden, einen guten Eindruck auf eine fremde Person zu machen. [16] Unabhängig zu sein hat nichts damit zu tun, wen man wählt. Es hat etwas mit unserem persönlichen Branding zu tun.

Unsere Wertschätzung für Unabhängige spiegelt unsere Ablehnung gegenüber dem Wesen der Parteibindung wider. Wir möchten unsere tiefen Meinungsverschiedenheiten wegzaubern, und es ist bequem, die Schuld an ihrem Vorhandensein stattdessen den Manövern fehlgeleiteter Parteianhänger zuzuschreiben. Doch Parteianhänger sind keine bösen Menschen, die das politische System mit Hilfe von irrationalem Handeln und Eigennutz pervertieren. Es sind ganz normale Menschen – Sie und ich –, in denen sich die tiefen Differenzen widerspiegeln, die politische Systeme weltweit prägen. Und je verschiedener die Parteien sind, desto rationaler wird Parteilichkeit.

Folgendes ist in der amerikanischen Politik während der letzten Jahrzehnte passiert: Die Unterschiede zwischen den Parteien sind sichtbar und unleugbar größer geworden und das Land als Reaktion darauf auf der rationalen Ebene parteilicher.

Seit 1994 hat das Pew Research Center umfassende Studien zur politischen Meinungsbildung unter Amerikanern durchgeführt, und die Ergebnisse sind drastisch. [17] So bezeichneten 1994 zum Beispiel 39 Prozent der Demokraten und 26 Prozent der Republikaner Diskriminierung als Hauptgrund dafür, dass viele Schwarze in der Gesellschaft »nicht vorwärtskommen«. Bis 2017 war der Anteil der Demokraten, die dieser Aussage zustimmten, auf 64 Prozent hochgeschnellt, während es bei den Republikanern nur noch 14 Prozent waren.

Weiterhin stimmten 32 Prozent der Demokraten und 30 Prozent der Republikaner 1994 der Aussage zu, dass Immigranten das Land stärker machten. Bis 2017 war dieser Anteil bei den Demokraten auf 84 Prozent geklettert, bei den Republikanern auf lediglich 42 Prozent.

1994 stimmten 63 Prozent der Republikaner und 44 Prozent der Demokraten der Aussage zu, arme Menschen hätten es leicht, weil sie Staatshilfen bekommen könnten, ohne irgendetwas dafür tun zu müssen. Bis 2017 war der Anteil der Republikaner, die dieser Aussage zustimmten, auf 65 Prozent gestiegen, während er bei den Demokraten auf 18 abgestürzt war.

»Dies lässt nur einen Schluss zu«, folgert der Bericht. »In Bezug auf alle Parameter, die das Pew Research Center in denselben Umfragen seit 1994 nachverfolgt hat, hat sich die durchschnittliche Kluft zwischen den Parteianhängern von 15 Prozentpunkten auf 26 Prozentpunkte erweitert.« [18] Es lohnt, sich einmal ganz klarzumachen, was das bedeutet: Sind Sie Demokratin, dann verkörpert die Republikanische Partei 2017 eine sehr viel größere Bedrohung für Ihre Vision von einer guten Gesellschaft als die Republikanische Partei von 1994. Sie bezieht weniger Menschen ein, die Ihre Meinung teilen, und sie hat sich um eine Agenda geschart, die sehr viel weiter weg von Ihrer liegt. Dasselbe gilt natürlich auch umgekehrt.

Das ist nicht einfach nur ein merkwürdiger Befund der Meinungsforscher. Es ist selbst bei einem noch so flüchtigen Blick auf die Agenden der Parteien zu sehen. Mehr noch, im Grunde ist es wohl sogar von den scharfen Divergenzen in den Agenden der Parteien verursacht.*

So unterzeichneten etwa sowohl Ronald Reagan als auch George W. Bush als Präsidenten Gesetze, die Steuererhöhungen zur Folge hatten. Das wäre in der Republikanischen Partei von heute

* Dies spricht für die vielleicht größte Zuerst-Huhn-oder-Ei-Frage in der gesamten Polarisierungsliteratur: Polarisieren sich die politischen Eliten, und die Öffentlichkeit folgt ihnen einfach nach? Oder polarisiert sich die Öffentlichkeit, und die politischen Eliten reagieren darauf? Meine Synthese, die im Verlaufe dieses Buches klarer werden wird, lautet, dass *alle, die sich in der US-amerikanischen Politik engagieren*, den umfassenderen Kräften der Polarisierung unterworfen sind. Je engagierter man ist, desto mehr polarisiert man sich. Also ja, die politischen Eliten polarisieren sich stärker und schneller als der Großteil der Bevölkerung, doch in dem Maße, wie diese sich darauf einstellt, polarisiert sie sich ebenfalls stärker. Und da Politiker am stärksten auf jenen Teil der Bevölkerung reagieren, der am stärksten polarisiert ist, leben wir alle in einem hyperpolarisierten System und stehen permanent vor polarisierenden Entscheidungsmöglichkeiten, unabhängig davon, wie hoch unser eigenes Polarisierungslevel ist.

undenkbar, in der beinahe jeder in ein offizielles Amt Gewählte die bindende Versicherung abgibt, niemals und unter keinen Umständen Steuererhöhungen vorzunehmen. Bush unterzeichnete auch den Gesetzentwurf zum Americans with Disabilities Act, das Gesetz zur Gleichstellung von Menschen mit Behinderungen, und leitete ein Programm zum Emissionshandel mit festen Obergrenzen ein, um die Luftverschmutzung einzudämmen und auf diese Weise sauren Regen zu vermeiden. Reagan wiederum unterzeichnete einen Gesetzentwurf zur Reformierung der Einwanderungsgesetze, den die Demokraten von heute hochhalten und die Republikaner von heute anprangern. »Ich glaube an die Idee einer Amnestie für alle, die hier Wurzeln geschlagen haben und hier leben, auch wenn sie einstmals illegal in unser Land gekommen sind« [19], sagte Reagan.

Ja, *Reagan* hat das gesagt.

Präsident Bill Clinton dagegen begann seine Präsidentschaft mit einem Staatshaushalt, der darauf angelegt war, das Staatsdefizit zu verringern, sowie einer gewaltigen, allumfassenden Anstrengung, endlich das North American Free Trade Agreement (NAFTA) zu verabschieden. Er wurde berühmt dafür, sich gegen den linken Flügel seiner eigenen Partei gestellt zu haben, flog heim nach Arkansas, um der Exekution eines hirngeschädigten Gefangenen beizuwohnen, und distanzierte sich in aller Öffentlichkeit von der Rapperin Sister Souljah. Er arbeitete mit Republikanern im Kongress zusammen, um Sozialausgaben zu kürzen und den Staatshaushalt zu konsolidieren. Während seiner zweiten Amtszeit verkündete er stolz: »Die Ära von Big Government ist vorbei.«

Das Gesundheitswesen ist sogar ein noch extremeres Beispiel. Ein demokratischer Präsident schuf 1965 ein riesiges, landesweit einheitliches Gesundheitssystem für die Älteren. So liberal Medicare von seiner Konzeption und Ausführung her auch war, es erhielt dennoch 70 republikanische Stimmen im Repräsentantenhaus sowie dreizehn republikanische Stimmen im Senat. Im Gegensatz dazu fußte Obamacare auf Mitt Romneys Modell für Massachusetts und baute auf vielen republikanischen Konzepten und Ideen auf;* es stützte sich beim allergrößten Teil der geplanten Ausgabenerhöhungen auf private Versicherer und opferte letztlich die Option einer staatlichen Finanzierung. Doch so fehlerbehaftet Obamacare von seinem Aufbau her auch war und so verzweifelt die Obama-Administration auch um die Unterstützung beider Parteien rang (Und glauben Sie mir, ich habe über diesen Kampf berichtet: Sie hätte beinahe alles gegeben, um sich die Unterstützung der Republikaner zu sichern), erhielt der Gesetzentwurf nicht eine einzige republikanische Stimme, weder im Repräsentantenhaus noch im Senat.

Es ist leicht zu verstehen, wie ein liberaler Wähler 1965 zu der Auffassung gelangen konnte, die Republikaner seien offen für so etwas wie Medicare: *Viele Republikaner waren in der Tat offen für so etwas wie Medicare.* Heute dagegen würde sich kein Wähler mehr verwirrt fragen, welche Partei denn nun für eine stärkere Unterstützung des öffentlichen Gesundheitswesens durch die Regierung eintritt. Die Unterschiede zwischen den beiden Parteien sind sehr viel klarer, und die Entscheidung ist sehr viel leichter.

Oder nehmen wir das Thema Abtreibung. 1982 stimmte Senator Joe Biden für einen Verfassungszusatz, der es einzelnen Bundesstaaten ermöglicht hätte, die Grundsatzentscheidung des Obersten Gerichtshofs im Fall *Roe gegen Wade*** zu kippen. Er nannte es zu diesem Zeitpunkt »das schwierigste Votum meiner gesamten Zeit als US-Senator«. Biden, der praktizierender Katholik ist, gab als Er-

* Genau wie die inzwischen kontroverse Versicherungspflicht (individual mandate), dazu später mehr.

** Anmerkung der Übersetzerin (i. d. F.: A. d. Ü.): Bis heute kontrovers diskutierte Grundsatzentscheidung des Supreme Court vom 22. Januar 1973, mit der Schwangerschaftsabbrüche legalisiert wurden.

klärung für seine Entscheidung seinen familiären Hintergrund an. »Ich bin wahrscheinlich ein Opfer oder vielmehr ein Produkt – wie immer Sie das auch nennen wollen – meiner Herkunft.« Doch wie Anna North, meine Kollegin bei Vox, gezeigt hat, war er auch ein Produkt seines politischen Moments. [20]

Präsident Gerald Ford lehnte *Roe* aus tiefstem Herzen ab, doch sein Vizepräsident, Nelson Rockefeller, hatte als Gouverneur von New York Abtreibungsbeschränkungen außer Kraft gesetzt. Die republikanische Plattform 1976 nannte Abtreibung »eine der schwierigsten und kontroversesten [Fragen] unserer Zeit« [21] und erkannte später die Spaltung innerhalb der Republikanischen Partei an, indem sie erklärte: »Es gibt diejenigen in unserer Partei, die die vollständige Unterstützung der Entscheidung des Supreme Court befürworten, welche Abtreibung auf Verlangen gestattet. Und es gibt andere, welche die sichere Überzeugung teilen, dass die Entscheidung des Supreme Court durch einen Verfassungszusatz zu verändern ist, der sämtliche Abtreibungen verbietet.« Im Kongress stimmte ungefähr dieselbe Anzahl von Republikanern und Demokraten gegen Abtreibung. Umfragen zeigten, dass Demokraten und Republikaner mit etwa gleicher Wahrscheinlichkeit sagten, Abtreibung solle entweder unter allen Umständen legal oder in jedem Falle illegal sein.

Heute sagt Biden über die Versuche der Konservativen, *Roe* zu kippen: »Es ist falsch. Es ist schädlich. Und wir müssen es stoppen.« [22] Und moderne republikanische Plattformen nehmen ebenfalls kein Blatt vor den Mund. »Wir stellen ausdrücklich fest, dass das menschliche Leben heilig ist, und bestehen mit Nachdruck darauf, dass das ungeborene Kind ein fundamentales Recht auf Leben hat, das nicht angetastet werden darf«, heißt es auf der Plattform der GOP 2016. Weit entfernt von dem Eingeständnis, dass es auch in den eigenen Reihen Befürworter des uneingeschränkten Rechts auf Abtreibung gibt, greift sie die Demokraten für diese Position scharf an. »Die beinahe grenzenlose Unterstützung der Demokraten für die Abtreibung und ihre scharfe Ablehnung auch nur der grundlegendsten Beschränkungen führen sie auf dramatische Weise von der amerikanischen Bevölkerung weg«, heißt es weiter. Wie im Fall des Gesundheitswesens ist auch hier leicht zu sehen, wie Befürworter eines Rechts auf freie Abtreibung in den siebziger Jahren eine Heimat in der Republikanischen Partei finden konnten, genauso wie Abtreibungsgegner Platz unter Demokraten finden konnten. Heute jedoch bleibt kein Raum für Konfusionen. Demokraten unterstützen *Roe.* Republikaner sind dagegen. Das haben selbst diejenigen verstanden, die sich ansonsten kaum mit Politik beschäftigen.

Dies hilft, ein besonders augenfälliges Ergebnis von Smidts Untersuchungen zu erklären. Eine der Fragen des American National Election Survey lautet, ob die Wähler das Gefühl haben, die Differenzen zwischen den beiden Parteien tatsächlich zu verstehen. Mit Blick auf die Antworten, die die Befragten über die Jahre auf diese Frage gaben, fand Smidt heraus, dass den Wählern die Unterschiede zwischen den beiden Parteien immer bewusster wurden. Der Wandel war so augenfällig, schrieb er, dass »unabhängige und uninteressierte Wähler ein Bewusstsein für Unterschiede zwischen den Kandidaten im Hinblick auf mehr politische Themen [zeigen] als starke Parteianhänger oder politisch interessierte Amerikaner vor 1980«. [23]

Um es einfacher auszudrücken: Einem Wähler, der heute die amerikanische Politik weitgehend ignoriert, sind die Unterschiede zwischen den beiden Parteien klarer als den Politikjunkies und loyalen Parteigängern 1980. Dies ist ein unfassbares Ergebnis. Aber auch ein offensichtliches. Wählern – selbst uninteressierten – sind die Unterschiede zwischen den Parteien klarer, weil sie größer geworden sind. Einen Esel von einem Elefanten zu unterscheiden ist einfacher, als einen Esel von einem Maultier zu unterscheiden.

In dem Maße, wie die Agenden der Parteien auseinandergedriftet sind, hat sich auch die Sicht einer Partei auf die jeweils andere verändert. Oben habe ich das »Gefühlsthermometer« erwähnt, dessen Ergebnisse extreme Abstürze in der Bewertung der jeweils anderen Partei zeigen. Wenn überhaupt, dann zeugen diese Daten von einer Unterbewertung des Wandels. Es sind die engagiertesten Aktivisten mit den ausgeprägtesten Überzeugungen, die Politik vorantreiben. Und aussagekräftiger als der Rückgang in den durchschnittlichen Bewertungen der anderen Partei ist der Anstieg in den von Panik geprägten Beurteilungen. Pew fand 2014 heraus, dass 37 Prozent der Republikaner und 31 Prozent der Demokraten die jeweils andere Partei als »Bedrohung für das Wohlergehen der Nation« betrachteten. Bis 2016 war dieser Anteil auf 45 Prozent bei den Republikanern und 41 Prozent bei den Demokraten gestiegen. [24]

Doch auch das ergibt perfekten Sinn: Gehören Sie zu jenen Republikanern, die glauben, die Regierung gebe zu viel Geld für soziale Programme aus, sei im Umgang mit illegalen Immigranten zu lasch und viel zu sehr durchsetzt von radikalen Umweltschützern, dann ist die Demokratische Partei in der Tat sehr viel angsteinflößender für Sie geworden. Hat Ihre Besorgnis angesichts des demokratischen Regierungshandelns während der letzten Jahrzehnte nicht zugenommen, dann haben Sie nicht aufgepasst.

Die Frage ist nicht, warum Wähler zuverlässiger parteilich geworden sind, während die Parteien offensichtlichere Unterschiede ausgebildet haben. Natürlich haben sie das. Die Frage ist, warum die Parteien sich so auseinanderdifferenziert haben.

Diese Geschichte dreht sich, wie so viele im Leben in den USA, um die Rassenfrage.

KAPITEL 2

Das Dixiekraten-Dilemma

Am Mittwoch, dem 28. August 1957, während der Senatsdebatte über ein verwässertes Bürgerrechtsgesetz, begab sich Strom Thurmond ans Rednerpult und setzte zum berühmtesten Filibuster in der Geschichte der Vereinigten Staaten an. Als Erstes verlas er die Wahlstatuten aller 48 Bundesstaaten. Danach folgten die Unabhängigkeitserklärung, die Bill of Rights, George Washingtons Abschiedsrede und vieles andere. Er bekam eine einzige Toilettenpause, während derer Barry Goldwater an seiner Stelle weitermachte. Er aß einen Imbiss aus kaltem Sirloin-Steak und Pumpernickelbrot, den seine Frau ihm eingepackt hatte, und lutschte Halstabletten. Ab und an wurde seine Stimme so leise, dass sie nicht mehr zu hören war. 24 Stunden und 18 Minuten später endete er mit der Erklärung, er werde gegen die Gesetzesvorlage stimmen. Seine verärgerten und übermüdeten Kollegen waren nicht überrascht.

Thurmonds Filibuster war der längste in der US-amerikanischen Geschichte. Er füllt 96 Seiten im Congressional Record, dem Kongressarchiv. Er war außerdem einer der ineffektivsten. Joseph Crespino erinnert in seinem Buch *Strom Thurmond's America*, dass Südstaatensenatoren Monate damit verbracht hatten, die Gesetzesvorlage auszuhöhlen. Sie kassierten Abschnitt 3, der dem Justizminister erlaubte, Anklage wegen Diskriminierung an öffentlichen Plätzen zu erheben. Sie hebelten die Bestimmungen zum Wahlrecht aus, die in Fällen von Wählerbehinderung die Untersuchung durch ein Geschworenengericht garantierten; kein Geschworenengericht in den Südstaaten würde jemals einen weißen Wahlvorsteher dafür verurteilen, Afroamerikaner am Wählen gehindert zu haben. Thurmond selbst pries die Errungenschaften. Er sagte, sie hätten »dem sogenannten Bürgerrechtsgesetz die giftigsten Zähne gezogen«, und lobte die demokratischen Senatoren Richard Russell und Lyndon B. Johnson, die diese Bemühungen angeführt hatten, dafür, »einen phantastischen Job« gemacht zu haben. Dann beschloss er, ihren Job sehr viel schwerer zu machen.

Der Deal, den Russell und Johnson abgeschlossen hatten, war der: Sollten Republikaner und gemäßigte Demokraten ihnen gestatten, das Gesetz zu schwächen, würden sie ihre Senatskollegen aus den Südstaaten überreden, es passieren zu lassen. Im Senat der fünfziger Jahre, einem exklusiven Club, war ein Wort ein Wort. Seine Seite der Vereinbarung einzuhalten war notwendig, um auch in Zukunft Pakte schließen zu können. Falls Südstaatler die Gesetzesvorlage kippten, so warnte ein Mitarbeiter Johnsons, könnte der Süden »nicht nur die Fähigkeit verlieren, jemals wieder Einfluss auf die Bürgerrechtsgesetzgebung auszuüben, sondern jeglichen Einfluss im Kongress überhaupt«. Also stimmten die Senatoren aus den Südstaaten zu: Es würde keinen Filibuster geben. Berichten des Magazins *Time* zufolge war Thurmond »einer der Ersten, die dieser Übereinkunft zustimmten«. [1]

Doch dann ging eine Flut von Telegrammen und Briefen von Befürwortern der Rassentrennung ein. Thurmond bat Russell, noch einmal über eine organisierte Verschleppungstaktik nachzudenken. Russell lehnte ab. Also nahm Thurmond die Dinge selbst in die Hand. Er brachte das Gesetz zwar nicht in Gefahr, ließ jedoch seine Südstaatenkollegen schlecht aussehen. Sie hielten still, um die Rassentrennung aufrechtzuerhalten. Er wurde laut, um seine Karriere voranzutreiben. Er ließ es so aussehen, als wäre er der einzige Senator, der den Mut hatte, seine Stimme zu erheben und die Rassenhierarchie des Südens zu verteidigen. »O Gott, der giftige Hass seiner Südstaatenkollegen«, erinnerte sich ein Mitarbeiter aus Johnsons Stab. Der vornehme Russell verdammte Thurmonds Ermüdungsrede als einen Akt »persönlicher politischer Selbstherrlichkeit«. Der Gesetzentwurf ging trotz Thurmonds Einwänden durch.

Der einsame, womöglich kontraproduktive Widerstand gegen das Bürgerrechtsgesetz ist Thurmonds berühmteste Ermüdungsrede, aber nicht seine konsequenteste. Die kam 1965, nachdem Präsident Johnson mit einem erdrutschartigen Sieg seine Wiederwahl gesichert hatte und es den Demokraten gelang, eine bemerkenswerte Zweidrittelmehrheit im Senat zu erreichen. Die Demokraten sahen darin eine Gelegenheit, sich auf Jahrzehnte hinaus Unterstützung zu sichern, indem sie die Taft-Hartley-Regelung abschafften, die es Bundesstaaten erlaubte, eigene Arbeitsgesetze zu erlassen, was die Fähigkeit der Gewerkschaften untergrub, Belegschaften gewerkschaftlich zu organisieren. Käme der Gesetzentwurf durch, dann könnten die Gewerkschaften, befreit von der Beschränkung, die sie am stärksten knebelte, mehr Arbeiter organisieren und mehr Wählerstimmen für die Demokraten sichern.

Alle dachten, das würde ganz leicht. Mit 86 Demokraten im Senat musste eigentlich alles ganz leicht sein. Doch Thurmond führte mit Unterstützung der Geschäftswelt eine Gruppe von Demokraten aus den Südstaaten und konservativen Republikanern in eine Verschleppungstaktik. Dieses Mal dauerte seine Ermüdungsrede kaum fünf Stunden. Und das reichte auch. Im Gegensatz zu seinem Filibuster im Zusammenhang mit dem Bürgerrechtsgesetz stand er jetzt nicht allein, hatte genügend Verbündete, um eine Gesetzgebung abzuwürgen, die unter anderen Umständen durchgegangen wäre. Dieser Filibuster trieb einen tiefen Nagel in den Sarg der Gewerkschaftsbewegung – und schwächte die Demokratische Partei.

Thurmond bekam auf der Punktekarte der Organisation Americans for Democratic Action (ADA), die als grober Maßstab dafür gilt, wie liberal ein Senator ist, normalerweise eine Null. Er war der zweitverlässlichste Verbündete des republikanischen Präsidenten Dwight D. Eisenhower im Senat. Er war einer von Goldwaters engsten Alliierten. Wie sein gegen die Gewerkschaften gerichteter Filibuster suggeriert, war er konservativ in Bezug auf alles. Crespino legt überzeugend dar, dass Thurmond als Ahnherr des modernen Konservatismus gesehen werden muss. »1948, als Goldwater noch ein Jahr entfernt war von seiner Kandidatur für den Stadtrat von Phoenix, Arizona, und Reagan noch Schauspieler, prangerte Präsidentschaftskandidat Thurmond die Einmischung der Regierung in private Angelegenheiten, den wachsenden sozialistischen Impuls in der amerikanischen Politik und die Gefahren des Etatismus an«, schreibt er. Doch bis wenige Monate vor seiner Ermüdungsrede von 1965 war Thurmond Demokrat gewesen. Er wurde 1954 als Demokrat in den Senat gewählt und wechselte erst 1964 zur Republikanischen Partei.

Thurmonds Politik und Lebensweg sind eine Miniaturausgabe der politischen Neuausrichtung in den USA im 20. Jahrhundert. Um zu verstehen, was in der amerikanischen Politik zwischen 1950 und 2018 geschehen ist, muss man verstehen, was die Demokratische Partei der Südstaaten war und was aus ihr wurde. Wie der berühmte Politikwissenschaftler V. O. Key jr. aufzeigte, war die Demokratische Partei der Südstaaten eine Institution für sich. Innerhalb der Südstaaten »[ist] die Demokratische Partei überhaupt keine Partei, sondern eine Vielheit aus Lagern, die um Ämter kämpfen«. [2] Zu ihr gehörten Liberale und Konservative, Funktionäre und Reformer. In der Bundespolitik dagegen bildeten die Südstaatendemokraten eine einheitliche Front, »das Instrument für den Umgang mit den ›Außenbeziehungen‹ des Südens mit dem Rest der Nation«.

Dass der Süden das Gefühl hatte, eine Art diplomatische Strategie für seinen Umgang mit dem Rest des Landes zu brauchen, ist nur wenig überraschend. Der Bürgerkrieg lag zu der Zeit, als das

Bürgerrechtsgesetz verabschiedet wurde, nur 100 Jahre zurück, und während dieses Interregnums hatte der weiße Süden unermüdlich versucht, seine innenpolitisch oberste Priorität – die Durchsetzung der weißen Überlegenheit, an Ort und Stelle gehalten vom Zweiklang der beiden Waffen Gesetz und Gewalt – gegen seine erzwungene Mitgliedschaft in dem größeren Gebilde der Vereinigten Staaten auszubalancieren. Die Demokratische Partei der südlichen Staaten war das Vehikel, das half, diese Spannungen erträglich zu machen. Einfach ausgedrückt war die Demokratische Partei der Südstaaten eine autoritäre Institution, die im Süden autokratisch herrschte und ihre Autonomie schützte, indem sie sich in eine Regierungskoalition mit der nationalen Demokratischen Partei begab. Die Dixiekraten gaben den nationalen Demokraten die Stimmen, die diese brauchten, um den Kongress zu kontrollieren, und die nationalen Demokraten sorgten dafür, dass die Dixiekraten zu Hause die Rassentrennung und die Einparteienherrschaft zementieren konnten.

Der Pakt zwischen Dixiekraten und Demokraten erinnert uns auf machtvolle Weise daran, dass es schlimmere Dinge gibt als Polarisierung, dass das, was heute allgemein als Goldenes Zeitalter der amerikanischen Politik im Gedächtnis ist, um einen schrecklichen Preis erkauft wurde. In seinem Buch *Paths Out of Dixie: The Democratization of Authoritarian Enclaves in America's Deep South* argumentiert Robert Mickey:

> In den 1890er Jahren gründeten die politischen Anfuhrer der elf ehemaligen Konföderiertenstaaten unter dem »demokratischen« Banner stabile, autoritär von einer Partei regierte Enklaven. Nach Sicherung einer an Bedingungen geknüpften Autonomie vom Zentralstaat und der nationalen Partei verkleinerten diese Herrscher das Wahlvolk, schikanierten und unterdrückten Oppositionsparteien und schufen und regulierten

nach Rassen getrennte – und signifikant unfreie – öffentliche Bereiche. Staatliche finanzierte Gewalt zwang diese Elemente in ein System, das billige Arbeitskräfte für die Landwirtschaft und weiße Überlegenheit sicherte. [3]

Falls es Ihnen merkwürdig vorkommt, über die Vereinigten Staaten in einer Sprache zu lesen, die wir häufig benutzen, um über, sagen wir mal, die postkommunistischen Sowjetrepubliken zu schreiben, nun, dann liegt genau darin der Punkt, zumindest teilweise. »Amerika ist geprägt vom Streben nach gesellschaftlichem Aufstieg«, meint Carol Anderson, Verfasserin von *White Rage* und Professorin für Afroamerikanische Studien an der Emory University. »Das macht es so besonders. Marginalisierte Menschen haben diesen Anspruch genutzt und gesagt: ›Wer man ist, ist das eine, was man tut, ist das andere.‹ Aber es geschieht noch etwas anderes: Dieses Streben wird als Erreichtes enkodiert. Und heraus kommt diese Sehnsucht nach einer mythisch verklärten Vergangenheit.« [4]

Für ein klares Verständnis unserer Gegenwart ist eine Entmythologisierung unserer Vergangenheit nötig. Doch ein ehrlicher Überblick über die Vergangenheit der USA greift die Geschichte an, die wir uns selbst erzählen, er greift unsere Wahrnehmung an, dass die USA eine echte Demokratie sind, und er greift das Gefühl der Demokratischen Partei für ihre eigene »ehrenvolle« Geschichte an.

Die Herrschaft der Dixiekraten

Den größten Teil des 20. Jahrhunderts über war die Herrschaft der Demokratischen Partei im Süden hegemonial. Zeitweise hatten Demokraten unfassbare 95 Prozent aller Wahlämter inne, und wie das auch für autoritäre Herrscher überall auf der Welt gilt, gelang ihnen dies zum Teil durch die Unterdrückung freier und fairer Wahlen. Afroamerikanische Wähler waren in vielen Fällen aufgrund gesetzlicher Regelungen von einer Stimmabgabe ausgeschlossen und wurden, als das nicht funktionierte, wegen des Versuchs einer Ausübung dieses Bürgerrechts verprügelt oder sogar getötet. Während der Kampagne zu seiner Wiederwahl 1946 sagte es der demokratische Senator Theodore Bilbo ganz offen, und seine eiskalten Worte lassen einem heute noch die Haare zu Berge stehen: »Sie und ich wissen doch, welches die beste Methode ist, den Nigger vom Wählen abzuhalten. Man macht es in der Nacht vor der Wahl. Mehr muss ich Ihnen dazu nicht sagen. Heißsporne wissen, was ich meine.« [5] Er gewann die Wahl.

Eine Gruppe aus 50 Mississippians argumentierte, Bilbo sollte das Amt nicht antreten, weil er die Androhung von Gewalt benutzt habe, um afroamerikanische Wähler von den Wahlurnen fernzuhalten. Der Senat berief einen Ausschuss ein, der aus zwei Republikanern und drei Südstaatendemokraten bestand, um Zeugen anzuhören, doch die Demokraten hielten sich an die Parteilinie und bestätigten Bilbos Wahl. »Alle Schwierigkeiten, die der Neger bei seinen Versuchen, sich für die Vorwahl am 2. Juli registrieren zu lassen und seine Stimme abzugeben, erlebte, resultierten aus dem traditionellen Verhältnis zwischen Weißen und Negern und ihrer unterschiedlichen Interpretation dessen, was die Gesetze dieses Bundesstaates in Bezug auf die Teilnahme von Negern an den Vorwahlen der Demokraten vorsehen«, so die mehrheitliche Meinung. »Egal, wer kandidiert hätte, es wäre immer dasselbe gewesen.« [6]

Die im tiefen Süden herrschende Mischung aus gesetzlich verankerter Diskriminierung und rassistischem Terrorismus funktionierte. Innerhalb von drei Jahren nach dem Ende des Bürgerkriegs »lag der Anteil der Schwarzen, die sich zur Wahl registrieren ließen, im Deep South zwischen 85 und 94 Prozent, und in der gesamten Region gaben beinahe eine Million freigelassener Sklaven ihre Stimme ab«, [7] notiert Mickey. Weniger als ein Jahrhundert später war diese fundamentale Freiheit zerstört. »1944 registrierten sich in den Staaten der alten Konföderation noch lediglich fünf Prozent der afroamerikanischen Einwohner im wahlfähigen Alter für die Stimmabgabe, was dazu führte, dass Millionen von Schwarzen bei der Wahl keine Stimme hatten«, schreibt Anderson. Die Unterdrückung war dort am schärfsten, wo man die politische Macht der Schwarzen am meisten fürchtete. 1953 ließen sich im sogenannten Black Belt – jener Region von Alabama, wo der Bevölkerungsanteil der Schwarzen größer ist als der der Weißen – »lediglich 1,3 Prozent der wahlberechtigten Afroamerikaner registrieren. In zwei Bezirken gaben überhaupt keine schwarzen Wähler ihre Stimme ab.« [8]

Es gab Ausbrüche von Gewalt, sogar Putschversuche. Wie etwa, als Mitglieder der White League in Louisiana 1874 New Orleans stürmten und versuchten, Gouverneur William Kellog, einen Republikaner, aus dem Amt zu werfen und seinen gescheiterten demokratischen Herausforderer John McEnery zu installieren. Die Rebellen übernahmen die Kontrolle über die Stadt, und Präsident Ulysses S. Grant sah sich gezwungen, Bundestruppen zu entsenden, um die öffentliche Ordnung wiederherzustellen. Als vielsagender Nachklapp wurde 1891 in der Stadt ein Denkmal errichtet, das an die White-League-Mitglieder erinnerte, die bei dem Versuch, die Macht zu übernehmen, ums Leben gekommen waren. 2017 wurde es endlich abgerissen.

»Während manche Tag für Tag an diesen Denkmälern vorbeigefahren sind und entweder deren Schönheit bewundert oder sie überhaupt nicht zur Kenntnis genommen haben, nehmen unsere Nachbarn und Mitbürger sie sehr deutlich wahr«, sagte Mitch Landrieu, der Bürgermeister von New Orleans, in einer Rede, in der er seine Entscheidung erläuterte, die Denkmäler in der Stadt, die an die Konföderation erinnerten, abreißen zu lassen. »Viele sind sich der langen Schatten, die ihr Vorhandensein wirft, schmerzlich bewusst, und zwar nicht im wörtlichen, sondern im übertragenen Sinne. Und sie verstehen die Botschaft, die die Konföderation und der Kult um das Verlorene ihnen zukommen lassen wollte, sehr wohl.«

Wie der Putsch von New Orleans nahelegt, zementierte die Demokratische Partei ihre Einparteienherrschaft auch, indem sie mit eiserner Faust weiße Republikaner niederhielt. »Demokraten kontrollierten alle Wahlgesetze und Wahlabläufe, und sie sorgten dafür, die Einstiegsbarrieren für potenzielle Opponenten unüberwindbar hochzuhalten«, schreibt Mickey. »Diverse Bundesstaaten hinderten per Parteidekret oder per Gesetz vormals illoyale Kandidaten oder solche, die sich nicht ausreichend deutlich zu den Werten der Demokratischen Partei bekannten, daran, sich um ein Amt zu bewerben – sogar als Unabhängige.« [9] Und so festigte die Demokratische Partei der Südstaaten erfolgreich ihre autoritäre Kontrolle über den Deep South.

Die Frage ist, warum der Rest des Landes – eines Landes, das, unvollkommen, aber dennoch unleugbar, unter einem liberal-demokratischen System operierte – dem Süden erlaubte, solche Art Spott mit Amerikas politischen Werten zu treiben. Ein Teil der Antwort liegt in dem Weg, für den man sich im Gefolge des Bürgerkriegs entschied, als Präsident Andrew Johnson, ein erbitterter Verfechter der weißen Überlegenheit, alle Erfolge, die im Bereich der ethnischen Gleichstellung erzielt worden waren, zurückdrehte und den Süden wieder unter weiße Kontrolle stellte. In einer Salve gezielter Schüsse gegen die vom Kongress verabschiedeten Reconstruction Acts warnte Johnson davor, diese würden es Schwarzen gestatten, »über die weiße Rasse zu herrschen, Bundesgesetze zu erarbeiten und umzusetzen, Präsidenten und Kongressabgeordnete zu wählen und in mehr oder weniger großem Ausmaß das künftige Schicksal des gesamten Landes zu formen. Wären ein solches Vertrauen und eine solche Macht in diesen Händen sicher?« [10]

Die De-facto-Wiedererrichtung der politischen Hierarchie der Konföderierten im Süden brachte das gesamte Land auf einen Weg, bei dem sich die Macht der weißen Überlegenheit mit der Macht des politischen Transaktionalismus* paarte. Auch wenn nationale Demokraten nicht von revanchistischen Rassisten angeführt wurden, wurde der Süden den Warlords aus denselben Gründen überlassen, aus denen auch sonst Territorien Warlords überlassen werden: Es diente den Interessen der aktuellen Machthaber. Nationale Demokraten sorgten sich um die Verabschiedung des New Deal, um Siege bei den Präsidentschaftswahlen, um Infrastrukturprojekte. Angesichts der Tatsache, dass sie die Wahl hatten zwischen der Zusammenarbeit mit einer Demokratischen Partei der Südstaaten, die ihnen unverzichtbare Wählerstimmen einbrachte, und der Herausforderung einer Demokratischen Partei der Südstaaten, die die nationale Agenda der Demokratischen Partei beschädigen und scheitern lassen konnte, entschieden sie sich für den Ausgleich.

Mehr noch, die totale Dominanz der Dixiekraten über den Süden versetzte sie auch zahlenmäßig in die Lage, die nationale Demokratische Partei zu dominieren. »Von 1896 bis 1932 stellten Südstaatler zwei Drittel der Mitglieder der demokratischen Fraktion im Repräsentantenhaus; von 1933 bis 1953 fiel ihr Anteil zu keinem Zeitpunkt unter 40 Prozent«, schreibt Mickey. [11] Diese Zahlen unterschätzen den politischen Einfluss des Südens womöglich sogar noch. Im US-Kongress dieser Ära bedeutete Seniorität höheres Dienstalter, Macht. Und wegen der autoritären Strukturen, innerhalb derer die Demokraten des Südens zu Hause operierten, waren sie nur äußerst selten etwas ausgesetzt, das dem Druck durch

* A. d. Ü.: Sozialphilosophischer Ansatz, der sozialen Austausch als fundamentalen Aspekt der menschlichen Existenz betrachtet. »Kennzeichnend für eine Gemeinschaft ist eine besondere Form von Austauschbeziehungen, die auf gegenseitigem Verständnis und Kommunikationsprozessen beruhen.« (Karl W. Deutsch)

bevorstehende Wahlen auch nur im Entferntesten nahekam. Was dazu führte, dass sich in ihren Reihen mehr Abgeordnete und Senatoren mit langer Dienstzeit tummelten als in den Reihen der gewählten Regierungsvertreter jeder anderen Region.

Ira Katznelson, Historiker an der Columbia University, schreibt 1933 in seinem Buch *Fear Itself: The New Deal and the Origins of Our Time:* »Südstaatler hatten den Vorsitz in 29 der 47 Ausschüsse des Repräsentantenhauses inne, darunter Appropriations (Investitionen), Banking and Currency (Banken und Währung; heute Finanzdienstleistungen), Judiciary (Justiz), Foreign Affairs (Internationale Beziehungen), Agriculture (Landwirtschaft), Military Affairs (Militärische Angelegenheiten) und Ways and Means (Mittel und Wege).« Außerdem dominierten sie, und das ist entscheidend, den Ausschuss »Rules« (Geschäftsordnung), der die Kontrolle darüber innehatte, welche Gesetze dem Repräsentantenhaus überhaupt vorgelegt wurden und unter welchen Bedingungen. Im Senat führten Südstaatler »13 der 33 Ausschüsse [...] darunter Agriculture, Appropriations, Banking and Currency, Commerce (Handel), Finance (Finanzen) und Military Affairs«. [12]

Der Einfluss, den dies der Region im Kongress sicherte, war beinahe allumfassend. Und nicht nur die Erarbeitung der wichtigsten Gesetzesvorlagen fiel zumindest teilweise in den Zuständigkeitsbereich eines der genannten Ausschüsse. Vielmehr war es so, dass jeder einzelne Senator Interessen hatte, die diese Ausschüsse durchzogen. Ein Liberaler aus dem Norden, der sich kein bisschen um die Rassenfrage scherte, dafür aber umso mehr um das Gesundheitswesen, musste mit dem Vorsitzenden des Ausschusses für Mittel und Wege zusammenarbeiten – und dies konnte sich schwierig gestalten, falls er diesen verärgert hatte, indem er die Bürgerrechte ins Visier nahm, das Einzige also, was dem Vorsitzenden des Ausschusses für Mittel und Wege und allen seinen Kollegen aus dem Süden im Grunde am Herzen lag.

Diese Macht legte Präsidenten genauso sicher an die Leine wie widerspenstige Kongressabgeordnete. Konfrontiert mit einem Gesetzentwurf, der in den späten dreißiger Jahren Lynchjustiz verhindern sollte, sagte Präsident Franklin D. Roosevelt, falls er diesen unterstütze, würden die Ausschussvorsitzenden aus den Südstaaten »jede Gesetzesvorlage blockieren, um deren Verabschiedung ich den Kongress bitte, um Amerika vor dem Kollaps zu bewahren«. [13] Mehr noch, fanden einen die südlichen Demokraten nicht akzeptabel, dann wurde man gar nicht erst als Präsidentschaftskandidat der Demokraten nominiert: Die Partei forderte für die Bestätigung der Kandidatur eine Zweidrittelmehrheit der Delegierten zur National Convention, was bedeutete, dass der Süden de facto ein Vetorecht gegenüber einem ihm feindselig gesinnten Nominierten hatte.

Gleichzeitig war die Allianz des Südens mit der Demokratischen Partei keinesfalls purer Zynismus. Es waren echte Demokraten, deren unverbrüchliche Loyalität gegenüber ihrer Partei zutiefst in regionaler Identität und regionalem Interesse verwurzelt war. Abraham Lincoln war der erste republikanische Präsident; die Feindschaft des Südens gegen die Republikanische Partei daher mit Blut besiegelt. Die Demokratische Partei unterstützte die Umverteilung von den Reichen an die Schwachen – und der Norden war reich, der Süden arm. »Zu Beginn des 20. Jahrhunderts repräsentierten die südlichen Demokraten den linken Flügel der Demokratischen Partei«, sagt Howard Rosenthal, Professor an der Princeton University. »Sie waren im Grunde populistisch. Ging es zu dieser Zeit um Umverteilung, dann um eine vom relativ gut gestellten Norden in den armen Süden. Daher lag die Rassenfrage als Streitthema im Kongress gar nicht auf dem Tisch.«

Doch irgendwann wurde die Rassenfrage zum Streitthema. Die Demokraten wollten nicht einfach nur eine Umverteilung von reichen Weißen im Norden zu armen Weißen im Süden. Sie strebten auch eine Umverteilung von reicheren Weißen zu ärmeren Schwarzen an. Darüber hinaus, beginnend 1948 mit dem Präsidialerlass Nr. 9981 von Präsident Harry S. Truman zur Durchsetzung der Abschaffung der Rassentrennung in den Streitkräften, wurde die Demokratische Partei immer mehr zu einem Vehikel zur Durchsetzung von Bürgerrechten und verriet damit ihre grundlegende Übereinkunft mit dem Süden. Diese Ära war es, in der ein Republikaner – Barry Goldwater, der seinen Wahlkampf von einer Plattform der »states rights«, der Rechte der Bundesstaaten, aus führte – zum ersten Mal einen Großteil der Erwartungen der alten Konföderation in eine Präsidentschaftswahl trug.

Wie es dazu kam, dass die Demokratische Partei die Bürgerrechte auf ihre Fahnen schrieb, ist eine sehr komplexe Geschichte. Sie handelt nicht nur vom Idealismus von Politikern wie Lyndon B. Johnson und Hubert Humphrey, sondern auch von der harten Mathematik, die Wahlbündnisse bestimmt und die, insbesondere im Norden, begann, auch nichtweiße Wähler einzubeziehen. Sie spiegelt den logischen Endpunkt des ökonomischen Progressivismus wider, denn Aufmerksamkeit für die Armen forderte Aufmerksamkeit für die Frage, woran es wohl lag, dass so viele nichtweiße Amerikaner arm blieben. Und ebenso spiegelte sie die strategischen Entscheidungen wider, die die Republikanische Partei auf diesem Wege traf, insbesondere den erfolgreichen Versuch der konservativen Bewegung, die GOP in ein ideologisches Vehikel zu verwandeln, das von Misstrauen gegenüber der Bundesregierung, der Ablehnung von Umverteilung und dem Glauben an Regeln auf bundesstaatlicher und lokaler Ebene geprägt war – attraktive Ideen für Südstaatler, die darauf aus waren, die nationalen Anstrengungen zur Verbesserung sowohl der ökonomischen wie auch der politischen Umstände der Afroamerikaner zu blockieren.

Dennoch blieben die Grenzen zwischen den Parteien im Augenblick des Bruches unscharf. Von unserer heutigen Warte aus, wo es in allen Dingen eine scharfe Trennung zwischen Rot und Blau gibt, erscheint es bemerkenswert, eine Debatte zu betrachten, die das Land polarisiert, ohne die Parteien zu spalten. Doch ebendies war bei der Verabschiedung des Civil Rights Act 1964 der Fall. Wie Geoffrey Kabaservice in *Rule and Ruin*, einer Geschichte der republikanischen Mäßigung, aufzeigt, »[unterstützten] 80 Prozent der republikanischen Abgeordneten im Repräsentantenhaus den Gesetzentwurf, im Gegensatz zu 60 Prozent der Demokraten«. [14] Den Vorsitz im Justizausschuss des Senats hatte James Eastland aus Mississippi inne – eine Sackgasse für den Gesetzentwurf. Anstatt also den normalen Weg durch die Ausschüsse zu nehmen, wurde die Gesetzgebung von Präsident Johnson und Everett Dirksen, dem Republikaner aus Illinois in seiner Eigenschaft als Minderheitenführer, ausgearbeitet. Die Südstaatendemokraten versuchten, den Gesetzgebungsprozess so lange wie möglich zu verzögern, doch Dirksen scharte 27 der 33 Republikaner um sich, um den Filibuster zu durchbrechen. Am Ende, schrieb Kabaservice, sei es im Senat genauso ausgegangen wie im Kongress. »Ein größerer Teil der republikanischen Senatoren als der demokratischen stimmte für cloture and passage [das heißt eine Beendigung der Debatte und Verabschiedung des] [Civil Rights Act]: mehr als vier Fünftel der Republikaner, jedoch nur zwei Drittel der Demokraten.«

Warum also gelten die Demokraten dann als die Partei, die den Civil Rights Act durchgebracht hat? Hier ist die Antwort einfach. Sie hatten die Mehrheit in beiden Kammern inne und stellten außerdem den Präsidenten. Sie entschieden sich, ihre Allianz mit den Dixiekraten aufzukündigen, um nach mehr Gerechtigkeit zu streben. Bill Moyers, der als Assistent für besondere Aufgaben für Johnson tätig war, erinnert sich, wie er den Präsidenten in der Nacht, nachdem er den Civil Rights Act unterzeichnet hatte, grübelnd in seinem Schlafzimmer vorfand. »Ich glaube, wir haben gerade den Süden für eine sehr lange Zeit an die Republikaner ausgeliefert«, habe Johnson gesagt. [15] Johnson, der als Mehrheitsführer im Senat die Blockade der Südstaatendemokraten gegen die Gleichstellung der Rassen erzwungen hatte, sollte am Ende recht behalten. Es brauchte Zeit, die Vormachtstellung der Demokratischen Partei im Süden zu brechen, doch dies war der Moment, in dem sie zu bröckeln begann.

Also warum wurden nicht die Republikaner zur Partei der Bürgerrechte? Größtenteils, so das Argument von Kabaservice, wegen Barry Goldwater: »Das Ansehen, ja vielleicht sogar der Ruhm, den die Republikanische Partei für ihre Unterstützung des Civil Rights Act 1964 hätte ernten sollen, wurde vollständig zunichtegemacht, als ihr designierter Präsidentschaftskandidat gegen die Maßnahme stimmte.« Und ganz gewiss hat Goldwaters Eintreten gegen die Bürgerrechte einen hohen Preis gefordert. Seine desaströse Wahlkampagne war nur in einer Region des Landes erfolgreich: der alten Konföderation, wo man realisierte, dass es möglich war, den Konservatismus der kleinen Regierungen gegen Versuche der Bundesregierung in Stellung zu bringen, die schlimmen, rassistisch motivierten Verfehlungen Amerikas wiedergutzumachen.

Dies ist also dann die Geschichte der langen Periode der Depolarisierung in der amerikanischen Politik. Der Süden war in der Demokratischen Partei, stimmte jedoch nicht mit ihr überein, insbesondere von dem Punkt an, als die Vision des Liberalismus von Umverteilung und Verbesserung der Lebensumstände vieler Menschen sich dahingehend erweiterte, dass sie auch Afroamerikaner einschloss. Also hatten die südlichen Demokraten ideologische Gründe, Kompromisse mit Republikanern einzugehen, aber politische Gründe, Kompromisse mit den nationalen Demokraten einzugehen. Die Macht des Südens sorgte dafür, dass die Demokratische Partei weniger liberal blieb, als sie unter anderen Umständen geworden wäre, und die Republikanische Partei im Kongress schwächer, als sie unter anderen Umständen gewesen wäre, und hinderte die beiden Parteien daran, sich entlang der Ränder der tiefsten politischen Kluft dieser Zeit zu sortieren.

Hier werden Macht und Zweck des Ticketsplitting in Zeiten gemischter Parteien deutlich. Südliche Demokraten konnten einen Republikaner als Präsidenten wählen und gleichzeitig konservative Dixiekraten in den Kongress und als Gouverneure. Es ist nicht so, dass die amerikanische Politik nicht von einem scharfen, sogar mitunter gewaltsam ausgetragenen Dissens zerrissen worden wäre; es ist einfach so, dass diese Kämpfe sich nicht klar und eindeutig bestimmten Parteien zuordnen ließen.

Das konnte nicht lange so weitergehen und tat es auch nicht. Die Hinwendung der Demokratischen Partei zu den Bürgerrechten und die Entscheidung der Republikanischen Partei, sich hinter einem Fahnenträger zu versammeln, der dem Gesetz ablehnend gegenüberstand, machte den Weg für südliche Konservative in die Republikanische Partei frei. Und dies bereitete die Bühne für alles, was darauf folgte.

Polarisierung ist nicht Extremismus, sondern Sortierung

Bevor wir zu dem kommen, was alles darauf folgte, möchte ich ein Wort darüber sagen, was Polarisierung ist und was nicht. Unter Politikwissenschaftlern gibt es schon seit langer Zeit eine Debatte, ob die USA sich polarisieren oder einfach nur sortieren. Darüber hinaus wird auch schon länger ein öffentlicher Diskurs geführt, in dem die Begriffe »polarisiert« oder »parteilich« als Synonyme für »extrem« benutzt werden. Um der Klarheit willen möchte ich beides ansprechen.

Lassen Sie uns mit Polarisierung versus Sortierung beginnen und als Beispiel den Umgang mit Cannabis benutzen. Stellen Sie sich ein Amerika vor, das von genau 100 Personen bewohnt wird, von denen 40 Cannabis verboten sehen wollen, 40 Cannabis legalisiert sehen wollen und 20 nicht sicher sind. Finden sich in der Demokratischen und der Republikanischen Partei jeweils dieselbe Anzahl von Mitgliedern aus jeder Gruppe wieder, dann ist Amerika vollkommen unsortiert.

Nun stellen Sie sich vor, dass alle, die Cannabis legalisiert sehen wollen, in die Demokratische Partei gehen, alle, die Cannabis verboten sehen wollen, in die Republikanische Partei und die unentschiedenen Wähler sich zu gleichen Teilen auf beide Parteien aufspalten. Nun sind die Parteien perfekt sortiert, aber – und das ist der entscheidende Punkt – niemandes Meinung hat sich eigentlich verändert. Es gibt in beiden Beispielen immer noch denselben Mix von Überzeugungen im Hinblick auf Gras. Nur dass sich im zweiten Beispiel diese Überzeugungen nach Parteien sortiert haben.

Das also ist Sortierung. Nun lassen Sie uns das Beispiel noch einmal nachjustieren. Stellen Sie sich vor, die Unentschlossenen bilden sich eine Meinung. Jetzt wollen 50 Amerikaner Cannabis legalisieren, und 50 wollen es verbieten. Das ist Polarisierung: Es ändern sich die Meinungen selbst und docken an zwei Pole an. In der Mitte ist niemand mehr.

Hans Noel, Politikwissenschaftler an der Georgetown University, zufolge ist Sortierung lediglich eine Subkategorie von Polarisierung. [16] Praktisch gesehen, so schreibt er, hätten beide »zur Folge, dass sich die Spannung zwischen den beiden Enden des Spektrums erhöht«, genau das also, was mit dem Begriff Polarisierung beschrieben werden soll.

Ich stimme Noel zu, gehe aber noch einen Schritt weiter. Die Debatte Polarisierung versus Sortierung ist besser zu verstehen, indem man themenbasierte Polarisierung und identitätsbasierte Polarisierung gegenüberstellt. Beide Cannabis-Beispiele zeigen, wie sich Menschen um einen Pol herum zusammenfinden. Nur dass in dem einen Beispiel die Pole, um die sie sich scharen, ihre politischen Überzeugungen widerspiegeln und im anderen ihre politischen Identitäten.

Im Grunde ist es so, dass sich diese Formen der Polarisierung wechselseitig verstärken. Themenbasierte Polarisierung führt zu einer Polarisierung der politischen Identitäten: Herrscht eine stärker ausgeprägte Uneinigkeit in Bezug auf die Cannabis-Politik, dann werden sich die Menschen von ihren politischen Repräsentanten wünschen, für ihre Überzeugungen zu kämpfen, was dazu führen wird, dass die Parteien sich ebenfalls um dieses Thema herum polarisieren.

Nun könnten Sie argumentieren, dass dies genau das gewesen sei, was im oben genannten Beispiel passierte, als die intensive Polarisierung in Bezug auf das Thema Bürgerrechte die Polarisierung der Parteien im Hinblick auf dieses Thema antrieb. Die Goldwater-Kampagne war der Versuch, die politische Gelegenheit beim Schopf zu packen, indem man wütenden, radikalen Konservativen eine Heimat bot, was letztlich dazu führte, dass sich jene radikalen Konservativen in der Republikanischen Partei konzentrierten und umgekehrt.

Natürlich stimmt auch das Gegenteil: Wenn Menschen ihre Meinungsverschiedenheiten nach Parteien sortieren, kann das dazu führen, dass sich diese Meinungsverschiedenheiten vertiefen. Wenn Menschen sich in zwei Parteien sortieren, und zwar entlang der Achse der ihrer Meinung nach idealen Marihuana-Politik, dann werden diese beiden Parteien zunehmend klarere Positionen in dieser Frage anbieten, und die Unentschiedenen werden dazu gedrängt werden, eine Entscheidung zu treffen, wodurch sie die im Lande herrschenden Meinungen zu Cannabis weiter polarisieren.

Polarisierung erzeugt Polarisierung. Doch sie bringt keinen Extremismus hervor. Wir nehmen häufig an, dass Wähler und politische Systeme, die sich auf halbem Wege entgegenkommen, weniger extrem sind als die, die dies nicht tun, doch dieses Konzept erweist sich bei genauerer Betrachtung als inkohärent.

1965 taten sich die meisten republikanischen Senatoren mit der Demokratischen Partei zusammen, um Medicare zu schaffen, eine öffentliche, staatlich finanzierte Krankenversicherung für ältere Bürger. 2010 stimmte nicht ein einziger Republikaner im Kongress für Obamacare, ein Bundesgesetz, das den Zugang zur Krankenversicherung neu regeln sollte und nach dem Vorbild des Systems gestaltet war, das der republikanische Gouverneur von Massachusetts, Mitt Romney, eingeführt hatte. Egal welcher Definition zufolge, das System von 2010 war stärker sortiert und polarisiert als das System von 1965. Meinungen waren besser nach Parteien ausgerichtet, und weniger Politiker fanden sich in der Mitte wieder.

Doch war das System von 2010 ideologisch extremer? Unter Zugrundelegung unserer üblichen ideologischen Definitionen würde ich argumentieren, nein, das war es nicht. Obamacare war ein öffentlich-privates System mit republikanischen Wurzeln, solide finanziert durch eine Mischung aus Steuererhöhungen und Ausgabenkürzungen. Bei Medicare dagegen übernahm eine liberale Regierung die Gesundheitsfürsorge für die Älteren und schuf eine nach oben offene Anzahl von Berechtigten, ohne verbindlich zu regeln, wie die vollen Kosten dafür aufzubringen seien.

Und dies bedeutet, dass ideologischer Extremismus ein Konzept ist, das auf den ersten Blick einer inneren Logik folgt, was ich ebenfalls bezweifle. Was macht ein nationales, staatlich betriebenes Krankenversicherungssystem »extremer« als ein Mischsystem, das dazu führt, dass Millionen von Menschen unterversichert sind? Ersteres wird innerhalb des Handlungsrahmens amerikanischer Politik als radikaler behandelt, doch gemessen an den Standards anderer hochentwickelter Industriestaaten ist das radikale (und grausame) das letztere.

Oder, um wieder auf die Hauptgeschichte dieses Kapitels zurückzukommen: In der Ära, in der Washington am wenigsten polarisiert war, ruhte der politische Konsens auf einem Fundament rassistischer Bigotterie, das die meisten von uns heute verabscheuenswürdig fänden. Die Kompromisse, die der Kongress einging, um den Frieden zu wahren, umfassten auch das Niederstimmen von Gesetzen gegen Lynchjustiz und die Übereinkunft, einem Großteil der Afroamerikaner den Zugang zu den Sozialsystemen zu verwehren. Ich würde das ein ideologisch weitaus extremeres System nennen als das, welches wir heute haben, auch wenn es weniger polarisiert war.

Politikwissenschaftler sind sich einig, dass um die Mitte des 20. Jahrhunderts die politische Polarisierung ihren Tiefststand erreicht hatte, insbesondere im Kongress. Doch die Mitte des 20. Jahrhunderts war keine Ära, in der die Welt außerhalb Washingtons abgeklärt oder moderat war. Es war die Zeit des Joseph McCarthy, des Vietnamkriegs und der Wehrdienstverweigerer. Es war eine Zeit politischer Morde, eine Zeit, in der Bürgerrechtsaktivisten auf Brücken zusammengeschlagen wurden, eine Zeit des autoritären Regierens im Süden, eine Zeit, in der Feministinnen auf den Straßen marschierten und amerikanische Ureinwohner Alcatraz besetzten. Die Ironie liegt darin, dass das politische System der USA am ruhigsten und am wenigsten polarisiert war, als Amerika selbst kurz davorzustehen schien auseinanderzubrechen.

Sie werden Fachexperten häufig von der »gemäßigten Majorität« sprechen hören. Doch wie der Politikwissenschaftler David Broockman gezeigt hat, neigen diese sogenannten Gemäßigten dazu, extremere Positionen einzunehmen als Liberale oder Konservative. Und das funktioniert so: Ein Wahlberichterstatter befragt die Leute nach ihrer Position zu einer breiten Anzahl von Themen: die Legalisierung von Marihuana, den Krieg im Irak, eine allgemeine Krankenversicherung, Homoehe, Steuer, Klimawandel und so fort. Anschließend werden die Antworten als links oder rechts eingeordnet. Menschen, deren Antworten zum Teil als links und zum Teil als rechts einzuordnen sind, finden sich dem Durchschnitt entsprechend in der Mitte wieder – und bekommen das Etikett »gemäßigt« verpasst.

Doch das sind sie nicht. Sie sind bloß innerlich unsortiert. Sieht man sich diese individuellen Antworten einmal ganz genau an, dann findet man eine Reihe von Meinungen, die so gar nicht zum politischen Mainstream gehören. »Viele Leute sind der Meinung, wir sollten ein allgemeines Krankenversicherungssystem haben, das vom Staat geführt wird, wie die Briten«, erzählte mir Broockman. »Viele Leute sagen, wir sollten alle Einwanderer ohne gültige Papiere sofort und ohne ordentliches Gerichtsverfahren ausweisen. Man sieht des Öfteren, dass echt drakonische Maßnahmen gegenüber Schwulen und Lesben zwischen 16 und 20 Prozent Unterstützung bekommen. Diese Menschen wirken wie Gemäßigte, sind aber tatsächlich ziemlich extrem.« [17]

Wenn Polarisierung von der Bindung zu politischen Parteien angetrieben wird, kann sie mäßigend wirken. Politische Parteien wollen Wahlen gewinnen, daher versuchen sie, sich für Konzepte starkzumachen, die dafür sorgen, dass ihre Kandidaten an der Wahlurne keine vernichtende Niederlage einfahren. Menschen, die sich nicht an die eine oder andere Partei gebunden fühlen, haben die Freiheit, viel unpopulärere Meinungen zu haben.

Extremismus ist ein Werturteil. Für Amerikaner des frühen 20. Jahrhunderts wäre unsere heutige, weitverbreitete Akzeptanz von Mischehen und Homoehen extrem. Vielen von uns erscheint der ideologische Konsens, der erwachsene Menschen unterschiedlicher ethnischer Herkunft oder desselben Geschlechts dauerhaft daran hinderte, ein glückliches, von Liebe geprägtes Leben miteinander zu führen, gemein und dumm. Heute werden Veganer als Extremisten verunglimpft. Ich hoffe, dass in Zukunft das Leid, das wir Tieren durch unsere hochindustrialisierte Landwirtschaft aufzwingen, als schockierende Position gilt. Wenn ich sage, die politischen Bündnisse sortieren und polarisieren sich stärker, dann meine ich damit nur: Es gibt weniger ideologische Überschneidungen, weniger von uns sind in der Mitte gefangen, und es herrscht mehr Spannung zwischen den Polen. Nichts an diesen Dynamiken macht die Meinungen, die Parteigänger 2020 haben, extremer als die ihrer Vorfahren. Banale Ansichten, die in der damaligen Zeit massenweise vertreten wurden, würden heute dazu führen, dass sie nicht salonfähig wären, und das zu Recht.

Gleichwohl bleibt festzustellen: Während der Grad an Extremismus in unserer Politik häufig überschätzt wird, wird der erstaunliche Umfang, in dem wir uns sortiert und polarisiert haben, oftmals unterschätzt und damit auch seine Implikationen für unsere Zukunft.

Eine sortierte Nation

Die Verabschiedung des Civil Rights Act läutete den Tod der Dixiekraten ein. Der Tod der Dixiekraten machte Konservativen aus den Südstaaten den Weg in die Republikanische Partei frei und Liberalen aus den Nordstaaten den Weg in die Demokratische Partei. Dies führte dazu, dass sich die Parteien ideologisch sortierten und dass es im Repräsentantenhaus keine Demokraten mehr gibt, die konservativer sind als jeder Republikaner und umgekehrt. Und mit dieser grundlegenden Klärung sortierten sich die Parteien auch um praktisch alles andere herum. Diese Transformation hat dafür gesorgt, dass die beiden Parteien von Koalitionen, die ähnlich aussahen, ein ähnliches Leben lebten und nur ein bisschen unterschiedlich dachten, zu zwei miteinander Krieg führenden Lagern wurden, die verschieden aussehen, verschiedene Leben an verschiedenen Orten leben und in einem ständig sich vertiefenden Dissens liegen.

In ihrem Buch *Uncivil Agreement: How Politics Became Our Identity* bietet die Politikwissenschaftlerin Lilliana Mason einen phantastischen Überblick darüber, wie sich die Parteien in den letzten Jahren verändert haben. 1952, schreibt sie, waren die demographischen Unterschiede zwischen den Parteien moderat. Mit Ausnahme der Südstaatler (die, wie wir gesehen haben, Demokraten waren) und der Protestanten (die den Republikanern zuneigten) gab es bei keiner der großen demographischen Gruppen »einen Unterschied von mehr als zehn Prozentpunkten zwischen dem in jeder der beiden Parteien vertretenen Anteil ihrer Mitglieder«. [18] Die Demokratische und die Republikanische Partei sahen also halbwegs ähnlich aus, was die Repräsentation von Afroamerikanern und Weißen, Frauen und Männern, verheirateten und unverheirateten Wählern betraf. Sogar Liberale waren in der Demokratischen Partei nur leicht stärker vertreten.

Dies ist, um es mal höflich auszudrücken, inzwischen nicht mehr der Fall. Bei den Präsidentschaftswahlen 1952 fand der American National Election Survey heraus, dass sechs Prozent der selbsterklärten Demokraten und zwei Prozent der selbsterklärten Republikaner Nichtweiße waren. 2012 kam die gleiche Umfrage zu dem Ergebnis, dass 43 Prozent der selbsterklärten Demokraten, jedoch nur neun Prozent der selbsterklärten Republikaner Nichtweiße waren. [19] Also war die Wählerschaft 2012 nicht nur ethnisch sehr, sehr viel diverser als die Wählerschaft 1952, sondern diese Diversität konzentrierte sich in der Demokratischen Partei.

Die Diversitätsdivergenz

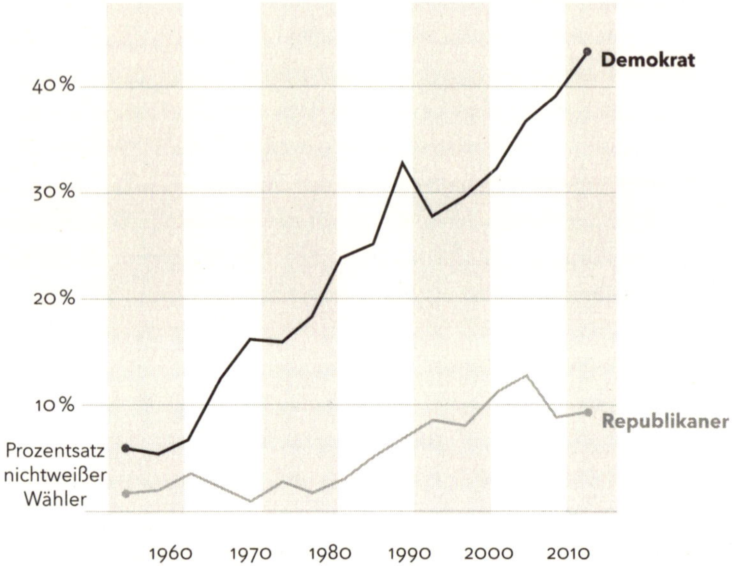

Die religiöse Spaltung ist ebenfalls extrem. Pew berichtete 2014, dass die größte religiöse Einzelgruppe im republikanischen Bündnis die der evangelikalen Protestanten sei. Und die Demokraten? Deren größte religiöse Einzelgruppe waren die konfessionell nicht Gebundenen, die »Nones«. [20]

Wie sich demographische Gegebenheiten ändern, so ändern sich auch Werte. 2002 waren 50 Prozent der Republikaner und 52 Prozent der Demokraten der Meinung, es sei nicht nötig, an Gott zu glauben, um eine moralisch integre Person zu sein. 2017 war der Anteil der Republikaner, die mit dieser Aussage übereinstimmten, auf 47 Prozent gefallen, und der Anteil der Demokraten, die mit dieser Aussage übereinstimmten, auf 64 hochgeschnellt. [21] Steven Levitsky und Daniel Ziblatt schreiben in *Wie Demokratien sterben*: »Die beiden Parteien sind jetzt nach Rasse und Religion getrennt – zwei stark polarisierende Themen, die mehr Intoleranz und Feindseligkeit schüren als traditionelle Politikthemen wie Steuern und Regierungsausgaben.« [22] Ich würde diese Aussage geringfügig anpassen: Die Parteien trennt zunehmend ein Streit um fundamentale *Identitäten*, die Intoleranz und Feindseligkeit schüren, und die Auseinandersetzungen um bestimmte Themen sind nur ein Ausdruck für diese Trennung.

Doch es geht nicht nur um Rasse und Religion. Wir sind auch nach geographischer Herkunft sortiert. In seinem Buch *The Great Alignment: Race, Party Transformation, and the Rise of Donald Trump* nimmt Alan Abramowitz eine Analyse vor, die ich schockierend fand. Er blickt auf die Präsidentschaftswahlen vieler Jahrzehnte zurück und zeigt, dass für die längste Zeit des 20. Jahrhunderts das Konzept von roten und blauen Staaten nicht viel Sinn ergeben hätte. »So gab es etwa nur einen sehr geringen Zusammenhang zwischen dem Muster der Unterstützung für George McGovern, einem stark liberal geprägten Mann aus South Dakota, 1972, und dem Muster der Unterstützung für Jimmy Carter, einen gemäßigten Mann aus Georgia, vier Jahre später«, schreibt er. [23] Die diesbezüglichen Zahlen sind verblüffend. Von 1972 bis 1984 betrug die durchschnittliche Abweichung im Abstimmungsverhalten eines Bundesstaates bei einer Präsidentschaftswahl im Vergleich zur nächsten 7,7 Prozentpunkte. Zwischen 2000 und 2012 waren es lediglich 1,9 Prozentpunkte. Wir sind politisch fest verortet.

Die Sortierung zieht sich bis weit unterhalb der bundesstaatlichen Ebene durch. In einer Analyse auf der Nachrichtenwebsite FiveThirtyEight betrachtete Dave Wasserman »Erdrutschsieg-Countys« – Landkreise, in denen der Gewinner der Präsidentschaftswahlen mindestens 60 Prozent der Stimmen bekommen hatte. 1992 lebten 39 Prozent der Wähler in Erdrutschsieg-Countys. Diese Zahl war bis 2016 auf 61 Prozent geklettert. Noch extremer wurden die Zahlen, als Wasserman sich Countys ansah, in denen der Gewinner mit einem Vorsprung von mehr als 50 Prozentpunkten gewonnen hatte: Der Anteil der Wähler, die in solchen »extremen Erdrutschsieg-Countys« lebten, hatte sich mehr als verfünffacht – von vier Prozent im Jahr 1992 auf 21 Prozent im Jahr 2016. Innerhalb von weniger als 25 Jahren hatte sich der Anteil der Wähler, die in einem Wahlbezirk lebten, wo beinahe alle Wähler politisch ähnlich dachten wie sie, von 1:20 auf 1:5 erhöht.

Man könnte sich eine Welt vorstellen, in der diese Daten nur wenig über die Orte aussagen würden, an denen Menschen leben – ja, wir waren politisch stärker sortiert, aber diese sortierten Räume waren willkürlich über das ganze Land verteilt. Die Welt, in der wir leben, sieht aber anders aus. Hinter diesen Zahlen verbirgt sich eine wachsende Kluft zwischen Stadt und Land. Es gibt keine einzige bevölkerungsreiche Stadt in den USA, die im Normalfall republikanisch wählt. Es gibt nur wenige ländliche Gebiete, die demokratisch wählen. Den Berechnungen von Marc Muro, Politikchef des Metropolitan Policy Program des Brookings Institute, zufolge liegt die Scheidelinie bei einer Bevölkerungsdichte von etwa 900 Einwohnern pro Quadratmeile (347 Einwohnern pro Quadratkilometer). Gebiete, die darüberliegen, wählen tendenziell demokratisch; Gebiete, die darunterliegen, wenden sich den Republikanern zu. [24] Vor Jahrzehnten, als die Parteien weniger sortiert waren, hatte die Bevölkerungsdichte weniger Einfluss auf die Vorhersagen unserer Parteibindung. Heute, so zeigt der Politikwissenschaftler Jonathan Rodden in seinem Buch *Why Cities Lose*, ist die Bevölkerungsdichte des Ortes, an dem wir leben, zu einem mächtigen Faktor bei der Vorhersage der Parteibindung geworden.

Die Herausbildung der Kluft zwischen Parteibindung und Bevölkerungsdichte

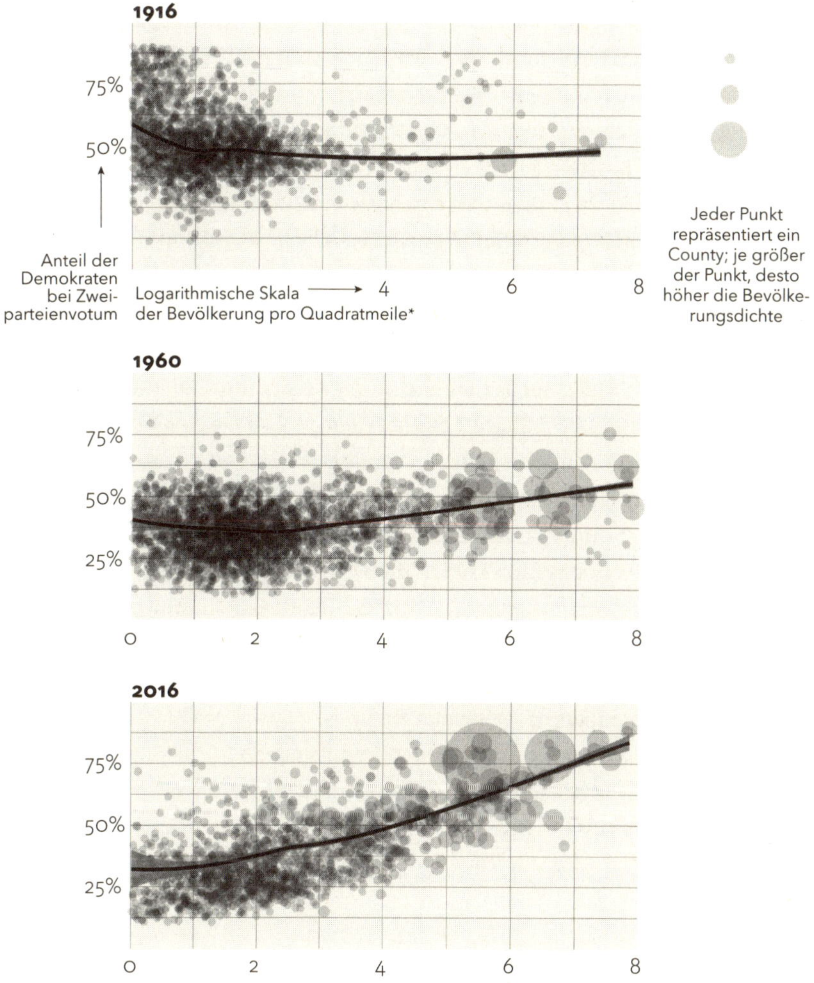

* A. d. Ü.: Eine Quadratmeile entspricht 2,5899881 km²

Man könnte es auch »Die Geschichte von den zwei Clintons« nennen. Der Politikanalyst Ron Brownstein schrieb dazu in *The Atlantic*, hinter Bill Clinton hätte »knapp die Hälfte der 3100 Countys des Landes« gestanden. Und weiter: »Seither jedoch haben sich die Demokraten in die urbanen Zentren zurückgezogen.« [25] Im Jahr 2000 gewann Al Gore die Wahl in weniger als 700 Countys. Obama gewann 2012 das Popular Vote zwar mit sehr viel mehr Vorsprung als Gore, lag jedoch insgesamt in nur etwa 600 Countys vorn. Und Hillary Clinton holte 2016 den Sieg in weniger als 500 Countys – das sind 1000 Countys weniger, als ihr Ehemann 25 Jahre davor gewann.

Was die Kluft zwischen Stadt und Land besonders destabilisierend wirken lässt, sind die wirtschaftlichen Gräben, die sie nachzeichnet. Auf einer Konferenz, die im März 2018 in Indien stattfand, entfesselte Hillary Clinton einen politischen Aufschrei, als sie sagte: »Ich habe diejenigen Wahlbezirke geholt, in denen zwei Drittel des BIP der USA erwirtschaftet werden. Also habe ich dort gewonnen, wo es Optimismus, Diversität und Dynamik gibt, wo Entwicklung stattfindet.« [26] Mal abgesehen von der Frage, ob dieser Kommentar von Hillary Clinton angemessen war oder nicht – die Daten sind belastbar. Sie stammen aus einem Report des Brookings Institute, der zu dem Ergebnis kam, dass »sich in den weniger als 500 Countys, die Hillary Clinton landesweit gewonnen hat, gewaltige 64 Prozent der in den USA stattfindenden wirtschaftlichen Aktivitäten konzentrieren, gemessen an der gesamten in den USA erbrachten Wirtschaftsleistung 2015«. [27] Zum Vergleich: Die Countys, die Gore im Jahr 2000 holte, standen für 54 Prozent des gesamten BIP.

Die Unterschiede, die wir messen können, verdecken die Unterschiede, die wir nicht messen können oder die wir noch gar nicht unter die Lupe genommen haben. In *The Big Sort: Why the Clustering of Like-Minded America Is Tearing Us Apart* schreibt Bill Bishop sehr wortgewandt über die verwirrend komplexen Faktoren, die bestimmen, wo wir leben:

> Jährlich ziehen zwischen vier und fünf Prozent der Bevölkerung von einem County in ein anderes, das waren während der letzten zehn Jahre 100 Millionen Amerikaner. Sie wechseln den Wohnort, um eine neue Stelle anzutreten, näher bei ihren Familien zu sein oder der Sonne zu folgen. Bei ihrer Suche nach einem Ort, der in Frage kommt, haken sie eine Liste von Vorzügen und Merkmalen ab, die der neue Wohnort bieten sollte: Ist die passende Kirche in der Nähe? Die richtigen Cafés? Wie weit entfernt ist das Viertel, in dem wir wohnen werden, vom Stadtzentrum? Wie hoch ist die Miete? Ist der Ort sicher? Wenn Menschen umziehen, treffen sie auch eine Wahl in Bezug darauf, wer ihre neuen Nachbarn sein werden und mit wem sie ihr neues Leben teilen werden. [28]

Alle diese Entscheidungen und Faktoren stehen in Beziehung zu unseren politischen Einstellungen und Identitäten. So ermittelte etwa Wasserman nach den Midterm elections 2018, dass demokratische Abgeordnete des Repräsentantenhauses nun 78 Prozent aller Standorte von Filialen der Biomarktkette Whole Foods vertraten, dagegen nur 27 Prozent aller Standorte der Restaurant- und Souvenirladenkette Cracker Barrels. In der Theorie haben Bioäpfel oder die tägliche Portion Waffeln nichts an sich, woraus sich unsere Politik ableiten ließe, doch unsere Affinitäten und Präferenzen überlagern einander auf höchst komplexe Weise. [29]

Der direkte Einfluss, den Parteibindung bei solchen Entscheidungen spielt, ist leicht zu überschätzen. Es stimmt zwar, dass Demokraten bevorzugt unter Demokraten leben und Republikaner unter Republikanern, dennoch zeigen Studien, dass die Entscheidung von Menschen für ihren neuen Wohnort letztlich von anderen Überlegungen dominiert wird: Hauspreisen, der Qualität der Schulen, der Kriminalstatistik und ähnlichen mit der Lebensqualität zusammenhängenden Fragen. [30] Allerdings liegt der entscheidende Faktor nicht in den kleinen Bewegungen, die Menschen zwischen Kommunen vollziehen, sondern in den großen Entscheidungen, die sie treffen (bzw. die ihre Eltern oder die Eltern ihrer Eltern getroffen haben), nämlich, ob sie lieber in einer ländlichen Gegend leben möchten oder in einer urbanen.

In dem Maß, wie sich die Parteien in ethnischen, religiösen, ideologischen Fragen und auch geographisch voneinander unterscheiden, verstärken die Signale, die uns sagen, ob ein Ort unser Ort, eine Gemeinde unsere Gemeinde werden kann, unsere politischen Differenzen. Und je stärker wir uns diesen Differenzen entsprechend sortieren, desto stärker werden die Unterschiede im Hinblick auf unsere Präferenzen. Pew fand 2017 heraus, dass »die meisten Republikaner (65 Prozent) sagen, sie würden lieber in einer Gemeinde leben, in der die Häuser größer sind und weiter auseinanderstehen und Schulen und Einkaufsmöglichkeiten nicht in der Nähe sind. Eine Mehrheit der Demokraten (61 Prozent) bevorzugt kleinere Häuser in fußläufiger Nähe zu Schulen und Einkaufsmöglichkeiten.« [31] Daher wird aus einer Präferenz, die auf den ersten Blick nichts mit Politik zu tun zu haben scheint – »Ich möchte ein großes Haus mit Garten haben« oder »Ich möchte in einer bunten Stadt leben, in der es viele neue Restaurants gibt« –, eine weitere Kraft, die uns voneinander wegzieht.

Es gibt einen Grund dafür, warum sich diese trennenden Faktoren alle übereinanderstapeln: Sie zeichnen nicht nur Unterschiede in unseren politischen Auffassungen nach, sondern auch Unterschiede in unserer Psychologie.

Die psychologischen Wurzeln unserer politischen Einstellungen und unseres politischen Handelns

Beginnen wir mit dem Offensichtlichen. Menschen sind verschieden. Mein älterer Bruder ist ein geselliger Mensch, immer auf Small Talk aus, imstande, innerhalb von Sekunden Verbindung zu fremden Menschen herzustellen. Ich dagegen stehe auf Cocktailpartys in der Ecke und fühle mich unwohl in der Gegenwart von Menschen, die ich nicht bereits gut kenne. Meine jüngere Schwester ist eine talentierte Künstlerin. Sie entwirft Schmuck und macht psychedelische Kunst, seit sie sechs war. Ich habe eine derart schlechte Handschrift, dass ich in meinen Dreißigern einen Kurs belegte, um sie zu verbessern. Und wenn Sie mich bitten würden, eine Person zu skizzieren, dann würde ich einen kleinen Kreis als Kopf auf einen größeren Kreis setzen, der den Körper darstellt, wie ein Sechsjähriger, der gerade zeichnen lernt. Resultat: Mein Bruder, der Socializing eher mag als ich, macht mehr Socializing. Meine Schwester, mit ihrem Talent für Kunst, macht mehr Kunst.

Einige dieser Unterschiede haben ihre Wurzeln darin, wie wir aufgewachsen sind, in den von uns gemachten Erfahrungen. Andere dagegen machen sich schon kurz nach der Geburt bemerkbar. Psychologen sprechen von den Big Five, den fünf Hauptmerkmalen der Persönlichkeit: Offenheit für Erfahrungen, Gewissenhaftigkeit, Extraversion und Introversion, Verträglichkeit und Neurotizismus. Wie wir uns im Hinblick auf diese Merkmale einordnen, kann bereits in der Kindheit gemessen werden und formt unser Leben. Es beeinflusst, wo wir leben, was wir mögen und wen wir lieben. Und zunehmend beeinflusst es auch unsere politischen Einstellungen und unser politisches Handeln.

In ihrem Buch *Open versus Closed: Personality, Identity, and the*

Politics of Redistribution schreiben die Politikpsychologen Christopher D. Johnston, Howard G. Lavine und Christopher M. Federico: »Demokraten und Republikaner unterscheiden sich heute scharf durch ein Set grundlegender psychologischer Dispositionen im Hinblick auf erfahrungsbezogene *Offenheit* – einer allgemeinen Dimension der Persönlichkeit, die sich aus der Toleranz gegenüber Bedrohungen und Unsicherheiten im Umfeld einer Person speist.« [32]

Ähnliche Argumente finden sich, wenn auch auf leicht abweichenden Daten beruhend, bei den Politikwissenschaftlern Marc Hetherington und Jonathan Weiler in ihrem Buch *Prius or Pickup? How the Answers to Four Simple Questions Explain America's Great Divide*:

> Unsere Weltsicht wird von zahlreichen Faktoren geformt. Bei der Entscheidung darüber, zu welcher Seite des Grabens man sich hingezogen fühlt, fällt einer jedoch stärker ins Gewicht als alle anderen: die Wahrnehmung, wie gefährlich die Welt ist. Angst ist unser vielleicht ursprünglichster Instinkt, also ist es nur logisch, dass das Angstlevel von Menschen ihre Lebensaussichten prägt. [33]

Verschiedene Studien kategorisieren Menschen auf verschiedene Weise, aber der gemeinsame Nenner ist der, dass Offenheit für Erfahrungen – und der Grundoptimismus, aus dem sich diese speist – mit Liberalismus assoziiert wird, während Gewissenhaftigkeit, eine Präferenz für Ordnung und Tradition, die Skeptizismus gegenüber disruptivem Wandel hervorbringt, mit Konservatismus in Verbindung steht. Menschen mit hohen Offenheitswerten genießen es mit größerer Wahrscheinlichkeit, unbekannte Speisen zu probieren, an unbekannte Orte zu reisen, in bunten Städten zu leben und einen zugemüllten Schreibtisch zu haben. Sie reagieren weniger sensibel auf bedrohliche Fotos und widerliche Bilder, selbst dann, wenn man subrationale Indikatoren wie Blickbewegungen und die chemische Zusammensetzung des Speichels misst. In *Predisposed: Liberals, Conservatives, and the Biology of Political Differences* schreiben John R. Hibbing, Kevin B. Smith und John R. Alford:

> Zahlreiche Studien haben diese Persönlichkeitsdimensionen mit Unterschieden in der Mischung aus Geschmäckern und Präferenzen in Verbindung gebracht, die offenbar verlässlich Liberale und Konservative zu trennen scheinen. So neigen etwa Menschen mit hohen Offenheitswerten dazu, grenzwertige Musik und abstrakte Kunst zu mögen. Menschen mit hohen Gewissenhaftigkeitswerten sind mit größerer Wahrscheinlichkeit organisiert, treu und loyal. Eine Auswertung des riesigen Korpus entsprechender Forschungsliteratur ergab, dass Differenzen solcher Art in knapp 70 Jahren Studien zu Persönlichkeitsforschung durchgängig auftreten. Die Pointe liegt natürlich darin, dass dieselbe Literatur auch von einem durchgängigen Zusammenhang zwischen diesen Persönlichkeitsdimensionen und politischen Einstellungen berichtet. Menschen, die offen für neue Erfahrungen sind, hängen sich nicht nur Drucke von Jackson Pollock in ihre unaufgeräumten Schlafzimmer, während sie sich Technopop-Interpretationen von Bach durch experimentelle Jazzbands anhören. Sie bezeichnen sich auch mit höherer Wahrscheinlichkeit als liberal. [34]

Genau aus diesem Grund zeichnen die Standorte von Whole Foods und Cracker Barrel tiefe Gräben zwischen Parteianhängern nach. Das Angebot des Lebensmittelhändlers Whole Foods richtet sich an Kunden, die einen hohen Offenheitswert haben. Die Regale sind vollgepackt mit Ethnofood, ungewöhnlichen Produkten und Zeitschriften, die für östliche Spiritualität werben. Die Zielgruppe von Cracker Barrel dagegen bilden Kunden, die es gern traditionell mögen: Die Restaurants der Kette bieten trostspendende Lieblingsspeisen der Südstaatenküche an, die zwar köstlich sind, doch nicht überraschen. Bei beiden handelt es sich um riesige Unternehmen mit fachkundigen Teams, die neue Standorte zur Einrichtung weiterer Filialen sorgfältig auswählen. Ihre Entscheidungen zeichnen nicht deshalb eine Landkarte unserer politischen Einstellungen nach, weil sie versuchen, eine bestimmte Seite des politischen Grabens zu bedienen, sondern weil unsere politischen Einstellungen eine Karte unserer tieferen Präferenzen zeichnen und weil diese tieferen Präferenzen die Motivation für sehr viel mehr sind als nur unsere politischen Einstellungen.

Wir glauben immer gerne, wir würden unsere politischen Einstellungen ausbilden, indem wir ganz langsam und methodisch eine Weltsicht aufbauen, diese Weltsicht nutzen, um Schlussfolgerungen im Hinblick auf ideale Steuerbelastung, ideale Gesundheitspolitik oder ideale Außenpolitik abzuleiten, und uns anschließend für die Partei entscheiden, die dazu am besten passt. Politikpsychologen sehen das aber ganz anders. Sie argumentieren, dass unsere politische Einstellung beinahe ebenso stark aus unserer psychologischen Verfasstheit resultiert wie unser Interesse fürs Reisen oder scharfes Essen oder das Bedürfnis, in großen Menschenmengen zu sein. »Bestimmte Ideen sind für einige Menschen attraktiv, während sie andere abstoßen, und dies bedeutet im Grunde genommen, dass Ideologien und Psychologien sich wechselseitig anziehen wie Magneten«, so John Jost, Politikpsychologe an der New York University. [35]

Als Obama die Worte »Hoffnung« und »Wandel« koppelte, drückte er damit etwas für die liberale Psychologie Fundamentales aus: Wandel löst bei einigen Menschen Ängste aus, doch innerhalb der liberalen Gesinnung trägt er die Hoffnung auf etwas Besseres mit sich. Die Menschen, die sich vom Liberalismus am stärksten angezogen fühlen, sind jene, die Wandel, Differenzen und Diversität aufregend finden. Ihre politischen Einstellungen sind nur ein Ausdruck dieser grundlegenden Gesinnung – einer Gesinnung, die sie womöglich dazu bringt, in polyglotten Städten zu leben, durch Europa zu trampen oder sich fremdsprachige Filme anzusehen. Der Job des Konservativen, schrieb William F. Buckley, Gründer des *National Review*, sei es dagegen, »dem Fortgang der Geschichte im Weg zu stehen und dauernd ›Stopp‹ zu brüllen«. [36] Sie sehen, wie attraktiv das womöglich für jemanden sein könnte, der dem Wandel misstraut, Traditionen schätzt und nach Ordnung strebt. Eine solche Person zieht es womöglich ebenfalls vor, in einer Kleinstadt zu wohnen, nahe bei ihren Verwandten, in eine Kirche zu gehen, die hingebungsvoll die alten Rituale pflegt, und ihren Geburtstag in ihrem Lieblingsrestaurant zu feiern, das sie schon lange kennt.

Abhängig davon, welcher Persönlichkeitstyp Sie sind, lesen Sie eine dieser beiden Beschreibungen womöglich als Kompliment und die andere als Anklage. Denken Sie nicht auf diese Weise darüber. Die Gesellschaft braucht jede Menge unterschiedliche Menschen mit jeder Menge unterschiedlicher psychologischer Verfasstheiten, um zu gedeihen. Es gibt Zeiten, in denen Misstrauen gegenüber Außenstehenden eine Notwendigkeit darstellt, damit eine Kultur eine Bedrohung abwehren kann. Es gibt Zeiten, in denen Begeisterung für Wandel das Einzige ist, das eine Gesellschaft vor der Stagnation bewahrt. Offen ist nicht immer besser als geschlossen. Gewissenhaftigkeit ist ein Charakterzug, kein Kompliment. Betrachtet man die Evolution, dann liegt die Kraft stets in der Mischung möglicher Perspektiven, nicht in einer bestimmten Perspektive – genau der Grund, warum diese psychologische Diversität bis heute überlebt hat.

Nicht unsere Psychologie verändert sich, sondern wie genau sie sich auf unserer politischen Einstellung und auch auf einer ganzen Reihe weiterer Lebensentscheidungen abbildet. Indem die Unterschiede zwischen den Parteien klarer werden, üben ihre Konzepte und Demographien eine immer stärkere magnetische Anziehungskraft auf jene aus, die psychologisch auf ihrer Linie sind – und ebenso eine magnetische Abstoßung gegenüber jenen, die psychologisch entgegengesetzt gestrickt sind.

In *Prius or Pickup?* benutzen Hetherington und Weiler eine psychologische Skala, die sie mit »fluid« und »fixiert« bezeichnen. Sie schreiben:

> Menschen mit einer, wie wir sie nennen, »fixierten« Weltsicht haben mehr Angst vor potenziellen Gefahren und bevorzugen mit größerer Wahrscheinlichkeit klare und unverrückbare Regeln, die ihnen helfen, durch alle Bedrohungen hindurch zu navigieren. Dieses Mindset führt dazu, dass sie gesellschaftliche Strukturen unterstützen, in denen es Hierarchien gibt und Ordnung herrscht, damit besser sichergestellt ist, dass die Menschen nicht allzu weit vom geraden, eng gesteckten Weg abweichen. Im Gegensatz dazu haben Menschen mit einer, wie wir sie nennen, »fluiden« Weltsicht eine geringere Wahrscheinlichkeit, die Welt als bedrohlich wahrzunehmen.
>
> Infolgedessen befürworten sie gesellschaftliche Strukturen, die es Individuen erlauben, ihren eigenen Weg durchs Leben zu finden. Sie tendieren stärker zu der Überzeugung, dass es für das Wohlergehen einer Gesellschaft erforderlich ist, den Menschen mehr Spielraum einzuräumen, sich selbst zu hinterfragen und zu erforschen und ihr authentisches Wesen zu entdecken. [37]

Mitte des 20. Jahrhunderts hat diese psychologische Dimension die amerikanische Politik offenbar nicht gespalten. So ist es zum Beispiel bemerkenswert, dass sich in den sechziger Jahren der Widerstand gegen den Vietnamkrieg etwa gleichmäßig auf beide Parteien verteilte. Noch bis 1992 zeigten die Fluiden und die Fixierten beinahe identische Zahlen dahingehend, für welche Partei sie sich entschieden. Heute allerdings bilden diese Psychologien die Trennlinie, an der sich in der amerikanischen Politik alles scheidet, zumindest unter weißen Wählern (mehr dazu, warum die psychologische Sortierung sich auf Weiße konzentriert und was das für die Politik bedeutet, später). Aufseiten der Fluiden waren 71 Prozent Demokraten und lediglich 21 Prozent Republikaner. Aufseiten der Fixierten waren 60 Prozent Republikaner und lediglich 25 Prozent Demokraten. Betrachtet man das Thema Ideologie, erhält man sogar noch sehr viel aussagekräftigere Ergebnisse. Hetherington und Weiler schreiben: »Von den Fixierten entschieden sich 84 Prozent derer, die sich für eines der beiden Labels entschieden, für das Label konservativ. Von den Fluiden entschieden sich 80 Prozent derer, die sich für eines der beiden Labels entschieden, für das Label liberal.«

Jede Dimension unseres Lebens – Ideologie, Religiosität, Geographie und so weiter – trägt ein psychologisches Signal mit sich. Und diese psychologischen Signale verstärken sich, wenn sie sich entlang einer Linie ausrichten. Mit dem Leben in den USA ist Folgendes passiert: Wir nehmen die Magneten und stapeln sie alle übereinander, wodurch die Anziehungs- bzw. Abstoßungskraft dieses Stapels vervielfacht wird, insbesondere bei denen, die sich am stärksten politisch engagieren.

In *Open versus Closed* glichen Johnston, Lavine und Federico eine Reihe verschiedener psychologischer Tendenzen mit dem Niveau des politischen Interesses von Menschen ab. Was sie herausfanden, war stets dasselbe: Psychologie lässt keine Voraussagen darüber zu, welche politische Auffassung Menschen vertreten, denen Politik relativ egal ist, stellt jedoch ein mächtiges Prognoseinstrument im Hinblick auf die politische Auffassung jener Menschen dar, die politisch interessiert sind. Für diejenigen, die sich politisch nicht engagieren, »existiert wenig dispositionelle Sortierung«, doch bei den Hochengagierten sind die Effekte enorm: Verschiedene Offenheitswerte können zu Schwankungen von bis zu 35 Prozentpunkten in der Parteienidentifikation führen und beinahe alle anderen Faktoren überlagern.

Diese Ergebnisse führten die Forscher zu einer interessanten Schlussfolgerung: »Unengagierte Bürger stellen sich im Rahmen ihrer Meinungsbildung die Frage: Was *habe ich* von dieser oder jener Politik? Geht es um die Engagierten, sind Reaktionen auf ökonomische Fragestellungen als ausdrücklich motivierte Identitätssignale zu verstehen. Politisch interessierte Menschen stellen sich die Frage: Was sagt die Unterstützung für diese oder jene politische Position *über mich* aus?« [38]

Mit anderen Worten: Psychologische Sortierung ist eine mächtige Triebkraft für Identitätspolitik. Interessieren Sie sich genügend für Politik, um Sie mit Ihren wichtigsten psychologischen Merkmalen zu verknüpfen, dann wird Politik zu einem Teil Ihres psychologischen Selbstausdrucks. Und da die politischen Bündnisse von der Psychologie auseinanderdividiert werden, sendet die Mitgliedschaft in dem einen oder anderen ein klareres Signal an uns selbst und auch an unsere Umwelt, wer wir sind und was wir wertschätzen. Beteiligen wir uns an Politik, um ein Problem zu lösen, beteiligen wir uns transaktional. Beteiligen wir uns dagegen an Politik, um auszudrücken, wer wir sind, dann ist dies ein Signal dafür, dass politische Einstellung zu einer Identität geworden ist. Und genau an diesem Punkt beginnt sich nicht nur unsere Beziehung zu Politik zu verändern, sondern auch unsere Beziehung zueinander.

KAPITEL 3

Was Ihr Gehirn von Gruppen hält

Henri Tajfel publizierte 1970 einen Aufsatz mit dem nichtssagenden Titel »Experiments on Intergroup Discrimination«. Dieser sollte sich als eine der wichtigsten sozialpsychologischen Studien erweisen und gewährt uns selbst heute noch einen verstörenden Einblick in die Subroutinen des menschlichen Gehirns.

Tajfels Experiment nahm seinen Anfang mit der Erinnerung an einen Freund aus Slowenien, der ihm detailliert die Stereotype geschildert hatte, mit denen seine Landsleute bosnische Immigranten belegten. Tajfel gibt nicht an, um welche Stereotype es sich im Einzelnen handelte; jedenfalls ging ihm die Sache nicht mehr aus dem Kopf. Er glaubte, das alles so oder ähnlich bereits einmal gehört zu haben. Also beschloss er, seine Vermutung zu überprüfen. »Einige Zeit später legte ich die Beschreibung einer Gruppe von Studierenden an der Oxford University vor und bat sie zu erraten, von wem sie stammen könnte und auf wen sie sich bezog«, schreibt er. »Die beinahe einhellige Antwort lautete, es handele sich um eine Charakterisierung, die eingeborene Engländer ›farbigen‹ Einwanderern zuschrieben: Menschen, die vor allem von den Westindischen Inseln sowie aus Indien und Pakistan kamen.« [1]

Daraus zog Tajfel eine Lehre. Diskriminierung variiert in ihren Zielen und ihrer Intensität von Kultur zu Kultur, doch die rationalen Gründe, die dafür angeführt werden, sind sich überraschend ähnlich. Vielleicht, so dachte er, ist die Art und Weise, wie wir Menschen behandeln, die unserer Meinung nach anders sind als wir selbst, kein Produkt unserer speziellen Kultur oder Erfahrungen, sondern kommt aus etwas Tieferem, etwas, das widerspiegelt, wie Menschen denken, sich organisieren und ihr soziales Umfeld umgrenzen. »Das wichtigste Prinzip der subjektiven sozialen Ordnung, die wir für uns selbst konstruieren, ist die Klassifizierung von Gruppen als ›wir‹ und ›die‹«, schrieb er, und sei eine Person erst einmal zu einem Teil von »die« geworden, pflegen wir sie für gewöhnlich abzulehnen, mit ihr in Konkurrenz zu treten, sie zu diskriminieren – und, so Tajfels Hypothese in einem besonders furchteinflößenden Satz, wir tun dies »selbst dann, wenn es dafür angesichts [unserer] eigenen Interessen keinen Grund gibt«.

Es lohnt sich, ein wenig länger bei dem radikalen Konzept der menschlichen Natur zu verweilen, das Tajfel durch seine Forschungen und Experimente voranbrachte. Lange hatten die Menschen ihre Vorurteile gepflegt, waren jedoch fest davon überzeugt gewesen, dass diese Vorurteile die Realität widerspiegelten. Diejenigen, die wir nicht mochten, mochten wir aus einem ganz bestimmten Grund nicht. Auf diesen Punkt laufen alle rassistischen und ethnischen Klischees hinaus: die Gier, die Kriminalität, die Bestechlichkeit oder die Dummheit, die wir anderen zuschreiben, rechtfertigen unseren Hass auf sie oder unsere Angst vor ihnen. Die nachaufklärerische Sicht auf die Menschheit besagt, dass wir rationale Individuen sind, deren Handlungen zwar von Instinkten angeheizt werden mögen, letztlich jedoch von rationalen Erwägungen beherrscht sind. Doch was, wenn es genau umgekehrt wäre? Was, wenn unsere Loyalitäten und Vorurteile von Instinkten geleitet wären und wir sie nur nachträglich rationalisierten?

Tajfel hatte seinen Grund für diese Zweifel. Das Leben hatte ihm selbst eine grausame Lektion darüber erteilt, wie dünn die Schicht menschlicher Zivilisation in Wirklichkeit war, wie dicht unter der Oberfläche unsere barbarische Seite lauerte und wie fadenscheinig und doch zentral Gruppenidentität sein konnte; wie schnell sie von der Bedeutungslosigkeit zum Einzigen werden konnte, das zählte.

Tajfel, geboren 1919 in Polen, war Jude. Er emigrierte in den dreißiger Jahren nach Frankreich, weil Juden in Polen nicht mehr an der Universität studieren durften. Als der Zweite Weltkrieg Europa zu verheeren begann, schloss er sich 1939 der französischen Armee an und geriet 1940 in deutsche Gefangenschaft. Die folgenden fünf Jahre verbrachte er in deutschen Kriegsgefangenenlagern. »Er lebte diese ganze Zeit über unter einer falschen Identität, gab sich als Franzose aus«, schrieb sein Student und Mitarbeiter John Turner: »Hätten die deutschen Behörden herausgefunden, dass er ein polnischer Jude war und kein französischer, wäre er getötet worden.« [2]

Diese Erfahrung entwickelte sich, wie Turner sich später erinnerte, zum grundlegenden Fundament von Tajfels Fixierung auf Identität:

> Sein Argument war folgendes: Ungeachtet seiner persönlichen Eigenschaften oder ungeachtet der Tatsache, wie gut seine persönlichen Beziehungen zu den deutschen Wachen waren – hätte man seine wahre Identität entdeckt, wäre es die Zugehörigkeit zu dieser gesellschaftlichen Kategorie gewesen (Pole zu sein), welche die Reaktion der Wachen und sein letztendliches Schicksal bestimmt hätten. Seine persönlichen Eigenschaften und seine Identität als einzigartiges Individuum hätten sich als unbedeutend erwiesen und als irrelevant für deren Reaktion.

Tajfel kehrte im Mai 1945 nach Frankreich zurück. »Von den Menschen, die ich 1939 gekannt hatte – einschließlich meiner Familie –, war kaum noch jemand am Leben«, erinnerte er sich später. [3] Und wieso waren seine Eltern umgebracht worden? Warum wurde sein Bruder getötet? Die Antwort auf diese Fragen war dieselbe wie für sechs Millionen andere Juden: weil sie Juden waren. Es ist nicht schwer zu begreifen, warum ein Mann, der diese Zeit durchlitten und nur deshalb überlebt hatte, weil er in eine Identität schlüpfte, die nicht seine eigene war, sich irgendwann obsessiv mit der Psychologie von Gruppenidentität zu beschäftigen begann.

Tajfel stellte die Theorie auf, dass der Instinkt, unsere eigenen Leute mit Wohlwollen zu betrachten und Außenstehende mit Feindseligkeit, ein derart tief erlerntes Verhalten ist, dass es unabhängig von jedem beliebigem Grund funktioniert und uns soziale Beziehungen als Wettstreit behandeln lässt. Wir müssen Mitglieder einer Fremdgruppe weder hassen noch fürchten, um auf sie loszugehen. Es muss auch nichts Materielles für uns zu gewinnen sein, wenn wir sie attackieren. Haben wir sie erst einmal als, nun ja, »die« klassifiziert, dann reicht das aus – wir werden sie dann tendenziell mit Skepsis behandeln, sogar mit Feindseligkeit, denn dies ist das, was wir mit allen zu tun pflegen, die wir als »die« ansehen. Es ist eine automatische Reaktion, so wie die Gänsehaut, die sich auf unserem Arm breitmacht, eine Reaktion auf Kälte ist.

Als Theorie war das durchaus elegant, wenn auch ein bisschen trostlos. Allerdings ließen sich daraus zwei Hypothesen ableiten, die Tajfel, so wurde ihm klar, mit Hilfe von Experimenten überprüfen konnte. Die erste lautete: Wir sind so darauf geeicht, die Welt in »wir« und »die« zu sortieren, dass wir es bereits aus den geringsten Anlässen tun. Und die zweite: Haben wir die Welt erst einmal in »wir« und »die« sortiert, agieren wir zum Vorteil der Eigengruppe und diskriminieren die Fremdgruppe, und zwar sogar dann, wenn überhaupt kein äußerer Grund dafür vorliegt. Basierend auf dieser Theorie führte Tajfel eine Versuchsreihe durch, die als lächerliche Posse durchgehen könnte, wären ihre Ergebnisse nicht so furchteinflößend.

Im ersten dieser Experimente lud Tajfel 64 Jungs im Alter zwischen 14 und 15 Jahren in sein Labor ein. Die Kinder kamen alle aus derselben Schule, das heißt, sie kannten sich zu Beginn des Experiments untereinander und gehörten derselben Community an. Im ersten Teil der Studie wurde ihnen gesagt, die Forscher hätten vor, ihr visuelles Urteilsvermögen zu testen. Man zeigte ihnen Ansammlungen von Punkten und bat sie zu schätzen, wie viele es jeweils wären. Dann blieben sie im Raum und sahen den Forschern zu, die so taten, als seien sie schwer mit der Auswertung der von ihnen gemachten Angaben beschäftigt.

Anschließend sagten die Forscher, da die Jungs nun schon einmal hier wären, wollten sie die Gelegenheit nutzen und einen weiteren Test durchführen, der mit dem ersten in keiner Weise in Zusammenhang stünde. Um es sich möglichst einfach zu machen, würden sie sie in Gruppen einteilen, und zwar abhängig davon, ob sie in der vorangegangenen Studie die Anzahl der Punkte eher zu hoch oder zu tief eingeschätzt hätten. In Wirklichkeit war das reine Fiktion: Die Aufteilung der Jungs erfolgte völlig willkürlich. Die neue Aufgabe bestand darin, den anderen Teilnehmern der Studie einen bestimmten Geldbetrag zuzuweisen. Sich selbst gaben die Jungs kein Geld; sie teilten es lediglich anderen zu. Allerdings konnten sie sehen, ob sie es Mitgliedern der Eigengruppe oder Mitgliedern der Fremdgruppe gaben.

Es lohnt sich, an dieser Stelle kurz innezuhalten und die Absurdität der Situation zu verdeutlichen. 64 Jungs, alle aus derselben Schule, wurden in ein Labor gebracht und aufgrund eines vollkommen sinnlosen Merkmals (das noch nicht einmal stimmte) – nämlich wie genau sie die Anzahl von Punkten auf einem Bildschirm eingeschätzt hatten – in Gruppen sortiert. Dann wurden sie in eine andere Studie gesetzt, die überhaupt nichts mit Punkten zu tun hatte, und mussten Geld verteilen, von dem sie selbst aber nichts bekamen. Es war der mit Abstand einfachste Test zu Gruppenidentität. Er war dermaßen leicht, dass Tajfel nicht erwartete, überhaupt irgendeine Art von Gruppenverhalten zu generieren. »Seine Idee bestand darin, eine Bezugsbasis zu etablieren, bei der es kein gruppeninternes Verhalten gab, und dann eine um die andere Variable hinzuzufügen, um zu sehen, ab welchem Punkt gruppeninterne Diskriminierung auftrat«, schrieb Turner. [4] Mit anderen Worten: Das erste Experiment, das mit der vollkommen törichten Kategorisierung, war so angelegt, dass es bewusst unterhalb der Schwelle für das Auftreten kollektiver Identität blieb, sodass Tajfel anschließend stärkere Auslöser platzieren und präzise bestimmen konnte, was es brauchte, um Menschen dazu zu bringen, sich als Teil einer Gruppe zu sehen.

An dieser Stelle unterschätzte Tajfel, ungeachtet seiner eigenen tragischen Vergangenheit, die Macht der Gruppenpsychologie. Schon die Ergebnisse seines ersten Tests zeigten, wie Gruppenidentität sich festsetzte und zu Parteilichkeit mutierte: »Eine große Mehrheit der Probanden in allen Gruppen unter beiden Bedingungen gaben Mitgliedern der Eigengruppe mehr Geld als Mitgliedern der Fremdgruppe.« [5]

Wichtig ist, dass diese Strategie der Experimentatoren nicht die optimale war, um das Beste aus den Experimenten herauszuholen. Und es war auch nicht die Strategie, die die Jungs wählten, wenn sie nicht in Gruppen dachten. Sagte man ihnen, sie müssten sich zwischen zwei Mitgliedern ihrer eigenen Gruppe entscheiden, wählten sie tendenziell die fairste Option. Hatten sie allerdings die Wahl zwischen einem Mitglied ihrer eigenen bedeutungslosen Gruppe und der anderen bedeutungslosen Gruppe, entschieden sie sich so, dass ihr Mitüber- oder -unterschätzer, dessen Namen sie nicht einmal kannten, mehr bekam, selbst dann, wenn das bedeutete, dass alle insgesamt weniger bekamen.

Die Ergebnisse waren so auffällig, dass Tajfel sich entschied, eine zweite Studie durchzuführen, um sie sicher zu untermauern. Wieder lud er eine Schar Jungs ins Labor ein. Diesmal bekamen sie

Gemälde von Paul Klee und Wassily Kandinsky gezeigt und wurden gebeten, ihren Favoriten auszuwählen. Die Gemälde wurden ihnen ohne Signatur gezeigt, sodass die Jungs anschließend willkürlich in die Klee-Gruppe oder die Kandinsky-Gruppe sortiert werden konnten. Dann schritten die Forscher zum nächsten Experiment. Wieder wurden die Jungs gebeten, Geld zu verteilen, und sie wussten nichts weiter, als dass sie das Geld häufig Teilnehmern zusprachen, die ihren Kunstgeschmack teilten oder eben nicht. Und selbst diese dünne Schicht der Gruppenidentität war falsch.

Dieses Mal jedoch war das Experiment so aufgebaut, dass festgestellt werden konnte, ob es für die zuvor wahllos zusammengewürfelten Jungs wichtiger war, Geld für ihre Eigengruppe zu verdienen oder die Fremdgruppe über den Tisch zu ziehen. In einigen Szenarien mussten sich die Jungs entscheiden, entweder den Betrag zu maximieren, den jeder Einzelne bekam, oder ihrer Gruppe mehr Geld zukommen zu lassen, selbst wenn dies bedeutete, dass die Gruppe insgesamt weniger bekam. Wie sich zeigte, war die letztere Option die beliebtere. Darüber denken wir mal eine Sekunde nach: Die Jungs zogen es vor, ihrer Eigengruppe weniger zuzuweisen, solange dies bedeutete, dass der Unterschied zwischen dem, was sie bekamen, und dem, was die Fremdgruppe bekam, größer war.

Einige der Jungs bekamen nicht die Wahl zwischen Mitglied Fremdgruppe und Mitglied Eigengruppe. Sie wurden stattdessen gebeten, sich zwischen zwei Mitgliedern ihrer eigenen Gruppe oder zwei Mitgliedern der Fremdgruppe zu entscheiden. In diesen Fällen trieb nicht mehr Gruppenkonkurrenz das Verhalten an, doch waren auch hier die Ergebnisse vielsagend. Die Jungs, die Mitgliedern ihrer Eigengruppe Geld gaben, gaben ihnen mehr als die Jungs, die Mitgliedern der Fremdgruppe Geld gaben.

Selbst heute noch lässt uns Tajfels Beschreibung, wie die Jungs sich entschieden, Mitglieder der Fremdgruppe selbst dann zu bestrafen, wenn kein Mitglied der Eigengruppe vorhanden war, dem sie Geld geben konnten, staunen. Ihren Entscheidungen lag keine Ressourcenknappheit zugrunde. Dass sie sich dennoch entschieden, die Fremdgruppe zu bestrafen, »stellte daher einen klaren Fall von willkürlicher Diskriminierung dar«. [6]

In einem 1971 veröffentlichten Aufsatz betrachteten Tajfel und seine Co-Autoren die Ergebnisse. Sie schrieben, es sei an der Zeit, die Vorstellung, Gruppenkonflikte würden primär von Nullsummenkollisionen um Ressourcen oder Macht motiviert, ad acta zu legen. »Diskriminatorisches Intergruppenverhalten kann nicht umfassend verstanden werden, wenn es ausschließlich in Begrifflichkeiten von ›objektiven‹ Interessenkonflikten betrachtet wird«, schlussfolgerten sie. [7] Die Jungs in seinen Studien hatten oftmals nichts zu gewinnen – manchmal hatten sie sogar etwas zu verlieren –, wenn sie die bestraften, von denen sie aufgrund fadenscheiniger und falscher Kategorisierungen glaubten, sie seien anders als sie selbst. Sie waren auch weit davon entfernt, ihr Verhalten von dem Wunsch bestimmen zu lassen, den Gewinn ihrer eigenen Gruppe zu maximieren. Stattdessen gaben sie häufig ihrer eigenen Gruppe weniger, um den Unterschied zwischen dieser und der Fremdgruppe zu vergrößern. Geld war mitnichten der primäre Motivator. »Wichtiger schien ihnen das Gewinnen zu sein«, schrieb Tajfel.

Noch einmal: Diese Ergebnisse beziehen sich auf Jungs, die einander kannten; die vorher keinerlei Beziehung zu den bedeutungslosen Gruppen hatten, in die sie vollkommen willkürlich einsortiert wurden; die Geld austeilten, das sie, wie sie wussten, selber nie bekommen würden.

Doch bevor Sie sich mit der Vorstellung trösten, dies seien ja nur wenige Experimente mit einigen willkürlich ausgewählten Teenagern gewesen und kein Erwachsener würde sich je auf diese Weise verhalten, lohnt es sich, einen Bereich des menschlichen Lebens zu betrachten, in dem sich dieses Verhalten ununterbrochen und für uns alle sichtbar vollzieht.*

Auf diese Weise hassen heißt, für immer glücklich sein

Es ist an der Zeit etwas zuzugeben, das mich den Respekt einiger Leserinnen und Leser kosten dürfte: Ich bin kein Sportfan. Mehr noch, mir geht jedes Verständnis für das ganze Fangedöns ab. Und dabei habe ich es sogar ernsthaft versucht! Ich habe mich einem Team verschrieben, bin zu Spielen gegangen. Als Kind habe ich wie besessen Baseballkarten gesammelt und konnte die Statistiken beliebter Spieler runterbeten. Doch ich war nie imstande, echte Gefolgschaft zu entwickeln. Ich bin in der Nähe von Los Angeles aufgewachsen, und zwar nachdem die Los Angeles Rams nach St. Louis abgehauen waren.** Daher wusste ich, dass diese Organisationen mir gegenüber keinerlei Loyalität empfanden. Ich verfolgte gerne den Rechtehandel und die Spielertransfers mit, und so wurde mir klar, dass Spieler lieber dorthin gingen, wo das Geld war, statt dortzubleiben, wo ihre Fans waren.

Doch das ist ganz allein mein Problem. Sport ist nach wie vor allgegenwärtig, und zwar deshalb, weil er den zutiefst in uns Menschen verwurzelten Wunsch bedient, »uns« von »denen« abzugrenzen, unsere Gruppe im Kampf und Wettstreit über Außenstehende triumphieren zu sehen. Ob unser Team gewinnt, hat keine

* Ich sollte anmerken, dass Tajfels Ergebnisse wiederholt repliziert wurden, unter allen möglichen Bedingungen, unter Anwendung aller möglichen Gruppenidentitäten, mit Erwachsenen als Probanden. Doch gestatten Sie mir einen sanften Übergang zwischen den einzelnen Abschnitten.

** Das Team ist inzwischen wieder zurückgekehrt, was nur einen weiteren Beweis für meine These darstellt.

Auswirkungen auf unser Einkommen, unsere Zukunft, die Bildung unserer Kinder oder die Entscheidung darüber, ob unser Arbeitsplatz nach China verlagert wird. Dennoch heften Woche für Woche Millionen, vielleicht sogar Milliarden, ihr Glück an den Ausgang eines Spiels, das sie selbst nicht spielen und dessen materielle Gewinne sie nie genießen werden. Sie schauen nicht zu, weil sie tollen Sportsgeist oder meisterliche Talente sehen wollen; sie schauen zu, wie Tajfel sagte, weil es ums Gewinnen geht.

Gewinnen ist derart wichtig, dass im Anschluss an Spiele Städte brennen und Menschen sterben. 2015 sammelte Carl Bialik vom Nachrichten- und Umfrageportal FiveThirtyEight Informationen über 49 mit Sport zusammenhängende Gewaltexzesse in der jüngeren nordamerikanischen Geschichte. »Die Daten erzählen eine Geschichte der Gewalt im Anschluss an zahlreiche Sportevents: Tausende Inhaftierte, Hunderte Verletzte, mehr als ein Dutzend Tote. Von den Krawallen waren mehr als ein Dutzend Bundesstaaten der USA sowie drei kanadische Provinzen betroffen, und sie ereigneten sich als Reaktion auf die wichtigsten Spiele in allen vier nordamerikanischen Profisportarten sowie im Zusammenhang Collegefootball, -basketball und -hockey.« [8]

Noch einmal: Dies alles gilt für Wettkämpfe, bei denen es rein um die psychologischen und emotionalen Aspekte des Gewinnens geht, und doch werden unsere Seelenkräfte von der Ekstase des Sieges und manchmal vom Schmerz des Verlierens derart überwältigt, dass wir ebenjene Städte zerstören, die die Basis unserer Leidenschaft für die Teams bilden, die wir unterstützen. So machtvoll verbinden wir uns zu Gruppen, so wenig ist nötig, dass Gruppenidentität alle unsere anderen Seelenkräfte übernehmen kann und identitäre Leidenschaften das dünne Stimmchen der Vernunft in unserem Kopf zum Schweigen bringen.

Im Jahr 2006 veröffentlichte Will Blythe ein Buch mit einem Titel, den ich nie vergessen habe. Es hieß *To Hate Like This Is to Be*

Happy Forever (Auf diese Weise hassen heißt, für immer glücklich sein). Wie soll man an einem Buch vorbeigehen, auf dessen Umschlag diese Worte prangen? Worum konnte es darin gehen?

Als ich es zur Hand nahm, stellte ich überrascht fest, dass es sich um eine Untersuchung der Rivalität zwischen zwei Basketballteams in North Carolina handelte, nämlich Duke University und University of North Carolina. Es beschrieb, wie diese Rivalität das Leben des Verfassers geformt und diesem eine Bedeutung verliehen hatte, als kaum etwas anderes da war, was dies hätte leisten können. »Das gefolgschaftliche Mitleben und Mitsterben für entweder Duke oder Carolina ist nicht weniger real, weil es über Spiel und Fandasein ausgelebt wird«, schrieb Blythe. [9]

Ich liebe diesen Satz. *Das gefolgschaftliche Mitleben und Mitsterben.* Falls er sich für Sie übertrieben anhört, ziehen Sie die Möglichkeit in Betracht, dass die emotionale Erfahrung, die er beschreibt, nicht nur real ist, sondern sogar rational. Die Entwicklung der Menschheit fand in Gruppen statt. Teil einer Gruppe zu sein und mitzuerleben, wie diese Gruppe Erfolg hatte, bedeutete zu überleben. Aus einer Gruppe ausgestoßen zu sein oder mitzuerleben, wie die eigene Gruppe von ihren Feinden vernichtet wurde, konnte den Tod bedeuten. Ist es wirklich so seltsam, dass wir uns zu Wesen entwickelt haben, bei denen Gruppenzugehörigkeit und Gruppenstatus das Gefühl auslösen, es gehe dabei um Leben und Tod?

Hier bietet uns die aufkommende Einsamkeitsforschung mächtige Einsichten. Wir neigen dazu, die Qualen sozialer Isolation oder gesellschaftlicher Stigmatisierung als ausschließlich psychologisch abzutun. Dem ist nicht so. Sich verlassen zu fühlen von der Gemeinschaft und die Furcht vor einer Stigmatisierung durch andere triggern einen physischen Angriff auf den Körper. Sie haben vielleicht von Ergebnissen statistischer Untersuchungen gehört wie dem, dass Einsamkeit schlimmer sei als Fettleibigkeit oder Rauchen. Mediziner wie Vivek Murthy, ehemaliger Sanitätsinspekteur der Vereinigten Staaten, sind der Auffassung, dass soziale Isolation dieselbe Wirkung hat wie eine Krankheit oder Verletzung und die Grenze von einem psychologischen Zustand hin zu körperlichen Beeinträchtigungen überschreitet. Es ist ein evolutionärer Mechanismus; unser Gehirn weiß, dass wir zum Überleben Gruppen brauchen. Fühlen wir uns also aus unserer Gruppe ausgeschlossen, dann triggert das eine massive Stressreaktion im ganzen Körper:

> Aus biologischer Perspektive betrachtet haben wir uns zu sozialen Wesen entwickelt. Vor langer Zeit half uns unsere Fähigkeit, Beziehungen aufzubauen, die von Vertrauen und Kooperation geprägt sind, unsere Chancen auf eine stabile Versorgung mit Nahrungsmitteln und einen beständigeren Schutz vor Raubtieren zu erhöhen. Im Verlaufe von Tausenden von Jahren hat sich der Wert von sozialen Verbindungen in unser Nervensystem eingebrannt. Daher verursacht die Abwesenheit solcher Schutzkräfte im Körper einen Stresszustand. Einsamkeit führt zu Stress, und Langzeit- beziehungsweise chronischer Stress führt häufiger zur Erhöhung eines der wichtigsten Stresshormone – Kortisol. Dies wiederum schädigt Gefäße und andere Gewebe, erhöht das Risiko von Herzkrankheiten, Diabetes, Gelenkerkrankungen, Depressionen, Fettleibigkeit und vorzeitigem Tod. Chronischer Stress kann ebenfalls den präfrontalen Kortex okkupieren, der die Entscheidungsfindung steuert, das Planen, die Gefühlsregulation, die Analyse und das abstrakte Denken. [10]

Ein Ergebnis dieser Studien ist derart eindeutig, dass es eigentlich kaum auszuhalten ist. Johann Hari schreibt in seinem Buch *Der Welt nicht mehr verbunden*: »Überall auf der Welt finden bei Menschen, die sich einsam fühlen, während des Schlafs mehr sogenannte Micro-Awakenings statt, als bei anderen. Dabei handelt es sich um kurze Augenblicke, an die man sich beim Aufwachen nicht erinnert, in denen man jedoch ein wenig aus dem Schlummer auftaucht. Dies ist auch bei allen anderen sozialen Tierspezies zu beobachten, wenn sie isoliert werden. Die beste Theorie dazu lautet, dass ein einsamer Mensch nicht ruhig schläft, weil die ersten Menschen real in Gefahr waren, wenn sie abseits von ihrem Stamm schliefen.« [11] So tief ist diese Angst vor sozialer Isolation uns eingeprägt: Sie weckt uns tatsächlich nachts aus dem Schlaf, weil unser Körper weiß, dass er sich nicht ganz so tief entspannen darf, wenn er sich nicht auf den Schutz durch andere verlassen kann.

Unser Gehirn ist das Ergebnis einer langen evolutionären Entwicklung, während unser Leben, im Guten wie im Schlechten, genau jetzt gelebt wird, in diesem Moment. Wir sind ausgezeichnet darauf eingestellt, unsere Rolle in den notwendigen kleinen Gruppen zu verstehen und zu managen, die unsere Welt als Jäger und Sammler prägten, doch wir hatten nur wenig Zeit, uns an die digitalisierte, globalisierte, hektische Welt anzupassen, die wir selbst geschaffen haben. Die sensiblen Wahrnehmungen, die unser Gedeihen innerhalb des Geflechtes einiger weniger Gruppen mit jeweils nur einigen hundert Menschen beförderten, können uns in den Wahnsinn treiben, wenn sie dem Ausmaß, dem Lärm und den ausgeklügelten Manipulationen des modernen Kapitalismus und der modernen Politik ausgesetzt sind. Unser Gehirn erkennt nicht immer den Unterschied zwischen den Implikationen für Leben oder Tod, die dem Schicksal der Gruppe einst zukamen, und den milderen Konsequenzen, die es heute normalerweise hat. In seinem Buch *Enlightenment 2.0* hat der Philosoph Joseph Heath von der University of Toronto dies ganz nett umschrieben:

> Was weitreichende Kooperation betrifft, so haben wir Menschen unsere Programmierung deutlich überschritten. Wir sind

> zu etwas geworden, das Biologen eine ultrasoziale Spezies nennen, ungeachtet dessen, dass wir mit einem Set sozialer Instinkte ausgestattet sind, die im Grunde maßgeschneidert für ein erfolgreiches Leben in kleinen Stammesgesellschaften waren. Dennoch müssen wir unbedingt begreifen, dass wird dies nicht erreicht haben, indem wir uns selbst neu programmierten oder die uns innewohnenden Designbegrenzungen überwanden. Wir haben es vielmehr größtenteils dadurch erreicht, dass wir uns selbst das trügerische Gefühl vermittelt haben, wir würden immer noch in kleinen Stammesgesellschaften leben, obwohl dem nicht mehr so ist. Leider funktioniert dieser Trick derart gut, dass wir manchmal vergessen, dass wir uns seiner überhaupt bedienen, und so entwickeln wir die Vorstellung, wir könnten umfangreiche Kooperationssysteme errichten, die auf nichts weiter basieren als unserer rationalen Erkenntnis, dass es solche Institutionen braucht. Dies führt ausnahmslos zu Enttäuschung. [12]

Ich würde das gerne etwas korrigieren. Es führt nicht *ausnahmslos* zu Enttäuschung. Manchmal führt es auch zu umfassenden, wunderbaren Fortschritten in der zwischenmenschlichen Kooperation, wie es etwa Nationalstaaten oder Religionen sind. Manchmal führt es zu Hass, Gewalt, gar Genozid. Und manchmal führt es einfach nur dazu, dass sich am Sonntag alle versammeln, um zwei Gruppen von Menschen zuzusehen, die in spezielle Farben gekleidet sind und auf einem üppig grünen Rasen aufeinanderprallen.

Beim Schreiben dieses Abschnitts befällt mich die Sorge, dass mancher Leser glauben könnte, ich würde die Macht, die sportliche Rivalität entfaltet, ausblenden oder mich herablassend über das Erlebnis als solches äußern wollen. Darum sage ich es noch einmal ganz deutlich: Ich will auf das genaue Gegenteil hinaus. Sport entfaltet eine derart mächtige Kraft in der menschlichen Gesellschaft, eben weil er Urinstinkte in Dienst nimmt, die durch unsere Psyche geistern. Dass Mannschaften eine solch tiefgehende, gewaltgeprägte Loyalität hervorrufen können, die auf nichts anderem beruht als der Tatsache, dass sie in derselben Stadt sind wie die Fans – und zwar selbst dann, wenn Profiteams ganz offen einen zynischen Umgang mit dieser Loyalität pflegen; selbst dann, wenn sie, um sich in den Städten, die sie vorgeblich so lieben, niederzulassen, öffentliche Zuschüsse für den Bau ihrer Stadien einfordern oder Steuererleichterungen, um an diesen Standorten zu bleiben; selbst dann, wenn Spieler ihr Team verlassen, weil ein anderes bessere Konditionen bietet –, zeigt, dass wir uns in nichts von Tajfels Jungs unterscheiden: Eine Gruppe muss nicht notwendigerweise aufgrund objektiv bedeutsamer Kriterien bestehen, um zu einem bedeutenden Bestandteil unserer Selbstidentität zu werden und Hass auf jene zu entfachen, die außerhalb ihrer Grenzen stehen.

Ein weiterer Einwand gegen dieses Argument könnte sein, dass Sport, nun ja, eben Sport ist. Sport ist Wettbewerb, destilliert zu seiner reinsten Form. Er konstruiert eine Welt, in der die eine Seite verlieren muss, damit die andere gewinnt. Es ist unfair, das mit Politik zu vergleichen, oder nicht?

Politik ist ein Mannschaftssport

Im Jahr 2015 veröffentlichten Patrick R. Miller und Pamela Johnston Conover einen Aufsatz mit dem Titel »Red and Blue States of Mind«. Darin beschäftigen sie sich mit der Frage, wie Republikaner und Demokraten – sowie Unabhängige, die der einen oder anderen Partei zuneigen – sich bei Wahlen verhalten. Was motiviert sie? Was fühlen sie? Was treibt sie zur Teilnahme an? »Das Verhalten von Parteianhängern erinnert eher an das Verhalten von Mitgliedern einer Sportmannschaft, die den Status ihres Teams erhalten wollen, als an das umsichtiger Bürger, die zum Wohl der Allgemeinheit am politischen Prozess teilnehmen wollen.« [13] Autsch!

Die Autoren testeten Verhalten in zwei Schritten. In einem ersten sahen sie sich die parteilichen Handlungen durch die Gefühlslinse an, nämlich Ärger über bzw. Rivalität mit der jeweils anderen Partei. Unter Zuhilfenahme wahrer Datenberge aus Studien sowie Vor- und Nachwahlbefragungen derselben Gruppen prüften sie, welche Auswirkung Positionen zu diversen Themen, Ideologie, Alter, Bildungsstand, politisches Wissen, Besuch von Veranstaltungen der Kirchengemeinde, Geschlecht, Parteienidentität, Hautfarbe und anderes auf die Wahrscheinlichkeit hatten, mit der eine bestimmte Person inmitten einer Wahl Gefühle wie Wut und Rivalität empfand.

Sie fanden heraus, dass anspruchsvolle Faktoren wie politische Konzepte und Ideologien zwar durchaus einen Einfluss darauf hatten, wie sich Parteianhänger fühlten, ihr überwältigender Antrieb jedoch daraus erwuchs, wie stark ihre Parteiidentität war. »Wahlen verstärken die Teammentalität von Menschen, die sich mit einer bestimmten Partei identifizieren, und drängen diese wiederholt dazu, ›Wir–die‹-Vergleiche zwischen Republikanern und Demokraten anzustellen, die die Aufmerksamkeit darauf lenken, was verloren geht – Status –, wenn die Wahl nicht gewonnen wird«, schreiben Miller und Conover. »Dies führt zu Rivalität und Wut.«

Die nächste Frage, mit der sich Miller und Conover auseinandersetzten, war die, ob diese Gefühle in Handlungen mündeten. Also führten sie einen ähnlichen Test durch und sahen sich an, wie dieselbe Menge und Mischung von politischen Kräften, Identitäten und Konzepten die Wahrscheinlichkeit beeinflusste, dass ein Republikaner oder Demokrat zum Wahlkampfhelfer wurde oder tatsächlich wählen ging. Auch hier dominierte im Vergleich zu abstrakten Kriterien wie Position zu bestimmten Themen oder Ideologie wieder die Parteiidentität. Doch dann taten Miller und

Conover etwas Interessantes: Sie baten die Probanden zu beschreiben, wie viel Wut, Rivalität und Unhöflichkeit sie gegenüber der anderen Seite empfanden. Als sie ihre Daten um die Antworten auf diese Fragen ergänzten, gingen die Einflüsse sämtlicher anderen politischen Faktoren in den Keller.

Was wir empfinden, spielt eine weitaus größere Rolle als das, was wir denken, und bei Wahlen sind die Gefühle, die am meisten ins Gewicht fallen, jene, die wir gegenüber der anderen Seite hegen. Wieder erhebt die negative Parteibindung ihr Haupt.

Diese Studie zeichnet das breitere Bild, dass Menschen, die am Ende die treibenden Kräfte hinter Wahlen sind – an Türen klopfen, für Wahlkampagnen arbeiten und wählen gehen –, stärker von Gruppenrivalität angetrieben werden als von Steuerpolitik. Miller und Conover stellen diesen Punkt sehr klar: »Wenn Parteigänger endlose Versammlungen aushalten, Vorgartenschilder aufstellen, Schecks ausschreiben und unzählige Stunden Freiwilligenarbeit leisten, dann wird ihr Denken mit hoher Wahrscheinlichkeit von Wut auf die gegnerische Partei sowie dem intensiven Wunsch beherrscht, eine Niederlage gegen sie mit allen Mitteln zu vermeiden, und weniger von einer Agenda zu speziellen Themen. Es sind aufgeheizte Mannschaftsmitglieder, und ihre Mission besteht darin, das andere Team zu schlagen.«

Eine Studie des Pew Institute untermauerte 2016 diese Ergebnisse und deren zentrale Bedeutung für die Politik. [14] Bei Republikanern erhöhte die Verschiebung von einer »größtenteils negativen« hin zu einer »sehr negativen« Sicht auf die Demokratische Partei die Wahrscheinlichkeit eines dementsprechenden Wahlverhaltens um zwölf Prozentpunkte, die Ausbildung einer tiefer gehenden Leidenschaft für die Republikaner hingegen um lediglich sechs Prozentpunkte. Bei Demokraten zeigte sich nicht derselbe Effekt – Steigerungen bei der negativen und positiven Parteilichkeit hatten einen ähnlichen Einfluss auf das Wahlverhalten.

Und die Beweiskraft der Daten stieg sogar noch, als Pew die Messlatte für Engagement höher schraubte. Als man Republikaner fragte, ob sie einem Kandidaten oder einer Gruppe während der letzten paar Jahre Geld hätten zukommen lassen, erhöhte eine sehr negative Sicht auf die Demokraten die Wahrscheinlichkeit dafür um elf Prozentpunkte, eine sehr positive Sicht auf die Republikaner dagegen lediglich um drei Prozentpunkte. Bei Demokraten erhöhte eine sehr negative Sicht auf die Republikaner die Wahrscheinlichkeit um acht Prozentpunkte, eine sehr positive Sicht auf die eigene Partei wirkte sich dagegen überhaupt nicht aus.

Dies alles deutet auf ein wichtiges Prinzip hin: Diejenigen, die sich am stärksten politisch engagieren, erleben Politik anders als alle anderen. Im vorangegangenen Kapitel erwähnte ich das Buch *Open versus Closed,* dessen Autoren herausfanden, dass die am wenigsten engagierten Wähler dazu neigen, Politik durch die Linse des materiellen Eigeninteresses zu betrachten (»Was habe ich von dieser oder jener Politik?«), während die am stärksten engagierten Wähler Politik durch die Linse der Identität betrachten (»Was sagt die Unterstützung für diese oder jene politische Position über mich aus?«).

Dies trägt dazu bei, eine seit langem andauernde Debatte zu erhellen, die vor allem auf der linken Seite des politischen Spektrums tobt, nämlich die, ob Wähler aus der Arbeiterklasse, die für die Republikaner stimmen, ihr Eigeninteresse verraten, indem sie sich für eine Partei entscheiden, die den Reichen Steuererleichterungen verschaffen und die Macht der Gewerkschaften brechen will, die die Armen schützen. Wie Johnston, Levine und Federico herausfanden, wandelt sich in dem Maße, wie Menschen sich stärker für Politik engagieren und in diese investieren, auch das »Eigeninteresse«, das sie zu erfüllen trachten. Die Vorstellung, unsere Bankkonten seien der einzige vernünftige Antrieb für politisches Handeln, ist falsch. Eine zunehmende Politisierung verstärkt auch unser Interesse an Politik als Mittel des Selbstausdrucks und der Gruppenidentität. »Es ist nicht so, dass die Bürger nicht imstande wären, ihre eigenen Interessen zu erkennen«, schreiben die Autoren, »vielmehr ist es so, dass materielle Sorgen häufig für die Ziele, die sich ein Individuum setzt, wenn es sich eine politische Meinung bildet, irrelevant sind.« [15]

Nun reagieren Politiker natürlich nicht gleich stark auf alle ihre Wähler. Am stärksten sorgen sie sich um die, die am stärksten engagiert sind: die Menschen, die für sie stimmen werden, für sie als Freiwillige unterwegs sind, ihnen Spenden zukommen lassen. Und will man aus diesen Wählern das Beste herausholen, dann funktioniert das nicht, indem man sich darauf konzentriert, die eigene Großartigkeit zu betonen. Stattdessen muss man sich darauf konzentrieren zu betonen, wie schlecht die andere Seite ist. Nichts schweißt eine Gruppe mehr zusammen als ein gemeinsamer Feind. Nimm die Wut auf einen echten Konkurrenten und die Angst vor ihm weg, und du kannst zusehen, wie deine Unterstützer die Begeisterung verlässt.

Der texanische Kongressabgeordnete Beto O'Rourke startete 2017 eine ziemlich aussichtslose Bewerbung um einen Senatsposten gegen Ted Cruz, einen Mitbewerber, der für die Demokraten ein rotes Tuch war. O'Rourkes Kandidatur war eine Sensation. Er warb den größten Geldbetrag ein, den jemals ein Kandidat für das Rennen um einen Senatsposten einheimste. Er füllte die Hallen, ging viral. Beyoncé postete am Wahltag auf Instagram ein Foto, das sie mit einem Beto-Hut zeigte. O'Rourke verlor um drei Prozentpunkte, doch die unterstützende Grundtendenz überzeugte ihn, sich um die Präsidentschaftskandidatur zu bewerben. 2020 hielt er mit großem Tamtam und guten Zahlen bei der Einwerbung von Geldern Einzug in die Vorwahlen der Demokraten, stürzte in Umfragen jedoch ganz schnell ab. Einige der Probleme, die er hatte, lassen sich durch strategische Fehler erklären, doch O'Rourke war

2019 derselbe Kandidat – und derselbe Mensch – wie 2018. Die Zutat, die während seiner Senatskampagne als Katalysator gewirkt hatte, war der Hass, den die Liberalen Ted Cruz entgegenbrachten, die Aufregung, dass dieser geschlagen werden könnte. Als O'Rourke gegen andere Demokraten antrat, reichte sein persönliches Charisma nicht aus, um die Magie der Senatskandidatur erneut heraufzubeschwören.

Das soll nicht heißen, dass in politischen Dingen die Macht der Inspiration vernachlässigbar ist. Die erfolgreichsten Politiker wecken sehr wohl die Begeisterung ihrer Unterstützer. Doch sie tun dies im Kontext der Bedrohung, die der Gegner darstellt. Und wenn Politiker immer weniger bekannt und geeignet sind, eine Wahlkampftour durchzustehen, verlassen sie sich immer öfter und immer stärker darauf, Ängste vor der gegnerischen Seite zu schüren.

Diese Lektion ist Politikern weltweit bekannt: Du brauchst nicht bloß Unterstützung. Du brauchst Wut. Genau deshalb lesen sich E-Mails, mit denen finanzielle Unterstützung eingeworben werden soll, häufig wie Schilderungen einer nahenden Apokalypse (hier einige Betreffzeilen von E-Mails, die ich vom Republican National Committee erhielt und in denen ich um meine Unterstützung für die Kampagne zu Trumps Wiederwahl gebeten wurde: »FAKE NEWS!«, »AMERIKANER MÜSSEN ZURÜCKSCHLAGEN!« und – mein persönlicher Favorit – »FW: ABGEWORBEN?« – alle Großschreibungen sind selbstverständlich aus dem Original übernommen). Genau deshalb zofft Trump sich ständig mit den Medien. Genau deshalb finden Präsidentschaftskandidaten es so schwierig, ihre Unterstützer bei der Stange zu halten, wenn sie erst einmal den Einzug ins Weiße Haus geschafft haben. Das Entsetzen davor, eine Wahl zu verlieren, ist ein stärkerer Motivator als die Kompromisse des täglichen Politikgeschäfts.

All dies legt nahe, dass eine der wichtigsten Fragen in der amerikanischen Politik die ist, wie stark unsere Gruppenidentitäten sind, wie sehr wir das Gefühl haben, zu einem Team zu gehören, und wie viel Angst, gegen das andere Team zu verlieren.

Doch was, wenn wir nicht nur zu einem einzigen Team gehören? Was, wenn es viele Teams gibt, und was, wenn all diese Teams anfangen zusammenzuarbeiten?

Identitätspolitik

Barack Obama tat 2004 etwas sehr, sehr Seltenes: Er hielt eine Rede, die den Verlauf der amerikanischen Geschichte veränderte. Hätte John Kerry nicht Obama als Leitredner für den Parteitag der Demokraten ausgesucht, wäre Obama nicht zu einem nationalen Politsuperstar geworden, während er noch Senator im Parlament des Bundesstaates Illinois war. Wäre er nicht zum nationalen Politsuperstar geworden, hätte er sich nicht während seiner ersten Amtszeit als US-Senator um das Präsidentenamt beworben. Und hätte er sich nicht um das Präsidentenamt beworben, na ja, Sie wissen schon.

Diese Rede war nicht bloß ein kleines rhetorisches Kunststück. Sie war eine Argumentation über die Strukturen von Polarisierung. »Sogar jetzt, in diesem Augenblick, da ich zu Ihnen spreche, gibt es jene, die sich darauf vorbereiten, uns zu spalten«, sagte er. »Die Meinungsmacher und Werbegurus, die eine Politik des ›Erlaubt ist, was gefällt‹ vertreten.« Beachten Sie den rhetorischen Schachzug, den Obama macht: Wir sind nicht gespalten. Wir können nur *gespalten werden*. Die Polarisierer sind dort draußen. Wir sind ihre Opfer, unsere Unstimmigkeiten sind ihr Produkt. Und dann lehnt er solche dunklen Künste in aller Entschiedenheit ab und argumentiert, das Land sei nicht so, wie diese Leute uns glauben machen wollten. »Es gibt nicht ein liberales Amerika und ein konservatives

Amerika – es gibt nur die Vereinigten Staaten von Amerika«, sagt er. »Es gibt nicht ein schwarzes Amerika und ein weißes Amerika und ein asiatisches Amerika; es gibt die Vereinigten Staaten von Amerika.« Und was die sogenannten »Experten« angehe, die »unser Land gerne in immer kleinere rote und blaue Scheibchen unterteilen, in die Roten Staaten und die Blauen Staaten« – damit meint er, so fürchte ich, Leute wie mich –, so hatte Obama eine Neuigkeit für sie: »Wir beten in den Blauen Staaten zu einem ehrfurchtgebietenden Gott, und wir mögen in den Roten Staaten nicht, dass Bundesagenten in unseren Bibliotheken herumschnüffeln.«

Von allen Politikern, über die ich berichtet habe, von allen Politikern, die ich getroffen habe, ist Obama der nachdenklichste und reflektierteste. Der beste, wenn es um eine historische Perspektive und einen analytischen Blick auf die Dinge geht. Seine Position zu diesem Thema war wohldurchdacht. Er hatte nicht nur eine Abneigung gegen Polarisierung, er bezweifelte, dass es sie überhaupt gab. Und warum auch nicht? Wären Sie ein schlanker schwarzer Junge, der mit zweitem Vornamen Hussein heißt und innerhalb von nur vier Jahren einen Senkrechtstart vom Senator eines Bundesstaates zum Präsidenten der Vereinigten Staaten von Amerika hingelegt hat – würden Sie das nicht auch so sehen? Obamas eigene Lebensgeschichte ist ja bereits der Gegenbeweis zur harschen Logik der Polarisierung. Darin lag das Geheimnis seines politischen Erfolgs. Er konnte das Beste in Amerika ansprechen, weil er an das Beste in Amerika glaubte. Er war wie der Freund, der dich anschaut und eine Version von dir sieht, die so ist, wie du gern sein möchtest.

Paradoxerweise war Obama allerdings selbst eine Persönlichkeit, die polarisierte. Im Jahr 2015 interviewte ich ihn im Weißen Haus. Zu diesem Zeitpunkt war er der am stärksten polarisierende Präsident in der Geschichte der Wahlumfragen und brach die Rekorde, die vor ihm George W. Bush und davor wiederum Bill Clinton aufgestellt hatten (derzeit gebührt dieser Thron Donald Trump, falls Sie sich das gefragt haben sollten). Ich glaube, dass Obama ernsthaft versuchte, eine Politik zu verfolgen, die seiner Meinung nach Kompromisse oder zumindest gegenseitiges Verständnis befördern sollte. Doch er war gescheitert. Also fragte ich ihn, welchen Rat er seinem Nachfolger geben würde in der Frage, wie man die Polarisierung unterdrücken könnte – was heute angesichts der Tatsache, dass Trump Polarisierung explizit als politische Strategie verfolgt, nach finsterer Ironie klingt. Egal, ich habe in all den Jahren seit diesem Interview mit Obamas Antwort gerungen.

»Es gibt ein paar Dinge, die, das ist zumindest meine Auffassung, dazu beitragen, dass unsere Politik stärker polarisiert ist, als es die Menschen in Wahrheit sind«, sagte er. »Und ich denke, die meisten Leute spüren das in ihrem Alltag. Jeder hat doch Familienmitglieder oder richtig gute Highschool-Freunde, die sich komplett am anderen Ende des politischen Spektrums befinden. Und dennoch lieben oder mögen wir diese Menschen, richtig? Alle gehen doch zu einem Fußballspiel, schauen ihren Kindern beim Training zu oder arbeiten als ehrenamtliche Übungsleiter. Und dabei treffen sie andere Eltern, die sie für wunderbare Menschen halten. Doch dann geben die einen Kommentar über Politik ab, und da heißt es plötzlich: ›Ich kann nicht glauben, dass du so denkst!‹« [16]

Was Obama damit sagen will, ist, dass unsere politischen Identitäten nicht unsere einzigen Identitäten sind. Und unsere anderen Identitäten – ehrenamtlicher Trainer in der Nachwuchsliga, Elternvertreterin, Vater oder Mutter – sind sehr viel weniger polarisiert als unsere politischen Identitäten. Nehmen Sie mich. Ich bin US-Amerikaner, Jude, hellhäutig, männlich, Kalifornier. Mein Vater ist ein brasilianischer Einwanderer, ich interessiere mich also sehr für das Thema Immigration, verspüre eine familiäre Verbindung zu Brasilien und finde es entspannend, jemandem zuzuhören, der Englisch mit portugiesischem Akzent spricht. Ich bin Ehemann, Vater und Hundebesitzer, und Sie können jede einzelne dieser Identitäten aktivieren, indem Sie meine Frau oder meinen Sohn kritisieren oder Ihre Begeisterung für Katzen zum Ausdruck bringen. Ich habe 15 Jahre lang in Washington, D. C., gelebt und neige dazu, es zu verteidigen, wenn es von anderen kritisiert wird. Ich bin ein Journalist, der seinen Berufsstand kritisch sieht, sich aber vor ihn stellt, wenn er angegriffen wird. Ich bin Veganer, und weil ich glaube, dass das Leid von Tieren ein wichtiges Thema ist und auf das Schlimmste ignoriert wird, versuche ich, zumindest einigermaßen prononciert darüber zu sprechen.

Dann gibt es noch jene Teile meiner Persönlichkeit, die eher wie Vorlieben aussehen, jedoch wie Identitäten agieren können, wenn sie in Frage gestellt werden. Ich wuchs mit Computern von Apple auf, und ich weiß noch, wie ich endlos Zeit damit verbrachte, eine Lanze für deren Überlegenheit gegenüber PCs zu brechen, und zwar auf eine Art und Weise, die gemessen an der Wichtigkeit dieses Themas vollkommen übertrieben war.* [17]

Ich mag Manhattan nicht. Und diese Abneigung kommt dann

* Wie das Onlinemediennetzwerk The Verge in seinem Feature »Fanboys« enthüllte, bin ich damit nicht allein:

> *Jedes Mal wenn irgendjemand im Universum etwas Negatives über Microsoft sagt, rastet Brett Thorne komplett aus. Dann ereifert er sich via Twitter: »Ihr seid ja so verdammt erbärmlich … Eure verfluchte Hochnäsigkeit! … Ich kann's kaum erwarten, dass ihr an eurem eigenen Gelaber erstickt!«*
>
> *Thorne, IT-Manager um die 40, adrett gekleidet und mit einem schüchternen Grinsen im Gesicht, ist eigentlich ein echt netter Typ. Er spielt Golf und verbringt seine Zeit gerne mit Frau und Stiefkindern. Er arbeitet als IT-Direktor bei einer gemeinnützigen, von Nonnen geleiteten Wohltätigkeitsorganisation im Süden. Er ist nicht religiös – es sei denn natürlich, man zählt seine Beziehung zu Microsoft mit.*
>
> *»Ich bin ein Missionar«, sagt Thorne. »Ich meine, ich bin ein total leidenschaftlicher Fan und weiß unglaublich viel über ihre Produkte, und so eine Leidenschaft gibt man doch nicht einfach an der Bürotür ab, wenn man nach Hause geht. Man predigt sie die ganze Zeit.«*

besonders stark heraus, wenn Menschen Manhattan in den Himmel heben und sagen, es sei allen Orten, an denen ich jemals gelebt habe und die ich liebe, überlegen. Und die Leute in Manhattan tun das die *ganze verdammte Zeit*. Ich bin eine besorgte Person, und das ist im Laufe der Zeit zu einem Teil meines Selbstverständnisses geworden, nicht nur etwas, das ich fühle. Ich erwähne das alles nicht, weil diese Dinge so mächtig für mich sind, wie, sagen wir mal, das Vatersein, sondern weil die Linie zwischen dem, was eine Identität ist, und dem, was keine Identität ist, ausgefranster verläuft, als wir oftmals denken. Wenn Sie mir nicht glauben, dann schauen Sie doch mal für eine Weile Fernsehwerbung und fragen Sie sich, ob da Produkte oder Identitäten beworben werden.

Alle Identitäten, die ich oben aufgezählt habe, können in null Komma nichts in mir abgerufen werden. Manche von ihnen sind so stark, dass ich mir vorstellen kann, sie könnten mich dazu bringen, Gewalt anzuwenden, würden sie nur ausreichend stark bedroht. Manche von ihnen sind schwach, und ich könnte mir vorstellen, mich dazu überreden zu lassen, sie aufzugeben. Manche verorten mich in einem bestimmten politischen Lager. Manche überschreiten alle Grenzen. Aber sie alle sind gleichzeitig in mir drin und interagieren miteinander auf machtvolle und unvorhersehbare Weise.

Obamas Argumentation zufolge ist es so, dass wir durch polarisierte Medien, Wahlkreisschiebungen und die Unsummen von Geld, das für politische Zwecke eingesetzt wird, tendenziell in unsere politischen Identitäten hineinbalkanisiert werden. »Daher lautet mein Rat an einen künftigen Präsidenten«, sagte er, »öfter einmal zu versuchen, jene Schauplätze, die traditionell Spaltung erzeugen, zu umgehen und im Kontext dieser neuen Medienlandschaft, die so viel eigentümlicher und unberechenbarer ist, neue Schauplätze zu finden.« [18]

Obama bot die richtige Erklärung für Polarisierung an, allerdings aus dem falschen Blickwinkel. Er hat recht, wenn er sagt, dass sich alles darum dreht, welche Identitäten aktiviert werden. Ebenso damit, dass unsere politischen Identitäten stärker polarisiert sind als unsere anderen Identitäten. Doch an dem Punkt, wo er glaubte, dass unsere unpolitischen Identitäten zu unseren politischen Identitäten werden könnten, dass es sich bei ihnen irgendwie um wahrhaftigere Reflexionen unseres grundlegenden Selbst handele und sie daher stark genug seien, um unsere parteilichen Spaltungen zu überwinden, war er zu optimistisch. In der Praxis ist es genau umgekehrt: Eine Polarisierung unserer politischen Identitäten führt zu einer Polarisierung unserer anderen Identitäten.

In ihrem Buch *Uncivil Agreement* fasst Lilliana Mason den gegenwärtigen Zustand der amerikanischen Politik – und vielleicht des gesamten Lebens in den USA – in einem einzigen prägnanten Absatz zusammen.

> Die politischen Parteien Amerikas polarisieren sich immer stärker sozial. Religion und Rasse, Klasse, Geographie und Kultur dividieren die Parteien auf eine Art und Weise auseinander, die die Auswirkungen von Parteiidentität verstärkt. Es gibt inzwischen nicht mehr nur einen Wettbewerb zwischen Demokraten und Republikanern. Eine abgegebene Wählerstimme kann inzwischen Indikator für die Parteipräferenz einer Person sein und gleichzeitig für seine oder ihre Religion, Hautfarbe, ethnische Herkunft, Geschlecht, Nachbarschaft und den bevorzugten Lebensmittelhändler. Wir haben es nicht mehr mit einer einzelnen sozialen Identität zu tun. Parteibindung kann inzwischen als eine Art Megaidentität vorgestellt werden, mit all den Verstärkungen in Psychologie und Verhalten, die dies impliziert. [19]

Bis hierher habe ich über die Polarisierung der amerikanischen Politik im Wesentlichen mit Bezug auf deren objektive demographische und ideologische Dimensionen gesprochen. Die Schlüsselstelle in Masons Argumentation ist allerdings eine andere: Diese Eigenschaften funktionieren zugleich als Identitäten; sie kommen zusammen und speisen letztlich ein einziges, umfassendes Selbstgefühl. Dass man in einer Stadt lebt, liberal ist, bei Trader Joe's einkauft oder sich laienhaft in Zenmeditation versucht, mag nicht allzu viel miteinander zu tun haben, wenn es um öffentliche Politik geht. Doch all diese Dinge verstärken eine singuläre Identität, und diese Identität ist politisch oder lässt sich zumindest leicht politisieren.

Im Jahr 2004 schaltete der Club for Growth, eine konservative Interessengruppe, die sich für Steuersenkungen und Deregulierung starkmacht, einen berühmt gewordenen Werbespot gegen den Präsidentschaftskandidaten Howard Dean. Darin wird ein älteres weißes Ehepaar vor einem patriotisch geschmückten Laden nach seiner Meinung zu Deans Steuererhöhungsplänen befragt.

»Was ich davon halte?«, erwidert der Mann. »Nun ja, ich finde, Howard Dean sollte seine Steuern erhöhende, Staatsausgaben vergrößernde, Caffè Latte trinkende, Sushi essende, Volvo fahrende, *New York Times* lesende …« Seine Frau fällt ein: »bodygepiercte, Hollywood liebende, linksversiffte Freakshow wieder mit zurücknehmen nach Vermont, wo sie hingehört!« Hier, meine Freunde, haben wir Megaidentitätspolitik in Reinkultur und ungeschnitten. [20]

An diesem Ausbruch lässt sich gut erkennen, auf welche Weise politische Identität über bloße Parteibindung hinausgeht. Sie können eine demokratische Sozialistin sein, die in Berkeley, Kalifornien, lebt und Demokraten als rückgratlose Korporatisten abtut. Trotzdem ist Ihnen klar, dass dieser Werbespot ein Angriff auf Sie ist. Fängt man erst einmal an, nach Möglichkeiten zu suchen, scheinbar unpolitische Identitätsmarker als Waffe zu benutzen, dann findet man sie plötzlich überall. Ich habe dieses Buch mit dem Versuch begonnen, Sie davon zu überzeugen, dass sich in der amerikanischen Politik etwas verändert hat und dass, obwohl wir immer noch die Begriffe »Demokrat« und »Republikaner« und »liberal« und »konservativ« benutzen, die Gräben zwischen uns jetzt andere und tiefere sind. Da liegt der Hase im Pfeffer. Unsere politischen Identitäten sind zu politischen Megaidentitäten verschmolzen, was bedeutet: Aktiviert man eine, dann aktiviert man häufig alle, und jede Aktivierung einer Identität zieht ihre weitere Stärkung nach sich.

Obama führte als Beispiel Amerikaner an, die sich gemeinsam ein Fußballspiel anschauen. Wir wandeln es leicht ab und nehmen Amerikaner, die sich gemeinsam ein Footballmatch anschauen. Dabei handelt es sich doch wohl um eine dieser netten, depolarisierten Identitäten? Zumindest war das mal so. Dann jedoch fingen einige Footballspieler, angeführt von Colin Kaepernick, dem Quarterback der San Francisco 49ers, an, während der Nationalhymne auf die Knie zu gehen, um gegen Polizeigewalt zu protestieren. Trump nahm die Sache auf und twitterte, dass man sie alle feuern sollte. Demokraten begannen, die Spieler zu verteidigen. Kaepernick wurde rausgeworfen, und obwohl er aufgrund seiner guten Statistik mit Leichtigkeit einen neuen Job hätte finden müssen, wollte kein anderes Team ihn haben (später verklagte er die NFL). Daraufhin kürte das Männermagazin *GQ* Kaepernick zum Bürger des Jahres.

An Football ist zunächst einmal überhaupt nichts Liberales. Doch nachdem sich die Gemüter des Landes an Kaepernicks Protest erhitzt hatten, polarisierte sich die NFL. Vor der Kontroverse hatten etwa 60 Prozent der Wählerinnen und Wähler sowohl Clintons wie auch Trumps eine positive Meinung von der NFL. Während der Kontroverse blieb die positive Einstellung gegenüber der NFL unter den Anhängern Clintons unverändert, stürzte unter den

Anhängern Trumps dagegen auf 30 Prozent ab, während der Anteil derjenigen, die sie ablehnten, auf 60 Prozent hochschnellte. Daraufhin machte Nike Kaepernick zum neuen Unternehmenssprecher, obwohl er gar kein professioneller Footballspieler mehr war. Als Reaktion darauf verbrannten Unterstützer von Trump Sportkleidung der bekannten Marke, und Trump selbst twitterte, »genau wie die NFL, deren Werte ABGESTÜRZT sind, wird Nike absolut gekillt von Wut und Boykotten«. [21]

Bis dahin hatte die Identität »Footballfan« über alle politischen Grenzen hinweg funktioniert. Demokraten mochten diesen Sport. Republikaner mochten diesen Sport. Sogar ich, Sporthasser, der ich bin, war in der Highschool Nose Tackle. Doch als die NFL mit Politik in Berührung kam, wurde sie Teil von Politik. Die gemeinsame Liebe zum Football lenkte unsere politischen Identitäten nicht in Richtung Kompromiss, vielmehr polarisierten unsere politischen Identitäten unsere Liebe zum Football. Glühende Unterstützer sind für Marken wie Katzenminze, also stürzte sich Nike mitten ins Getümmel und polarisierte damit absichtlich eine der größten Bekleidungsmarken der Welt. Und die Liebe zum Football kam, zumindest für eine Weile, auf den Stapel der Magneten für politische Identität, wirkte anziehend auf Linke und abstoßend auf Rechte.

Wenn wir Identitäten miteinander teilen, dann können sie als Brücke fungieren. Du bist ein Kind der Neunziger, und ich bin ein Kind der Neunziger, also lass uns darüber reden, dass die Neunziger das Jahrzehnt mit der besten Musik überhaupt waren. Trennen unsere Identitäten uns jedoch voneinander, dann können sie ein Festungsgraben sein, der die Distanz zwischen uns vergrößert. 2002 zeigten die Psychologinnen Marilynn Brewer und Sonia Roccas, dass Menschen mit vielen sich überschneidenden Identitäten in der Regel toleranter gegenüber Außenstehenden sind als Menschen mit stark ausgerichteten Identitäten. [22] Die hierin liegende

Erkenntnis ergibt Sinn: Je stärker die Identitäten eines Menschen in einem einzigen Punkt zusammenlaufen, desto stärker können sie auch gleichzeitig herausgefordert werden, und dies macht Konflikte um vieles bedrohlicher.

Stellen Sie sich zwei Demokraten vor. Einer von ihnen, Rick, ist weiß, geradlinig und konservativ. Er ist Mitglied einer evangelikalen Kirchengemeinde, lebt in einer ländlichen Gegend und ist Gewerkschafter. Die andere, Sarah, ist schwarz, lesbisch und liberal. Sie steht Religionen skeptisch gegenüber, lebt in Los Angeles und bezeichnet sich selbst als Feministin. Schaut sich nun Rick die Präsidentschaftskandidatur von George W. Bush an, stellt er fest, dass einige seiner Identitäten bedroht sind – Bush ist Republikaner und steht Gewerkschaften feindselig gegenüber –, doch andere Identitäten würden die Panik, die in ihm aufkeimt, abmildern: Bush ist genau wie er selbst evangelikaler Christ, ist ein weißer Mann, ein Konservativer und hegt einen tiefen Respekt für die Kultur des ländlichen Raumes. John Kerry dagegen ist ein Demokrat mit progewerkschaftlicher Agenda, doch er ist ebenso ein liberaler Stadtbewohner, der bisher wenig Verständnis für das ländliche Amerika oder die evangelikale Kirche gezeigt hat. So sieht ein Demokrat aus, der zumindest darüber nachgedacht hätte, für Bush zu stimmen.

Im Gegensatz dazu würde Sarah, wenn sie sich Bush anschaute, alle ihre Identitäten auf einmal bedroht sehen: Er ist Republikaner, evangelikaler Christ, ein weißer Mann und ein Konservativer. Er zeigt wenig Respekt für das städtische Leben und für Atheisten, und er hat einen Verfassungszusatz unterstützt, der die Ehe für alle verbietet. Hier haben wir eine Demokratin, die Bush fürchten würde, ihn als grundsätzliche Bedrohung ihres Lebens wahrnehmen und beinahe alles dafür tun würde, damit er verliert. Hier haben wir eine Demokratin, die als Freiwillige für Kerrys Wahlkampf arbeiten würde, die Geld spenden würde, die gezielt nach Informationen suchen würde, die dezidiert anti-Bush sind, und diese nur allzu leicht glauben würde.

Daher und obwohl es so scheint, als würden viele verschiedene Spaltungen eine Gesellschaft auseinanderreißen, stellt sich heraus, dass die Schaffung einer einzigen größeren und tieferen Spaltung – einer Megaspaltung – viel gefährlicher ist. Mason zitiert zu diesem Punkt den Pionier der amerikanischen Soziologie Edward Alsworth Ross. Dieser schreibt in seinem Buch *The Principles of Sociology*:

> Die gesellschaftlichen Hauptwidersprüche sind die zwischen Individuen, Geschlechtern, Altersgruppen, Rassen, Nationalitäten, Gruppen von Menschen mit verschiedenen Persönlichkeitsmerkmalen, Klassen, politischen Parteien und religiösen Sekten. Von diesen können mehrere zur selben Zeit in voller Stärke ausgetragen werden, doch je zahlreicher sie sind, desto weniger bedrohlich ist jeder einzelne von ihnen. Jeder Konflikttyp tritt gleichzeitig in wechselseitige Beeinflussung mit jedem anderen in einer Gesellschaft, ausgenommen dann, wenn die Linien, die ihre Spaltung beschreiben, zusammenfallen – in welchem Falle sie sich wechselseitig verstärken. […] Daher kann eine Gesellschaft, die von einem Dutzend Widersprüchen zerrissen wird, in Wahrheit weniger in Gefahr sein, von Gewalt erschüttert zu werden oder auseinanderzudriften, als eine, die entlang einer einzelnen Linie gespalten ist. [23]

Das ist nicht bloß Theorie. Eine von Joshua Gubler und Joel Sawat Selway 2012 durchgeführte Studie untersuchte Daten aus mehr als 100 Ländern und kam zu dem Ergebnis, dass ein Bürgerkrieg »im Durchschnitt knapp zwölfmal weniger wahrscheinlich ist in Gesellschaften, in denen Ethnizität Überschneidungen mit sozioökonomischer Klasse, geographischer Region und Religion aufweist«. [24]

Eine Möglichkeit, diese Daten zu lesen, ist die, sie nur als weitere Methode zur Beschreibung politischer Unstimmigkeiten zu sehen. Divergieren unsere Identitäten, divergieren auch unsere Weltsicht und unsere Agenden, also ist all das lediglich eine proportionale Erwiderung auf die sich vertiefenden Differenzen beim Eigeninteresse. In der Tat steckt ein bisschen davon drin, doch wie Tajfel bereits vor langer Zeit herausgefunden hat und Sportfans jedes Wochenende aufs Neue demonstrieren, ist unsere Feindseligkeit zu einem Großteil reiner Ausdruck der Art und Weise, wie wir instinktiv Fremdgruppen behandeln – es braucht keine politischen Differenzen als Katalysator.

Mason hat das direkt überprüft. Auf der Basis von Umfragedaten der American National Election Studies sah sie sich an, was dazu führte, dass Menschen eher geneigt waren, die andere Partei auf einem »Gefühlsthermometer« mit einer Skala von 1 bis 100 höher oder tiefer einzustufen. Dabei stand 1 für die kältesten und 100 für die wärmsten Gefühle gegenüber der anderen Partei. Clevererweise schnitt sie die Daten so zu, dass sie selbsterklärte Republikaner sehen konnte, deren politische Ansichten sie eigentlich zu Demokraten machten. Diese Befragten gaben der Republikanischen Partei ein Rating zwischen 60 und 70 und der Demokratischen Partei ein Rating zwischen 30 und 50. Demokraten mit konservativen politischen Einstellungen gaben der Demokratischen Partei zwischen 60 und 80 und der Republikanischen Partei zwischen 30 und 50.

Interessanterweise stellte sich heraus, dass es nur eine schwache Beziehung gibt zwischen der Selbsteinstufung einer Person als innovativ oder liberal und der Tatsache, wie konservativ oder liberal die Ansichten dieser Person tatsächlich sind – genauer gesagt, ergab sich in beiden Fällen eine Korrelation von etwa 0,25. Eine der Ursachen dafür, dass Politik nicht der Treiber politischer Unstimmigkeiten ist, liegt darin, dass die meisten Menschen keine sehr ausgeprägten politischen Ansichten haben. Es ist der seltene Hobbymensch, der öfters über Cybersicherheit nachdenkt und darüber, wer Chef der US-Notenbank sein sollte. Doch wir alle sind Experten, was unsere eigenen Identitäten betrifft.

Mason fand immer wieder bestätigt, dass Identität bei der Herausbildung und Verstärkung von Polarisierung weitaus mehr Macht besitzt als Positionen zu bestimmten Themen. Gesetzt den Fall, alle anderen Faktoren bleiben unverändert, kommt ein Vergleich von Menschen mit den am stärksten gemäßigten politischen Positionen mit denjenigen, deren Identitäten sich am stärksten überschneiden, zu dem Ergebnis, dass die politisch Gemäßigten mehr als doppelt so unfreundlich gegenüber der anderen Partei eingestellt sind als diejenigen, deren Parteibindung durch einander überschneidende Identitäten eingehegt wird. Will heißen: Sich der anderen Seite in Identitätsfragen enger verbunden zu fühlen dämmt Abneigung stärker ein, als sich der anderen Seite in politischen Fragen enger verbunden zu fühlen.

»Die Identitätskrise Amerikas«, schreibt Mason, »besteht nicht etwa darin, dass wir alle Parteiidentitäten haben, die hatten wir immer. Die Krise entsteht, wenn Parteiidentitäten mit anderen sozialen Identitäten zusammenfallen und damit die wechselseitige Intoleranz auf ein Level heben, das vom Grad unserer jeweiligen politischen Unstimmigkeiten nicht gestützt wird.« [25]

In der Politik stehen natürlich sehr reale Anliegen auf dem Spiel: Streit um Steuereinnahmen, Kriegsbeteiligungen, die Anerkennung der Homoehe oder die Einführung einer allgemeinen Krankenversicherung. Doch das sind alles politische Anliegen, über die wir lange nachdenken und zu denen wir erst eine Verbindung aufbauen müssen. Sie existieren in jenen Teilen unseres Gehirns, die wir erst vor kurzem entwickelt haben, und wir müssen uns unsere Gefühle zu ihnen erst erarbeiten. Auf instinktiver und emotionaler Ebene haben wir, was politische Dinge betrifft, ein Gespür dafür entwickelt, ob unsere Gruppe gerade gewinnt oder verliert, ob die Fremdgruppe die Macht bekommt, uns zu bedrohen, oder ob unsere Verbündeten genügend Stärke aufbringen können, um unsere Sicherheit und unser Wohlergehen zu garantieren. Wenn unsere vielen Identitäten zu einzelnen politischen Megaidentitäten verschmelzen, wird der instinktive und emotionale Einsatz höher – und mit ihm unser Wille, alles zu tun, damit unsere Seite auch sicher gewinnt.

»Politische Identität ist Freiwild für Hass«

Shanto Iyengar, dem Direktor des Political Communication Laboratory an der Stanford University, war etwas Merkwürdiges aufgefallen. Im Jahr 1960 wurden die Amerikaner gefragt, ob sie sich freuen, es missbilligen oder ungerührt hinnehmen würden, wenn ihr Sohn oder ihre Tochter ein Mitglied der anderen politischen Partei heiratete. Die Befragten antworteten mit einem Schulterzucken. Lediglich fünf Prozent der Republikaner und vier Prozent der Demokraten sagten, eine solche parteiübergreifende Verbindung würde sie aufregen. Auf der Liste der Dinge, die man sich wohl beim Partner seines Kindes am meisten wünscht – ist sie oder er nett, klug, erfolgreich, verlässlich? –, hatte die Frage, welche politische Partei der oder die Zukünftige wählte, gar keinen Stellenwert.

Springen wir in das Jahr 2008. Das Meinungsforschungsinstitut YouGov stellte Republikanern und Demokraten dieselbe Frage – und die Ergebnisse waren deutlich anders. Dieses Mal sagten 27 Prozent der Republikaner und 20 Prozent der Demokraten, sie wären aufgebracht, wenn ihr Sohn oder ihre Tochter ein Mitglied der gegnerischen Partei heiraten würde. 2010 stellte YouGov die Frage erneut; diesmal brachten 41 Prozent der Republikaner und 33 Prozent der Demokraten ihre diesbezügliche Besorgnis zum Ausdruck.

Aus diesen Zahlen leitete Iyengar die Vermutung ab, dass die heutzutage herrschenden politischen Differenzen sich fundamental von den politischen Differenzen von gestern unterschieden. Die Bindung der Amerikaner an politische Parteien, so fürchtete er, mutierte zu etwas Fundamentalerem, Unversöhnlicherem.

Falls er recht hätte, dann wäre die Parteizugehörigkeit nicht einfach nur ein Ausdruck unserer Unstimmigkeiten, sondern würde auch zu einer ihrer Ursachen. Betrachteten Demokraten andere Demokraten tatsächlich als ihre Gruppe und Republikaner als feindselige Fremdgruppe und umgekehrt, dann würden die daraus erwachsenden Konsequenzen weit über das Feld der Politik hinausgehen – in Gebiete wie, sagen wir mal, die Ehe.

Und solche Daten fanden sich überall. Umfragen zu den Unterschieden in der Art und Weise, wie Republikaner Demokraten sahen und Demokraten Republikaner, zeigten jetzt, dass Parteigänger einander jeweils weniger akzeptierten als weiße Menschen schwarze Menschen oder schwarze Menschen weiße Menschen.

Aber das konnte doch nicht sein, oder? Parteibindung – eine Identität, die wir frei wählen und manchmal verändern – sollte imstande sein, eine ebenso gewaltige Kluft innerhalb der amerikanischen Gesellschaft zu erzeugen wie die Hautfarbe? Das schien verrückt. Also beschloss Iyengar, diese Vermutung zu überprüfen.

Das Experiment war einfach. In Zusammenarbeit mit dem Politikwissenschaftler Sean Westwood vom Dartmouth College erstellte er fiktive Lebensläufe zweier Schüler im vierten Highschool-Jahr, die sich um ein Stipendium bewarben, und bat etwa 1000 Menschen, auf dieser Basis eine Entscheidung über dessen Vergabe zu treffen. Die Lebensläufe konnten auf dreierlei Art voneinander abweichen: Erstens konnte der Notendurchschnitt entweder 3,5 oder 4,0 betragen; zweitens konnte ein Schüler entweder Präsident der Young Democrats oder der Young Republicans sein; und drittens konnte der Schüler einen stereotypen schwarzafrikanischen Namen haben und Präsident der Afro American Student Association gewesen sein oder einen stereotypen weißen Namen haben. Das Projekt war darauf angelegt, herauszufinden, ob politische Feindseligkeiten eine unpolitische Aufgabe beeinflussten, und, falls ja, diesen Effekt mit dem Effekt zu vergleichen, den der Faktor »Hautfarbe« hatte.

Ich habe im Rahmen der Recherchen für dieses Buch eine ganze Menge Studien gelesen, doch diese eine überrascht mich immer noch. Enthielt der Lebenslauf einen Hinweis auf die politische Identität, dann sprachen etwa 80 Prozent der Demokraten und der Republikaner das Stipendium ihrem Parteifreund zu. Dies galt unabhängig davon, ob der Parteifreund den höheren Notendurchschnitt hatte oder nicht – war der republikanische Student besser qualifiziert, dann entschieden sich die Demokraten lediglich zu 30 Prozent für ihn, und war der Demokrat besser qualifiziert, dann entschieden sich die Republikaner lediglich zu 15 Prozent für diesen. Dies ist ein grundlegendes Ergebnis, das nachdenklich stimmt: Bei der Vergabe eines Collegestipendiums – einer an sich vollkommen unpolitischen Aufgabe – machten sich Republikaner wie Demokraten mehr Gedanken um die Frage, welcher politischen Partei der Schüler zuneigte als um seinen Notendurchschnitt. Die Verfasser der Studie schrieben: »Parteibindung stach akademische Exzellenz einfach aus.« [26]

Bemerkenswerterweise stach im Rahmen dieser Studie die Parteibindung sogar die Hautfarbe aus. Waren die Kandidaten gleich qualifiziert, entschieden sich jeweils 78 Prozent der Afroamerikaner und 42 Prozent der weißen Amerikaner für den Kandidaten, der ihre eigene Hautfarbe teilte. Hatte der Kandidat mit der anderen Hautfarbe einen höheren Notendurchschnitt, entschieden sich 45 Prozent der Afroamerikaner bzw. 71 Prozent der weißen Amerikaner für diesen.

Iyengar stellte die Hypothese auf, dass Animosität gegenüber anderen Parteien zu den wenigen Formen von Diskriminierung zähle, die die zeitgenössische amerikanische Gesellschaft nicht nur erlaube, sondern sogar aktiv befördere. »Politische Identität ist Freiwild für Hass«, sagt er. »Rassenidentität nicht. Geschlechteridentität auch nicht. Es ist heutzutage nicht zulässig, negative Einstellungen gegenüber sozialen Gruppen zum Ausdruck zu bringen. Politische Identitäten sind von diesen Restriktionen jedoch nicht geschützt. Ein Republikaner ist jemand, der sich freiwillig entschieden hat, Republikaner zu sein, also kann ich über ihn alles sagen, was ich will.« [27]

Ein Beispiel dafür finde sich bei genauerer Betrachtung der Medien, so Westwood. Keiner der großen Kabelsender habe sich der Aufgabe verschrieben, ein schlechtes Bild von Menschen anderer ethnischer Herkunft zu zeichnen (obgleich Tucker Carlson und Laura Ingraham ab und an sehr nahe dran vorbeischrammen). Doch gebe es sehr wohl Kabelkanäle, die sich der Aufgabe verschrieben hätten, ein schlechtes Bild von Mitgliedern der anderen Partei zu zeichnen. »Aus Medien sind Stammesführer geworden«, sagt er. »Sie sagen dem Stamm, womit er sich zu identifizieren und wie er sich zu verhalten hat, und wir folgen ihnen.« [28]

Allerdings fügt Westwood umgehend an, dass der Vergleich mit Rassismus nicht bedeute, Parteibindung sei irgendwie schlimmer, weiter verbreitet oder schädlicher als Rassismus. Es ist zum Beispiel einfacher, Menschen auf der Basis ihrer Hautfarbe wahrzunehmen – und zu diskriminieren – als anhand ihrer Parteibindung. Darüber hinaus handelt es sich bei politischen Überzeugungen um Entscheidungen, die moralische Implikationen haben, bei Hautfarbe dagegen nicht. Jemanden danach zu beurteilen, ob er oder sie die Homoehe, ein allgemeines Krankenversicherungssystem oder Waffengesetze unterstützt, ist etwas ganz anderes, als jemanden nach seiner oder ihrer Hautfarbe zu beurteilen.

Dennoch stellen die Forschungsergebnisse von Iyengar und

Westwood auf fundamentale Weise alles in Frage, was wir über die Funktionsweise der amerikanischen Politik zu wissen glauben. Eine Welt, in der wir einem Zwölftklässler, der Mitglied einer Fremdgruppe ist und einen besseren Notendurchschnitt hat, kein unpolitisches Stipendium zugestehen, ist keine Welt, in der wir auf Politiker hören, die in der Diskussion um emotionale, hochkontroverse Themen auf der anderen Seite stehen – selbst dann, wenn sie gute, von Fakten untermauerte Argumente vorbringen.

Die Forschungsergebnisse von Iyengar und Westwood bestätigen Tajfels Auffassung über die Funktionsweise von Menschen: Auch hier haben wir wieder Leute in einem Raum, sortiert nach Identitäten, die in keinem irgendwie gearteten Zusammenhang mit der gestellten Aufgabe stehen. Und diese Leute werfen alles in die Waagschale, was sie nur aufbieten können, um die Eigengruppe zu belohnen und die Fremdgruppe zu bestrafen. »Die alte Theorie lautete, dass politische Parteien entstanden seien, um tiefe gesellschaftliche Gräben zu repräsentieren«, so Iyengar. »Doch inzwischen hat Parteipolitik ein Eigenleben entwickelt – sie *ist* jetzt der Graben.« [29]

Ein Eigenleben. Das erinnert mich an etwas anderes, das Tajfel 1970 schrieb. Gesellschaftswissenschaftler hatten eine Unterscheidung zwischen »rationalen« und »irrationalen« Formen von Gruppenkonflikten eingeführt. Tajfels Darstellung zufolge sind »erstere […] ein Mittel zum Zweck: Der Konflikt und die Einstellungen, die mit ihm einhergehen, spiegeln einen echten Wettbewerb zwischen Gruppen mit divergierenden Interessen wider. Letztere sind Selbstzweck: Sie dienen dazu, akkumulierte emotionale Spannungen verschiedenster Art freizusetzen.« Allerdings, so Tajfel weiter, sei die Unterscheidung zwischen den beiden Arten von Feindseligkeit weniger klar, als sein Berufsstand glaube, denn »sie verstärken einander wechselseitig in einer endlosen Spirale«. [30]

So lässt sich, denke ich, die Beziehung zwischen politischen Differenzen und Identitätskonflikten am besten verstehen: Sie stehen nicht gegeneinander, sondern verstärken sich wechselseitig. Nehmen Sie das Thema Einwanderung. Hispanics sind innerhalb der demokratischen Koalition immer mächtiger und zu einem ihrer zentralen Bestandteile geworden. Darin liegt zum Teil der Grund, warum Obama sich entschied, gesetzestreue DREAMer (Kinder illegaler Einwanderer) vor der Abschiebung zu bewahren. Diese Entscheidung, über die sich viele Republikaner ärgerten, trug dazu bei, einen Raum zu öffnen, den Trump nutzen konnte, um eine rebellische, stark von einer einwandererfeindlichen, proweißen Rhetorik geprägte Vorwahlkampagne zu führen. Seit seinem Amtsantritt hat er ein ganzes Bündel einwandererfeindlicher politischer Maßnahmen auf den Weg gebracht, darunter die Streichung von Obamas Schutzregelungen für DREAMer. Dies hatte nicht nur zur Folge, dass sich die Demokraten auf moralischer Ebene angegriffen fühlten, sondern trieb die Hispanics auch verstärkt auf die demokratische Seite, wodurch sich ihre Macht innerhalb der Demokratischen Partei vergrößerte.

Seither versammeln sich Demokraten zunehmend hinter einwandererfreundlichen politischen Strategien und einwandererfreundlichen Werten, und das in einem Ausmaß, dass die meisten demokratischen Kandidaten für die Präsidentschaftswahl 2020 eine Entkriminalisierung des unerlaubten Grenzübertritts und den Zugang illegaler Immigranten zur staatlichen Krankenversicherung befürworteten. Beides wäre noch vor wenigen Jahren in der Demokratischen Partei undenkbar gewesen. Hinter der Befürwortung dieser Konzepte steht die sich wandelnde Identität der Demokraten. Sie werden immer stärker zu einer Partei, die an Diversität glaubt und Einwanderer, ob mit oder ohne Papiere, willkommen heißt, denn diese beiden Dinge sind seit jeher untrennbar mit der Geschichte der USA verbunden.

2019 führte ich ein Interview mit Julián Castro, dem ehemaligen Minister für Stadtentwicklung und Wohnen, der sich damals um das Präsidentenamt bewarb. »Für mich sind illegale Einwanderer schon seit Generationen ein Teil der amerikanischen Geschichte, einschließlich der heute lebenden Generation«, sagte er zu mir. »Ich sehe sie als integralen Bestandteil aller Bestrebungen, diesem Land eine starke Zukunft zu geben. Ich weise immer darauf hin, dass wir illegale Einwanderer auf vielfältige Weise brauchen, ob wir das nun zugeben wollen oder nicht.« [31]

Was mit einer auf das Gebiet der Einwanderungspolitik beschränkten Frage begonnen haben mag, hat sich mittlerweile zu einem zentralen Bestandteil des Konfliktes zwischen den beiden Parteien entwickelt. Und dabei geht es nicht mehr nur darum, was die Koalitionen tun wollen; es geht darum, wer sie sind, woran sie glauben, wen sie als ihr »wir« betrachten.

Doch Identität formt nicht nur die Art und Weise, wie wir miteinander umgehen. Sie formt auch unser Verständnis von der Welt.

KAPITEL 4

Der Pressesprecher in Ihrem Kopf

Ihr politisches Debüt feierte die Krankenversicherungspflicht *(individual mandate)* 1989 in einem Strategiepapier der Heritage Foundation mit dem Titel »Assuring Affordable Health Care for All Americans« (Sicherung einer bezahlbaren Gesundheitsfürsorge für alle Amerikaner) als Gegenstück zu einem staatlichen Gesundheitssystem (single-payer system) und einer an den Arbeitgeber gebundenen Krankenversicherung, wie sie in demokratischen Kreisen bevorzugt wurden. In dem Strategiepapier argumentierte Stuart Butler, der Gesundheitsfürsorgeexperte des konservativen Think-Tanks: »Viele Bundesstaaten verlangen heute von Autofahrern, dass sie zu ihrem eigenen Schutz Sicherheitsgurte verwenden. Viele andere verlangen von jedem Autofahrer eine Haftpflichtversicherung. Doch weder die Bundesregierung noch einzelne Bundesstaaten verlangen von den einzelnen Haushalten, sich gegen die potenziell katastrophalen Kosten eines schweren Unfalls oder einer schweren Krankheit zu schützen. Gemäß dem Plan der Heritage Foundation wäre eine solche Forderung vorhanden.« [1]

In einem Kommentar im *Wall Street Journal* erhob der legendäre konservative Ökonom Milton Friedman 1991 die Forderung, »dass jede US-Familie eine ordentliche Krankenversicherungspolice haben« solle. [2] Mark Pauly, ein Ökonom der Wharton School, versuchte, die Regierung von George H. W. Bush davon zu überzeugen, eine Versicherungspflicht nach dem Individual-Mandate-Modell einzuführen, da, wie er mir sagte, »bei uns die Sorge vor dem Gespenst eines staatlichen Gesundheitssystems umging, das nicht marktorientiert ist«. [3]

Zum ersten Mal rechtlich verankert wurde die Versicherungspflicht 1993, und zwar im Health Equity and Access Reform Today Act – dem Alternativvorschlag der Republikaner im Senat zu Präsident Clintons Gesetz über die Gesundheitsreform. Er wurde von John Chafee aus Rhode Island eingereicht und von 18 weiteren Republikanern unterstützt, darunter auch Bob Dole, dem damaligen Minderheitenführer im Senat. »Ich hatte die Idee, das ins Gesetz aufzunehmen«, sagte mir Christine Ferguson, die Chafees Krankenversicherungsteam in den neunziger Jahren leitete und später dem Department of Public Health unter Mitt Romney in Massachusetts vorstand. »Die Republikaner hatten beschlossen, dass wir ein eigenes Gesetz formulieren müssten. Ich bekam auf der republikanischen Seite alle möglichen Gespräche über individuelle Verantwortung mit und darüber, dass Republikaner ja schließlich keine Kindermädchen seien, und damit konnte ich wirklich etwas anfangen. Also meinte ich, wenn wir wirklich individuelle Verantwortung wollten, warum sollten wir dann nicht sagen, dass sich jeder selbst darum kümmern muss, zur Not mit irgendeinem Zuschuss, falls er die Kosten allein nicht tragen könnte?« [4]

Nachdem der Gesetzentwurf von Clinton, der eine an den Arbeitgeber gekoppelte Krankenversicherung vorsah, gescheitert war, wurde den Demokraten klar, welche Gelegenheit das Chafee-Gesetz geboten hatte. In ihrem Buch *The System: The American Way of Politics at the Breaking Point*, in dem Haynes Johnson und David Broder die Geschichte der Kriege um die Gesundheitsfürsorge in den neunziger Jahren erzählen, räumt Clinton ein, dies wäre seine beste Chance auf einen überparteilichen Kompromiss gewesen. »Es wäre damals richtig gewesen. Am Tag nachdem sie ihren Gesetzesvorschlag gemacht hatten, hätte ich versuchen müssen, mit Dole zu einer direkten Einigung zu kommen«, sagte er. [5]

Zehn Jahre später durchforstete der demokratische Senator Ron Wyden aus Oregon die Geschichte erneut – er las *The System* insgesamt viermal –, und auch er rückte schließlich Chafees Gesetzentwurf ins Zentrum seiner Aufmerksamkeit. Er begann, einen Vorschlag auszuarbeiten, der im Kern auf der Versicherungspflicht nach dem Individual-Mandate-Modell beruhte, und legte ihn testweise sowohl Demokraten wie auch Republikanern vor. »Zwischen 2004 und 2008 besprach ich das Ganze mit mehr als 80 Senatoren, und nur sehr wenige hatten etwas dagegen«, sagte mir Wyden. [6] Im Dezember 2006 brachte er den Healthy Americans Act an die Öffentlichkeit. Im Mai 2007 schloss sich ihm der Republikaner Bob Bennett aus Utah an, der schon Chafees Gesetzentwurf unterstützt hatte.

Wyden-Bennett wurde schließlich von elf Republikanern und neun Demokraten unterstützt und erhielt somit mehr überparteiliche Unterstützung als jeder andere umfassende Gesetzentwurf zur Gesundheitsfürsorge in der Geschichte des Senats. Er fiel sogar den republikanischen Präsidentschaftskandidaten ins Auge. In einem Interview bei *Meet the Press* im Juni 2009 sagte Mitt Romney, der als Gouverneur von Massachusetts ein umfassendes Gesundheitsfürsorgegesetz mit Versicherungspflicht nach dem Individual-Mandate-Modell unterzeichnet hatte, Wyden-Bennett sei ein Plan, »den eine ganze Reihe von Republikanern für einen sehr guten Gesundheitsfürsorgeplan halten – wir unterstützen ihn«. [7]

Wydens Gesetzentwurf war Teil eines allgemeineren Trends. Auch andere Demokraten befürworteten in ihren Gesetzesvorschlägen diese Form der Versicherungspflicht. Sowohl John Edwards wie auch Hillary Clinton bauten entsprechende Vorschläge in ihren Wahlkampf zum Thema Gesundheitsfürsorge ein. 2008 holte Senator Ted Kennedy John McDonough, einen liberalen Vertreter des Massachusetts-Plans, nach Washington; er sollte die Gesundheitsreform unterstützen. Im selben Jahr bezog Max Baucus, der

Vorsitzende des Finanzausschusses des Senats, die Versicherungspflicht in den ersten Entwurf seines Gesundheitsgesetzes ein. Der wichtigste Bremsklotz bei den Demokraten war Senator Barack Obama. Doch im Juli 2009 hatte Präsident Obama seine Meinung geändert. »Ich wehrte mich gegen diese Idee, weil ich davon überzeugt war, dass die Menschen keine Krankenversicherung haben, weil sie sie nicht wollen. Dabei liegt es daran, dass sie sie nicht bezahlen können«, sagte er gegenüber CBS News. »Jetzt bin ich für die Versicherungspflicht in irgendeiner Form.« [8]

Dieser Prozess führte am Ende zum Patient Protection and Affordable Care Act (PPACA) – bekannter unter dem Namen Obamacare –, der ebenfalls eine Versicherungspflicht beinhaltete. Das Gesetz sollte einen Kompromiss darstellen, und eine Zeitlang schien es tatsächlich so verstanden zu werden. Im Juni 2009 sagte Senator Chuck Grassley, damals der wichtigste Republikaner im mächtigen Finanzausschuss des Senats, gegenüber Fox News: »Ich halte die Versicherungspflicht für überparteilichen Konsens.« [9]

Und dann lief irgendetwas schief. Im Dezember 2009 stimmten ausnahmslos alle Republikaner für einen Antrag zur Geschäftsordnung, in dem die Versicherungspflicht als »verfassungswidrig« bezeichnet wurde. Unter ihnen waren die Senatoren und Senatorinnen Bob Bennett, Lamar Alexander, Bob Corker, Mike Crapo, Lindsey Graham, Chuck Grassley und Judd Gregg – die allesamt den Healthy Americans Act befürwortet hatten, in dem wiederum *die Versicherungspflicht enthalten* gewesen war. Es hatte zwischen Januar 2007 und Dezember 2009 keinerlei revolutionäre Veränderungen des Verfassungsrechts gegeben. Und auch die Versicherungspflicht an sich hatte sich seither nicht auf irgendeine verhängnisvolle Weise als defizitär erwiesen. Ganz im Gegenteil. In Massachusetts war sie im Zuge von Romneys Reformen erfolgreich eingeführt worden.

Doch es hatte ein politischer Wandel stattgefunden: Die Demokraten waren nicht mehr gegen die Versicherungspflicht, sondern befürworteten sie. Diese Verlagerung – Demokraten, die sich nun hinter die von den Republikanern ausgearbeiteten Gesetzentwurf zur Versicherungspflicht stellten, und Republikaner, die erklärten, es sei nicht nur ein ungeeignetes Regelwerk, sondern stehe geradezu im Widerspruch zu den Wünschen der Gründerväter – schockierte Wyden. »Ich würde die Beziehung von Washington, D.C., zur Versicherungspflicht eindeutig als schizophren bezeichnen«, sagte er. [10]

Dies war kein Einzelfall. 2007 wollten sowohl Newt Gingrich wie auch John McCain einen Emissionshandel mit festen Obergrenzen einführen, um die CO_2-Emissionen zu reduzieren. Einige Jahre später stellte sich die gesamte Partei – darunter auch diese beiden – dagegen. 2008 initiierte die Bush-Administration den Economic Stimulus Act, ein Impulsprogramm, das mittels defizitfinanzierter Steuersenkungen die Konjunktur ankurbeln sollte, und boxte das Gesetz bis zu seiner Unterzeichnung durch. Unter Obama verwandelten sich die Republikaner plötzlich in hartnäckige Gegner der Idee, dass defizitfinanzierte Impulse einer Ökonomie helfen könnten, bevor sie sie unter Trump wieder aufgriffen. Als Romney 2012 für die Präsidentschaft kandidierte, wurde er von den Demokraten verhöhnt, weil er sagte, Russland sei Amerikas führende geopolitische Bedrohung; nachdem Russland Trump 2016 geholfen hatte, die Präsidentschaftswahlen zu gewinnen, wendeten sich die Demokraten scharf gegen Russland, während die Republikaner Wladimir Putin positiver beurteilten als Obama. [11]

Hierfür gibt es eine einfache Erklärung: Zynismus. Heuchelei. Verlogenheit. Und genau davon gehen wir aus, wenn wir es bei anderen erleben – vor allem bei einer Fremdgruppe. Aber ich habe genug Politiker, Aktivisten und Gelehrte interviewt, die ihre Position im Schulterschluss mit ihrer jeweiligen Partei geändert haben, und weiß, dass es sich häufig ehrlich anfühlt, zumindest für sie. Mein

Gott, ich habe meine Meinung geändert, und jetzt wird mir Unehrlichkeit oder zumindest Inkonsequenz vorgeworfen. Wie heißt es in den Gotcha-Tweets so schön: »Das Leben kann dich schon mal überrollen!« Aber meine Denkprozesse fühlen sich immer ehrlich für mich an. Ist es etwa nicht angebracht, seine Meinung zu ändern, wenn man neue Informationen bekommt und neue Argumente hört? Was unterscheidet denn politischen Opportunismus von intellektuellen Lernprozessen?

Nicht viel, wie sich herausstellt. Wir verstehen das Denken als individuellen Akt. Das ist aber in vielen Fällen falsch. »Der Hauptfehler in dem Vernunftbegriff, der die Aufklärung des 18. Jahrhunderts beseelte, besteht darin, dass man ihn für vollständig individualistisch hielt«, schreibt der Philosoph Joseph Heath. [12] Doch jahrzehntelange Recherchen haben gezeigt, dass »Vernunft dezentralisiert [ist] und sich auf viele Individuen verteilt. Unabhängig von allen anderen vernünftig zu sein ist unmöglich; Rationalität ist ein grundsätzlich kollektives Projekt.«*

Einfacher ausgedrückt: Denken ist etwas, das wir häufig innerhalb von Gruppen tun, um deren Ziele zu stärken. Das ist kein Problem menschlicher Irrationalität, sondern eine rationale Reaktion auf die Komplexität und Gefahren der Welt um uns herum. Als Kollektiv kann eine Gruppe mehr erfahren und besser denken als der Einzelne, und so hatten Menschen, die über die sozialen und

* Ich erlebe häufig, dass Menschen auf Kritik an der menschlichen Fähigkeit zur Vernunft defensiv reagieren. Das scheint mir … unvernünftig. Wie Heath in seinem Buch erörtert, verdeutlicht die Tatsache, dass wir nicht vollkommen rational sind – dass unsere Fähigkeit zur Rationalität sich offenbar als Nebenprodukt zur Ausbildung anderer Fähigkeiten, wie etwa der Sprache, entwickelt hat –, wie kostbar unsere Fähigkeit zu denken ist und wie achtsam wir im Hinblick auf ihre Entwicklung sein müssen. Ihre Grenzen zu kennen, damit wir bewusst in ihrer Zuständigkeit verbleiben können, stellt keine Zurückweisung dar, sondern ist Teil unseres Respekts vor diesem Geschenk.

intellektuellen Fähigkeiten verfügten, Wissen zu bündeln, bessere Überlebenschancen als diejenigen, die darüber nicht verfügten. Wir sind ihre Nachfahren. Haben wir das erst einmal verstanden, ergibt die Leichtigkeit, mit der Individuen – und seien sie noch so sachkundig – ihre Meinung ändern, um den Gruppenbedürfnissen zu entsprechen, viel mehr Sinn.

Denken in Gruppen

Solomon Asch, Professor am Swarthmore College in Pennsylvania, machte sich 1951 daran, genau zu erforschen, wie viel von unserem Denken wir bereitwillig anderen überlassen. Er zeigte seinen Probanden eine Karte mit einer Linie und bat sie dann, aus mehreren Karten, auf denen ebenfalls Linien eingezeichnet waren, diejenige mit derselben Länge herauszusuchen. Der Test war einfach. Unter kontrollierten Bedingungen waren weniger als ein Prozent der Antworten falsch. [13]

Doch waren die Probanden nicht allein im Raum. Außer ihnen waren noch fünf bis sieben andere Teilnehmer da, die in Wahrheit für Asch arbeiteten. Und gelegentlich gaben sie geschlossen dieselbe falsche Antwort. Das waren die sogenannten »kritischen Tests«. Die Ergebnisse waren beachtlich: Bei den kritischen Tests gaben die Teilnehmer in 37 Prozent der Fälle die falsche Antwort. Hatten sie die Wahl zwischen dem, was ihre Augen ihnen sagten, und dem, was die Gruppe ihnen vermittelte, entschieden sie sich für die Gruppe. »Ich hatte das Gefühl, aufzufallen, mich zu exponieren und der Kritik auszusetzen, meine Wahrnehmung und Fähigkeiten seien nicht so scharf, wie sie sein könnten«, sagte einer der Probanden in einer postexperimentellen Befragung.

Aschs Arbeit, die zeigte, wie sehr eine Gruppe die Meinung eines Einzelnen zu beeinflussen vermag, war der Ausgangspunkt einer Revolution. Sie veränderte nicht nur grundlegend unser Verständnis davon, wie Menschen denken, sondern auch davon, wie Menschen denken, die sich einer Partei zugehörig fühlen. Denn was ist eine politische Partei anderes als eine Gruppe?

Im Jahr 2003 legte Geoffrey Cohen, zu dem Zeitpunkt Hochschuldozent für Psychologie an der Yale University, Studierenden in einem Psychologieeinführungskurs einen Fragebogen vor, in dem sie unter anderem gebeten wurden einzuschätzen, wie liberal oder konservativ sie seien und für wie wichtig sie soziale Wohlfahrt hielten. Später im Semester bat er diejenigen von ihnen, die sich im Zusammenhang mit dem Thema Wohlfahrt als besonders leidenschaftlich und besonders stark ideologisch geprägt eingestuft hatten, an einer Studie teilzunehmen, in der ihr »Erinnerungsvermögen in Bezug auf aktuelle Alltagsereignisse« getestet werden sollte. Die teilnehmenden Studierenden, die nicht wussten, wie oder warum sie ausgewählt worden waren, bekamen zwei Zeitungsartikel vorgelegt. Der erste war ein Dummy und diente keinem anderen Zweck, als »die Plausibilität der Titelgeschichte zu verstärken«. Der zweite Artikel beschrieb einen sozialpolitischen Vorschlag. [14]

In einer Version dieses Artikels machte die Politik ein extrem großzügiges Angebot:

> […] knapp 800 Dollar pro Monat für Familien mit einem Kind plus 200 Dollar für jedes weitere Kind, umfassende Krankenversicherung, 2000 Dollar in Lebensmittelgutscheinen, Extrazuschläge für Wohnen und Kindertagesbetreuung sowie ein Berufsausbildungsprogramm und zwei Jahre Schulgeld für ein Community College. Die Leistungen waren zwar auf acht Jahre begrenzt, doch wurde nach Beendigung der Unterstützung ein Arbeitsplatz garantiert, und die Hilfe setzte bei Geburt eines weiteren Kindes erneut ein.

In der anderen Version wurde eine weniger großzügige Politik geschildert. Hier »wurden lediglich 250 Dollar pro Monat und 50 Dollar für jedes weitere Kind gewährt. Sie bot nur eine teilweise Krankenversicherung und ordnete eine absolute Maximaldauer von anderthalb Jahren an, ohne die Möglichkeit, die Hilfe erneut in Anspruch zu nehmen. Im Gegensatz zu dem großzügigeren Vorschlag gab es bei dieser strengen Variante keine Lebensmittelgutscheine, keine Unterstützung für Wohnen und Kindertagesbetreuung, kein Berufsausbildungsprogramm, keine Garantie auf bezahlte Arbeit und kein Schulgeld.«

Die Artikel unterschieden sich auch noch in anderer Hinsicht: in den Gruppenhinweisen. In der Variante »bevorzugt von den Demokraten« hieß es, 95 Prozent der Demokraten im Repräsentantenhaus befürworteten diese Politik, aber nur zehn Prozent der Republikaner. Enthalten waren auch Zitate von prominenten Demokraten, die meinten, das Gesetz werde »die finanzielle Belastung der Armen verringern«, und die Republikaner der »Opferbeschuldigung« bezichtigten. In der Variante »bevorzugt von den Republikanern« waren die Prozentsätze genau umgekehrt; hier gab es Zitate von prominenten Republikanern, die erklärten, das Programm biete »eine ausreichende Absicherung […], ohne ein grundlegendes Maß an Arbeitsethik und das Gefühl für persönliche Verantwortung zu unterminieren«.

Nun sollten die Probanden auf einer Skala von 1 bis 7 ihre Einstellung zu den Programmen bewerten. Wie gesagt handelte es sich um Studierende mit besonders stark ideologisch gefärbten und leidenschaftlichen Gefühlen zum Thema Sozialpolitik. Doch spielte das keine Rolle. »Sowohl bei den liberalen als auch bei den konservativen Teilnehmern war die Wirkung der Bezugsgruppeninformation stärker als die des politischen Inhalts. Wenn ihre Partei es befürwortete, unterstützten die Liberalen selbst ein rigides Sozialprogramm, und die Konservativen selbst ein verschwenderisches.«

Psychologen zufolge ist diese Denkweise nicht weiter verwunderlich. Jeder von uns kann nur in wenigen Bereichen über Wissen aus erster Hand verfügen: Arbeit, Ausbildung, persönliche Erfahrungen. Als Bürger aber – und als gewählte Amtsträger – sollen wir regelmäßig Stellung zu so unterschiedlichen und komplexen Themen beziehen wie dem Atomwaffenprogramm des Iran, der Umweltbelastung durch eine internationale Ölpipeline und den möglichen Auswirkungen des Vorwurfs einer Währungsmanipulation an China.

Eine der Aufgaben politischer Parteien besteht darin, uns bei diesen Entscheidungen zu helfen. Theoretisch treten wir einer Partei bei, weil sie unsere Werte und Ziele teilt – Werte und Ziele, die uns vielleicht von den wichtigsten Gruppen in unserem Leben, etwa unserer Familie und der Gemeinschaft, in der wir leben, weitergegeben wurden –, und vertrauen darauf, dass deren politische Urteile mit denen übereinstimmen, die wir uns selbst bilden würden, wenn wir unbegrenzt Zeit hätten, uns mit den einzelnen Themen zu beschäftigen. Doch sind Parteien, auch wenn sie auf einer Reihe von Prinzipien basieren, keine selbstlosen Lehrer auf der Suche nach der Wahrheit. Es handelt sich um organisierte Gruppen, die ihre Macht stärken wollen. Oder, wie Psychologen es formulieren würden, deren Denken noch von etwas anderem motiviert sein könnte als Sorgfalt.

Nichts von dem eben Gesagten gilt natürlich für Sie, liebe Leserin und lieber Leser. Sie sind ja jemand, die oder der, nun ja, Bücher wie dieses kauft. Leute, die sich nicht besonders für Politik interessieren oder nicht viel über Politik wissen, können Parteien als Abkürzung nutzen und sind anfällig für deren Täuschungsmanöver. Doch Wissen ist Macht, und Sie haben das Wissen. Die Frage ist doch nur, wie man dafür sorgt, dass auch all die anderen an dieses Wissen kommen, oder?

Dies läuft hinaus auf eine breiter gefasste Theorie darüber, wie sich die amerikanische Politik in Ordnung bringen ließe. Ich kann Ihnen gar nicht sagen, wie oft Leute mir schon mit dem Argument zu Leibe gerückt sind, die Antwort auf unsere Probleme liege in lebenslanger politischer Bildung oder Erziehung zu kritischem Medienkonsum. Das kann auch durchaus extremere Formen annehmen. So veröffentlichte zum Beispiel Jason Brennan, Politologe an der Georgetown University, 2016 ein Buch mit dem Titel *Gegen Demokratie*, in dem er für eine »Epistokratie« wirbt, ein System, in dem die Stimmen der politisch Informierten mehr zählen als die Stimmen der politisch Ungebildeten. [15] »Ich nenne es das ›Kompetenzprinzip‹«, sagte er in einem Interview mit Vox. »Die Idee dahinter ist die, dass jede Person oder beratende Körperschaft, die Macht über andere ausübt, die Pflicht hat, diese Macht in gutem Glauben und kompetent zu nutzen. Tut sie das nicht, muss ihre Autorität und Legitimation in Frage gestellt werden.« [16]

Wir könnten es die »Mehr-Informationen«-Hypothese nennen. In ihrer weniger aggressiven Erscheinungsform bildet sie hoffentlich die Grundlage jeder Rede, jeder Meinungskolumne, jedes Zeitungsartikels und jeder Podiumsdiskussion. Sie durchzieht die Verfassung und die Federalist Papers ebenso wie die Philosophie von Thomas Dewey und die Grundlagen des Staatsbürgerkundeunterrichts an Schulen. Es ist die Überzeugung, dass viele unserer bittersten politischen Kämpfe und der größte Teil unseres schlimmsten politischen Denkens auf reinen Missverständnissen beruhen. Und der Grund für diese Missverständnisse? Zu wenig Information, ob nun über den Klimawandel, Steuern, den Irak, das Haushaltsdefizit oder die Einwanderung. Wären die Bürger nur besser informiert, so die Schlussfolgerung, dann gäbe es all diese Kämpfe nicht.

Das Modell ist verführerisch. Es legt nahe, dass unsere Landsleute nicht so sehr falschliegen, als vielmehr ignorant sind, fehlgeleitet oder – was das Reizvollste wäre – von den Halunken der anderen Partei getäuscht werden. Es behauptet, dass unsere Debatten lenkbar und die Antworten auf unsere härtesten Probleme gar nicht so kontrovers seien. Diese Theorie ist vor allem in Washington verbreitet, wo Parteianhänger enorme Mengen Energie aufbringen, um sich gegenseitig davon zu überzeugen, dass es *eine* richtige Antwort auf die schwierigen Fragen der amerikanischen Politik gibt – und dass *sie* diese Antwort haben.

Das Problem ist nur: Die Theorie ist falsch.

Wie die Politik kluge Menschen dumm macht

Im April und Mai 2013 widmete sich Dan Kahan, Juraprofessor an der Yale University, zusammen mit den Co-Autor*innen Ellen Peters, Erica Cantrell Dawson und Paul Slovic der Überprüfung einer Frage, die für Wissenschaftler durchweg immer noch ein Rätsel ist: Warum tragen verlässliche Daten nicht effektiver zur Lösung politischer Debatten bei? Warum zum Beispiel kann die überwältigende Zahl an Belegen dafür, dass der Klimawandel real ist, nicht mehr Skeptiker überzeugen? Wie Kahan und seine Co-Autor*innen schreiben, ist die Theorie, die dabei an vorderster Stelle steht, die »Science Comprehension Thesis«. Die Hypothese besagt, dass die Öffentlichkeit nicht genug über Wissenschaft weiß, um die Debatte beurteilen zu können. [17] Es handelt sich um eine Version der »Mehr-Informationen«-Hypothese, der zufolge eine klügere, besser gebildete Bürgerschaft weitaus weniger Probleme hätte, die wissenschaftlichen Artikel zum Thema Klimawandel zu lesen und deren klare Schlussfolgerungen zu akzeptieren.

Doch Kahan und sein Team stellten eine alternative Hypothese auf. Womöglich war es nicht mangelndes Wissen, das die Menschen zurückhielt. Schließlich zweifelten sie ja normalerweise auch nicht die Forschungsergebnisse von Ozeanographen oder die Existenz anderer Galaxien an. Vielleicht gab es ja bestimmte Debatten, bei denen es den Menschen gar nicht so sehr darum ging, die richtige Antwort finden, sondern eher darum, den Streit zu gewinnen. Vielleicht denken Menschen ja zu anderen Zwecken nach als aus dem Wunsch heraus, die Wahrheit zu finden – zum Beispiel, um ihren Stand innerhalb ihrer Gemeinschaft zu stärken oder sicherzustellen, dass sie von den Anführern ihres Stammes nicht ausgeschlossen werden. Sollte sich diese Hypothese als zutreffend erweisen, dann würde eine klügere, besser gebildete Bürgerschaft solcherlei Uneinigkeiten kein Ende bereiten, sondern die Beteiligten wären einfach nur besser gerüstet, um für die eigene Sache einzutreten.

Kahan und sein Team fanden eine clevere Möglichkeit, um zu testen, welche der beiden Theorien stimmte. Sie befragten 1000 Amerikaner zu ihren politischen Ansichten und legten ihnen anschließend einen Standardtest vor, der für die Einschätzung von mathematischen Fähigkeiten verwendet wird. Dann präsentierten sie ihnen eine Denksportaufgabe. In ihrer ursprünglichen Form handelte es sich dabei um ein schwieriges mathematisches Problem im Zusammenhang mit der Wirkung einer Hautcreme; die Aufgabe war so konstruiert, dass sie einen auf den ersten Blick in die Irre führte. War man nicht gut im Rechnen oder nicht begabt im Umgang mit quantitativen Informationen, würde man die Lösung nicht finden. Erwartungsgemäß lösten die Probanden die Denkaufgabe umso besser, je besser sie im Rechnen waren. Dies galt für die Liberalen ebenso wie für die Konservativen. Ein Punkt für die Science Comprehension Thesis.

Doch Kahan und seine Co-Autoren hatten auch eine politisierte Version des zu lösenden Problems verfasst, bei der sie zwar dieselben Zahlen verwendeten wie bei dem Thema Hautcreme, deren narrativer Aufbau sich jedoch statt auf Hautcreme auf einen

Gesetzesvorschlag fokussierte, der auf ein Verbot des Mitführens verdeckter Handwaffen in der Öffentlichkeit abzielte. Die Fragestellung beinhaltete jetzt einen Vergleich der Kriminalitätsraten in Städten, die Handwaffen verboten hatten, mit Kriminalitätsraten in Städten, die kein solches Verbot erlassen hatten.

Als die Probanden mit diesem Problem konfrontiert wurden, passierte etwas Kurioses: Wie gut sie rechnen konnten, bot plötzlich keinen Anhaltspunkt mehr dafür, wie gut sie den Test bestehen würden. Jetzt war Ideologie die Triebfeder für die Antworten. Die Liberalen schnitten sehr gut ab, wenn das Ergebnis bewies, dass ein gesetzliches Waffenverbot die Kriminalitätsrate senkte. Wurde ihnen jedoch die Version vorgelegt, in der geschlussfolgert wurde, dass ein Waffenverbot erfolglos geblieben war, spielten ihre Rechenfähigkeiten keine Rolle mehr. Sie kamen tendenziell zu einer falschen Lösung, egal, wie gut sie in Mathe waren. Die Konservativen zeigten dasselbe Muster, nur andersherum.

Bessere Rechenfähigkeiten führten nicht nur nicht dazu, die unterschiedlichen Lager in der richtigen Antwort zusammenzubringen. Es trieb sie sogar noch weiter auseinander. Bei den Probanden mit schwachen Rechenfähigkeiten lag die Wahrscheinlichkeit, dass sie die Antwort richtig hinbekamen, 25 Prozent höher, wenn sie ihrer Ideologie entsprach. Doch Probanden mit Parteibindung und guten Rechenfähigkeiten fanden, wenn die richtige Antwort zu ihrer Ideologie passte, diese mit einer um *45 Prozent* höheren Wahrscheinlichkeit. Je klüger man ist, desto dümmer kann einen die Politik machen.* [18]

* Dieser Effekt ist im Übrigen nicht auf die Mathematik beschränkt. 1991 luden David Perkins, Michael Farady und Barbara Bushey in ihrer Studie »Everyday Reasoning and the Roots of Intelligence« Studierende unterschiedlichen Alters und verschiedener Intelligenzniveaus in ein Labor ein und erfragten ihre Meinung zu einem komplexen sozialen Thema. Anschließend baten sie sie, alle Argumente aufzulisten, die jeweils für die eine oder andere

Lassen Sie uns noch einen Augenblick bei dieser Sache bleiben, denn das ist wirklich ein verrücktes Ergebnis: Bessere Mathekenntnisse verringerten die Wahrscheinlichkeit, dass die Probanden das Problem korrekt lösten, wenn eine korrekte Problemlösung ihre politischen Grundinstinkte verraten hätte. Die Leute nutzten ihr Denkvermögen nicht dazu, die richtige Antwort zu finden; sie nutzten es, um die von ihnen erwünschte Antwort zu bekommen.

Das Hautcremeexperiment war nicht das erste, mit dem Kahan gezeigt hatte, dass Parteibindung etwas an sich hat, das zu Intelligenzkurzschlüssen führen kann. In einer anderen Studie hatte er die naturwissenschaftliche Bildung von Menschen im Zusammenhang mit ihrem ideologischen Hintergrund untersucht und sie anschließend zu den Risiken des Klimawandels befragt. Hätte das Problem tatsächlich darin gelegen, dass die Leute mehr über die wissenschaftlichen Hintergründe hätten wissen müssen, um die Gefahren der Klimaerwärmung wirklich ermessen zu können, dann hätte sich ihre Besorgnis mit zunehmendem Wissen erhöhen müssen. Doch auch hier traf das Gegenteil zu: Bei denjenigen, die dem Klimawandel ohnehin skeptisch gegenüberstanden, verstärkte ein höherer wissenschaftlicher Wissensstand diese Skepsis noch. [19]

Dies wird jedem bekannt vorkommen, der schon einmal die Arbeiten eines ernsthaften Klimaskeptikers gelesen hat. Sie quellen praktisch über von Fakten und Zahlen, Graphiken und Tabellen, Studienergebnissen und Zitaten. Vieles davon ist falsch oder irrelevant. Aber die Menge an Informationen ist beeindruckend und

Seite der Argumentation sprachen. Der IQ war der größte Einzelfaktor, der eine Vorhersage darüber ermöglichte, wie viele Argumente Probanden auflisteten, doch er stand lediglich in Korrelation dazu, wie viele *unterstützende* Argumente sie auflisteten. »Statt das gesamte Thema vollständig und unparteiisch zu analysieren, setzen Menschen ihren IQ dazu ein, um die eigene Sache zu untermauern«, schlussfolgerten die Forscher.

fühlt sich überzeugend an. Es wirkt wie eine Riesenleistung wissenschaftlicher Überprüfung. Und Leugner des Klimawandels, die unablässig nach Gegenargumenten suchen, sind am Ende weitaus stärker davon überzeugt, dass die globale Erwärmung ein Schwindel ist, als diejenigen, die sich weniger intensiv mit dem Thema beschäftigt haben. Das gilt natürlich auch für alles andere. Haben Sie schon mal mit jemandem vom 9/11 Truth Movement diskutiert? Ich schon, und diese Leute sind wirklich gut informiert, was die verschiedenen Schmelzpunkte von Stahl betrifft. Mehr Informationen können uns helfen, die richtigen Antworten zu finden. Ist unsere Suche aber durch andere Ziele als das Streben nach Sorgfalt motiviert, kann uns mehr Information in die Irre führen – oder, genauer gesagt, uns dabei helfen, uns selbst in die Irre zu führen. Es ist ein Unterschied, ob wir nach den besten Beweisen suchen oder ob wir nach den besten Beweisen suchen, die uns recht geben. Und im Zeitalter des Internets sind derlei Beweise – ebenso wie die entsprechenden Experten – nie sehr weit weg.

Im Rahmen eines anderen Experiments teilten Kahan und seine Co-Autor*innen zusammen mit den Forschungsergebnissen hochversierter Wissenschaftler auch biographische Angaben zu ihnen aus. Dann fragten sie ihre Probanden, ob dieser oder jener Wissenschaftler tatsächlich ein Experte für dieses oder jenes Thema sei. Dabei kam Folgendes heraus: Im Zusammenhang mit stark politisierten Themen definierten die Befragten einen echten »Experten« als »qualifizierte Person, die meiner Meinung ist«. Untermauerten zum Beispiel die Ergebnisse eines Wissenschaftlers die Gefahren des Klimawandels, schätzten die Befragten, die sich Sorgen über den Klimawandel machten, diesen mit einer um 72 Prozentpunkte höheren Wahrscheinlichkeit als ausgezeichneten Experten ein. Wurden demselben Wissenschaftler mit denselben Referenzen Ergebnisse zugeordnet, die die Gefahren der Klimaerwärmung in Zweifel zogen, dann hielten Probanden, die den Klimawandel eher ablehnten, den Wissenschaftler mit einer um 54 Prozentpunkte höheren Wahrscheinlichkeit für einen Experten. [20]

Auffallend ist hier, dass die Effekte bei jenen Wählern am stärksten sind, die sich am intensivsten mit den Themen beschäftigen. In einem Aufsatz von 2006 mit dem Titel »It Feels Like We're Thinking« untersuchten die Politologen Christopher Achen und Larry Bartels eine American National Election Study, eine von der National Science Foundation geförderte Wählerbefragung von 1996. In einer der Fragen ging es darum, ob »das Haushaltsdefizit während Clintons Präsidentschaft angestiegen, gesunken oder in etwa gleich geblieben« sei. Die korrekte Antwort lautet, dass es rasant gefallen ist. Auch hier führte mehr Information zu mehr Selbsttäuschung. Achen und Bartels teilten die Befragten entsprechend ihrer politischen Bildung ein. Unter den am wenigsten Informierten entschieden sich Demokraten und Republikaner in etwa gleicher Zahl für die falsche Antwort. Unter den besser informierten Wählern dagegen war die Lage anders. Die Republikaner im 50-Prozent-Bereich politischer Bildung gaben häufiger die richtige Antwort als die im 95er-Bereich. [21]

Einen ähnlichen Effekt fand Bartels 1988 bei einer Umfrage, in der »eine Mehrheit der Befragten, die sich selbst als überzeugte Demokraten bezeichneten, sagten, die Inflation sei in den acht Jahren Reagan-Administration ›schlimmer geworden‹; tatsächlich war sie von 13,5 Prozent 1980 auf 4,1 Prozent 1988 gefallen«. [22] War man ein nicht besonders gut informierter Republikaner in der Ära Clinton oder ein nicht besonders gut informierter Demokrat in der Ära Reagan, dann wusste man, dass man den Präsidenten nicht mochte, die Wirtschaft aber ziemlich gut lief. Kannte man sich dagegen gut mit den parteitreuen Medien aus der Ära Reagan aus, dann wusste man, dass die Leute zwar *dachten*, die Wirtschaft laufe gut, aber achteten sie auch auf das Haushaltsdefizit? War ihnen klar, dass die Steuersenkungen direkt die Reichen begünstigten? Dasselbe galt für die Ära Clinton. Die Eliterepublikaner konnten einem eine ganze Menge über das Handelsdefizit mit China oder die Schuldenblase erzählen, die die Wirtschaft am Laufen hielt.

Zu jedem beliebigen Zeitpunkt gibt es da draußen eine Menge Fakten und eine Menge schlauer Leute, die sie uns in unterschiedlicher Konfiguration anbieten. »Selbst unter den ungewöhnlich gut informierten und politisch engagierten Leuten sind die politischen Präferenzen und Urteile, die sich so anfühlen und so aussehen, als wären sie die Grundlagen ihrer Parteibindung und ihres Wahlverhaltens, in Wirklichkeit häufig die *Folge* von Partei- und Gruppentreue«, schreiben Achen und Bartels in ihrem Buch *Democracy for Realists: Why Elections Do Not Produce Responsive Government.* »Über je mehr Informationen die Wähler verfügen, desto besser sind sie tatsächlich in der Lage, ihre Identitäten mit vernünftig klingenden Begründungen zu untermauern.« [23]

Kahan lässt keinerlei Missverständnisse dahingehend aufkommen, dass die Leute meist durchaus in der Lage sind, sich von den besten Beweisen überzeugen zu lassen. So herrscht etwa zwar sehr viel Uneinigkeit in Bezug auf Klimawandel und Waffenkontrolle, dagegen so gut wie keine darüber, ob Antibiotika funktionieren, ob der Influenza-A-Virus H1N1 ein Problem darstellt oder ob Alkoholexzesse die Fahrtüchtigkeit beeinträchtigen. Wir rationalisieren unser Denken erst dann, wenn wir es mit Fragen zu tun haben, deren Antworten unsere Gruppe – oder wenigstens unseren Stand in der Gruppe – bedrohen könnten. In diesen Fällen, so Kahan, machen wir uns selbst etwas vor und sind dabei komplett rational.

Stellen Sie sich vor, was zum Beispiel dem bekannten konservativen Radio- und Fernsehmoderator Sean Hannity, der unter anderem für Fox News tätig ist, passieren würde, wenn er morgen beschlösse, dass der Klimawandel die zentrale Bedrohung für unseren Planeten darstellt. Zunächst würden seine Zuschauer denken, das sei ein Witz, doch schon bald würden sie wütende Kommentare abgeben. Manche würden einen Boykott seiner Sendung organisieren. Dutzende, vielleicht sogar Hunderte von Klimaskepsisprofis würden erbost beginnen, den neuen Kreuzzug Hannitys zu bekämpfen. Viele von Hannitys Freunden in den konservativen Medien würden sich von ihm distanzieren, und manche würden ihn verurteilen, um sich selbst einen Vorteil zu verschaffen. Politiker, die er achtet, würden auf seinen Verrat an der Sache wütend reagieren. Er würde Freundschaften, Zuschauer und Geld verlieren. Und schließlich würde er womöglich sogar seinen Job verlieren. Und währenddessen würde er sich selbst enormem persönlichem Schmerz aussetzen, da er sich seinen engsten politischen und beruflichen Verbündeten systematisch entfremden würde. Die Welt – und ebenso Sean Hannity selbst – würde ihr Verständnis davon, wer Sean Hannity ist und woran er glaubt, aktualisieren müssen. Ein Identitätswandel ist psychologisch wie sozial ein brutaler Vorgang.

Kahan findet es nicht weiter seltsam, dass wir auf bedrohliche Informationen reagieren, indem wir unsere intellektuelle Artillerie auffahren, um sie aus dem Weg zu schaffen. Eher findet er es seltsam, von vernunftbegabten Menschen zu erwarten, anders zu handeln. »Nichts, was irgendein normales Mitglied der Öffentlichkeit persönlich über die Existenz, die Ursachen oder die möglichen Konsequenzen der Erderwärmung glaubt, wird das Risiko beeinflussen, das der Klimawandel für ihn oder sie oder irgendwen oder irgendetwas darstellt, der oder das ihm oder ihr etwas bedeutet«, schreibt Kahan. »Doch wenn es im Verhältnis zu der Einstellung der Leute, mit denen es eng verbunden ist – und von deren Hochachtung und Unterstützung es auf vielfältige Weise in seinem Alltag abhängig ist –, die falsche Einstellung zum Klimawandel entwickelt, dann könnte es unter extrem unangenehmen Folgen zu leiden haben, vom Gemiedenwerden bis hin zum Jobverlust.« In Wirklichkeit, schließt Kahan, sehe es so aus: »Der Preis, einen Fehler bei der Betrachtung der wissenschaftlichen Erkenntnisse zu machen, ist gleich null«, aber »der Preis, nicht mehr auf einer Wellenlänge mit den ansonsten Gleichgesinnten zu sein, kann katastrophal hoch sein«, sodass es »auf persönlicher Ebene vernünftig« werde, Gruppendynamiken an die erste Stelle zu setzen, wenn man über Themen wie den Klimawandel nachdenkt. [24]

Kahan nennt diese Theorie »Identity-Protective Cognition«, identitätsschützende Denkfehler: »Um Dissonanzen und die Entfremdung von geschätzten Gruppen zu vermeiden, widerstehen Einzelne unbewusst Sachinformationen, die ihre entscheidenden Werte bedrohen.« An anderer Stelle formuliert er es noch prägnanter: »Was wir über die Fakten glauben«, schreibt er, »sagt uns, wer wir sind.« Und der wichtigste psychologische Imperativ, den die meisten von uns an einem beliebigen Tag haben, besteht darin, unsere Vorstellung von uns selbst und unsere Beziehungen zu den Menschen zu schützen, denen wir vertrauen und die wir lieben.

Jeder, der schon einmal in einen wütend ausgetragenen Streit innerhalb des eigenen politischen Lagers oder sozialen Umfeldes verwickelt war, weiß, wie bedrohlich sich das anfühlt. Vielen von uns ist es nicht wichtig genug, »recht« zu haben, als dass sie mit den Menschen, die ihnen am Herzen liegen, einen heftigen Streit anzetteln würden. Dies gilt besonders für einen Ort wie Washington, wo soziales Umfeld und Berufsleben häufig um die politische Einstellung der Leute herum organisiert sind und die Konturen der in den jeweiligen »Stammesgruppen« akzeptablen Überzeugungen immer schärfer werden. In einem Interview, das ich 2019 mit David Brooks führte, dachte der freundlich-konservative Kolumnist der *New York Times* laut darüber nach, welche soziale Agonie ihm die Kritik an Trump beschert hatte. »Mein Leben lang war ich Teil der konservativen Bewegung gewesen«, erzählte er mir. »*Weekly Standard. Wall Street Journal. National Review. Washington Times.* Plötzlich war ich nicht mehr ein Konservativer wie die anderen, und mein soziales Umfeld löste sich auf.« Brooks lebte zu der Zeit allein, und so waren die Konsequenzen für ihn schmerzhaft. »Meine Wochenenden bestanden nur noch aus schreiender Stille«, sagt er. [25]

Sie können sich Washington wie eine Maschine vorstellen, die »identitätsschützende Denkfehler« befördert. Jede Partei hat ihre verbündeten Think-Tanks, verlässlichen Experten, Lieblingszeitschriften, wohlwollenden Blogs, geneigten Wissenschaftler, entschlossenen Aktivisten und ideologisch überzeugten Finanzleute. Sowohl die Profis wie auch die engagierten Ehrenamtlichen, aus denen die Parteimaschinerie besteht, sind Mitglieder in sozialen Zirkeln, Twitter-Welten, Facebook-Gruppen, Arbeitsumfeldern und vielen anderen Biotopen, die ihnen das Leben sehr schwer machen würden, wenn sie sich zu weit vom Glauben entfernten. Und diese Institutionen stellen letztlich allesamt eine Menge sehr kluger, sehr ehrlicher Menschen ein, deren hervorragende Intelligenz sicherstellt, dass sie für gewöhnlich nicht aus der Reihe tanzen. Alles andere würde ihren Alltag auf den Kopf stellen. Das Schlimmste daran ist, dass es sich nie zynisch anfühlt, nie als Rationalisierung interpretiert wird. Immer und immer wieder fühlt es sich so an, als hätte unsere ehrliche Wahrheitssuche uns zu der Antwort geführt, die unsere bisherigen Vorstellungen bestätigt. Das Problem dabei ist natürlich, dass diese Leute auch Einfluss auf die Hebel der Regierung besitzen oder sie mitunter sogar kontrollieren.

Der Tag, an dem die Versicherungspflicht vor Gericht kam

Am 23. März 2010, dem Tag, an dem Präsident Obama den Affordable Care Act unterzeichnete, reichten die Justizminister von vierzehn Bundesstaaten Klage gegen die gesetzlich verankerte Forderung nach Abschluss einer Krankenversicherung durch die meisten Amerikaner ein, mit der Begründung, dies sei verfassungswidrig.

Zu diesem Zeitpunkt war es schwierig, auch nur einen Juraprofessor im Land zu finden, der sie ernst genommen hätte. »Das Argument der Verfassungswidrigkeit ist ziemlich albern«, meinte Sanford Levinson, Juraprofessor an der University of Texas Law School, gegenüber dem Medienkonzern McClatchy. Erwin Chemerinsky, der damalige Dekan der Juristischen Fakultät an der University of California in Irvine, sagte in einem Gespräch mit der *Times*: »Seit 1937 gibt es keine Rechtsprechung mehr, die das Recht des Einzelnen stützen würde, keine Krankenversicherung abzuschließen, wenn die Regierung eine solche anordnen will.« Und Orin Kerr, damals Professor an der George Washington University und ehemaliger Mitarbeiter des Obersten Richters Anthony Kennedy, war der Auffassung: »Die Chancen, dass die Gerichte die Krankenversicherungspflicht für unwirksam erklären, stehen weniger als eins zu hundert.« [26]

Diese Experteneinschätzungen waren falsch. Von Republikanern eingesetzte Richter entschieden wiederholt gegen die Versicherungspflicht, auch wenn von Demokraten eingesetzte Richter wiederholt zu ihren Gunsten entschieden. Als der Fall dann schließlich vor dem Supreme Court landete, sagte mir Kerr, die Chancen, dass das Gericht das Gesetz kippen würde, stünden fifty-fifty.

Schließlich überlebte die Versicherungspflicht dank eines Kompromisses. Chief Justice John Roberts tröstete die Republikaner, indem er ihr Argument akzeptierte, die Versicherungspflicht sei nicht gerechtfertigt, da die Bundesregierung nicht die Befugnis habe, den Handel zwischen den einzelnen Bundesstaaten zu regulieren – und weitete mit dieser Entscheidung den Spielraum für Klagen aus, die sie in Zukunft vor dieses Gericht bringen konnten, indem er eine der umfassendsten Befugnisse der Bundesregierung beschnitt –, entschied jedoch, die Strafzahlung für den Nichtabschluss einer Krankenversicherung sei eine Steuer, und die Steuergewalt der Regierung sei umfassend; damit schloss er sich Kennedy und den liberalen Richtern des Obersten Gerichtshofs an und unterstützte die Beibehaltung des Gesetzes.*

So wurde zwar das Gesetz gerettet, doch niemand von der Verfassungsmäßigkeit der Versicherungspflicht überzeugt. Roberts war von George W. Bush zum Vorsitzenden des Supreme Court gemacht worden und hatte früher für die Regierung Reagan gearbeitet. Dennoch waren diese Referenzen für die Mitglieder der konservativen Bewegung kein Grund, auf ihn zu hören, ihre Meinung zu überdenken und die Versicherungspflicht als eindeutig verfassungsgemäß zu betrachten. Sie sahen sie eher als Grund, sich von ihm verraten zu fühlen. »Warum nur haben die Republikaner immer so ein schlechtes Händchen bei der Auswahl von Richtern für den Supreme Court?«, klagte Marc Thiessen, früherer Redenschreiber für Bush, in der *Washington Post*. »Die Demokraten haben praktisch nie einen Fehler gemacht bei der Berufung ver-

* Man beachte, dass dieser Kampf bis heute andauert. Die Republikaner erlangten später die Mehrheit im Kongress. Sie scheiterten zwar an der Aufhebung von Obamacare, änderten das Gesetz aber so ab, dass die Sanktionen null Dollar betrugen. Dann brachte eine Gruppe von republikanischen Landesjustizministern den Fall *Texas gegen Azar* vor Gericht. In der Klagebegründung wird die Behauptung aufgestellt, dass die Sanktion keine Steuer sein könne, denn es würde ja gar kein Geld eingenommen, was die Versicherungspflicht verfassungswidrig mache, und wenn die Versicherungspflicht verfassungswidrig sei, solle der Supreme Court das gesamte Gesetz für verfassungswidrig erklären. Der texanische Oberste Richter Reed O'Connor, ein früherer Berater der Republikaner im Senat, entschied zugunsten der Kläger, doch ist der Fall jetzt in Berufung gegangen. »Waren Sie je versucht zu denken, rechtsgerichtete Richter seien keine Aktivisten – sie würden nur ›die Verfassung stärken‹ oder ›das Gesetz studieren‹ –, dann wird Sie dies eines anderen belehren«, schrieb der Juraprofessor Nicholas Bagley.

lässlicher Liberaler. Aber die Republikaner ernennen eher mehr als weniger Richter, die sich bei kritischen Entscheidungen auf die Gegenseite stellen.« [27]

Wovon der Fall Obamacare allerdings viele überzeugte, war die schwindende Legitimität des Supreme Court. Der Beinahe-Erfolg von etwas, das den Liberalen als lächerliches Argument erschienen war, zeigte in ihren Augen die zunehmende Politisierung der Justiz. Derweil verdächtigten die Konservativen Kennedy und Roberts des »Motivated Reasoning«, des motivierten Denkens, im Sinne des Supreme Courts selbst – ihnen war klar, dass es für die Institution verhängnisvoll gewesen wäre, Obamacare zu kippen; also fanden sie einen Vorwand für einen Rückzieher. Und obwohl ich selbst natürlich eines dieser Argumente überzeugender finde als das andere, kann ich nicht beschwören, dass da nicht auch einfach nur mein eigenes motiviertes Denken dahintersteckt.

Jonathan Haidt, Psychologieprofessor an der Betriebswissenschaftlichen Fakultät der New York University, vergleicht die Rolle, die persönliche Interessen bei politischen Auseinandersetzungen spielen, mit dem Job des Pressesprechers im Weißen Haus. In seinem Buch *The Righteous Mind: Why Good People Are Divided by Politics and Religion* schreibt er:

> Egal, wie schlecht politische Entscheidungen auch sind, der Pressesprecher wird immer einen Weg finden, sie zu loben oder zu verteidigen. […] Mitunter werden Sie eine peinliche Pause zu hören bekommen, in der er oder sie nach den richtigen Worten sucht. Mit Sicherheit aber werden Sie nie so etwas hören wie: »Hey, was für ein interessantes Argument! Vielleicht sollten wir diese Entscheidung noch einmal überdenken.« Pressesprecher können das nicht sagen, weil sie nicht die Macht haben, politische Entscheidungen zu treffen oder zu revidieren. Sie bekommen gesagt, wie die politische Entscheidung aussieht, und ihre

> Aufgabe besteht darin, Beweise und Argumente zu finden, um sie vor der Öffentlichkeit zu rechtfertigen. [28]

Das sei der Grund, so Haidt im Gespräch mit mir, warum man, seien erst einmal Gruppenloyalitäten im Spiel, Leute nicht mehr dazu bringen könne, ihre Meinung zu ändern, indem man ihre Argumente in Bausch und Bogen zurückweise. »Denken ist zumeist nur Rationalisierung, die Suche nach Beweisen, welche die eigenen Überzeugungen untermauern.« [29] Psychologen haben dafür einen Namen: »Motivated Reasoning«, motiviertes Denken. Genau wie der Pressesprecher oder die Pressesprecherin motiviert ist, die Positionen seines oder ihres Chefs zu verteidigen, so ist auch unser Verstand motiviert, die Positionen unserer Gruppe zu verteidigen oder die Schlussfolgerung, die wir aus anderen Gründen ziehen müssen.

Verbringt man viel Zeit mit Forschung zu diesem Thema, dann ist das, als würde man in einen intellektuellen Abgrund starren. Wie sieht denn die richtige Suche nach Antworten aus, wenn die Anstrengungen der Beweissammlung und des gründlichen Durchdenkens dorniger, polarisierender politischer Fragen in Wahrheit nur der Prozess sind, mit Hilfe dessen wir uns selbst täuschen, um die von uns gewünschten Antworten zu finden? Woher wissen wir, ob die Antworten, zu denen wir gelangen, nicht einfach nur weitere motivierte Wahrnehmungen sind, egal, wie gut gemeint unser Ansatz auch war? Woher weiß ich, ob nicht auch die Antworten der Experten, auf die wir uns verlassen, auf subtilen Vorurteilen basieren? Woher wissen wir, ob nicht auch dieses Buch eine Art Identitätsschutz ist? Kahans Forschung sagt uns, dass wir unserem Verstand nicht trauen können. Wie finden wir also aus diesem Dilemma heraus?

Ich schrieb 2012 zum ersten Mal über motiviertes Denken und die Versicherungspflicht bei Obamacare. Als Reaktion darauf veröffentlichte der Psychologe Paul Bloom einen Artikel im *Atlantic*, in dem er meine Inhalte zwar nicht in Frage stellte, mich dafür aber bei Folgendem erwischte: »Mir fällt auf, dass Klein keine sozialpsychologische Zeitschrift heranzieht, wenn er begründet, warum er und seine demokratischen Bundesgenossen sich so sicher sind, dass Obamacare verfassungsgemäß ist.« [30]

Bloom hat natürlich recht. Aber die Implikationen sind radikaler, als zuzugeben er bereit zu sein schien. Die Frage ist nicht, ob ich motiviertem Denken zum Opfer gefallen bin oder ob ich in psychologischer Hinsicht gegen Informationen, die mit meinen Werten und meiner Weltsicht übereinstimmen, weniger gut gefeit bin. Natürlich bin ich das. Die Frage ist, was es bedeutet, dass wir alle dies mehr oder weniger ständig tun.

Das Leben bietet Rätsel, auf die es überprüfbare, greifbare Antworten gibt. Helfen Antibiotika gegen Halsschmerzen? Macht Jod Flusswasser trinkbar? Wie funktioniert Magnetismus? Allerdings gibt es auch jede Menge Rätsel ohne klare Antworten. Eins davon ist die Interpretation der Verfassung. Schon die Gründerväter waren sich nicht darüber einig, was die Verfassung bedeutete und erlaubte, ganz zu schweigen davon, wie über solche Fragen entschieden werden sollte. Thomas Jefferson zum Beispiel war der Auffassung, jedem Regierungsressort sollte erlaubt sein, die Verfassung selbst zu interpretieren. Diesen Kampf verlor er, und die oberste Entscheidungsbefugnis in verfassungsrechtlichen Streitigkeiten wurde dem Supreme Court übertragen.

Doch der Supreme Court selbst besteht aus lediglich neun Richtern in Roben – und, zunehmend, neun Richtern in Roben, die nicht allein aufgrund ihrer exzellenten Kenntnisse und Fähigkeiten, sondern auch aufgrund ihrer ideologischen Verlässlichkeit gewählt werden (mehr dazu später). Der Supreme Court soll unpolitisch sein, doch sind die Fälle, mit denen er konfrontiert wird, häufig politischer Natur, und der gesamte Prozess der Nominierung und

Bestätigung eines Obersten Richters ist gründlich politisiert. Das Gesamtgebäude verfassungsrechtlicher Interpretationen – und ebenso die Legitimität, die wir ihnen zusprechen – beruht auf der Grundannahme, dass es auf eine Frage wie: »Ist die Versicherungspflicht verfassungsgemäß?«, eine richtige Antwort gebe. Aber vielleicht ist dem ja gar nicht so. Und selbst dann, wenn es eine Antwort gäbe, hätten wir keinen besonderen Grund zu glauben, dass eine Handvoll extrem versierter Disputanten, die sich allesamt für den Job qualifiziert haben, indem sie Politiker von ihrer ideologischen Verlässlichkeit überzeugten, diese richtige Antwort überhaupt finden würde oder dass es uns andere interessieren würde, wenn es ihnen gelänge.

Sie sehen sicher, was ich meine, wenn ich sage, dass man, nimmt man diese Literatur zu ernst, das Gefühl bekommen kann, in einen Abgrund zu starren. Meine gesamte Karriere – und der Großteil der Politik im Allgemeinen – fußt auf der Idee, dass uns das Sammeln fundierter Informationen hilft, politische Themen, die ans Eingemachte gehen, zu verstehen, und dass beides zusammengenommen uns zu einem Sinneswandel bewegen und in eine bessere Welt führen kann. Doch wenn sich unsere politischen Identitäten und Interessen vor unsere Wahrnehmung schieben, dann löst sich dieses Denkmodell in nichts auf.

Kahans Arbeit legt nahe, dass Wahrnehmung innerhalb eines Spektrums stattfindet, und dieses Spektrum reicht von Belangen, in denen es vor allem auf die Wahrheit und nicht auf unsere Identität ankommt, bis hin zu Themen, bei denen unsere Identität beherrschend ist und die Bedeutung der Wahrheit schwindet. In einer Zeit, in der unsere politische Identität immer klarer und mächtiger wird, besteht eine der Auswirkungen dieses Umstandes darin, dass dieser Prozess auch eine Zunahme »identitätsschützender Denkfehler« mit sich bringen wird. Dies trifft vor allem dann zu, wenn die relevanten Identitätsgruppen in der Lage sind, hochkomplexe

Informationsarchitekturen herzustellen, die wir zur Befeuerung unseres Denkens nutzen können.

Doch lohnt es auch, das Wort »schützend« in den Fokus zu nehmen. Wie Kahans Begriff suggeriert, ist unser Denken dann am ehesten beeinflussbar, wenn unsere Identität am stärksten bedroht ist. Und für viele Menschen ist die heutige Zeit eine zutiefst bedrohliche.

KAPITEL 5

Demographische Bedrohung

Im Jahr 2008 hielt Barack Obama den Begriff »Wandel« hoch wie eine Fackel und fügte noch ein weiteres Wort hinzu, das alles transportierte, was die junge, bunte Koalition seiner Anhänger in seinem Aufstieg und in ihrer neu gewonnenen politischen Macht sah: »Hoffnung«. Ein Amerika, das einen schwarzen Mann zum Präsidenten wählte, war ein Amerika, in dem eine Zukunft geschrieben wurde, die auf faszinierende Weise anders sein würde als die Vergangenheit.

Im Jahr 2016 stellte Donald Trump dieses Verständnis von Wandel als Bedrohung dar; Trump war die revanchistische Stimme all jener, die Amerika wieder so machen wollten, wie es einst gewesen war, die es *wieder* groß machen wollten. Dieser Impuls verband die Mauer, die die Mexikaner fernhalten sollte, das Einreiseverbot für Muslime und die Verschwörungstheorie, der zufolge Obama kein legitimer Präsident der USA sein konnte, weil er außerhalb des Landes geboren worden war. Ein Amerika, das Trump zum Präsidenten wählte, würde ein Amerika sein, in dem eine Zukunft geschrieben werden sollte, die der Vergangenheit auf erschreckende Weise gleichen würde.

Das ist die wesentliche Spaltung in unserer Politik, und sie reflektiert einen für unsere Zeit prägenden Trend: Amerika verändert sich, und zwar rasant. Nach Angaben des Census Bureau (USCB, Volkszählungsamt) war 2013 das erste Jahr, in dem die Mehrheit der Kinder im Alter von unter einem Jahr eine andere Hautfarbe hatte als weiß. [1] Diese Mitteilung, die während der zweiten Amtszeit des ersten afroamerikanischen Präsidenten kam, überraschte niemanden. Die Demographen hatten bereits seit Jahren einen solchen Kipppunkt vorausgesagt, und sie sahen noch mehr voraus.

Die Regierung geht davon aus, dass 2030 nicht mehr Geburten der wichtigste Motor des Bevölkerungswachstums sein werden, sondern die Zuwanderung. Ungefähr 15 Jahre später wird Amerika eine Majority-Minority-Situation haben, das heißt, die einzelnen ethnischen Minderheiten werden zusammengenommen in der Mehrheit sein, und erstmals in der amerikanischen Geschichte werden die nichthispanischen Weißen die Minderheit bilden. [2]

Diese Umkehrung wird teils daher rühren, dass die schwarze, die hispanische, die asiatische und die ethnisch gemischte Bevölkerungsgruppe stärker werden – genau genommen rechnet man damit, dass sich die hispanische und die asiatische Bevölkerungsgruppe bis 2060 ungefähr verdoppeln und die ethnisch gemischte Bevölkerungsgruppe sich verdreifacht. Unterdessen zeichnet sich bei der nichthispanischen weißen Bevölkerung ein einzigartiger Vorgang ab: Ihre Zahl dürfte von 199 Millionen im Jahr 2020 auf 179 Millionen im Jahr 2060 fallen. Das Census Bureau sagt es ganz klar: »Die einzige Bevölkerungsgruppe, die unseren Prognosen zufolge schrumpfen dürfte, ist die der nichthispanischen Weißen.« [3]

Das ist nicht nur eine Aussage über die Zukunft, es ist eine Beschreibung der Gegenwart. Der Ökonom Jed Kolko merkt an, dass das häufigste Alter bei weißen Amerikanern 58 Jahre beträgt, bei Asiaten 29 Jahre, bei Afroamerikanern 27 Jahre und bei Hispanics elf Jahre. [4] Laut einem Bericht des Applied Population Lab der University of Wisconsin-Madison liegt derzeit in 26 Bundesstaaten die Zahl der Sterbefälle bei Weißen über der Zahl der Geburten; 2014 waren es 17 Bundesstaaten und 2004 erst vier. [5]

Unterdessen rechnet man damit, dass der Anteil der im Ausland geborenen Amerikaner an der Gesamtbevölkerung von derzeit 14 Prozent auf 17 Prozent im Jahr 2060 ansteigen wird, das sind mehr als zwei Prozentpunkte über dem Rekordwert von 1890. Der Anstieg erfolgt mit atemberaubendem Tempo: Noch in den siebziger Jahren lag der Anteil der im Ausland geborenen Amerikaner unter fünf Prozent der Gesamtbevölkerung.

Auch die Geschlechterdynamik ist im Fluss. Hillary Clinton war nicht nur die erste Frau, die für die Präsidentschaft kandidierte und die Mehrheit der Wählerstimmen auf sich vereinigen konnte, sondern auch die erste, die von einer großen politischen Partei aufgestellt wurde. 56 Prozent der Studierenden am College sind heute weiblich, [6] und die Zahl derjenigen, die mit 29 Jahren einen Bachelorabschluss in der Tasche haben, liegt bei den Frauen um acht Prozentpunkte höher als bei den Männern. [7]

2018 antworteten im Rahmen des General Social Survey (Allgemeine Bevölkerungsumfrage) auf die Frage nach der Religionszugehörigkeit erstmals mehr Amerikaner mit »keine Religion« als jene, die sich als Katholiken oder Evangelikale bezeichneten. [8] Die unterschiedlichen Methoden zur Abgrenzung religiöser Sekten vermitteln unterschiedliche Eindrücke vom Niedergang der organisierten Religion in Amerika. So listet beispielsweise die Allgemeine Bevölkerungsumfrage Protestanten und evangelikale Protestanten getrennt auf. Doch Robert Jones, der Gründer und Direktor des Public Religion Research Institute, prophezeit in seinem Buch *The End of White Christian America*, dass 2051 die Menschen ohne religiöse Bindung zahlreicher sein werden als alle Protestanten zusammengenommen – »etwas, das noch vor wenigen Jahrzehnten undenkbar gewesen wäre«, wie er feststellt. [9]

Diese demographischen Kategorien wirken auf wichtige Weise zusammen. Beispielsweise argumentiert Jones, die dominierende Kultur in Amerika sei bisher weiß *und* christlich gewesen. Macht sei nicht minder intersektional als Unterdrückung. Nach dieser Betrachtungsweise ist der Kipppunkt jedoch bereits erreicht. Bei

Obamas Einzug ins Weiße Haus waren 54 Prozent der amerikanischen Bevölkerung weiß und Christen. Bis zur Wahl 2016 ging dieser Anteil auf 43 Prozent zurück. Um es noch drastischer auszudrücken: Ungefähr sieben von zehn alten Menschen sind weiß und Christen, aber nur weniger als drei von zehn bei den jungen Erwachsenen – ein Trend, der nicht nur durch den demographischen Wandel vorangetrieben wird, sondern auch dadurch, dass immer weniger junge Leute sich als Christen fühlen. »Diese Veränderungen sind so groß und gehen so schnell vonstatten, dass sie spürbar sind«, schreibt Jones. [10]

Demographen sind sich uneins, ob diese Projektionen für die Zukunft tragfähig sind. Vielleicht werden die hispanischen Weißen sich in den nächsten Jahren nach und nach einfach als Weiße fühlen, so wie die Iren im 20. Jahrhundert Weiße geworden sind. Ethnische Zugehörigkeit ist ein Konstrukt, und wir bauen ihre Kategorien kontinuierlich um. Aber das heißt nur, dass es häufig auf unsere *Wahrnehmung* von ethnischer Zugehörigkeit und Macht ankommt. Und unsere Wahrnehmung des demographischen Wandels ändert sich sogar noch schneller als die Realität: 2013 führten das Center for American Progress, PolicyLink, Latino Decisions und die Rockefeller Foundation Befragungen durch und stellten fest, dass der Median-Teilnehmer glaubte, 49 Prozent der Bevölkerung seien nicht weiß; die korrekte Zahl war 37 Prozent.

Ich habe viele Monate lang mit Politikern, Sozialpsychologen und Politikwissenschaftlern darüber gesprochen, was in Momenten wie diesem passiert, wenn eine Mehrheit das Gefühl hat, ihre Dominanz beginne zu schwinden. Die Antwort, die durch Berge von Studien bestätigt wird und überall in unserer Politik zu sehen ist, lautet: Wandel in dieser Größenordnung beeinflusst unsere Psyche, nicht nur unser Wahlverhalten. Es ist der entscheidende Kontext, der den politischen Kernkonflikten dieser Zeit zugrunde liegt: der Präsidentschaft von Obama und Trump, dem Vormarsch neuer reaktionärer sozialer Bewegungen und Denker, den erbitterten Auseinandersetzungen über politische Korrektheit auf dem Campus und in Hollywood, der Macht von Bewegungen wie *#MeToo* und Black Lives Matter, den Konflikten über die Zuwanderung. Nichts bewirkt eine stärkere Identifikation mit unseren jeweiligen Gruppen als das Gefühl, dass die Macht, die wir für selbstverständlich hielten, schon bald verloren sein könnte oder dass die Ungerechtigkeiten, unter denen wir so lange gelitten haben, bald korrigiert werden könnten.

»Eine Identität wird nur dann in Frage gestellt, wenn sie bedroht ist«, schrieb James Baldwin, »wenn, zum Beispiel, der Mächtige zu fallen beginnt, wenn der Elende aufzusteigen beginnt oder wenn der Fremde ins Tor tritt, um von diesem Augenblick an nie mehr ein Fremder zu sein; die Gegenwart des Fremden macht dich zum Fremden, und zwar weniger für den Fremden, als vor dir selbst.« [11]

Der demographische Wandel und die damit verbundenen Ängste und Hoffnungen zählen zu den tektonischen Kräften, die diese Ära im Leben Amerikas prägen. Aber um zu verstehen, was er für uns als Land bedeutet, müssen wir erst verstehen, was er für uns als Individuen bedeutet.

Wandel macht uns konservativ

2014 analysierten die Psychologinnen Maureen Craig und Jennifer Richeson die Antworten von 369 weißen Befragten, die sich selbst als politisch unabhängig bezeichnet und an einer von zwei Umfragen teilgenommen hatten. [12] Die Zuweisung erfolgte nach dem Zufallsprinzip. Bei der einen Umfrage ging es darum, herauszufinden, ob die Befragten wussten, dass Kalifornien zu einem Majority-Minority-Bundesstaat geworden war – das heißt zu einem Bundesstaat, in dem die Weißen nicht länger mehr als 50 Prozent der Bevölkerung ausmachten –, die andere enthielt keine potenziell bedrohlichen demographischen Informationen.

Das war ein vorsichtiger Test, um eine beunruhigende Theorie zu bestätigen: die Vermutung nämlich, dass allein die Erwähnung der Vorstellung, die Weißen könnten im Begriff sein, ihre zahlenmäßige Überlegenheit in Amerika einzubüßen, diesen nicht nur Angst einjagen, sondern darüber hinaus ihr politisches Verhalten radikal verändern könnte. Die Theorie erwies sich als zutreffend. Von den Umfrageteilnehmern, die im Westen der USA lebten, sagten diejenigen, die gelesen hatten, die Weißen hätten ihren Status als Mehrheit verloren, im Folgenden mit einer um 13 Prozentpunkte höheren Wahrscheinlichkeit, ihre politischen Sympathien gehörten der Republikanischen Partei.

In einer Follow-up-Studie gaben Craig und Richeson einigen weißen Teilnehmern Zeitungsartikel über geographische Mobilität, während andere einen Artikel lasen, in dem es hieß, »ethnische Minderheiten werden 2042 die Mehrheit der US-Bevölkerung stellen«. Die Gruppe, die die rassistisch gefärbte Verlautbarung gelesen hatte, neigte nicht nur bei politischen Fragen, die in direktem Zusammenhang damit standen – etwa der möglichen Zahl von Zuwanderern, positiver Diskriminierung und Wegen zur Einbürgerung –, eher konservativen Positionen zu, sondern auch bei Fragen zur Reform des Gesundheitswesens und den Verteidigungsausgaben.* [13]

* In diesem Zusammenhang muss erwähnt werden, dass diese Dynamik auch in der anderen Richtung wirkt: 2016 teilten Alexander Kuo, Neil Malhotra und Cecilia Hyunjung Mo in einer Untersuchung eine Stichprobe asiatisch-amerikanischer Collegestudierender in zwei Gruppen auf. Die eine Gruppe wurde während der Untersuchung einer inszenierten Mikroaggression ausgesetzt – die Forscher, die das Experiment durchführten, zweifelten ihre US-Staatsbürgerschaft an. Der Vorfall provozierte eine scharfe Hinwendung zur Demokratischen Partei.

Das vielleicht verblüffendste Experiment in diesem Zusammenhang führte Ryan Enos durch, Sozialwissenschaftler an der Harvard University. Er versuchte etwas, das in den Sozialwissenschaften Seltenheitswert hat: Er testete direkt, welche Folgen es für unsere politischen Ansichten hat, wenn wir in unserem alltäglichen Umfeld mehr Diversität erleben. Seine Erläuterung zum Experiment und dessen Ergebnissen verdient es, zitiert zu werden:

> Ich schickte Spanisch sprechende Personen zu zufällig ausgewählten U-Bahn-Stationen in Kleinstädten rund um Boston. Sie sollten einfach in eine U-Bahn steigen und wie alle anderen Passagiere mitfahren. Ich konzentrierte mich auf Bahnhöfe in weißen Vorstädten. Die Absicht war, durch subtile Manipulation den Eindruck zu erzeugen, dass der hispanische Bevölkerungsanteil in diesen Kleinstädten, in denen die Bevölkerungsgruppen weitgehend unter sich lebten, zunahm.
>
> Bevor und nachdem die Spanisch sprechenden Personen auf den Bahnhöfen aufgetaucht waren, befragte ich die Passagiere auf den Bahnsteigen nach ihrer Einstellung zu Immigration. Nachdem sie die Spanisch sprechenden Personen nur drei Tage in ihren U-Bahn-Linien erlebt hatten, rückten die Einstellungen in diesen Fragen scharf nach rechts: Die überwiegend liberalen Passagiere, die den Demokraten zuneigten, sprachen sich für eine Einwanderungspolitik aus – einschließlich Abschiebungen der Kinder von Einwanderern ohne Papiere – ähnlich der, wie sie Trump in seinem Wahlkampf gefordert hatte. [14]

Folgendes wissen wir also: Selbst die behutsame, beiläufige Konfrontation mit Informationen, die daran erinnern, dass Amerika vielfältiger wird (und besonders daran, dass Amerika zu einer Majority-Minority-Nation wird), bringt Weiße dazu, stärker konservative politische Meinungen zu vertreten und eher die Republikanische Partei zu unterstützen.

Und was passiert, wenn die Konfrontation nicht so behutsam ist?

Der Mythos vom Postrassismus

Als Obama 2008 gewählt wurde, hörte man allenthalben, Amerika steuere in ein postrassistisches Zeitalter. Aber wie der Politikwissenschaftler Michael Tesler von der University of California in Irvine in seinem eindrucksvollen Buch *Post-Racial or Most-Racial?* zeigt, hat allein die Tatsache, dass Obama Präsident wurde, die rassistischen Töne in der amerikanischen Politik verstärkt. Die beiden großen Parteien waren nicht nur der Hautfarbe ihrer Anhänger nach gespalten, sondern auch in ihren Einstellungen gegenüber verschiedenen Hautfarben. Tesler belegt, dass in der Ära Obama die Einstellung zur Hautfarbe die Meinungen zu praktisch allen politischen Fragen zu bestimmen begann. Die Kluft zwischen Schwarzen und Weißen bei der Beurteilung von Obamacare war 20 Prozentpunkte größer als beispielsweise die Kluft zwischen Schwarzen und Weißen beim Urteil über Bill Clintons ähnlich umstrittenen Vorschlag einer allgemeinen Krankenversicherung.

Aber es ging nicht nur um das Gesundheitswesen. Die Hautfarbe beeinflusste die Identifikation mit einer Partei noch deutlich stärker. Selbst das Urteil über den Hund des Präsidenten hing von der Hautfarbe ab: Amerikanern mit ausgeprägten Rassenvorurteilen gefiel ein Bild von Obamas Hund Bo besser, wenn ihnen gesagt wurde, es sei ein Bild von Ted Kennedys Hund Splash.

»Zweifellos gibt es einige Leute, die mich einfach deshalb nicht mögen, weil ihnen der Gedanke nicht gefällt, dass ein Schwarzer

Präsident ist«, sagte Obama in einem Interview mit David Remnick vom *New Yorker.* »Die Kehrseite davon ist, dass manche Schwarze und vielleicht einige Weiße, die mich wirklich mögen, mir gerade den Umstand zugutehalten, dass ich ein schwarzer Präsident bin.«

Angesichts all dessen könnte man vermuten, der Grund für die rassistische Spaltung der amerikanischen Politik in der Amtszeit von Obama sei gewesen, dass Obama als Afroamerikaner Fragen im Zusammenhang mit der Hautfarbe öfter als frühere Präsidenten thematisiert und bei politischen Entscheidungen die Hautfarbe häufiger bewusst berücksichtigt habe. Aber so war es nicht. »Inhaltsanalysen von Politik- und Kommunikationswissenschaftlern zufolge thematisierte Barack Obama in seiner ersten Amtszeit die Hautfarbe tatsächlich weniger als alle anderen demokratischen Präsidenten seit Franklin D. Roosevelt«, schreibt Tesler. [15]

Die Präsidentschaft von Barack Obama brachte das Thema Hautfarbe nicht durch Worte oder Taten auf die vorderste Bühne der amerikanischen Politik. Vielmehr war Obama selbst Symbol für ein »browning America«, dafür, dass das weiße Amerika die Kontrolle verlor, dass das Land sich veränderte und neue Gruppen Macht erlangten. Die Fakten stützten diese Wahrnehmung. Im Wahlkampf um seine zweite Amtszeit 2012 gewann Obama nur 39 Prozent der Wählerstimmen von Weißen – weniger als Michael Dukakis 1988 bekommen hatte. Wenige Jahrzehnte zuvor hätte die multiethnische Obama-Koalition keinen Präsidenten wählen können, 2012 gelang es ihr.

Die Veränderungen, die Barack Obama und seine Familie ins Weiße Haus brachten, sind in der amerikanischen Kultur allgegenwärtig. Fernsehprogramme, Werbespots und Kinofilme versuchen allenthalben, ein weniger weißes Land zu zeigen; ein Land, in dem der Film *Black Panther* als kulturelles Ereignis gefeiert wird und *#OscarsSoWhite* ein landesweit bekannter Hashtag ist; ein Land, in dem sich Footballspieler der NFL während der Nationalhymne niederknien, um gegen Polizeigewalt zu protestieren. Es hat einen Grund, warum sich die Russen, als sie die Wahl 2016 zu beeinflussen versuchten, bei ihren Trollaktionen in den sozialen Medien auf die Kluft zwischen weißen Amerikanern und Amerikanern anderer Hautfarben konzentrierten. [16]

Weiße Wähler, die das Gefühl haben, der ihnen historisch zustehende Zugriff auf die Macht würde ihnen entgleiten, reagieren auf einen realen Vorgang. Den Großteil der amerikanischen Geschichte hindurch konnte man nicht Präsident werden, wenn man nicht die Mehrheit – in der Regel eine überwältigende Mehrheit – der weißen Stimmen bekam. Das hatte sich zwar schon vor Obama geändert – Bill Clinton gewann etwas weniger weiße Wählerstimmen als seine republikanischen Herausforderer –, aber die Wahl eines afroamerikanischen Präsidenten, der eine junge, multiethnische Koalition anführte, bot ein starkes und bedrohliches Bild des Wandels.

Doch dieser demographische Wandel ist noch nicht abgeschlossen, er geht noch weiter, und das macht die gegenwärtige Situation so besonders instabil. Die Juraprofessorin Amy Chua von der Yale University schreibt in ihrem Buch *Political Tribes:*

> 200 Jahre lang stellten die Weißen in Amerika eine politisch, ökonomisch und kulturell unangefochten dominierende Mehrheit dar. Ein politischer Stamm, der so überwältigend dominiert, kann andere ungestraft verfolgen, aber er kann auch großzügiger sein. Er kann es sich leisten, universalistischer, aufgeklärter und inklusiver zu sein, wie etwa die WASP-Eliten* der 1960er Jahre, die die Universitäten der Ivy League stärker für Juden, Schwarze und andere Minderheiten öffneten – zum Teil deshalb, weil es ihnen als das Richtige erschien.

* A. d. Ü.: White Anglo-Saxon Protestants

> Heute hat keine Gruppe in den USA mehr das Gefühl, eine gesicherte, dominante Position einzunehmen. Jede Gruppe fühlt sich angegriffen, sieht sich in Konkurrenz zu anderen, und zwar nicht nur um Jobs und Vergünstigungen, sondern auch um das Recht, die Identität der Nation zu definieren. Unter diesen Bedingungen verkommt Demokratie zu einem Nullsummenkonflikt zwischen Gruppen – zu reinen politischen Stammeskämpfen. [17]

Diese Instabilität wird noch dadurch verschärft, dass ein Ungleichgewicht im Hinblick darauf besteht, wer wo die Macht innehat. Eine hilfreiche Faustregel besagt, dass die Macht der Demographie immer ein Jahrzehnt hinterherläuft, weil ältere, weiße, stärker christlich orientierte Wähler häufiger zur Wahl gehen. »Die Wahlurne funktioniert wie eine Zeitmaschine«, sagte mir Robert Jones. »Sie katapultiert uns bei Hautfarbe und Religion zehn Jahre in die Vergangenheit zurück. Wir haben den Kipppunkt, dass die weißen Christen zu einer Minderheit wurden, bereits unter Obama erreicht, aber nach unseren Berechnungen werden wir die Wirkung frühestens 2024 an den Wahlurnen sehen.« Amerikas politische Geographie verstärkt durch die Struktur des Senats, die Festlegung der Kongresswahlbezirke und die Zusammensetzung des Wahlmännerkollegiums die Macht der eher weißen, eher ländlichen, eher christlichen Wähler noch weiter und gibt dieser Koalition mehr politische Macht, als rein nach der Demographie zu erwarten wäre.

Die kulturelle Macht dagegen läuft der Demographie mindestens zehn Jahre voraus. Marken und Fernsehsender nehmen junge, urbane, bunt gemischte Konsumenten ins Visier. Deshalb ist es beim Super Bowl mittlerweile zu einer richtigen Tradition geworden, dass eine Kontroverse über erstaunlich provozierende Werbung entbrennt.

Beispielsweise brachte Gillette 2019 vor dem Super Bowl einen Werbespot, der Jungs beim Raufen zeigte, dazu Männer, die in Konferenzräumen Frauen unangemessen berühren, unterlegt mit einem Chor singender Väter am Grill, die solches Verhalten mit dem Satz entschuldigten: »Jungs sind nun mal so.« Und dann folgte in Anspielung auf den Werbeslogan des Unternehmens die Frage: »Ist das hier das Beste im Mann?«

Die Gegenreaktion erfolgte prompt. »Männer sagen, wir fühlen uns marginalisiert, kritisiert und attackiert statt inspiriert, gestärkt und ermutigt«, sagte ein Marketingexperte dem *Wall Street Journal*. »Wir schauen uns realistisch an, was heute passiert, und wollen zu Wandel anregen, indem wir anerkennen, dass der alte Spruch ›Jungs sind nun mal so‹ keine Entschuldigung ist«, erwiderte daraufhin Pankaj Bhalla, Gillettes Markendirektor für Nordamerika. [18]

Für Gillette war das keine Kontroverse. Es war eine Unternehmensentscheidung. Marken wollen dort präsent sein, wo die Kultur hingeht, nicht da, wo sie gewesen ist. Aber die meisten Menschen leben inmitten der Kultur, anstatt von ihr zu profitieren, und sie erfahren den Wandel der Sitten, wie er sich in der Werbung und der Besetzung von Filmen widerspiegelt, als eine Verschiebung von Macht, die sie entweder begeistert oder verunsichert. Das Ergebnis ist, dass die Linke eine kulturelle und demographische Macht spürt, die sie jedoch nur gelegentlich in politische Macht umsetzen kann, und die Rechte politische Macht hat, sich jedoch kulturell zunehmend vernachlässigt und angegriffen fühlt.

So sieht der Kontext aus, der für Trumps Aufstieg entscheidend war, und deshalb hat Tesler wenig Geduld mit all jenen, die Trump als jemanden betrachten, der die Republikanische Partei unterwandert hat. In einem Umfeld von Republikanern, die die Partei so verändern wollen, dass sie die wachsende hispanische Wählerschaft anspricht, wandte sich Trump als Einziger an republikanische Wähler, die nicht wollten, dass die Partei sich neu erfand, die hören wollten, dass eine Mauer gebaut werden könnte und die Dinge wieder so werden könnten wie früher.

»Trump hat die Partei da abgeholt, wo sie war, statt zu versuchen, sie zu ändern«, sagt Tesler. »Er hat dort gejagt, wo die fetten Enten saßen.« [19]

Bedrohte weiße Identität

Man kann Trump auch als zerstörerische Kraft betrachten, die wie ein Komet, der einmal im Leben vorbeikommt, in die amerikanische Politik gekracht ist. Aber die andere – die korrekte – Betrachtungsweise ist, ihn als Meister des Marketings zu sehen, der Marktverhältnisse scharfsinnig deutet. Die konservative Politik drehte sich als Reaktion auf Obamas Politik und den Wandel, für den er stand, stärker um das Thema Hautfarbe. In dieser Phase sondierte Trump das Terrain, indem er die Theorie vertrat, dass Obama angeblich nicht in Amerika geboren sei. Und das Terrain erwies sich als fruchtbar.* [20]

Es lohnt sich, an dieser Stelle kurz innezuhalten und sich anzusehen, welche Art von Rhetorik die Konservativen bis dahin gehört hatten, welche Rhetorik den Rahmen schuf für Trump. 2009 erzählte der Radiomoderator Rush Limbaugh seinen Zuhörern:

* Es gibt eine interessante Debatte darüber, ob Trump aus Berechnung oder echter Wut zu einem Kulturkrieger geworden ist. 2012 kritisierte er Mitt Romney nach dessen Wahlniederlage dafür, Immigranten ohne Papiere zur »freiwilligen Ausreise« aufgefordert zu haben, und plädierte dafür, die Republikanische Partei solle ein freundlicheres Gesicht zeigen. »Die Demokraten hatten keinen Plan für den Umgang mit illegalen Immigranten, für sie sprach aber, dass sie in dieser Frage nicht engherzig waren«, sagte Trump gegenüber Newsmax. »Sie hatten keinen Plan, aber sie waren freundlich.«

> Wie kommt man in der Regierung eines Barack Obama nach oben? Indem man weiße Menschen hasst oder wenigstens sagt, dass man sie hasst oder dass sie nicht gut sind oder was auch immer. Wenn man die Weißen zur neuen unterdrückten Minderheit macht, werden sie es geschehen lassen, weil sie den Mund halten. Sie setzen sich ganz hinten in den Bus. Sie sagen, ich kann aus diesem Trinkbrunnen nicht trinken, in Ordnung. Ich kann diese Toilette nicht benutzen, in Ordnung. Das ist die Republikanische Partei von heute, die Entsprechung zum Old South, die neue unterdrückte Minderheit. [21]

2012, am Vorabend der Wahl, erklärte Bill O'Reilly, damals damals das Gesicht von FOX News und populärster Nachrichtenmoderator des Landes im Kabelfernsehen, seinen Zuschauern genau, was das alles bedeutete:

> Weil es ein Land im Wandel ist. Die Demographie verändert sich. Es ist nicht mehr das traditionelle Amerika. Und 50 Prozent der Wähler wollen etwas, sie wollen bestimmte Dinge. Und wer wird sie ihnen geben? Präsident Obama. Er weiß das, und er hat es ausgenutzt. Und während vor 20 Jahren Präsident Obama von einem Kandidaten des Establishments wie Mitt Romney klar geschlagen worden wäre, ist das weiße Establishment heute in der Minderheit. [22]

Und diese Gefühle verschwanden auch nicht mehr, nachdem Obama die politische Bühne verlassen hatte und Trump ins Weiße Haus eingezogen war. Der Wechsel entfesselte sie eher. Die konservativen Sender zogen aus Trumps Machtübernahme die Lehre, dass sie nun laut sagen konnten, was sie bisher nur leise gesagt hatten, und das nahmen sie in Anspruch. 2018 tat Laura Ingraham kund:

In manchen Teilen des Landes hat es den Anschein, als würde das Amerika, das wir kennen und lieben, nicht mehr existieren. Das amerikanische Volk ist von massiven demographischen Veränderungen betroffen. Veränderungen, für die keiner von uns gestimmt hat und die den meisten von uns nicht gefallen. Von Virginia bis Kalifornien sehen wir drastische Beispiele, wie radikal sich das Land in mancherlei Hinsicht verändert hat. Vieles davon hängt mit illegaler und in einigen Fällen auch legaler Immigration zusammen, die den Progressiven so viel bedeutet.

Diese Passage muss man zweimal lesen. *Es hat den Anschein, als würde das Amerika, das wir kennen und lieben, nicht mehr existieren.* Lassen wir das mal sacken. Aber ihr Kollege Tucker Carlson sagte auch nichts anderes:

Inwiefern genau ist Diversität unsere Stärke? Sie haben das zu unserem neuen nationalen Motto gemacht, also erklären Sie es uns doch bitte auch so genau wie möglich. Können Sie sich zum Beispiel andere Institutionen vorstellen wie, ich weiß nicht, die Ehe oder Militäreinheiten, die umso stabiler sind, je weniger die Menschen gemeinsam haben? Kommen Sie besser mit Ihren Nachbarn und Ihren Arbeitskollegen aus, wenn Sie einander nicht verstehen und nicht die gleichen Werte haben? […] Wie steht es mit dieser Frage, nachdem wir uns zwei Jahrhunderte lang bemüht haben, die schmerzhafte Geschichte der Rassendiskriminierung und des Rassenhasses in unserem Land zu überwinden? Warum ist es auf einmal wieder akzeptabel und wird sogar gefördert, Menschen wieder wegen ihrer Hautfarbe anzugreifen?

Damit wir das auch alle richtig verstehen: Die Hautfarbe, über die Carlson sagt, man könne sie ungestraft attackieren, ist Weiß. Tatsächlich vergleicht er explizit »die Rassendiskriminierung und den Rassenhass«, den weiße Amerikaner angeblich 2019 erlebten, mit jenem, den schwarze Amerikaner im Lauf der amerikanischen Geschichte erlebten.

Es wäre ein Leichtes, solche Kommentare als Übertreibungen einiger Klugscheißer abzutun, aber viele denken genauso wie Limbaugh, O'Reilly, Ingraham und Carlson. In einer Umfrage des Public Religion Research Institute aus dem Jahr 2016 stimmten 57 Prozent der Weißen der Aussage zu, »Diskriminierung von Weißen ist heute ein genauso großes Problem wie die Diskriminierung von Schwarzen und anderen Minderheiten«. [23] In einer Befragung weißer Millennials durch GenForward im Jahr 2017 unterstützten 48 Prozent eine ähnliche Aussage, ein Beleg, dass dieses Gefühl nicht bevorzugt bei älteren Weißen vorkommt und schon gar nicht auf sie beschränkt ist.

2012 entschied sich Mitt Romney, seinen Wahlkampf in der Hauptsache auf der Grundlage von Klassenidentität zu führen, und stellte seine Sicht des heroischen Unternehmers gegen Obamas Bild des betrogenen Arbeiters. Romney verlor und musste seine Kandidatur unter einer Welle wachsender Wahlbeteiligung von Nichtweißen begraben. Nach seiner Niederlage drehte sich für die Republikaner alles um die Frage, wie sie in Zukunft nichtweiße Wähler gewinnen könnten. Das Republican National Committee gab sogar eine »Autopsie« der Wahl in Auftrag, die zu dem Schluss kam:

> Wenn die hispanischen Amerikaner den Eindruck haben, dass ein Nominierter oder Kandidat der GOP [der Republikanischen Partei] sie in den Vereinigten Staaten nicht haben will (Stichwort freiwillige Ausreise), schalten sie sofort ab. Es spielt keine Rolle, was wir über Bildung, Jobs und die Wirtschaft sagen; wenn die Hispanics denken, dass wir sie hier nicht wol-

> len, werden sie ihre Ohren für unsere politischen Vorschläge verschließen. Bei der letzten Wahl erhielt Gouverneur Romney lediglich 27 Prozent der Wählerstimmen der Hispanics. Andere Minderheiten, darunter die asiatischen Amerikaner und Amerikaner von den pazifischen Inseln, fühlen sich von der Partei ebenfalls abgelehnt. 2004 bekam Präsident Bush 44 Prozent der Wählerstimmen von asiatischen Amerikanern, 2012 erhielt unser Präsidentschaftskandidat nur 26 Prozent.

Im Weiteren empfahl der Bericht eine umfassende Reform der Immigrationsregeln, hispanische Politiker sollten in der Republikanischen Partei besser gefördert werden, und die Partei sollte »inklusiv und offen« sein »in Wort und Tat«. Ansonsten, so die Warnung, »wird der Einfluss unserer Partei weiter schrumpfen und sich auf ihre Kernwahlbezirke reduzieren«.

Aber es gab auch andere Stimmen. Der Politikanalyst Sean Trende veröffentlichte auf der konservativen Nachrichtenseite Real Clear Politics eine einflussreiche Analyse der Ergebnisse, in der er schrieb: »2012 gingen fast sieben Millionen Weiße weniger zur Wahl als 2008.« [24] Die Mobilisierung dieser »fehlenden weißen Wähler« werde den Republikanern einen schnelleren Weg zurück an die Macht eröffnen. Trump entschied sich für diesen Weg – aber er folgte einem Pfad, der bereits in der Wählerschaft angelegt war.

Wir können uns die Politik als einen Markt vorstellen und mächtige, ursprüngliche Kräfte wie die weiße Identität als Marktchancen. Endlich kam jemand und gab der republikanischen Basis, was diese sich wünschte. Hätte es nicht Trump 2016 getan, hätte es ein anderer Politiker 2020 oder 2024 gemacht. Der dahingehende Druck baute sich einfach immer weiter auf.

Ashley Jardina ist Politikwissenschaftlerin an der Duke University und beschäftigt sich mit ethnischer Identität. In ihrem Buch *White Identity Politics* schreibt sie, Generationen von Wissenschaftlern hätten die afroamerikanische, hispanische und asiatisch-amerikanische Identität ernst genommen, seien aber davon ausgegangen, dass es so etwas wie eine weiße Identität nicht gebe. »Bei der Frage, ob weiße Amerikaner sich Sorgen über den Status ihrer ethnischen Gruppe machen oder ob Weiße ein Gefühl der ethnischen Identität verspüren, das politische Folgen hat, lautete die Antwort in den letzten 50 Jahren im Allgemeinen ›nein‹. Überwiegend argumentierten die Wissenschaftler, ethnische Solidarität zwischen Weißen sei unsichtbar und habe keine politischen Konsequenzen. Wegen ihrer dominierenden Stellung und ihrer zahlenmäßigen Überlegenheit sahen die Weißen ihre ethnische Zugehörigkeit lange als selbstverständlich an.« [25]

Jardina zeigt, dass diese Auffassung falsch war. Die weiße politische Identität ist an Bedingungen gebunden. Sie tritt in Zeiten von Bedrohungen und Herausforderungen zutage – Zeiten wie diesen. Der demographische Wandel, die Wahl des ersten schwarzen Präsidenten und die kulturellen und politischen Folgen, die beide nach sich ziehen, haben »einen erheblichen Teil der Weißen zu der Überzeugung gebracht, dass ihre ethnische Gruppe und die Vorteile, die diese Gruppe genießt, in Gefahr sind. Deshalb spielt die Solidarität unter Weißen inzwischen eine wesentliche Rolle dabei, welche Einstellung viele Weiße gegenüber Politik und Gesellschaft entwickeln.«

Ein Detail aus Jardinas Forschungen ist besonderer Erwähnung wert. Grundlage für das Gefühl ethnischer Identität kann die Bevorzugung der Eigengruppe oder Feindseligkeit gegenüber Fremdgruppen sein. Beides ist möglich und auch oft zu beobachten, aber Jardina stellt wiederholt fest, dass ein verstärktes politisches Identitätsgefühl von Weißen in der Verteidigung weißer Privilegien zum Ausdruck kommt, ohne dass zugleich rassistische Einstellungen zunehmen. Für manche mag das wie eine Spitzfindigkeit klingen, die eigentlich keinen Unterschied ausmacht, aber es ist wichtig dafür, wie Menschen ihre eigene Politik wahrnehmen und auf welche Appelle und Botschaften sie reagieren.

Jardina hat bei 30 bis 40 Prozent der weißen Bevölkerung ein starkes (und wachsendes) Gefühl der ethnischen Solidarität beobachtet, das aber bei den meisten nicht von Feindseligkeit gegenüber einer anderen ethnischen Gruppe begleitet wird. Das erklärt eine Stärke und eine Schwäche von Trumps Strategie: Seine Mischung aus weißer Identitätspolitik und regelrechtem Fanatismus mischt populäre Positionen – etwa die Konzentration darauf, im Land geborene Weiße vor der Konkurrenz durch Zuwanderer und vor ausländischer Konkurrenz zu schützen – mit unpopulären Bekundungen von Rassismus und Fanatismus. Ein klügerer Politiker als Trump könnte sich darauf konzentrieren, die Privilegien der Weißen zu verteidigen, ohne dauernd in offenen Rassismus zu verfallen, und würde damit politisch sehr viel besser dastehen.

Daraus ergeben sich auch Lektionen für Trumps Gegner: Man kann eine Botschaft und eine politische Strategie so konzipieren, dass sie die Ängste, die der weißen Identitätspolitik zugrunde liegen, beruhigen, oder man kann die eigene Basis in einer Weise mobilisieren, die weiße Wähler reizt. 2006 veröffentlichten Nyla Branscombe, Michael Schmitt und Kristin Schiffhauer eine faszinierende Studie mit dem Titel »Rassistische Einstellungen als Reaktion auf Konzepte von weißen Privilegien«. Wie sie berichteten, äußerten weiße Collegestudierende, wenn man sie dazu anleitete, sich über das Konzept der weißen Privilegien und deren Auswirkungen Gedanken zu machen, in anschließenden Befragungen verstärkt rassistische Ressentiments.

Der einfachste Weg, das Identitätsgefühl einer Person zu aktivieren, besteht darin, es zu bedrohen; ihr zu sagen, dass sie nicht verdient, was sie hat, und sie auf die Idee zu bringen, es könnte ihr weggenommen werden. Die Erfahrung des Statusverlusts – und die Aussage, dass ihr Statusverlust auf dem Weg der Gesellschaft zu mehr Gerechtigkeit dazugehört – wirkt schon für sich genommen radikalisierend.

Es gibt ein Zitat, das mir gelegentlich in den sozialen Medien begegnet, wo es gerne kolportiert wird: »Wenn man Privilegien gewohnt ist, fühlt sich Gleichbehandlung wie Unterdrückung an.«* [26] An dem Satz ist etwas Wahres, aber er ist zweischneidig. Wenn es stimmt, dass sich der Verlust von Privilegien wie Unterdrückung *anfühlt,* muss man dieses Gefühl ernst nehmen, zum einen, weil es real ist, und zum Zweiten, weil es, wenn es vor sich hin gärt, von Demagogen und Reaktionären als Waffe eingesetzt werden kann.

Die Politologin Danielle Allen von der Harvard University schreibt in ihrem Buch *Talking to Strangers:* »In einer Demokratie gehört es zur harten Wahrheit, dass einige Bürger immer bestimmte Dinge für andere Bürger aufgeben.« Diese gebrachten Opfer seien subjektiv, aber sie müssten auch als wichtige Opfer behandelt werden, und man müsse ihnen im Geist »politischer Freundschaft« begegnen. In einem Gespräch, das ich für meinen Podcast mit ihr führte, erläuterte sie diesen Punkt ausführlicher. Wir müssten »einander Raum geben, um über Verlusterfahrungen zu verhandeln«, sagte sie. Aber »von den Gewinnern wird in der konkreten politischen Situation mehr gefordert; es ist die Aufgabe des Gewinners, die Möglichkeit politischer Freundschaft zu erhalten und fortlaufend zu realisieren«.

* Der Ursprung dieses Zitats ist unklar, doch angesichts der Tatsache, wie populär der Satz mittlerweile als feministische Erwiderung ist, entbehrt es nicht einer gewissen Ironie, dass der früheste Vorläufer, der sich aufspüren ließ, der Beitrag eines gewissen Mike Jebbett ist. Er schrieb in einem Forum im Usenet 1997: »Frauen wie sie leiden unter einem Syndrom, das ich ›Fortgeschrittenen Podestalismus‹ nennen möchte. Im Grunde heißt das, dass sie [die Frauen] schon so lange auf ein Podest gestellt werden, dass Gleichbehandlung wie Unterdrückung aussieht.«

Diesem Grundsatz zu folgen ist deshalb so schwer, weil die Frage, wer zu einem bestimmten Zeitpunkt als »Gewinner« zählt, schwierig zu beantworten ist, und die amerikanische Politik ist oft ein Chor widersprüchlicher Stimmen, die überzeugend zur gleichen Zeit für sich in Anspruch nehmen, Opfer zu sein. Die meisten von uns sind in mancherlei Hinsicht Gewinner und in anderer Hinsicht Verlierer, wobei wir Niederlagen stärker empfinden als Siege. Und was das Ganze noch schlimmer macht: Es ist schwierig, über Niederlagen zu sprechen, die mit dem demographischen Wandel zusammenhängen, daher werden sie oft in eine gesellschaftlich akzeptablere und damit politisch defensivere Sprache gekleidet.

Wie die demographische Bedrohung wirtschaftliche Angst schürt

Viele Menschen fühlen sich unbehaglich, wenn über weiße Identitätspolitik gesprochen wird. Es gibt noch eine andere Erklärung für Trumps Aufstieg, die manche lieber hören, eine Erklärung für den Aufruhr in unserer Politik, die uns nicht in unangenehme Diskussionen über Hautfarbe, Macht und Ressentiment verwickelt. Und welche Erklärung ist das? Na ja, die Wirtschaft, was denn sonst.

Dieser Argumentation zufolge waren die Finanzkrise, der Vormarsch der Automatisierung, die Verheerungen der Globalisierung, der Schmerz der großen Rezession, die schockierende Zunahme der Ungleichheit mehr als ausreichend, um unsere Politik völlig auf den Kopf zu stellen, da musste man bei der Suche nach Erklärungen die Hautfarbe gar nicht einbeziehen. Nach der Wahl von 2016 entbrannte eine scharfe Debatte zwischen denen, die die amerikanische Politik auf wirtschaftliche Ängste zurückführen, und anderen, die ein durch rassistische Ressentiments zerrissenes Land sehen. Im Anschluss an diese Debatte hat sich eine Synthese etabliert: Demnach hat die wirtschaftliche Angst rassistische Ressentiments aktiviert, und das bedeutet beruhigenderweise, dass die Konflikte abflauen werden, wenn die Wirtschaft wieder besser läuft.

Alle Belege, die wir haben, sprechen dafür, dass die Synthese stimmt, allerdings haben wir die Kausalität vertauscht. Die Politikwissenschaftler John Sides, Michael Tesler und Lynn Vavreck analysieren in ihrem Buch *Identity Crisis: The 2016 Presidential Campaign and the Battle for the Meaning of America* Unmengen von Daten und zeigen, dass rassistische Ressentiments wirtschaftliche Ängste befeuerten und nicht umgekehrt:

> Vor Obamas Präsidentschaft hatte die Einstellung der Amerikaner zu Schwarzen keinen großen Einfluss darauf, wie sie die Wirtschaft wahrnahmen. Nach Obama änderte sich das. Im Dezember 2007 korrelierten rassistische Ressentiments (dabei werden Amerikaner gefragt, ob sie glauben, dass der Hauptgrund für Ungleichheit zwischen den Hautfarben Unzulänglichkeiten der schwarzen Kultur sind), nachdem man die parteipolitische und ideologische Orientierung herausgerechnet hatte, nicht mit der Einschätzung von Weißen, ob es der Wirtschaft besser oder schlechter ginge. Als jedoch genau dieselben Personen im Juli 2012 erneut befragt wurden, waren rassistische Ressentiments ein mächtiger Prädiktor für die Wahrnehmung der wirtschaftlichen Situation: Je stärker ausgeprägt die rassistischen Ressentiments einer Person waren, desto schlechter beurteilte sie den Zustand der Wirtschaft. [27]

Diese Daten sind besorgniserregend, denn wir neigen zu der Vorstellung, dass die Wirtschaft eines der wenigen Themen ist, bei denen objektive Fakten und nicht Gruppenkonflikte die Meinungen bestimmen. Leider ist dem nicht so. Sides, Tesler und Vavreck analysierten Umfragedaten zur Einschätzung der ökonomischen

Lage und stellten fest: »Republikaner im obersten Quintil der Einkommensverteilung, also diejenigen, die mehr als 100 000 Dollar im Jahr verdienten, waren etwas *weniger zufrieden* als Demokraten im untersten Quintil, also diejenigen mit weniger als 20 000 Dollar im Jahr.« Generell ließ sich aus wirtschaftlichen Ängsten nicht ableiten, für welchen Kandidaten die Betreffenden stimmten, und soweit ein Zusammenhang bestand, war er 2016 nicht stärker als 2012.

Das bestätigte sich nach der Wahl. Laut einer Gallup-Umfrage schoss nach der Wahl von Trump bei Republikanern das wirtschaftliche Vertrauen um bemerkenswerte 80 Prozentpunkte in die Höhe, während es bei Demokraten um 37 Prozentpunkte zurückging. Seit Trumps Amtsantritt hat die Wirtschaft im Wesentlichen die gleichen Entwicklungstrends gezeigt wie in den letzten Jahren von Obamas Präsidentschaft – nur der Zuwachs an Arbeitsplätzen war etwas geringer –, aber das Vertrauen seiner Wählerkoalition stieg weiter, obwohl diese Wähler weitgehend unter den gleichen wirtschaftlichen Umständen lebten wie 2016, die sie damals so deprimiert hatten. Neue Daten, die Tesler gesammelt hat, zeigen, dass die Personen mit den meisten rassistischen Ressentiments heute in wirtschaftlicher Hinsicht den größten Optimismus bekunden.

Dieses Muster bestätigt sich auch international. Der Aufstieg von Rechtspopulisten ist kein rein amerikanisches Phänomen, und er hat nicht erst 2016 begonnen. Er ist in allen Ländern der westlichen Welt zu beobachten. Die Entwicklung hat in wirtschaftlich guten wie schlechten Zeiten gleichermaßen an Dynamik gewonnen und in Ländern mit großzügigen sozialen Sicherungssystemen genauso wie in knausrigen. »Die weit rechts angesiedelten Parteiprogramme unterscheiden sich von Land zu Land, auch bei wichtigen gesellschaftlichen Themen wie Frauenrechten und wirtschaftlichen Themen wie der Größe des Wohlfahrtsstaats«, schrieb Zack Beauchamp von Vox in einem gründlichen Überblick über die Literatur. »Das einzige Thema, bei dem alle übereinstimmen, ist die Ablehnung von Zuwanderung, vor allem wenn die Zuwanderer Nichtweiße und Muslime sind.« [28]

Ein weiteres Problem für die Hypothese, dass wirtschaftliche Ängste ausschlaggebend sind, ist, dass die Rechtspopulisten sehr viel eindrucksvollere und häufigere Siege eingefahren haben als die Linkspopulisten. In vielen Ländern gibt es politische Parteien, die als Reaktion auf die Finanzkrise ehrgeizige Wirtschaftsprogramme vorgelegt haben. Es braucht schon eine spezielle Form der Herablassung, um zu glauben, dass Wähler, denen es wirtschaftlich schlecht geht, sich von der Identitätspolitik der Rechten derart ablenken lassen, dass sie die Lösungen, die linke Parteien für die Wirtschaftsprobleme anbieten, nicht mehr erkennen.

»Jeder, der erklären möchte, was im Westen vor sich geht, muss zwei einfache Fragen beantworten«, schreibt der Politikwissenschaftler Eric Kaufmann in seinem Buch *Whiteshift: Populism, Immigration, and the Future of White Majorities.* »Erstens, warum sind Rechtspopulisten erfolgreicher als Linkspopulisten? Zweitens, warum hat die Migrationskrise die Zahl der Rechtspopulisten stark in die Höhe getrieben, während die Wirtschaftskrise keinerlei Effekt hatte? Wenn wir uns an die Daten halten, ist die Antwort kristallklar. Demographie und Kultur, nicht wirtschaftliche und politische Entwicklungen, liefern den Schlüssel zum Verständnis für den Erfolg des Populismus.« [29]

Nichts davon bedeutet, dass die wirtschaftlichen Ängste nicht real wären oder dass es gut für unsere Politik wäre, wenn mehr Menschen vom Wirtschaftswachstum profitieren würden. Aber es spricht dafür, dass sich unsere politische und kulturelle Spaltung nicht mit wirtschaftlichen Ängsten wegerklären lässt.

Trump ist selbst der beste Beweis dafür: Er spricht von einem »Wirtschaftswunder«, seit er im Amt ist, aber das hat weder ihn noch seine Anhänger veranlasst, in der Immigrationsfrage eine nachgiebigere Haltung einzunehmen oder Verständnis für Footballspieler zu zeigen, die als Protest gegen Polizeigewalt niederknien. Eine besser funktionierende Wirtschaft wäre gut für das Land, weil eine besser funktionierende Wirtschaft immer gut für das Land ist. Aber sie wird uns nicht helfen, über die Probleme eines Amerikas, in dem immer mehr Menschen nicht weiß sind und die Religion an Boden verliert, einfach hinwegzugehen.

Worum es in den Auseinandersetzungen um politische Korrektheit wirklich geht

Die Psychologin Jennifer Richeson aus Yale, die für einige der oben zitierten Studien verantwortlich zeichnet, hat mir etwas über das Gebäude erzählt, in dem sie arbeitet. »Mein Labor liegt in einem alten Technikgebäude, in dem es genau eine Frauentoilette gibt«, sagte sie lachend. »Niemandem ist das aufgefallen, zumindest niemandem vom Lehrkörper.« [30] Und dann rekrutierte Yale immer mehr Frauen für diese Fakultät, und ihnen fiel es auf. Sie monierten es. Jetzt gab es Ärger. Was in einer Ära denjenigen, die die Macht hatten, nicht aufgefallen war, war für diejenigen, die in einer anderen Ära Macht gewannen, nicht akzeptabel. »Wenn neue Leute auftauchen, merken sie Dinge, stellen Fragen und erheben Forderungen«, kommentierte sie.

In den letzten Jahren hat man sich obsessiv mit Konflikten über politische Korrektheit befasst. Wenn Sie an einem beliebigen Abend die Nachrichten auf Fox einschalten, hören Sie mit Sicherheit von einer Kontroverse an irgendeinem kleinen allgemeinbildenden College irgendwo im Land. Das Bindegewebe des »intellektuellen Darknets« – die Angst, die den Vertreter des Neuen Atheismus Sam Harris, den konservativen Kommentator Ben Shapiro, den kanadischen Psychologen Jordan Peterson und andere zusammengebracht hat – ist die Befürchtung, dass die Grenzen des Sagbaren immer enger werden, dass die Kultur der politischen Korrektheit und die Identitätspolitik die Redefreiheit abwürgen. Es gibt ein ganzes Subgenre gelehrter Debatten, bei denen die Experten argumentieren, Trumps Aufstieg sei ein bedauerlicher, aber vorhersehbarer Rückschlag für die politische Korrektheit, und deshalb treffe die Schuld daran eigentlich die Campusaktivisten und die Protestierenden von Black Lives Matter.

Auf den ersten Blick mag das grotesk erscheinen. Wen sollte angesichts der vielen Dinge weltweit, über die man sich Sorgen machen kann, interessieren, was an diesem oder jenem College passiert? Aber das Tempo, mit dem solche Zusammenstöße auf Twitter oder Facebook viral gehen, die Begeisterung, mit der sie von Kabelsendern, nach Klicks gierenden Websites und gefeierten Podcasts aufgegriffen werden, spiegelt die Realität wider, dass etwas Tieferes und Angstvolleres in uns aktiviert wird. Diese Auseinandersetzungen sind Stellvertreterkriege für größere, fundamentalere Sorgen, in welche Richtung sich die Kultur entwickeln wird. Nach der Theorie nimmt die ganze Nation den Weg, auf dem die Studierenden der Elitecolleges vorangehen. Das trifft ganz besonders für all jene zu, die einen Teil ihres Einkommens damit verdienen, dass sie Vorträge an solchen Colleges halten.

Was immer man von dieser Theorie halten mag, die Themen, die damit angesprochen werden, sind von zentraler Bedeutung. Was darf man sagen, ohne kritisiert zu werden? Ohne dass dagegen protestiert wird? Ohne dass man bestraft wird? Wem wird vergeben, und wer wird geächtet? Wo verlaufen die Grenzen, und wer entscheidet, wo sie gezogen werden?

Trump hat dieses Unbehagen in seinem Wahlkampf ausgenutzt. »Ich denke, das große Problem dieses Landes ist, dass es politisch korrekt ist«, sagte er. »Ich wurde von so vielen Leuten angegriffen, und, offen gesagt, ich habe keine Zeit, immer total politisch korrekt zu sein. Und um ganz ehrlich zu sein, dieses Land hat auch keine Zeit dafür.«

Ein Großteil der Debatte läuft unter falschen Voraussetzungen. Der Gedanke, dass Colleges von jeher Bastionen der freien Rede gewesen seien, ist eine Fiktion. Im Oktober 2017 sagte Sean Decatur, der erste afroamerikanische Präsident des Kenyon College, amerikanische Colleges hätten schon immer geglaubt, es sei Teil ihres Auftrags, für zivilisierten Umgang und die Einhaltung von Verhaltensregeln zu sorgen. Er zitierte die Erklärung des Kenyon College über die Verantwortung der Studierenden aus den sechziger Jahren, die warnte, jegliches Verhalten, das »die Gefühle anderer verletzt (ob Studierende, Lehrpersonen oder Besucher) [...], zu disziplinarischen Maßnahmen führen wird [...],. Vulgäres Verhalten, obszöne Sprache und ungebührliches Benehmen werden nicht geduldet.« [31]

Dies sei, so fuhr er fort, »viel strenger als alles, was Kritiker der Hochschulausbildung im 21. Jahrhundert als Ergebnis der ›politischen Korrektheit‹ ansehen«. Was also hat sich geändert? Decatur zufolge kommt es darauf an, wer entscheidet, was als anstößiges Verhalten gilt:

> Die Demographie an Elitecolleges mit Wohnheimen hat sich in den letzten 50 Jahren drastisch verändert, und als Folge davon ändert sich allmählich auch die Definition von zivilisiertem Umgang. Viele, auch ich, betrachten es als unhöflichen Akt, wenn sich Weiße als Schwarze verkleiden. Die Studierenden an die Regeln des zivilisierten, respektvollen Umgangs zu erinnern, zu dem auch gehört, auf »Blackfacing« zu verzichten, steht im Einklang mit der Linie, die die Colleges in der Vergangenheit verfolgt haben. Verändert hat sich nicht die Erwartung, dass Colleges Regeln für anständiges Verhalten definieren, sondern eher die Definition, was anständiges Verhalten ist.

> Es gibt Verhaltensweisen an den Colleges im Allgemeinen und in Kenyon im Besonderen, die vor 50 Jahren – als die Einrichtung noch überwiegend männlich und fast vollständig weiß dominiert war – vielleicht noch als anständiges Verhalten durchgegangen wären, aber heute nicht mehr. [32]

Es ist leicht, das als reinen Fortschritt zu sehen, aber für all jene, die zuvor den Diskurs beherrscht haben, ist es ein echter Verlust, und für alle Beteiligten bedeutet es Verwirrung und Unruhe. Neue Linien werden gezogen, aber niemand weiß genau, wo sie verlaufen und wer sie zieht. Die Macht, die Grenzen des akzeptablen Verhaltens und des höflichen Diskurses zu definieren, ist enorm, und gerade jetzt wird sie in Frage gestellt.

»Ich nenne das die Demokratisierung des Unbehagens«, sagt Jennifer Richeson. »Große Gruppen von Menschen fühlten sich die ganze Zeit unbehaglich. Jetzt demokratisieren wir das. Jetzt fühlen sich mehr Menschen mit unterschiedlichen Hautfarben und unterschiedlicher Religionszugehörigkeit unbehaglich.«

Der springende Punkt dabei ist nicht, dass Collegeaktivisten niemals zu weit gehen – natürlich tun sie das, das ist ja fast das Wichtigste, wenn man ein Collegeaktivist ist. Der springende Punkt ist, dass wir uns normalerweise nicht darum kümmern, was auf einem Collegecampus vorgeht. In diesem Fall gewährt der Konflikt auf dem Campus einen Blick auf die größeren Konflikte, die unsere Gesellschaft spalten. Dort lodern die Konflikte wie unter einem Brennglas, weil die mäßigenden Einflüsse, die außerhalb des Colleges eine Rolle spielen – man will den Job behalten, man hat kaum Zeit, ins Fitnessstudio zu gehen, geschweige denn für Protestmärsche –, wegfallen. Aber überall geht es bei der Debatte über politische Korrektheit in Wahrheit um die Kernfragen nicht nur der Politik, sondern des Lebens: Wessen Klagen werden gehört? Welche Personen werden mit den Namen und Begriffen und Pronomen angesprochen, die sie gewählt haben? Wer zeigt Achtung, und wer entzieht sie? Einfacher ausgedrückt: Wer hat in einem sich wandelnden Amerika die Macht?

Ein gutes Beispiel ist Bret Stephens, Kolumnist bei der *New York Times*. Er hat eine Kolumne nach der anderen geschrieben, in denen er auf die Empfindlichkeiten der Campuslinken eindrischt. Er hat getwittert: »Das kostbarste Recht ist das Recht zu verletzen. Ohne dieses Recht ist die Meinungsfreiheit sinnlos.« [33] Er hat darüber lamentiert, Millennials würden »professionelle Zerstörung« betreiben als Preis für »emotionale Aufregung«. [34] Aber dann erlebte die *New York Times* eine Wanzeninvasion, und Professor Dave Karpf von der George Washington University setzte einen wenig beachteten Tweet ab, in dem er sich darüber lustig machte: »Die Wanzen sind eine Metapher. Die Wanzen sind Bret Stephens.« [35] Der Kolumnist geriet in Rage und schickte eine aufgebrachte E-Mail an Karpf und in Kopie an den Verwaltungsdirektor seiner Hochschule, außerdem eine weitere E-Mail an den Direktor des Instituts für Medien und öffentliche Angelegenheiten der George Washington University. [36] Es war der Inbegriff eines Versuchs, aus Rache für eine emotionale Aufregung eine Karriere zu zerstören.

Stephens' Überreaktion war heuchlerisch und unklug. Wenig später meldete er sich von Twitter ab. Aber in dem Ausbruch kulminierten Verletzungen, die seit Jahren an ihm genagt hatten. Die liberalen Leser der *Times* fühlen sich durch seine Kolumnen oft vor den Kopf gestoßen, und auf Twitter macht man sich immer wieder über ihn lustig. Im Mai 2019 schlug er mit einer Kolumne unter dem Titel »Liebe Millennials: Das Gefühl beruht auf Gegenseitigkeit« zurück. Darin schrieb er, »keine Gruppe auf demokratischer Seite verdient mehr Kritik« als »diese jüngeren Generationen, die sich auf theatralische Bekundungen von Selbstmitleid und moralischer Selbstgerechtigkeit spezialisiert haben, die sie in der Regel mit maximaler Herablassung über die sozialen Medien kommunizieren«. [37] Das Private ist politisch, in der Tat.

Stephens besaß weit mehr Macht und Einfluss als seine Kritiker, aber Menschen sind soziale Wesen, sie reagieren besonders verletzlich auf Kritik und vergessen Beleidigungen nicht so schnell. Stephens bebte vor Zorn darüber, wie er im Netz behandelt wurde. Eine höhere Autorität sollte persönlich dafür sorgen, dass ihm gegenüber ein zivilisierterer Ton angeschlagen würde. Das Recht zu verletzen mag kostbar sein, aber die Erfahrung, unablässig verletzt zu werden, ist niederschmetternd. In einem früheren Jahrzehnt hätte Stephens' Position bei der *Times* ihn vielleicht vor dieser Art von öffentlichen Angriffen geschützt – er verfügte über eine landesweite Plattform, während seine regelmäßigen Kritiker nur verärgerte Leserbriefe schreiben konnten –, aber diese Tage waren vorbei. Wie für so viele andere in dieser Zeit bedeutete die objektive Tatsache, dass er Macht besaß, nicht, dass er sich mächtig fühlte. Als er versuchte, sich gegen die Angriffe zu wehren, stand auf einmal er als Rüpel da. Das sind die Verwirrungen unserer Zeit.

Es ist üblich geworden, sich über Studierende lustig zu machen, die geschützte Räume fordern, aber wenn man sich die Konflikte in der aktuellen amerikanischen Politik anschaut, stellt man fest, dass alle geschützte Räume fordern – man fürchtet nicht, dass der Staat die Redefreiheit einschränkt, sondern dass Protestierende die Redefreiheit erstarren lassen, dass Twitter-Mobs das Land durchstreifen auf der Suche nach einem falschen Wort oder einem missglückten Witz. In unserem Eifer, unsere Gegner als überempfindliche »Schneeflocken«* zu schmähen, haben wir aus dem Blick verloren, welche Kraft einen Großteil der Politik und in Wahrheit einen Großteil des Lebens antreibt: der Wunsch, sich sicher zu fühlen,

* A. d. Ü.: Anspielung auf den Begriff »Generation Schneeflocke« als Bezeichnung für extrem sensible Menschen, die um 1990 geboren sind. Die Bezeichnung wird pejorativ verwendet.

zu wissen, dass man sagen kann, was man sagen will, ohne Angst haben zu müssen. In einem aufschlussreichen Nachtrag stimmte Stephens einer Debatte mit Karpf an der George Washington University über das Thema »Zivilisierter Umgang in den Medien« zunächst zu, machte aber einen Rückzieher, als die Universität darauf beharrte, die Debatte für die Allgemeinheit zu öffnen. [38]

Wie der demographische Wandel unsere Parteien verändert

So wie sich Amerika verändert, verändern sich auch die Themen, mit denen Amerika sich befasst, und die Art und Weise, wie es sich damit befasst. 1996, als Präsident Clinton auf die Wiederwahl zusteuerte, enthielt das Wahlprogramm der Demokratischen Partei einen Abschnitt über Einwanderung, der klingt, als könnte er auch von der aktuellen Trump-Regierung stammen:

> Die Demokratische Partei von heute ist ebenfalls der Überzeugung, dass wir eine Nation bleiben müssen, in der Gesetze gelten. Wir können illegale Einwanderung nicht dulden und müssen sie beenden. Bevor Bill Clinton Präsident wurde, hat Washington jahrelang hart geredet, aber nicht gehandelt. 1992 waren unsere Grenzen praktisch überflüssig. Sie wurden nicht kontrolliert, und sofern es Grenzpatrouillen gab, waren sie unterbesetzt. Drogen strömten ungehindert ins Land. Die illegale Einwanderung nahm überhand. Kriminelle Zuwanderer, die abgeschoben wurden, nachdem sie Verbrechen in Amerika begangen hatten, kehrten am nächsten Tag ins Land zurück und begingen neue Verbrechen.
>
> Präsident Clinton macht unsere Grenze zu einem Ort, an dem die Gesetze respektiert und Drogen und illegale Einwan-

> derer abgewiesen werden. Wir haben die Grenzpolizei um über 40 Prozent aufgestockt; in El Paso stehen unsere Grenzschutzbeamten so nahe beieinander, dass sie sich sehen können. Allein im letzten Jahr hat die Regierung Clinton Tausende illegale Arbeitskräfte aus Arbeitsverhältnissen im ganzen Land entfernt. Von Januar 1995 bis heute haben wir über 1700 kriminelle Ausländer festgenommen und wegen schweren Verstößen gegen Bundesgesetze angeklagt, weil sie nach Amerika zurückgekehrt waren, nachdem wir sie abgeschoben hatten.

Zeitsprung zum Wahlprogramm der Demokratischen Partei von 2016: Wieder kandidierte jemand mit dem Namen Clinton für das Präsidentenamt, aber die Partei war sehr viel stärker auf die Stimmen der Hispanics angewiesen.

> Wir Demokraten glauben, dass wir unser kaputtes Einwanderungssystem – das Familien auseinanderreißt und arbeitende Menschen zwingt, sich zu verstecken – schnell reparieren und für gesetzestreue Familien, die schon hier sind, einen Weg eröffnen müssen, wie sie die Staatsbürgerschaft bekommen, damit sie ihren Familien ein besseres Leben bieten und einen Beitrag für ihre Gemeinden und unser Land leisten können. […]
>
> Wir werden Präsident Obamas Einwanderungsdekrete für unbegleitete Minderjährige (DACA) und illegal eingewanderte Eltern amerikanischer Staatsbürger (DAPA) verteidigen und umsetzen, damit DREAMer*, Eltern amerikanischer Staatsbür-

* A. d. Ü.: DACA: »Deferred Action for Childhood Arrivals« (Aufgeschobene Handlung bei illegal eingewanderten, unbegleiteten Minderjährigen); DAPA: »Deferred Action for Parents of Americans« (Aufgeschobene Handlung bei illegal eingewanderten Eltern amerikanischer Staatsbürger); DREAMer: »Development, Relief and Education for Alien Minors« (Aufgeschobene Handlung bei Ankünften im Kindesalter).

> ger und gesetzestreue Einwohner mit unbefristeter Aufenthaltsgenehmigung vor Abschiebung geschützt sind. Wir werden auf diesen Regelungen aufbauen, um Erleichterungen für andere zu schaffen, beispielsweise für die Eltern von DREAMern. […]
>
> Wir sind der Auffassung, dass der Vollzug der Einwanderungsgesetze human und im Einklang mit unseren Werten erfolgen muss. Wir sollten uns auf diejenigen konzentrieren, die eine Gefahr für die Sicherheit unserer Gemeinden darstellen, nicht auf hart arbeitende Familien, die einen Beitrag für ihre Gemeinden leisten. Wir werden die Praxis der Razzien und Festnahmen bei Kindern und Familien, die unnötig Furcht in den Immigrantencommunitys verbreiten, beenden.

1996 verteilten sich die weißen Wähler mit relativ wenig Abstand auf beide Parteien, die Wahlbeteiligung der Hispanics war geringer, und beide Parteien standen der Immigration eher kritisch gegenüber. 2016 stimmten die Weißen überwiegend für die Republikaner, die hispanischen Wähler hatten viel mehr Gewicht, und dadurch entstand eine politische Spaltung, in deren Gefolge die Demokraten sich stärker für Immigration öffneten und die Republikaner Trump nominierten.

Tesler beschreibt diese Dynamik sehr treffend. »In der Zeit nach den Kämpfen um die Bürgerrechtsbewegung ging es für die Demokraten darum, ihre nichtweiße Basis zu erhalten, ohne ihre weißen Wähler abzuschrecken«, sagte er in einem Gespräch mit mir. »Deshalb hatten sie einen Anreiz zu schweigen. Und die Republikaner mussten weiße Wähler gewinnen, ohne rassistisch zu erscheinen. Deshalb hatten sie einen Anreiz, verschlüsselt über die Hautfarbe zu sprechen. Die Veränderungen bewirken, dass die Demokraten heute einen Anreiz haben, Rassengerechtigkeit explizit zu fordern, und die Republikaner einen Anreiz, explizit gegen Minderheiten Stellung zu beziehen.« [39]

Aber es ist nicht nur so, dass die Demokraten das Thema Rassengerechtigkeit brauchen, um ihre nichtweiße Basis anzusprechen. Sie müssen es auch zunehmend berücksichtigen, wenn sie ihre weiße Basis ansprechen – ein weiteres Beispiel, wie übereinandergestapelte Identitäten und der demographische Wandel sich auf die öffentliche Meinung auswirken.

1994 sagten 39 Prozent der Demokraten und 26 Prozent der Republikaner, Diskriminierung sei der wichtigste Grund, warum »Schwarze heute nicht vorankommen«. 2017 stimmten 64 Prozent der Demokraten, aber nur noch 14 Prozent der Republikaner dieser Aussage zu. Eine Entwicklung die größtenteils von weißen Demokraten vorangetrieben wurde. »In den letzten fünf Jahren sind liberale Weiße in Fragen von Hautfarbe und Rassismus so weit nach links gerückt, dass sie bei diesen Themen mittlerweile sogar links von den typischen schwarzen Wählern stehen«, schreibt Matt Yglesias von Vox in einer Analyse, die er mit »Great Awokening« betitelt hat. [40] Verblüffenderweise sagen »liberale Weiße mit *geringerer* Wahrscheinlichkeit als Afroamerikaner, Schwarze sollten ohne besondere Hilfe zurechtkommen«. Wer heute Demokrat ist – und besonders ein weißer Demokrat –, muss sich zur Gleichheit der Hautfarben bekennen, aus der Überzeugung heraus, dass systemischer Rassismus das Grundübel der Gesellschaft ist. Mit der politischen Demographie ändern sich auch die politischen Identitäten.

Nehmen wir diese Idee und übertragen sie auf die künftigen Jahrzehnte amerikanischer Politik. Die Demokratische Partei wird ohne eine enthusiastische, vielfältige Koalition keine Wahlen mehr gewinnen können. Die Republikanische Partei wird ohne eine begeisterte weiße Basis keine Wahlen mehr gewinnen können. Die Demokraten werden ein Programm brauchen, das in der Frage der Gleichstellung von Hautfarben und Geschlechtern noch expliziter ist, und die Republikaner werden einen politischen Kurs einschlagen müssen, der noch stärker auf die Anliegen einer Koalition eingeht, die das Gefühl hat, die Macht zu verlieren.

Diese Dynamik trägt viel zu der Panik aufgrund der »Identitätspolitik« bei. Wenn eine einzelne Gruppe die politische Agenda dominiert, werden ihre Klagen und Forderungen einfach als politische Wünsche verstanden, und der Großteil der politischen Entscheidungen ist als Reaktion darauf ausgelegt. Aber das ändert sich, wenn nicht eine einzelne Gruppe die Agenda kontrolliert, sondern viele Gruppen Themen auf die Agenda bringen können; dann wird die Konkurrenz zwischen identitätsbasierten Gruppen sichtbar. Man sprach nicht von Identitätspolitik, als alle Kabinettsmitglieder in allen Regierungen noch weiße Männer waren. Der Begriff wurde erst verwendet, als es vermehrt Druck gab, die Besetzung politischer Ämter stärker zu diversifizieren. Und doch spiegelt dieser Prozess nicht wider, dass eine bestimmte Gruppe ihren Zugriff auf die Politik stärkt, sondern vielmehr, dass ihr Zugriff schwächer wird.

Im Juni 2018 führte ich in Los Angeles ein Interview mit Bürgermeister Eric Garcetti. Ich fragte ihn, wie er in einem politisch so vielfältigen Gemeinwesen mit den Spannungen umgehe, die aus dem erwüchsen, was manche Identitätspolitik nennen und manche einfach nur Politik. Seine Antwort? Weniger reden, mehr handeln. »Als ich hier als Bürgermeister angefangen habe«, sagte er, »habe ich mir die Gremien und Kommissionen angeschaut, für deren Ernennung ich zuständig war, rund dreihundert Leute, die unsere Abteilungen kontrollieren. Und innerhalb von sechs Monaten habe ich sie mit über 50 Prozent Frauen besetzt, zum ersten Mal. Ich glaube, es waren 53 oder 54 Prozent Frauen. Und dann konnten wir zurück an die Arbeit gehen.« [41]

Aber stellen wir uns das einmal auf nationaler Ebene vor, als Versuch einer ersten Präsidentin, begleitet von polarisierten Medien, die auf Konflikt aus sind. Viele würden es feiern. Andere würden Diskriminierung sehen, Bedrohung, Verlust. Erinnern wir uns an die Worte von Rush Limbaugh: »Wie kommt man in der Regierung eines Barack Obama nach oben? Indem man weiße Menschen hasst.« Denken wir an Jordan Peterson, der die Bemühungen des kanadischen Ministerpräsidenten Justin Trudeau zur Förderung der Gleichstellung zwischen den Geschlechtern als »mörderische Gleichheitsdoktrin« bezeichnet hat. [42]

Die Welt ist kein Nullsummenspiel, aber manchmal eben doch. Eine Welt, in der 50 Prozent der von der Regierung ernannten Amtsträgerinnen weiblich sind, ist eine Welt, in der weniger Amtsträger männlich sind. Diese Verluste sind spürbar, und man wehrt sich dagegen. Mächtige soziale Bewegungen werden entstehen, um das zu schützen, was weggenommen wird, um den früheren Zustand zu verteidigen. Die Gesellschaft erscheint oft ruhig, wenn fundamentale Ungerechtigkeiten nicht hinterfragt werden, aber selbst wenn dieser Zustand wünschenswert wäre – was er nicht ist –, ist er ausgeschlossen, wenn historisch marginalisierte Gruppen die Macht erlangen, um ihren Anteil am amerikanischen Traum einzufordern.

Durch diese Empfindlichkeiten können wir mehr oder weniger vorsichtig hindurchnavigieren. Jennifer Richeson glaubt, es wäre klug, wenn Demographen nicht mehr von »Majority-Minority-Amerika« sprechen würden – schließlich seien auch die Weißen keine homogene Gruppe, und was solle es nützen, Amerikas Weg in die Zukunft so zu beschreiben, dass die größte Gruppe sich dabei maximal bedroht fühlt? Das klingt doch, als würde »eine heranrückende Armee von Nichtweißen als Koalition zusammenarbeiten, um die Weißen und die weiße Dominanz zu stürzen«, sagt Richeson. »Das ist ein Problem.« [43]

Richesons Forschungen zeigen: Wenn es gelingt, in Diskussionen über demographischen Wandel Sicherheit einzuführen – beispielsweise den Menschen zu sagen, dass die Veränderungen bestehende Machtverhältnisse und wirtschaftliche Gegebenheiten wohl kaum auf den Kopf stellen werden –, dann verschwindet das Gefühl der Bedrohung, und konservative Positionen hinsichtlich der Hautfarbe und der Politik verlieren an Attraktivität. Das Problem dabei, so räumt sie ein, sei, dass »wir [nicht sagen] können […]: ›Macht euch keine Sorgen, ihr Weißen, es wird alles gut werden, und ihr werdet für immer die Kontrolle haben!‹«

Das andere Problem ist, dass die Erfahrung, dass die Schwarzen an Einfluss gewinnen, sowie das Gespräch darüber nicht von Demographen und Sozialpsychologen bestimmt werden; sie gehen von Politikern aus, die sich einen Vorsprung verschaffen wollen, von Politikexperten, die auf Rankings schielen, von haarsträubenden Geschichten, die sich in den sozialen Medien viral verbreiten, von kulturellen Kontroversen wie Gamergate (der Auseinandersetzung über Sexismus in Videospielen) und der Entlassung von Roseanne Barr (nach einem rassistischen Tweet). All das wird auch Menschen erfassen, die eigentlich gar nicht so viel über Hautfarbe sprechen wollen.

Bernie Sanders ist hier ein gutes Beispiel. 2016 konzentrierte er sich in seinem Wahlkampf auf Klassenfragen und wurde dafür kritisiert, sich nicht um die Hautfarbe zu kümmern. Am Ende schnitt er bei den weißen Wählern etwas besser ab als Hillary Clinton, wurde aber durch ihren 50-Prozentpunkte-Vorsprung bei Afroamerikanern weggefegt. [44] 2020 gab Sanders in seinem Wahlkampf dem Thema Hautfarbe mehr Raum und verwies immer wieder auf seine Vergangenheit als Bürgerrechtsaktivist. »Ich habe gegen Diskriminierung bei der Wohnungsvergabe protestiert, ich wurde festgenommen, weil ich gegen die Trennung nach Hautfarben im Schulwesen protestiert habe, und zu den stolzesten Tagen in meinem Leben gehört meine Teilnahme am Marsch auf Washington für Arbeitsplätze und Freiheit, den Dr. Martin Luther King jr. angeführt hat«, sagte er in der Rede, mit der er seine Kandidatur ankündigte. Für sein Wahlkampfteam rekrutierte er mehr nichtweiße Mitarbeiter, er bemühte sich sehr um die Zusammenarbeit mit schwarzen politischen Anführern und stellte Pläne vor, »gegen die fünf wichtigsten Formen von Gewalt gegen nichtweiße Amerikaner und amerikanische Ureinwohner vorzugehen: physische und politische Gewalt, Gewalt der Vollzugsbehörden, ökonomische und ökologische Gewalt«. [45]

Aber es geht nicht nur um die Hautfarbe. Auch Sanders war lange skeptisch im Hinblick auf die Folgen von Immigration für die einheimischen Arbeitskräfte. 2007 lehnte er einen Gesetzentwurf ab, der Einwanderern ohne Papiere einen Weg zur Staatsbürgerschaft eröffnen sollte, mit der Begründung, sonst kämen zu viele Gastarbeiter ins Land, die mit Amerikanern um Jobs konkurrieren würden. 2015 fragte ich Sanders in einem Interview, was er von offenen Grenzen hielte, einem politischen Vorschlag, den viele demokratische Sozialisten unterstützen, und sei es nur aus Profilierungsgründen. Sanders reagierte entrüstet. »Offene Grenzen? Nein, das ist ein Vorschlag der Koch-Brüder. Es ist ein Vorschlag der Rechten, der im Grunde bedeutet, dass es keine Vereinigten Staaten gibt. Dadurch würden alle in Amerika ärmer.« [46] Offene Grenzen gelten allgemein als eine linke Idee, aber aus Sanders' Ablehnung sprach die alte Skepsis, dass eine allzu liberale Immigrationspolitik die amerikanischen Arbeitskräfte benachteiligen könnte. In den Vorwahlen von 2020 plädierte Sanders jedoch dafür, illegale Grenzübertritte zu entkriminalisieren und illegalen Einwanderern Leistungen aus der staatlichen Krankenversicherung zu gewähren.

Sanders' Entwicklung bei diesen Themen spiegelt sowohl den allgemeineren Weg der amerikanischen Liberalen wider als auch die strategischen Anreize für jeden Kandidaten, der die demokratischen Vorwahlen gewinnen möchte. Joe Biden lobte während der ersten Wochen seines Wahlkampfs um die Präsidentschaftskandidatur der Demokraten ein ums andere Mal Obamas Amtsführung, distanzierte sich jedoch zugleich von den Abschiebungen in der Frühphase von dessen Regierung (eine Politik, von der Obama selbst am Ende seiner Amtszeit abrückte). Ein demokratischer Politiker auf Bundesebene zu sein bedeutet 2020, bei Hautfarbe und Immigration Positionen zu vertreten, die 2008 noch als tödlich gegolten hätten.

Zu sagen, dass der amerikanischen Politik demographische Turbulenzen bevorstehen, heißt nicht, dass der Zerfall unserer Nation droht. Eine Mehrheit der Amerikaner – wenngleich nicht der Republikaner – ist überzeugt, dass das wachsende Gewicht nichtweißer Bevölkerungsgruppen eine gute Sache ist. Und wir haben gesehen, dass Bundesstaaten wie Kalifornien und Texas zu Majority-Minority-Staaten geworden sind, ohne zu zerfallen. Politiker, die in der Lage sind, eine Vision der Zukunft zu formulieren, die inklusiv ist, inspirierend und nicht bedrohlich – die Mischung, die Obama 2008 anstrebte –, werden reich belohnt werden.

Aber wie Obama nach seiner Wahl feststellte, erfordert politische Führung in dieser Zeit, die Forderungen diversifizierter Koalitionen umzusetzen, Position in aufgeladenen Kulturkämpfen zu beziehen und dadurch Teil ebenjenes Konflikts zu werden, den man zu befrieden sucht. Der Kreislauf von Einheit, die durch Konflikt abgelöst wird, von Hoffnung für die Zukunft, die Angst um die Gegenwart schürt, wird sich wahrscheinlich fortsetzen. Und solange ein großer Teil der Menschen dieses Landes sich durch die Veränderungen, die sie erleben, bedroht fühlt, wird es weiterhin einen Markt für Politiker wie Trump geben, und womöglich wird dieser Markt sogar noch wachsen.

ZWISCHENBEMERKUNG

In der ersten Hälfte dieses Buches habe ich versucht, ein Modell zu erstellen, das erklärt, was die amerikanische Politik an ihren derzeitigen Standort erbitterter Polarisierung getrieben hat. Nehmen wir uns einen Augenblick Zeit, um die einzelnen Bauteile zusammenzusetzen.

Das menschliche Gehirn ist äußerst fein auf Gruppenzugehörigkeit und Gruppenunterschiede abgestimmt. Es kostet uns so gut wie keine Anstrengung, eine Gruppenidentität zu bilden, und ist das einmal geschehen, gehen wir ganz natürlich in Konkurrenz zu anderen Gruppen. Je tiefer unser Engagement für unsere Gruppe wird, umso entschiedener werden wir sicherstellen wollen, dass unsere Gruppe gewinnt. Erschwerend kommt hinzu, dass Siege positionell und nicht materiell sind; oft ziehen wir Ergebnisse vor, die für alle schlechter sind – Hauptsache, sie sichern unserer Gruppe einen Vorteil gegenüber anderen Gruppen.

Früher waren die Parteien sowohl ideologisch als auch demographisch stark durchmischt, und zwar auf eine Weise, die ihre identitätsgebundene Macht einhegte und den Einfluss der Parteibindung auf politische Entscheidungen verringerte. Doch bildeten diese ideologisch gemischten Parteien ein instabiles Gleichgewicht, das die spezielle und oft genug abscheuliche rassistische Politik im Lande widerspiegelte. Der Erfolg der Bürgerrechtsbewegung und ihr Bündnis mit der nationalen demokratischen Partei brachte dieses Gleichgewicht ins Wanken, ließ den Dixiekraten-Flügel im tiefen Süden zusammenbrechen und löste eine Ära der Neusortierung der Parteien aus.

Diese Sortierung war ideologischer Natur. Demokratisch sein heißt inzwischen liberal sein und republikanisch sein konservativ sein, und das auf eine Weise, wie es, sagen wir, 1955 nicht der Fall war. Das Erstarken von Parteibindungen ist zum Teil eine rationale Antwort auf größere Unterschiede zwischen den Parteien. Wenn die beiden Seiten sich vor 50 Jahren weniger hassten, ist das nur logisch; sie waren sich vor 50 Jahren ähnlicher.

Doch war dieser Sortierungsvorgang außerdem demographischer Natur. Heute sind die Parteien entlang ethnischer, religiöser, geographischer, kultureller und psychologischer Linien scharf getrennt. Es gibt viele, viele mächtige Identitäten, die auf dieser Liste lauern, miteinander verschmelzen und sich übereinanderstapeln, sodass ein Konflikt oder eine Bedrohung, die eine von ihnen aktiviert, alle anderen gleich mit aktiviert. Und da diese Megaidentitäten sich durch so viele Aspekte unserer Gesellschaft ziehen, werden sie permanent aktiviert, was zugleich bedeutet, dass sie permanent verstärkt werden.

All dies trägt sich in einer Zeit tiefgreifenden, mächtigen sozialen Wandels zu. Eine Mehrheit der heute Geborenen ist nicht weiß. Die am schnellsten wachsende religiöse Identität ist überhaupt keine religiöse Identität. Frauen stellen heute die Mehrheit der Collegestudierenden. Bald wird ein Rekordanteil der amerikanischen Bevölkerung fremdländischer Herkunft sein. Gruppen, die an Macht gewinnen, wollen ihre Bedürfnisse in der Politik und Kultur widergespiegelt sehen; Gruppen, die ihre Macht schwinden spüren, wollen ihren Status und ihre Privilegien wahren, und dieser Konflikt sortiert sich feinsäuberlich in zwei Parteien. Obamas Präsidentschaft war Beispiel für die Machtübernahme durch eine jüngere, vielfältigere Koalition; Trumps Präsidentschaft repräsentierte die ältere, weißere Koalition, die sie sich wieder zurückholte.

In der zweiten Hälfte dieses Buches geht es um die Beziehung zwischen einer zunehmend polarisierten Öffentlichkeit und zunehmend polarisierten politischen Institutionen. Insbesondere möchte ich die ablaufende Feedbackschleife zeigen: Die Institutionen polarisieren sich, um für eine zunehmend polarisierte Öffentlichkeit attraktiv zu sein, was wiederum die Öffentlichkeit weiter polarisiert, was wiederum die Institutionen zwingt, sich weiter zu polarisieren, und so fort.

Polarisierung ist nichts, was der amerikanischen Politik zugestoßen ist. Es ist etwas, das der amerikanischen Politik gerade zustößt. Und sie wird schlimmer.

KAPITEL 6

Die Spaltung der Medien jenseits von rechts und links

Ich arbeite seit über 15 Jahren als politischer Journalist. In dieser Zeit war ich Blogger, Zeitungsreporter, Autor für eine Zeitschrift, Redakteur für lange Lesestücke, Kommentator, Gast in Nachrichtensendungen des Kabelfernsehens, eine Persönlichkeit in den sozialen Medien, ein Videostar mit hohen Klickzahlen, Produzent von Podcasts und Medienunternehmer. Ich habe Wonkblog ins Leben gerufen, den Onlineableger der *Washington Post,* und ich war Mitbegründer und erster Chefredakteur von Vox, einer Nachrichten-Website, die Hintergründe erklären will und inzwischen jeden Monat über 50 Millionen Menschen erreicht.

Als ich mit Vox begann, wurde ich oft gefragt, wer unsere Konkurrenten seien.* Die Fragesteller erwarteten, dass ich andere Nachrichtenschwergewichte und Analyse-Websites nennen würde. *The Atlantic.* Nate Silvers FiveThirtyEight. Die *Washington Post.* Aber tatsächlich waren die anderen Nachrichten-Websites weniger Konkurrenten als Kollegen in dem gemeinsamen Bemühen, die Menschen zu politischem Engagement zu bewegen. Gelang es Nate Silver, aus einem Sportfan einen Politikjunkie zu machen, stieg sofort die Wahrscheinlichkeit, dass diese Person die politische Berichterstattung von Vox las. Interessierte sich aber jemand gar nicht

* Vox ist eine Website, die Nachrichten von allgemeinem Interesse bringt und über Wissenschaft, Kultur, Technik und vieles mehr berichtet. Aber das hier ist ein Buch über amerikanische Politik, deshalb spreche ich hauptsächlich über unsere politische Berichterstattung.

für Politik oder ausreichend stärker beispielsweise für Gartentipps oder wollte lieber alte Folgen von *Friends* auf YouTube sehen, dann war diese Person für uns verloren.

All das sage ich, damit mein nächster Satz ein hinreichend großes Gewicht bekommt. Die wesentliche Wahrheit, die ich an all diesen Stellen über das Publikum gelernt habe, lautet, dass fast niemand gezwungen ist, sich um Politik zu kümmern. Manche Lobbyisten und Berater aus dem Regierungsumfeld müssen über Entwicklungen bei Gesetzen und Bestimmungen stets auf dem neuesten Stand sein, um ihre Arbeit machen zu können. Aber für die meisten Menschen ist Politik ein Hobby, sie verfolgen die Politik, so wie sie eine Sportart oder eine Band verfolgen.

Wir können nicht darauf bauen, dass Menschen uns lesen, weil sie dazu verpflichtet sind; wir müssen mit buchstäblich allem um ihre Aufmerksamkeit konkurrieren. Rachel Maddow hat mit Wiederholungen von *The Big Bang Theory* zu kämpfen. Der YouTube-Kanal von Vox konkurriert mit Xbox-Spielen. Die Zeit, die jemand mit dem Lesen dieses Buchs verbringt, verbringt er oder sie nicht damit, sich den Podcast *Serial* anzuhören. Diese Logik reicht bis an die Grenzen unseres bewussten Lebens und darüber hinaus. Reed Hastings, der CEO von Netflix, hat den berühmten Ausspruch getan, sein größter Konkurrent sei der Schlaf. Das ist der Kontext, in dem der moderne politische Journalismus entsteht und konsumiert wird: ein erbitterter Krieg um die Zeit eines Publikums, das mehr Auswahl hat als je zuvor in der Geschichte.

Auch hier muss ich wieder einmal innehalten und verkünden: Das ist neu. So selbstverständlich und unvermeidlich sich ein kompetitiver Medienmarkt für uns, die wir damit zu tun haben, auch darstellt – so etwas hat es nie zuvor gegeben, nicht in dieser Form.

Nehmen wir die Optionen, die 1995 eifrigen Nachrichtenkonsumenten offenstanden. Sie hatten eine Lokalzeitung oder vielleicht auch zwei, dazu eine Handvoll Radiosender, drei abendliche

Nachrichtensendungen, seit neuestem CNN, und, wenn jemand wirklich sehr interessiert war, zwei Abonnements von politischen Magazinen.

Springen wir ein Jahrzehnt weiter. Dieselben Konsumenten konnten nun den Internet Explorer starten und online beinahe jede Zeitung im Land und die große Mehrheit der Zeitungen auf der Welt lesen – online. Für die politische Meinungsbildung standen eine schwindelerregende Fülle von Magazinen und beliebig viele Kommentarseiten zur Verfügung, und plötzlich gab es unzählige Blogs. Im Fernsehen hatten sich Fox News und MSNBC zu CNN gesellt. Im Radio ermöglichten Satelliten die Ausstrahlung von immer mehr Sendern, die noch mehr politische Kommentare brachten. Und mit dem iPod in der Tasche konnte jeder seinen eigenen Podcast betreiben.

Diese bunte Mischung von Nachrichten über unsere heutige Zeit war nichts im Vergleich zur Explosion der Informationen über die Vergangenheit. Vor der digitalen Revolution waren praktisch alle politischen Nachrichten erbarmungslos kurzlebig: Ein Zeitungsartikel, ein Beitrag in einem Magazin oder die Nachrichten von vor sechs Monaten wurden vielleicht irgendwo in einer Bibliothek aufbewahrt, aber für den durchschnittlichen Nachrichtenkonsumenten waren sie weg. Hörte man einen Begriff, den man nicht kannte, oder eine Anspielung auf ein historisches Ereignis, bei dem man unsicher war, gab es nur wenige Möglichkeiten, schnell Licht ins Dunkel zu bringen. Man hatte nur die Information, die direkt vor einem lag, und das, was unmittelbar greifbar war.

Mitte der Nullerjahre galt das nicht mehr: Medienunternehmen hatten riesige Archive ins Netz gestellt und alte Geschichten verlinkt, sie hatten interne Suchmaschinen entwickelt und, noch wichtiger, sie hatten alles über Google zugänglich gemacht. Wenn man etwas nachlesen wollte, das vor einem Jahr oder vor zehn Jahren passiert war, konnte man alles finden, selbst wenn man nur ein paar allgemeine Begriffe im Zusammenhang mit dem Thema kannte. Nie zuvor in der Geschichte der Menschheit war es auch nur entfernt möglich gewesen, sich politisch derart gut zu informieren.

In den meisten Modellen demokratischer Politik ist Information der begrenzende Faktor. Die Wähler haben nicht die Zeit oder nicht die Energie, um dicke Wälzer über politische Theorie zu lesen und sich über jedes Gesetz, das im Kongress beraten wird, auf dem Laufenden zu halten. Deshalb sind sie davon abhängig, dass Politprofis – gewählte Vertreter, Wahlkampfmanager, Mitarbeiter von Parteien, Lobbyisten, Experten – das für sie erledigen. Die Folgen sind elektrisierend: Wenn Informationen nicht mehr knapp sind, wenn sie frei und leicht zugänglich für alle werden, wäre das Grundproblem demokratischer Systeme gelöst.

Und dann wurden die Träume aller Demokratietheoretiker weltweit plötzlich wahr. Das Internet bot Informationen im Überfluss. Der Vormarsch der Onlinenachrichten hat den Amerikanern Zugang zu mehr Informationen verschafft – sehr viel mehr Informationen, das Zigfache an Informationen –, als sie jemals hatten. Dennoch zeigen Umfragen, dass wir im Durchschnitt politisch nicht besser informiert sind. Und auch unsere politische Teilhabe hat nicht zugenommen: Die Wahlbeteiligung ist durch die Demokratisierung der politischen Information nicht in die Höhe geschossen. Warum?

In den frühen Nullerjahren machte sich Markus Prior, Politikwissenschaftler in Princeton, daran, dieses scheinbare Paradox zu enträtseln. Sein Weg, das Problem zu lösen, liegt rückblickend betrachtet auf der Hand. Die Revolution der digitalen Information hat nicht nur mehr Informationen gebracht, sondern ebenso mehr Auswahl. Ja, es gab nun mehr Kabelnachrichtensender, aber sie wurden in den Schatten gestellt durch die Sender, die absolut kein Interesse an Nachrichten hatten – Sender, die rund um die Uhr Kochen, Heimwerken, Reisen, Comedy, Zeichentrickfilme, Technik und klassische Filme brachten. Ja, man konnte die politische Berichterstattung jeder beliebigen Zeitung oder jedes beliebigen Magazins im Land online verfolgen, aber man konnte auch unendlich viel mehr Berichte lesen, die nichts mit Politik zu tun hatten; die explosionsartige Vermehrung der politischen Medien wurde mehr als ausgeglichen durch die explosionsartige Vermehrung von Medien, die sich mit Musik, Fernsehen, Diäten, Gesundheitsthemen, Videospielen, Klettern, Spiritualität, Promischeidungen, Sport, Gartenpflege, Katzenbildern und Ahnenforschung beschäftigten – buchstäblich mit allem.

Der entscheidende Faktor war Prior zufolge nun nicht mehr der Zugang zu politischen Informationen, sondern das Interesse an politischen Informationen. Er zeigte das durch den Vergleich mit dem Fernsehen. Wie das Internet hatte das Fernsehen die Menge der verfügbaren Informationen vervielfacht, und es breitete sich wie ein Lauffeuer aus. Aber anders als das Internet bot das Fernsehen zumindest in seinen Anfangsjahren wenig Wahlmöglichkeiten. »Jahrzehntelang schloss die Programmplanung der Sender Situationen aus, in denen die Zuschauer zwischen Unterhaltung und Nachrichten wählen mussten«, schreibt Prior in seinem Artikel »News vs. Entertainment«. Und er fährt fort: »Weitgehend ohne Konkurrenz durch Unterhaltung hatten die Nachrichten ihren Platz am frühen Abend und dann noch einmal vor den Late-Night-Shows. Heute sind Unterhaltung und Nachrichten rund um die Uhr auf vielen Kabelsendern und Websites verfügbar, und da bestimmen die inhaltlichen Vorlieben sehr viel stärker, was Personen mit Kabelanschluss oder Internetzugang sehen, lesen und hören.« [1]

Früher wurde die Politik mit allem anderen zusammengepackt, und so wurden selbst uninteressierte Menschen dazu gebracht, politische Nachrichten zu konsumieren. Wenn jemand eine Zeitung abonniert hatte, weil er sich für den Sportteil interessierte, bekam er trotzdem die politischen Meldungen auf der Titelseite mit. Wenn jemand einen Fernsehapparat besaß, um keine Folge von *I Love Lucy* zu verpassen, und abends den Apparat einschaltete, blieb er oder sie trotzdem oft bis zu den Nachrichten sitzen. Die digitale Revolution hat Zugang zu einem unvorstellbar breiten Panorama an Informationen eröffnet, aber genauso wichtig ist, dass sie unvorstellbar viele Wahlmöglichkeiten geschaffen hat. Und die Explosion der Wahlmöglichkeiten hat die Kluft zwischen den Interessierten und den Uninteressierten vergrößert. Mehr Wahlmöglichkeiten führen dazu, dass die Nachrichtenjunkies mehr erfahren und die Uninteressierten weniger wissen.

Um das zu testen, befragte Markus Prior über 2300 Personen nach ihren inhaltlichen Präferenzen und ihrem politischen Wissen. Und weil er diese Umfrage 2002 und 2003 durchführte, in den Anfangsjahren des Internets und immer noch ziemlich früh nach Einführung des Kabelfernsehens, konnte er mit Menschen sprechen, die Internetzugang hatten, mit solchen, die Kabelfernsehen hatten, mit solchen, die beides hatten, und mit solchen, die weder das eine noch das andere hatten.

Inhaltliche Präferenzen – das heißt, wie viel politische Informationen die Leute im Vergleich zu anderen Formen der Unterhaltung konsumieren wollten – hatten bei den Personen ohne Kabelanschluss und Internetzugang wenig Effekt auf das politische Wissen. Selbst wenn jemand mehr politische Informationen haben wollte, war der Zugang nicht einfach, deshalb ließ sich das Interesse nicht unmittelbar in Informationen übersetzen. Aber bei den Personen mit Kabelanschluss und Internetzugang betrug der Unterschied beim politischen Wissen zwischen denjenigen mit dem höchsten Interesse und denjenigen mit dem geringsten Interesse an Nachrichten im Kabelfernsehen 27 Prozent. Das übertraf die Wissensdifferenz zwischen den Menschen mit den höchsten und denen mit den niedrigsten Schulabschlüssen. »In einer Umgebung mit vielen Wahlmöglichkeiten werden die inhaltlichen Präferenzen der Menschen zu besseren Prädikatoren für politisches Lernen als sogar ihre Schulbildung«, schrieb Prior.

In den politischen Nachrichten sprechen wir viel über die Polarisierung von links und rechts, aber nicht genug über die Spaltung, die ihr vorausgeht: den Graben, der die Interessierten von den Uninteressierten trennt. Doch das eine ist ohne das andere nicht zu verstehen. In einem hohen Ausmaß existiert das eine nur, weil das andere existiert. Und denken wir daran: Prior führte seine Forschungen in den frühen zweitausender Jahren durch, vor Facebook und Twitter, vor dem mobilen Internet und YouTube-Algorithmen, vor dem Linksschwenk von MSNBC, vor BuzzFeed und *HuffPost,* vor Breitbart und der alternativen Rechten. Das Internet ist seit damals sehr viel besser darin geworden herauszufinden, was wir wollen, und uns immer mehr davon zu geben. Die Konkurrenz um das Publikum und die Bedrohung journalistischer Geschäftsmodelle haben seither stark zugenommen. Und all das hat die Art und Weise verändert, wie politische Nachrichten produziert und konsumiert werden.

Die politischen Medien sind für die politisch Interessierten

Der Ökonom James Hamilton schreibt in seinem Buch *All the News That's Fit to Sell: How the Market Transforms Information into News:* »Nachrichten entstehen nicht, weil Einzelne das Funktionieren der Demokratie verbessern wollen, sondern weil Leser Zerstreuung suchen, Reporter Karriere machen wollen und Eigentümer nach Gewinn streben.« [2] Das ist ein bisschen zynischer, als ich es ausdrücken würde – viele von uns wollen wirklich das Funktionieren der Demokratie verbessern –, aber als Beschreibung des ökonomischen Gesamtsystems, in das unsere journalistische Arbeit eingebettet ist, ist es zutreffend. Und wenn wir versuchen wollten, die Nachrichten zu verstehen, ohne die finanziellen Kräfte und das Publikum zu verstehen, die sie prägen, würden wir keine gute Arbeit leisten.

In einer Zeit, in der es so viel Auswahl gibt, ist der politische Journalismus ein Geschäft, das Menschen dient, die sich für politische Nachrichten interessieren, und das bestrebt ist, mehr Menschen für politische Nachrichten zu interessieren. Das ist ein anderes Geschäftsmodell als zu der Zeit, als die politischen Nachrichten einfach Teil eines monopolistischen Pakets waren; als wir auf die eine Lokalzeitung angewiesen waren und die drei Fernsehsender, bestand das Geschäftsmodell darin, so viele Leser und Zuschauer zu erreichen wie möglich, aber nicht unbedingt darin, ein stark an Politik interessiertes Publikum zu bedienen.

Der Aufstieg einer meinungsstarken Presse ist eine Rückkehr zu einem älteren Gleichgewicht zwischen den Medien. Den Großteil der amerikanischen Geschichte hindurch waren die meisten Zeitungen explizit parteilich, oft führten sie »demokratisch« oder »republikanisch« in ihrem Namen, um ihre Sympathie zu signalisieren – einige, wie die *Arkansas Democrat-Gazette* und die *Arizona Republic* (bis 1930 *Arizona Republican*), tragen dieses Vermächtnis immer noch in ihrem Titelkopf. 1870 standen 54 Prozent der Tageszeitungen in großen Städten der Republikanischen Partei nahe, 33 Prozent den Demokraten, und 13 Prozent bezeichneten sich als parteipolitisch unabhängig. [3]

Hamilton sagt, der Übergang zu einer Nachrichtenindustrie, die Wert legte auf Unabhängigkeit von Parteien und Ideologien, sei durch technische Fortschritte befördert worden, die das Geschäftsmodell der Zeitungen verändert hätten: »Die Entwicklung von Druckerpressen mit Durchläufen von 25 000 Blättern oder mehr pro Stunde bedeutete, dass eine einzige Zeitung in der Lage war, einen signifikanten Teil der Leserschaft in einer Stadt zu versorgen.« Durch den Preisverfall bei Papier wurden die Zeitungen billiger. Dadurch vergrößerte sich ihre Leserschaft, was wiederum bedeutete, dass die Werbekunden bereit waren, mehr zu zahlen, um diese vergrößerte Leserschaft zu erreichen. Dominierte eine Zeitung den Markt, strömte richtig Geld in die Kassen, denn dann konnte sie die Preise für die Werbekunden festsetzen. Vertrat man aber ausdrücklich eine politische Richtung und stieß die andere vor den Kopf, dann funktionierte das nicht. Deshalb entwickelten Zeitungen und andere Medien nach und nach ein Ethos der parteipolitischen Neutralität, das zugleich ihr Geschäftsmodell schützte und wichtigen redaktionellen Zielen diente.

Die Explosion der Wahlmöglichkeiten und der Konkurrenz durch das Aufkommen der digitalen Medien warf diese Kalkulation erneut über den Haufen. Hatte die Strategie des monopolitischen Geschäftsmodells darin bestanden, allen Menschen ausreichend Dinge zu liefern, bestand die Strategie des digitalen Geschäftsmodells nun darin, manchen Menschen die Dinge zu liefern, die sie am meisten interessierten. Darum lautete die Frage: Was bringt Menschen dazu, sich für politische Nachrichten zu interessieren? Sie müssen für eine Seite mitfiebern, müssen bestimmte Ergebnisse wollen. Diese Erkenntnis ist nicht neu. Der Kolumnist Walter Lippmann formulierte sie 1922 treffend in seinem Buch *Die öffentliche Meinung*:

> Das ist die fatale Lage des Lesers allgemeiner Nachrichten. Wenn er sie überhaupt lesen soll, muss er daran interessiert sein, das heißt, er muss sich in die Situation einfühlen und sich um das Ergebnis kümmern […]. Je leidenschaftlicher der Leser gepackt wird, umso mehr wird er dazu neigen, nicht nur eine abweichende Ansicht, sondern bereits eine unangenehme Kurznachricht zu verübeln. Hierin liegt der Grund, warum

> manche Zeitung, die in ehrlicher Weise die Gefolgschaft ihrer Leser erworben hat, nicht einfach ihre Stellungnahme ändern zu können glaubt, selbst wenn es die Tatsachen nach Auffassung des Redakteurs rechtfertigen.

Sich für Politik zu interessieren bedeutet, sich für eine Seite zu entscheiden. Wie könnte es auch anders sein? Die Unterschiede zwischen den Parteien und ihren Wählerkoalitionen sind groß. Sie sind ideologischer, geographischer und demographischer Natur, und es sind Unterschiede im Temperament. Ob die eigene Seite gewinnt oder verliert, ist buchstäblich eine Sache von Leben und Tod – vielleicht nicht für den einzelnen Leser oder Zuschauer, aber wenn man bedenkt, um was es bei Themen wie der Krankenversicherung oder der Außenpolitik geht, dann ganz bestimmt für den einen oder die andere. Ob die eigene Seite gewinnt oder verliert, ist auch eine Sache von Identität und Gruppenstatus. Denken wir nur an die Titelblätter von Magazinen nach Präsidentschaftswahlen: Die einen verkünden vollmundig, was für ein Land wir wirklich sind, je nachdem ob drei Prozent der Wähler im Mittleren Westen nach links oder rechts umgeschwenkt sind, die anderen lassen sich vorhersehbar ausführlich darüber aus, dass Linke überlegen, nach Kanada auszuwandern, oder dass Konservative mit dem Gedanken spielen, dass Texas sich abspalten sollte. Wahlen vermitteln den Eindruck, als würde dabei entschieden, ob unser Land uns gehört und ob wir in unser Land gehören.

In der weniger polarisierten Medienlandschaft vor der Zeit von Kabelsendern und Internet kam der Fokus auf die Frage, ob die eigene Seite gewinnt oder verliert, in einem Übergewicht journalistischer Berichterstattung zum Ausdruck, die den Wettbewerbscharakter betonte – journalistische Formate, in denen es buchstäblich darum ging, ob Demokraten oder Republikaner bei der nächsten Wahl gewinnen oder verlieren würden. Medien, die der Wahrung von Neutralität verpflichtet waren, brachte diese Art der Berichterstattung dazu, dass sie sich auf die Fragen konzentrierten, die ihr Publikum am meisten bewegten, ohne ideologisch der einen oder anderen Seite zuzuneigen. Es gilt als einseitig zu sagen, die Vorschläge der einen Partei zum Gesundheitswesen seien besser als die der anderen, aber es gilt nicht als einseitig zu sagen, der Wahlkampf des einen Kandidaten sei besser organisiert als der des anderen. Glauben Sie einem Praktiker: Politischer Journalismus ist ein seltsames Gewerbe.

In der heutigen Medienlandschaft mit den unendlich vielen Wahlmöglichkeiten kann jeder das politische Medium finden, das er oder sie wirklich will; typisch für diese Medienlandschaft sind polarisierte Medien, in denen es um politische Identität geht, um politische Konflikte und Prominenz. Das heißt, typisch sind eine journalistische Berichterstattung und Kommentare, die sich direkter um die Frage drehen, warum die eigene Seite gewinnen und die andere Seite verlieren sollte.

Ich will diese Art von Journalismus nicht schlechtmachen. Ich habe selbst viel davon produziert. Ich schreibe über politische Vorgänge, weil ich denke, dass Politik wichtig ist, das heißt, weil ich denke, es ist wichtig, wer gewinnt und wer verliert. Und natürlich sind meine Ansichten über diese Fragen rational, überlegt, unbefangen und objektiv richtig. Das Problem ist, dass eine Menge Leute die gleiche Arbeit machen und einige von ihnen zu anderen Schlüssen gelangen als ich. Darum will ich hier einen Schritt zurücktreten und mir anschauen, wie ein System der politischen Medien, das zunehmend um diese Achse organisiert ist, die politische Identität vertieft, die Polarisierung verstärkt und die politischen Kosten in die Höhe treibt.

Am besten lässt sich der politische Journalismus bei uns beurteilen, wenn man sich anschaut, ob er denen, die seine Berichterstattung verfolgen, ein zutreffenderes Verständnis der amerikanischen

Politik vermittelt. Einen beunruhigenden Einblick in diese Frage gewährt »The Parties in Our Head: Misperceptions about Party Composition and Their Consequences«, eine faszinierende Studie, die Douglas Ahler und Gaurav Sood 2018 veröffentlicht haben. Darin stellen die beiden Autoren fest, dass die Intensität der Parteibindung zunimmt, während die demographischen Unterschiede zwischen den Parteien immer größer werden, aber die Feindseligkeit scheint viel ausgeprägter zu sein, als die Unterschiede nahelegen. Schließlich, so schreiben sie, »sind die Anhänger beider Parteien mehrheitlich heterosexuelle Weiße aus der Mittelschicht, und die typischen Parteianhänger sind mittelalte, nichtevangelikale Christen«. [4] Was also geht hier vor?

Die Antwort lautet ihrer Ansicht nach, dass unser Bild von den Parteien deutlich anders ist, als die Parteien tatsächlich sind. Um diese Theorie zu testen, haben sie Personen gebeten »zu schätzen, wie viel Prozent der Demokraten Schwarze, Atheisten oder Agnostiker, Gewerkschaftsmitglieder, schwul, lesbisch oder bisexuell sind und wie viel Prozent der Republikaner Evangelikale, 65 Jahre und älter sind, in den Südstaaten leben und mehr als 250 000 Dollar im Jahr verdienen«. Sie fragten, mit anderen Worten, wie viele Personen der Ansicht waren, dass die Struktur der Parteien der jeweils von ihnen gezeichneten Karikatur entsprach.

Fehleinschätzungen waren bei allen Befragten häufig, aber besonders extrem, wenn sie die jeweils andere Partei beschreiben sollten. Demokraten glaubten, 44 Prozent der Republikaner würden mehr als 250 000 Dollar im Jahr verdienen; tatsächlich sind es zwei Prozent. Republikaner glaubten, 38 Prozent der Demokraten seien schwul, lesbisch oder bisexuell; die korrekte Antwort ist rund sechs Prozent. Demokraten glaubten, mehr als vier von zehn Republikanern seien im Seniorenalter; tatsächlich sind nur 20 Prozent älter als 65 Jahre. Republikaner glaubten, 46 Prozent der Demokraten seien Schwarze und 44 Prozent gehörten einer Gewerkschaft an;

tatsächlich sind rund 24 Prozent der Demokraten Afroamerikaner und weniger als elf Prozent Gewerkschaftsmitglieder.

Aber besonders aufschlussreich an diesen Ergebnissen ist, dass die Fehlwahrnehmung der jeweils anderen Partei umso stärker war, je mehr die Befragten sich für Politik interessierten, je mehr politische Medien sie konsumierten. (Mit der einzigen Ausnahme der Kategorie Einkommen: Ein hohes Niveau an politischem Wissen führte zu mehr korrekten Antworten bei der Frage, wie viel Prozent der Republikaner mehr als 250 000 Dollar im Jahr verdienen.) Das ist ein niederschmetterndes Resultat: Je mehr politische Medien jemand konsumiert, desto verzerrter wird sein Bild der anderen Seite.

Allerdings ist das einleuchtend, wenn man sich vor Augen führt, was Medienunternehmen antreibt. Meldungen von Fox News werden nicht auf Facebook geteilt, wenn sie über ein paar banale Kommentare von Bob Casey berichten, dem zurückhaltenden demokratischen Senator aus Pennsylvania. Folglich konzentrieren sie sich auf die Abgeordnete Ilhan Omar aus Minnesota, eine linksprogressive, streitlustige muslimische Amerikanerin, die Kopftuch trägt und mit einem weichen somalischen Akzent spricht. Ähnlich sieht es bei MSNBC aus und, ehrlich gesagt, überall in den Medien. Der Abgeordnete Steve King, ein rassistischer Republikaner aus Iowa, ist ein Hinterbänkler im Repräsentantenhaus, aber über ihn wird weit mehr berichtet als über Greg Walden, den wichtigsten Republikaner im mächtigen Ausschuss für Energie und Handel.

Für Lokalreporter galt früher der Leitsatz: »Blut verkauft sich gut.« Das Prinzip bei der politischen Berichterstattung ist: »Empörung verkauft sich gut.« Und Empörung ist immer mit Identität verknüpft – wir empören uns, wenn Angehörige anderer Gruppen unsere Gruppe bedrohen und unsere Werte verletzen. Deshalb heben die polarisierten Medien nicht Gemeinsamkeiten hervor, sondern machen aus Unterschieden Waffen; sie schauen nicht auf das Beste bei der anderen Seite, sondern führen uns drohend das Schlimmste vor Augen.

Wie aus dem letzten Abschnitt deutlich wird, steuere ich auf gefährliches Gebiet zu, darum möchte ich ganz klar sagen: Ich behaupte nicht, dass es moralische Äquivalenz gibt, und in den weiteren Kapiteln werde ich sehr viel darüber sagen, wie und warum die Linke und die Rechte – einschließlich ihrer jeweiligen Medienlandschaften – auseinandergedriftet sind. Aber praktisch alle Menschen in den politischen Medien kämpfen in einer Kakophonie von anderen Stimmen um Aufmerksamkeit und Loyalität des Publikums. Wir alle treffen unterschiedliche Entscheidungen, wie wir um das Publikum konkurrieren, aber da wir alle versuchen, andere Menschen zu erreichen, sind unsere Vorgehensweisen in gewisser Hinsicht ähnlich.

Warum publikumsgetriebene Medien identitäre Medien sind

Krista Tippett, Gastgeberin der menschenfreundlichen und klugen Show *On Being* im öffentlichen Radio, hat mir einmal gesagt, die Medien wirkten manchmal auf sie wie »eine Verschwörung, um den lautesten Stimmen Gehör zu verschaffen«. [5] Sie hat recht, aber es ist keine Verschwörung. Es ähnelt eher dem Grund, warum Nahrungsmittelindustrie und Gastronomie ihre Produkte mit Salz und Fett und Zucker vollpacken: Der Markt verlangt es. Und was der Markt von den Medien verlangt, ist zu einer noch viel mächtigeren und präziseren Kraft geworden.

Ich habe bereits darüber gesprochen, dass das Publikum noch vor wenigen Jahrzehnten wenig Auswahl bei den Medien hatte. Aber genauso wichtig ist, dass die Medien nicht viele Informationen über das Publikum hatten. Die Sender kannten die Einschaltquoten. Die Zeitungen kannten die Abonnentenzahlen. Alle erhielten Briefe. Aber das war es dann auch.

Die Kombination von direktem Wettbewerb und permanentem Zugang zu Zielgruppenanalysen hat die Nachrichtenproduktion verändert. Ich war lange Moderator von Nachrichtensendungen im Kabelfernsehen, und die emotionale Anspannung bei dieser Arbeit erreichte regelmäßig um 16 Uhr ihren Höhepunkt, wenn die Nielsen-Zahlen herauskamen und alle die Arbeit unterbrachen, um zu schauen, wie ihre Show im Vergleich zur Konkurrenz abgeschnitten hatte. Hatte man die Konkurrenz – im eigenen Sender wie außerhalb – geschlagen, konnte man sich entspannen. Wenn nicht, musste man sich Sorgen machen. Und war man mehrmals hintereinander unterlegen, gab es Anrufe von oben. Vielleicht sollte man sich mehr an den aktuellen Nachrichten des Tages orientieren. Oder die Intros sollten kürzer sein oder länger, oder man sollte mehr Gäste einladen, mehr Streit entfachen. Die Zahlen wurden viertelstündlich aufgeschlüsselt, sodass man sogar sehen konnte, ob Block B besser funktioniert hatte als Block D. Die Daten waren nicht gut genug, um solche Fragen wirklich zu beantworten, aber gut genug, um zu entscheiden, ob man als Moderator gefeiert, in Ruhe gelassen oder unter verschärfte Beobachtung gestellt wurde. Nachrichten im Kabelfernsehen sind Journalismus, aber auch ein Geschäft, und das Geschäft steht und fällt mit den Einschaltquoten. Chris Hayes, der die 20-Uhr-Nachrichten auf MSNBC moderiert und zu den nachdenklichsten Journalisten der Branche gehört, mit großem staatsbürgerlichem Verantwortungsbewusstsein, hat es in seinem Podcast so formuliert:

> Wir bekommen jeden Tag sehr genaue Zahlen, wie viele Menschen unsere Sendung anschauen. Es ist unser Job, die Aufmerksamkeit der Menschen auf uns zu ziehen und festzuhalten. Und das kann manchmal zur Vermittlung von Informationen in Wi-

> derspruch geraten. In *Anchorman – Die Legende kehrt zurück* sagt Will Ferrell den verblüffenden Satz: »Was wäre, wenn wir den Leuten nicht mehr sagen würden, was sie wissen müssen, sondern was sie wissen *wollen*?« Das ist praktisch die Gründungsgeschichte der Nachrichten im Kabelfernsehen. [6]

»In gewisser Weise«, fährt Hayes fort, »sind wir Hochzeits-DJs. Und der Job des Hochzeits-DJs ist es, die Leute auf die Tanzfläche zu holen.« Das heißt nicht, dass dabei kein Platz für seriösen Journalismus bliebe. Hayes zufolge gibt es gute Hochzeits-DJs und schlechte Hochzeits-DJs, und wenn man als Nachrichtenmoderator bei einem Kabelsender arbeitet, ist man einer von den guten. Aber das ist das geschäftliche Umfeld, in dem Entscheidungen über die Nachrichten von Kabelsendern fallen.

Dann verbreiteten sich digitale Analysen in Echtzeit. Jede Nachrichtenredaktion im Land hat einen Vertrag mit dem einen oder anderen Dienstleister, der mit einer gamifizierten Schnittstelle Benutzeraktivitäten beobachtet und die Zahlen permanent aktualisiert. Am meisten verbreitet ist Chartbeat, das für jede Seite auf der Website anzeigt, was passiert, für jeden Artikel angibt, wie viele Menschen ihn in einer bestimmten Sekunde anschauen, und die Punkte, die für diese Personen stehen, farbig markiert, damit man sieht, wie sie auf den Artikel gestoßen sind. Grüne Punkte bedeuten, dass sie den Artikel durch eine Suchmaschine gefunden haben. Violette Punkte bedeuten, dass sie von einem sozialen Netzwerk gekommen sind, meistens Facebook, Twitter oder Reddit. Wenn man eine moderne Nachrichtenredaktion besucht, sieht man auf allen Bildschirmen die Punkte von Chartbeat: Es macht süchtig, Menschen zu beobachten, während sie die eigene Arbeit lesen. Es ist reines Vergnügen zu verfolgen, wie ein Chart für einen Artikel, an dem man hart gearbeitet hat, sich mit Punkten füllt.

Aber wir wollen nicht nur, dass die Menschen unsere Arbeit

lesen. Wir wollen, dass sie unsere Arbeit verbreiten – dass sie so bewegt sind von dem, was wir geschrieben oder gesagt haben, dass sie sich bei Facebook einloggen und es mit ihren Freunden teilen oder dass sie zu Reddit gehen und versuchen, der Welt davon zu erzählen. So erreicht man, dass die Punkte auf dem Chart mehr werden. Aber leise Stimmen teilen die Menschen nicht. Sie teilen laute Stimmen. Sie teilen Dinge, die sie bewegen, die ihnen helfen, ihren Freunden mitzuteilen, wer sie sind und wie sie sich fühlen. Auf sozialen Plattformen geht es darum, eine der Öffentlichkeit zugewandte Identität zu pflegen und auszudrücken. Es geht darum zu sagen, ich bin eine Person, die sich für das interessiert, jenes mag und etwas anderes nicht mag. Es geht darum mitzuteilen, welchen Gruppen man angehört und, genauso wichtig, welchen Gruppen man nicht angehört.

Mit dem Aufstieg von BuzzFeed wurde aus diesem Subtext offener Text. Der Mitbegründer und CEO Jonah Peretti war auch Mitbegründer der *Huffington Post* (inzwischen *HuffPost*), und er baute nebenher BuzzFeed als Geheimprojekt auf, um zu experimentieren, wie sich virale Inhalte online verbreiten. Die Antwort war bald klar: Identität war der Schlüssel. Und die zentrale Erkenntnis lautete, dass sich Menschen mehr Identitäten stark verbunden fühlten, als sich jemals jemand vorgestellt hätte. Die Menschen waren nicht nur Republikaner oder Demokraten, schwarz oder weiß, schwul oder heterosexuell. Sie waren Kinder der neunziger Jahre, Fans der Footballmannschaft von Alabama, glühende Verehrer von Beyoncé, Katzenliebhaber, Zwangsneurotiker. Und nichts war so schön, wie Grenzen um die eigene Gruppe zu ziehen, ein Signal auszusenden, das nur andere Mitglieder verstehen konnten.

BuzzFeed war erfolgreich als Labor, um die Prinzipien und Triebkräfte hinter dem Teilen in sozialen Medien zu verstehen, und die Art der Inhalte, die BuzzFeed kreierte, spiegelten wider, was man herausgefunden hatte. »Ein klassischer früher Post auf Buzz-

Feed und später ein Video war ›13 Probleme, die alle Linkshänder kennen‹«, erzählte mir Peretti. »Ein anderer Klassiker war ›Zeichen, dass deine Eltern Immigranten waren‹. Dass nicht nur die Hautfarbe eine Identität darstellt, sondern auch der Migrationshintergrund.«

Es gibt noch unendlich viel mehr Beispiele. Zu den beliebtesten Reihen von BuzzFeed gehört »X Dinge, die nur ein Y versteht«. Eine Google-Suche nach diesen Schlüsselwörtern führt zu Artikeln wie »14 Dinge, die nur ängstliche Menschen verstehen«, »19 Dinge, die nur Menschen mit Fibromyalgie verstehen«, »53 Dinge, die nur Girls aus den 80ern verstehen«, »30 Dinge, die jeder versteht, der aufs College gegangen ist«, »27 Probleme, die du nur verstehst, wenn du vor 1995 geboren bist«, »38 Dinge, die jeder weiß, der einmal Pfadfinder war«, »19 Comics, die nur Nachteulen verstehen werden«, »19 Dinge, die du nur verstehst, wenn du strenge Eltern hattest«, »18 Fotos, die nur Menschen verstehen, die eine Zahnspange hatten«.

Ich könnte noch lange so weitermachen.

Das sind Identitätsmedien in Reinform. Wer den Titel teilt »38 Dinge, die jeder weiß, der einmal Pfadfinder war«, informiert darüber, dass er einmal Pfadfinder war, und das so ernsthaft, dass er die Zeichen und Erfahrungen kennt, die nur Pfadfinder haben. Den Artikel auf Facebook zu posten ist ein Statement, wer man ist, welcher Gruppe man angehört und, genauso wichtig, wer nicht zu der Gruppe gehört.

Die wachsende Beliebtheit der Tests von BuzzFeed spiegelt einen ähnlichen Lernvorgang wider. Bei Tests, die die Antwort auf Fragen wie »In welchem Staat lebst du gerade?«, »Welche Disney-Prinzessin bist du?«, »Wie introvertiert bist du?« und »Zu welchem Hogwarts-Haus gehörst du?«* geben – eine Antwort, die man dann

* Natürlich Gryffindor.

teilen kann –, geht es nur um die Identität. Sie werfen, zusammen mit der Information, welcher Gruppe man angehört, ein Bild der Persönlichkeit zurück, das man dann seinen Freunden zeigen kann.

Lange vor BuzzFeed ermöglichte das Internet Menschen mit Nischeninteressen, sich zu finden und um geteilte Leidenschaften herum Gemeinschaften aufzubauen. Textbasierte Chatsysteme waren fraktale Welten, die sich in immer kleinere Untergruppen aufspalteten: Unter den Geschichtsenthusiasten bildete sich eine Gruppe von Mittelalterfans, die sich immer weiter in Gruppen historischer Rollenspieler aufspaltete, bis am Schluss unvermeidlich nur noch drei Kerle übrig blieben, die sich esoterische Pornos anschauten. Wenn man in die Vergangenheit zurückgeht und frühe journalistische Beiträge über das Internet liest, stellt man fest, dass es oft genau darauf ankam: das Internet als Ort, an dem sich Menschen mit anderen treffen, die ihre Interessen teilen.

Aber viel von dem, was die Medien für Interessen hielten, waren tatsächlich Identitäten. Das ist eine kleine, aber wichtige Akzentverschiebung. Peretti meint, bei der richtigen Beziehung zum eigenen Publikum gehöre das immer dazu. Ein bestimmtes Interesse wird mit Informationen gefüttert; eine Identität wird durch Sozialkontakte aufgebaut. »Nur weil Menschen sich eine Kochshow bei einem einschlägigen Sender anschauen, glauben wir noch nicht, dass wir es mit einer Identität und einer Gemeinschaft zu tun haben«, sagt er. »Aber wenn diese Personen einen YouTube-Kanal zum Thema Kochen betreiben, kommen die Kommentare, und die Leute sagen ›Ich habe dies gemacht und jenes‹ – es gibt Feedback, und das prägt die Inhalte. Dann beginnt man zu begreifen, dass das alles für eine bestimmte Art von Person ist. Dann repräsentieren die Inhalte zunehmend die Identität.«

Die Kräfte, die BuzzFeed gefunden hat und denen es gefolgt ist, prägen auch die politischen Nachrichten und das Reden über Politik. Natürlich schlagen sie sich nicht so wörtlich in Schlagzeilen nieder. »27 Fakten über das Gesundheitswesen, die nur Liberale kennen«, wäre keine gute Schlagzeile – doch, es wäre eine großartige Schlagzeile und würde unglaublich viel Traffic in sozialen Netzen geben. Aber meistens wird die Identität in politischen Schlagzeilen auf indirektere Weise aktiviert und bekräftigt: Diese öffentliche Person, die Sie und alle in Ihrer Gruppe abscheulich finden, hat etwas Schreckliches gesagt. Diese Umfrage hat gerade ergeben, dass Sie und Ihre Gruppe gewinnen werden oder, noch besser, dass die anderen, die nicht zu Ihrer Gruppe gehören, verlieren werden. Diese großartige Kolumne erklärt, warum Sie bei allem recht haben und Ihre Gegner unrecht.

Viele solche Beiträge sind wahr und nützlich, meistens die, mit denen ich übereinstimme oder die ich selbst geschrieben habe. Viele sind einfach Müll. Aber insgesamt betrachtet ist es ein enormer Sprung von den Tagen, in denen man beim Großteil der politischen Inhalte, die die Menschen zu sehen bekamen, vorsichtig war und vermeiden wollte, jemanden zu verletzen. Die Geschichten, die funktionieren, wenn das Geschäftsmodell ein lokales Monopol ist, das ein neues Produkt braucht, um alle Personen anzusprechen, die in einem Gemischtwarenhaus einkaufen, sind anders als die Geschichten, die funktionieren, wenn das Geschäftsmodell Menschen sind, die mit den Geschichten aus einem bestimmten Haus stark übereinstimmen und sie mit ihren Freunden teilen.

Es sind zwei Sichtweisen möglich, wie diese Veränderung bei den Medien uns verändert. Einmal können wir uns Identitäten als statisch und von vornherein feststehend vorstellen. Wenn das stimmt, dann hat der Vormarsch der digitalen Medien nur etwas zutage gefördert, was bereits vorhanden war. Nach dieser Sicht nutzten wir früher eine begrenzte Anzahl von Medien, und diese wurden fast alle von reichen weißen Männern betrieben, deshalb wurde der Markt ganz einfach schlecht beliefert und wartete auf eine Korrektur. Das ist ganz sicher ein Teil der Wahrheit. Ich bezweifle, dass ohne soziale Medien und Zielgruppenanalysen die Nachrichtenredaktionen der weißen Männer ausführlich über die Ereignisse in Ferguson im Bundesstaat Missouri (wo 2014 bei Unruhen ein afroamerikanischer Schüler von einem weißen Polizisten erschossen wurde) und ihre Folgen berichtet hätten. Und das sage ich als weißer Mann, der damals eine Nachrichtenredaktion leitete – hier haben Zielgruppenanalysen und soziale Medien unsere Arbeit verbessert, weil sie uns wahrhaftigere und umfangreichere Informationen über die Interessen unserer Leser, Zuschauer und Zuhörer liefern.

Nach der anderen Sichtweise sind Identitäten lebendige, formbare Dinge. Sie können aktiviert werden oder einfach schlummern, verstärkt oder geschwächt werden, geschaffen oder in der Schwebe gelassen werden. Nach dieser Sicht werden alle auf die Identität zielenden Inhalte Identitäten vertiefen, die sie wiederholt ansprechen, bestätigen oder bedrohen. Sie werden aus Interessen oder Meinungen Identitäten machen.

Auf der Highschool begann ich Hasch zu rauchen. Als ich online Beiträge dazu las, stieß ich schnell auf Gruppen, die die Legalisierung von Drogen forderten, und so wurde aus meinem Interesse, high zu werden, eine aktivistische Identität und viele Leute, an die ich glaubte, zu Feinden, auf die ich wütend war. Ich abonnierte einen Newsletter voller Geschichten, die ich sonst nie zu sehen bekommen hätte, die mich aber jetzt ankotzten und mich noch mehr von der Sache überzeugten. Ich erzähle das nicht, um mich von meinem jüngeren Selbst zu distanzieren oder den Prozess der Identitätsbildung zu kritisieren. Ich denke, mein Highschool-Selbst hatte recht in der Frage der Legalisierung von Hasch, und ich denke, eine aktivistische Identität zu entwickeln war gut. Der Punkt ist, dass dieser Prozess im Internetzeitalter viel leichter vonstattengeht als früher.

Die Digitalforscherin Zeynep Tufekci hat untersucht, wie der

Empfehlungsalgorithmus von YouTube als Motor für Radikalisierung wirkt. Sie hat festgestellt, dass jemandem, der Videos von Trump-Kundgebungen anschaute, in der Folge Videos mit Inhalten der alternativen Rechten empfohlen wurden. Nach Videos von Reden von Hillary Clinton wurden linke Verschwörungstheorien angeboten. Als sie ihre Analysen ausweitete, merkte sie, dass das nicht nur in der Politik so war. »Videos über vegetarische Ernährung führten zur Empfehlung von Videos über vegane Ernährung. Videos über Jogging führten zu Videos über Ultramarathons. Es sieht so aus, als wäre man für YouTubes Empfehlungsalgorithmus nie ›hardcore‹ genug. Er propagiert, empfiehlt und verbreitet Videos nach einem Muster, das die Hürden immer höher legt.« [7]

Dieser Algorithmus ist nicht nur ein Radikalisierungsmotor, er ist auch ein Identitätsmotor. Wie Peretti festgestellt hat, werden Interessen zu Identitäten, weil sie uns in eine Gemeinschaft einführen. Der Algorithmus von YouTube versucht dauernd, einen in neue Gemeinschaften hineinzulocken, bevölkert von charismatischen YouTube-Stars, die eng verwobene Gefolgschaften pflegen. Als Teenager, der Hasch rauchte, musste ich nach einem Newsletter über die Legalisierung von Hasch suchen, und ich hatte keine Ahnung, wer ihn schrieb und wer ihn las. Heute würde ich durch einen Algorithmus in Gruppen von Verfechtern einer Legalisierung eingeladen, deren Namen und Gesichter ich schon bald kennen würde.

Viele von uns, die vor dem Siegeszug der sozialen Medien im Internet über Politik geschrieben haben, beklagen, dass es sich so anfühle, als sei etwas verloren gegangen, als wäre ein Raum, der sich früher frisch und fruchtbar anfühlte, heute toxisch und eng. Jia Tolentino liefert in ihrem Buch *Trick Mirror* eine Beschreibung dessen, was sich verändert hat, die sich für mich richtig anfühlt. Demnach sind die sozialen Medien zum »Organisationsprinzip« des Onlinediskurses geworden:

Das frühe Internet war um Leitlinien der Zugehörigkeit und Offenheit herum organisiert. Doch als es sich immer mehr zu einem Organisationsprinzip von Opposition entwickelte, wurde vieles von dem, was zuvor überraschend und lohnend und interessant gewesen war, nun auf einmal mühsam, ungesund und trostlos.

Diese Verschiebung spiegelt zum Teil grundlegende Annahmen der Soziophysik wider. Ein gemeinsamer Feind lässt uns schneller Freundschaft schließen – das lernen wir schon in der Grundschule –, und auf politischem Gebiet ist es viel einfacher, Menschen gegen etwas zu mobilisieren, als sie hinter einer positiven Vision zu versammeln. Außerdem reagieren die Menschen in einer Aufmerksamkeitsökonomie ohnehin bevorzugt auf Konflikte. [8]

Nur wenige haben schon früh erkannt, dass der Weg, den Krieg um die Aufmerksamkeit zu gewinnen, darin bestand, die Macht der Gemeinschaft zur Identitätsstiftung zu nutzen, und die beste Möglichkeit, das zu tun, insbesondere in der Politik, darin bestand, sich auf Feinde zu fokussieren. Aber die Sieger standen schnell fest, und oft nutzten sie Techniken, deren Mechanismen sie nicht ganz verstanden – man denke nur an die Berechnungen, die Facebook anstellen musste, um zu erkennen, welches Verhalten sein Kernprodukt belohnte –, und lösten eine Explosion digitaler Identitäten aus.

Als ich mit dem Journalismus anfing, hießen Texte, die aus einer bestimmten Perspektive verfasst waren, »Meinungsjournalismus«. Der springende Punkt dabei war, eine Meinung zu vermitteln. Heute denke ich, viel davon ist eher »Identitätsjournalismus« – angesichts der sozialen Kanäle, über die ein Beitrag konsumiert wird, besteht seine Wirkung darin, eine Identität zu verstärken. Aber wenn eine Identität erst einmal übernommen wurde, lässt sie sich schwerer verändern als eine Meinung. Eine Identität aufzugeben, die uns in eine Gemeinschaft einbindet, die uns etwas bedeutet, hat einen Preis und ist schmerzhaft, und wir werden uns viele Gedanken machen, um das zu vermeiden. Je mehr Dinge medienaffine Leute sehen, die sie ermutigen, sich als Teil einer Gruppe zu fühlen, und je mehr sie öffentlich erklären – durch Teilen und Liken und Folgen und Abonnieren –, dass sie Teil einer Gruppe sind, desto tiefer reichen die Wurzeln dieser Identität und desto schwieriger wird es, die zugrunde liegenden Ansichten zu verändern.

Die andere Seite zur Kenntnis zu nehmen verändert nicht unsere Meinung, sondern vertieft unsere Gewissheit

Bei meinem Interview mit Obama hob er den Anteil der Medien an der Polarisierung besonders hervor. »Ich beobachte das nicht als Erster, aber da gibt es die Leute von Fox News und Rush Limbaugh, und dann gibt es die Leute von MSNBC und die – ich weiß nicht, in welche Kategorie Vox gehört, aber ich vermute, ihr seid die intellektuell-nerdigen Typen. Doch der springende Punkt ist, dass die Technologie, die die Welt zu uns bringt, uns auch erlaubt, unsere Sicht zu verengen.«* [9] Man kann das als die Echokammertheorie der Polarisierung bezeichnen: Wir haben uns selbst in einen Kokon eingesponnen, weil wir Informationen aufnehmen, die uns immer nur sagen, wie recht wir haben, und dadurch werden wir immer extremer.

* Mit dieser Beschreibung von Vox trifft es Obama ganz gut. »Intellektuell-nerdig« ist auch eine Identität, und wir versuchen, diese Identität mit unserer Marke und unserer Berichterstattung zu aktivieren. Wir tun das zum Teil deshalb, weil wir es für eine gute Identität halten, die gut zu gründlichem journalistischem Handwerk passt. Auf das Thema, dass wir uns auch entscheiden können, produktivere Identitäten zu aktivieren, komme ich später zurück.

Eingebettet in diese Geschichte ist eine optimistische Theorie: Die Menschen sind offen für Gegenargumente, aber sie hören nicht viele. Wir schauen MSNBC, wenn wir liberal eingestellt sind, Fox News, wenn wir konservativ sind, und CNN, wenn wir Menschen streiten sehen wollen. Facebook und Twitter versorgen uns mit den Nachrichten, die uns, wie sie gelernt haben, gefallen, das heißt mit den wütendsten Stimmen, mit denen wir bereits übereinstimmen; von der anderen Seite hören und sehen wir nichts, deshalb werden wir natürlich immer polarisierter. Diese Darstellung legt eine klare Lösung nahe: Würden wir bei den Informationen nur einmal die Seite wechseln, würden die Liberalen ein bisschen Fox schauen und die Konservativen ein bisschen Zeit mit Rachel Maddow von MSNBC verbringen, dann würden wir feststellen, dass die andere Seite sich gar nicht so sehr von uns unterscheidet, wie wir dachten, dass sie auch gute Argumente hat, und unsere Feindschaft und Polarisierung würden abebben.

Im Oktober 2017 beschloss eine Gruppe aus Politikwissenschaftlern und Soziologen, diese Theorie zu testen. In der größten jemals durchgeführten Studie dieser Art bekamen 1220 regelmäßige Twitter-Nutzer, die sich entweder als Demokraten oder als Republikaner bezeichneten, Geld dafür, dass sie einem Bot folgten, der Tweets von gewählten Vertretern, Persönlichkeiten aus den Medien und Meinungsführern der jeweils anderen Seite weiterleitete. Die Teilnehmer wurden regelmäßig nach ihren Ansichten zu zehn Themen befragt, von Zuwanderung über staatliche Verschwendung und Unternehmensgewinne bis zu Akzeptanz anderer Geschlechteridentitäten.

Die Forscher testeten zwei populäre Modelle im Vergleich. Nach dem einen »spricht viel Literatur dafür, dass Kontakt zwischen gegensätzlichen Gruppen Stereotype in Frage stellen kann, die sich ohne positive Interaktionen zwischen den Gruppen entwickeln können«. [10] Nach dem anderen Modell führt die Konfrontation mit solchen gegensätzlichen politischen Ansichten zu »verschärfter politischer Polarisierung«, weil es Ärger auslöst und nicht Nachdenken, wenn man von jemandem, den man nicht mag, gesagt bekommt, dass man unrecht hat.

In diesem Fall bekamen die Pessimisten recht. Das Ergebnis der monatelangen Konfrontation mit bekannten, einflussreichen Stimmen aus dem anderen Lager war, dass die themenbezogene Polarisierung zunahm. »Wir sehen, dass Republikaner, die einem liberalen Twitter-Bot folgten, danach deutlich konservativer waren«, schreiben die Autoren. »Demokraten zeigten einen leichten Zuwachs ihrer liberalen Einstellungen, nachdem sie einem konservativen Twitter-Bot gefolgt waren, allerdings waren die Effekte statistisch nicht signifikant.«

Der Unterschied zwischen den Reaktionen der Demokraten und der Republikaner ist interessant und verdient eine weitere Untersuchung. Aber die entscheidende Erkenntnis ist, dass weder die eine noch die andere Gruppe auf die Konfrontation mit den Ansichten der jeweils anderen Seite damit reagierte, dass sie ihre eigenen Ansichten mäßigte. In beiden Fällen verstärkte das Anhören entgegengesetzter Meinungen bei den Parteianhängern nicht nur die Überzeugung, dass sie richtiglagen, sondern polarisierte die politischen Positionen noch mehr – das heißt, die Republikaner wurden noch konservativer statt ein bisschen liberaler, und die Demokraten, soweit bei ihnen überhaupt etwas passierte, wurden noch etwas liberaler und nicht konservativer.

Ich habe mit Christopher Bail gesprochen, einem der Autoren der Studie und Leiter des Polarization Lab der Duke University. »Lange Zeit hat man angenommen, dass eine Chance für Mäßigung eröffnet wird, wenn man Menschen mit entgegengesetzten Ansichten konfrontiert«, sagte er. »Wenn ich in aller Bescheidenheit bitten könnte, sich eines vor Augen zu führen, dann dass das kein einfacher Prozess ist. Wenn Twitter seinen Algorithmus so optimiert, dass bei Ihrem Twitter-Feed ein Republikaner auf neun Demokraten dabei ist, dann trägt das nicht gerade zur Mäßigung bei.« [11]

Stellen Sie sich vor, Sie wären ein Liberaler, der durch Twitter browst, und würden auf einmal auf einen Tweet von Trump stoßen, in dem er »Sleepy Joe Biden« vorwirft, er werde Amerika zerstören. Dann denken Sie nicht, »hm, dieser Trump hat ein paar gute Argumente«. Sondern Sie kommen sofort mit einem Grund daher, warum er unrecht hat, oder sie tun ihn als Rüpel ab. Wenn Sie ein Konservativer sind und auf die Abgeordnete Alexandria Ocasio-Cortez stoßen, die gegen die korrupte, rassistische Agenda der Republikanischen Partei wettert, sind Sie wahrscheinlich verletzt und nicht überzeugt. In beiden Fällen ist es wahrscheinlich, dass die Konfrontation mit Angriffen der anderen Seite Abwehr auslöst, nicht Reflexion – identitätsschützender Denkfehler, erinnern Sie sich?

Es gibt Hinweise, dass das Angebot positiver, kollaborativer Interaktionen das Verständnis fördern kann. Aber in den politischen wie in den sozialen Medien ist wenig für positive Interaktionen mit der anderen Seite ausgelegt. Die meisten politischen Medien sind nicht einmal für Überzeugung ausgelegt. Manche schon – beispielsweise versucht Ross Douthat mit seiner Kolumne in der *New York Times* als Konservativer ein liberales Publikum zu erreichen –, aber aus all den Gründen, die wir diskutiert haben, richtet sich der Großteil der meinungsstarken politischen Medien an die Seite, die bereits mit dem Autor übereinstimmt, und die meisten gewählten Vertreter einer Partei wenden sich mit ihren Tweets an ihre Anhänger, die ihnen folgen und für sie Spenden sammeln, und nicht an ihre Kritiker, die all das nicht tun.

Ironischerweise begrenzt genau diese Dynamik die polarisierende Wirkung der meinungsstarken Medien, zumindest bei ihrem direkten Publikum. Nach Jahren, in denen sich die Menschen Sorgen über die polarisierenden Wirkungen des Kabelfernsehens gemacht haben, beschlossen Kevin Arceneaux und Martin Johnson, die Annahme unter einigermaßen realitätsnahen Bedingungen zu testen. In einer Reihe von Experimenten zwangen sie eine Gruppe, sich Nachrichten aus dem Kabelfernsehen anzuschauen, die entweder ihren Überzeugungen entsprachen oder nicht, und eine andere Gruppe konnte zwischen politischen Nachrichten und Unterhaltungsprogrammen wählen. [12]

Tatsächlich polarisierten sich die Menschen, die mit Nachrichten konfrontiert wurden, die ihren Ansichten entsprachen, noch stärker, und das Anschauen von Nachrichten, die nicht zu ihren Ansichten passten, bewirkte entweder nichts oder genau das Gegenteil. Aber wenn man den Versuchsteilnehmern die Fernbedienung in die Hand drückte und sie den Sender wechseln konnten, verschwand der Effekt vollkommen. Es zeigte sich, dass die Polarisierung dadurch ausgelöst wurde, dass man beeinflussbare Personen gezwungen hatte, sich politische Nachrichten anzuschauen, zu denen sie keine Lust hatten. Wenn man ihnen die Möglichkeit gab, nicht mitzumachen, rannte man offene Türen ein.

Bezeichnenderweise waren bei dieser Studie die Bedingungen für Nachrichten aus dem Kabelfernsehen besonders vorteilhaft: In dem Experiment kam ein Drittel bis die Hälfte aller Inhalte von politischen Sendern, während politische Inhalte in der realen Fernsehwelt nur einen sehr kleinen Teil der verfügbaren Inhalte ausmachen. Aber selbst diese geringe Auswahl ermöglichte den beeinflussbaren Personen, anderswohin abzuwandern – oder man kann auch sagen, zu fliehen. Arceneaux und Johnson folgerten: »Politische Nachrichtensendungen können bei Personen, die sie nicht sehen wollen, keinen direkten Einfluss haben.«

Ich nehme das nicht als Beweis, dass Nachrichten im Kabelfernsehen und andere Formen politischer und sozialer Medien nicht polarisieren; sie polarisieren selbst diejenigen, die die Sendungen und Tweets nicht sehen wollen. Viele von uns, auch ich, haben schon erlebt, dass ein älteres Familienmitglied in den Ruhestand geht und auf einmal scharf nach rechts rückt, wenn Fox News seine oder ihre Tage ausfüllt. Etliche Studien zeigen, dass Fox News den Anteil republikanischer Wählerstimmen vergrößerte, seit der Sender im ganzen Land zu empfangen ist; das spricht im Vergleich mit dem in den Zeiten vor Fox herrschenden Mediengleichgewicht für einen eindeutigen Überzeugungseffekt. [13] Aber diese Sender haben bescheidene Zuschauerzahlen. Der Schlüssel zu ihrem Einfluss ist, dass sie die richtigen Zuschauer haben. Ein polarisiertes Medienumfeld kann das Land durch seine Wirkung bei politischen Eliten und Parteiaktivisten polarisieren. Praktisch in jedem Büro im Kongress laufen die Nachrichten der Kabelsender. Politiker sind zunehmend süchtig nach Twitter, der Präsident ist da nur das prominenteste Beispiel.

Soweit sich die politischen Eliten in ihre eigenen, zunehmend polarisierten Nachrichtenkokons eingesponnen haben – und das haben sie tatsächlich –, verhalten sie sich polarisierter, und das wiederum polarisiert das System. Fox News hat die Republikanische Partei etliche Male zur Stilllegung der Regierungstätigkeit getrieben, und ein großer Teil von Trumps besonders verletzender Rhetorik stammt direkt von konservativen Medien, die ihn mit Verschwörungsideen füttern, aus denen er dann präsidiale Ankündigungen macht. Das Impeachment-Verfahren, das die Demokraten im Repräsentantenhaus gegen Trump anstrengten, geht darauf zurück, dass Trump eine Reihe gegen Joe Biden gerichteter Verschwörungstheorien glaubte, die Peter Schweizer, ein Journalist, der regelmäßig Beiträge für Breitbart lieferte, in die Welt gesetzt hatte und die dann von Fox News eifrig verbreitet wurden. [14] Die meisten Amerikaner hatten von Hunter Biden noch nie etwas gehört und schon gar nicht vage Andeutungen über ukrainische Staatsanwälte verfolgt. Aber dem Präsidenten reichte, was er erfuhr, und er warf das Gewicht seiner Administration in die Waagschale, um eine Untersuchung einzuleiten; damit setzte er eine Kette von Ereignissen in Gang, die die politische Geschichte Amerikas veränderten. Man braucht kein großes Publikum, wenn man das richtige Publikum hat.

Die Politik ist zuerst und vor allem von den Menschen getrieben, die ihr die meiste Aufmerksamkeit schenken und die meiste Macht haben – und diese Menschen entscheiden sich für außerordentlich polarisierte Medien. Dann schaffen sie das politische System, das sie sich vorstellen. Die übrige Bevölkerung muss daraufhin aus stärker polarisierten Optionen wählen, und das polarisiert wiederum sie – erinnern wir uns: Je größer der Unterschied zwischen den Parteien, desto wichtiger wird es sogar für die Uninteressierten, sich für eine Seite zu entscheiden.

Journalisten sind gegen diese Kräfte selten immun. Wir werden auch polarisierter und polarisieren mehr, wenn wir unsere Zeit in polarisierenden Umfeldern verbringen. Ich habe das bei mir selbst beobachtet, und ich habe es bei anderen beobachtet: Wenn wir auf Retweets schielen oder wenn unser wichtigstes Publikumsfeedback von Parteijunkies in den sozialen Medien stammt, verzerrt das schleichend, aber massiv unser Urteil über Nachrichten. Es verändert, über wen wir berichten und welchen Geschichten wir nachgehen. Und wenn wir auf stärker polarisierte Weise über Politik berichten, weil wir den Geschmack eines stärker polarisierten Publikums vorwegnehmen oder aufgesogen haben, dann erzeugen wir eine stärker polarisierte politische Realität.

Die Medien reflektieren nicht nur, sie erschaffen auch selbst etwas

Nachrichten sind eigentlich dazu gedacht, der Welt einen Spiegel vorzuhalten. Aber die Welt ist viel zu groß, um in unseren Spiegel zu passen. Die wesentliche Leistung, die die Medien Tag für Tag erbringen, besteht darin, dass sie entscheiden, worüber sie berichten – mit anderen Worten, sie entscheiden, was nachrichtenwürdig ist.

Und das ist das Dilemma: Wer entscheidet, worüber berichtet wird, hält den Nachrichten nicht nur einen Spiegel vor, sondern gestaltet sie. Journalisten werden von Beobachtern zu Akteuren. Unsere grundlegende Vorstellung von uns selbst wird aufgehoben. Und doch ist es die wichtigste Entscheidung, die wir treffen. Wenn wir entscheiden, mehr über Hillary Clintons E-Mails zu berichten als über ihre politischen Vorschläge – genau das haben wir gemacht –, dann tun wir so, als wären ihre E-Mails wichtiger als ihre politischen Vorschläge, damit die Öffentlichkeit ihren Charakter und ihre künftige Amtsführung versteht. Dadurch prägen wir nicht nur die Nachrichten, sondern auch die Wahl und damit das Land.

Ich stehe der Entscheidung, die meine Branche in diesem Fall getroffen hat, kritisch gegenüber, aber das Problem ist nicht zu vermeiden. Die Nachrichtenmedien sind nicht einfach ein weiterer Akteur in der Politik, sie sind eher der mächtigste Akteur in der Politik.* Sie sind die wichtigste Vermittlungsinstanz zwischen dem, was die Politiker tun, und dem, was die Öffentlichkeit weiß. Wir versuchen, aus dem Dilemma herauszukommen, indem wir die Entscheidungen, worüber wir berichten, konzeptuell an die Idee der Nachrichtenwürdigkeit outsourcen. Wenn wir einfach berichten, was nachrichtenwürdig ist, treffen nicht wir die Entscheidun-

* Von den Nachrichtenmedien als einer Einheit zu sprechen ist natürlich problematisch. Die *New York Times* und die *Baltimore Sun* und der *Washington Examiner,* NPR und Vox treffen ihre Entscheidungen dazu, worüber sie berichten, nicht als Kartell. Aber die Nachrichtenmedien zeigen so viel Herdenverhalten und reagieren so häufig auf ähnliche Anreize, dass man sie meines Erachtens durchaus genauso als Einheit behandeln kann wie »die Wall Street«, »das Silicon Valley« oder »Amerika«.

gen – das neutrale, externe Urteil über die Nachrichtenwürdigkeit trägt die Verantwortung. Dabei stellt sich nur das Problem, dass niemand, an keinem Ort der Welt, eine strikte Definition dafür hat, was nachrichtenwürdig bedeutet, und noch weniger eine Definition, an die man sich hält.

Ein einfaches Beispiel ist der Umgang mit der Rhetorik des Präsidenten und der Präsidentschaftskandidaten. Auf einer gewissen Ebene ist alles, was der Präsident oder ein aussichtsreicher Präsidentschaftskandidat sagt, nachrichtenwürdig. Und doch wird nur ein sehr kleiner Teil dessen, was Präsidentschaftskandidaten oder sogar Präsidenten sagen, als wichtige Nachricht behandelt.

Als Präsident Obama in einer Stahlfabrik in Ohio eine Rede über Industriepolitik hielt oder als Senator Marco Rubio bei einer Diskussion mit Bürgern in New Hampshire über die Kosten des höheren Bildungswesens sprach, hatten beide Mühe, die Aufmerksamkeit der Presse zu gewinnen. Trumps Auftritte hingegen übertragen die Kabelsender unterdessen regelmäßig live – und diese Art der Berichterstattung bekam er schon, bevor er Präsident wurde. Man kann sogar mit gutem Grund sagen, dass er es auf diese Weise schaffte, Präsident zu werden.

John Sides, Michael Tesler und Lynn Vavreck schreiben in ihrem Buch *Identity Crisis*, dass »vom 1. Mai 2015 bis zum 30. April 2016 Trumps mittlerer Anteil bei Erwähnungen in den Nachrichten 52 Prozent« betrug. 17 Republikaner bewarben sich um die Nominierung zum Präsidentschaftskandidaten, und über die Hälfte der gesamten Berichterstattung in den Medien entfiel auf Trump, die übrigen 16 Kandidaten teilten sich den Rest. [15]

Und es kommt noch schlimmer. »Auf Trump entfielen 78 Prozent der gesamten Berichterstattung auf CNN zwischen dem 24. August und dem 4. September 2015«, und bis November 2015 »wurde in den Abendnachrichten mehr über Trump berichtet – 234 Minuten – als über sämtliche demokratischen Kandidaten zusammengenommen. Ted Cruz bekam im Gegensatz dazu nur sieben Minuten Berichterstattung.« [16] Das war eine Entscheidung der Medien, und ich denke, im Rückblick dürften nicht viele diese Entscheidung verteidigen. Im Februar 2016 sagte beispielsweise der Direktor von CBS über die Kandidatur von Donald Trump und die Einschaltquoten, die damit erzielt wurden: »Es ist vielleicht nicht gut für Amerika, aber es ist verdammt gut für CBS. [...] Es ist schrecklich, das zu sagen, aber los, Donald. Mach weiter.« Ich vermute, heute würde er solche Kommentare nicht mehr abgeben.

Sides, Vavreck und Tesler argumentieren, angesichts chaotischer Vorwahlen mit vielen Bewerbern sei die Medienberichterstattung über Trump entscheidend für die Legitimierung seiner Kampagne gewesen. »Die republikanischen Wähler hatten kein klares Signal erhalten, wer der Spitzenreiter war oder sein sollte. Die daraus resultierende Unsicherheit bedeutete, dass das Signal von anderswo herkommen musste. Die Medien füllten mit ihrer Berichterstattung diese Lücke.« [17] Die Berichterstattung über Trump verhinderte auch, dass seine Konkurrenten mit ihren Botschaften durchdrangen.

Aber warum schenkten die Medien Trump so viel Aufmerksamkeit? Warum bekommt er immer noch so viel Aufmerksamkeit? Dass er damals in den Umfragen führte oder dass er heute der Präsident ist, reicht als Erklärung nicht aus. Trump bekam die Aufmerksamkeit schon, als er noch nicht in den Umfragen führte; über ihn wurde mehr berichtet als über andere führende Kandidaten in früheren Vorwahlen, und über ihn wird mehr berichtet als über frühere Präsidenten. Seinen weitschweifigen Monologen als Präsident, bei denen er es üblicherweise mit den Fakten nicht so genau nimmt und die auch mit den politischen Entscheidungen seiner eigenen Regierung wenig zu tun haben, widmen die Medien mehr Sendezeit als den gewissenhaften, faktenbasierten, die Politik erläuternden Reden seiner Vorgänger. Ich erinnere mich, dass die Bush- und die Obama-Administration die Presse baten, diese oder jene politische Ankündigung zu beachten. Aber wenn Trump einen Tweet mit Rechtschreibfehlern in die Welt schickt, in dem er auf Elizabeth Warren eindrischt, ist das im Kabelfernsehen für den Rest des Tages die beherrschende Meldung. Die Antwort lautet ganz einfach, dass Trump weiß, was nachrichtenwürdig wirklich bedeutet, und das zu seinem Vorteil ausnutzt.

In der Theorie ist nachrichtenwürdig ungefähr das Gleiche wie »wichtig«. Die wichtigste Geschichte ist am nachrichtenwürdigsten. Aber wenn das tatsächlich so wäre, würden die Titelseiten und die Nachrichtenshows der Kabelsender anders aussehen als heute: mehr Malaria, weniger Promis (inklusive Politprominenz). In der Praxis ist nachrichtenwürdig eine Kombination aus wichtig, neu, unerhört, konfliktträchtig, geheim und interessant.

»Medienwissenschaftler wissen seit jeher, dass die Nachrichtenwürdigkeit, wie die amerikanische Presse sie definiert, ganz und gar kein kohärentes System ist«, sagte mir Jay Rosen, Professor für Journalismus an der New York University. »Es ergibt keinen Sinn. Es ist einfach eine Liste von Faktoren, die gelegentlich zusammenkommen und Nachrichten produzieren. Dahinter steht keine wirkliche Logik, außer dass es eine Liste von Dingen ist, die etwas Neues ergeben können. Der Vorteil ist, dass die Redakteure maximalen Spielraum haben, um sagen zu können ›Das ist neu‹ und ›Das ist nicht neu‹, und damit sind Nachrichten das, was ein Journalist dazu erklärt.« [18]

Aber wir Journalisten wollen nicht entscheiden, was nachrichtenwürdig ist, weil wir nicht den Anschein erwecken wollen, wir würden die Politik so stark beeinflussen. Würden wir beispielsweise sagen, Meldungen aus der Bildungspolitik seien nur halb so nachrichtenwürdig wie Meldungen zur nationalen Sicherheit, wäre der Aufschrei enorm. Es kommt darauf an, die Tatsache zu verschleiern, dass die Entscheidungen, die getroffen werden, tatsächlich Entscheidungen sind. Am besten ist es, wenn die Nachrichtenwürdigkeit sich wie eine Eigenschaft anfühlt, die nicht mit dem journalistischen Urteil zu tun hat, als wäre sie ein Gewicht, das an jeder Geschichte hängt und mit dem passenden Instrumentarium gemessen werden kann.

Weil das so ist, sind Urteile über die Nachrichtenwürdigkeit oft ansteckend; nichts verschleiert die Tatsache, dass eine Entscheidung getroffen wird, so gut, als wenn alle es genauso machen. Deshalb ist ein Kürzel für die Nachrichtenwürdigkeit schon immer, ob andere Nachrichtenmedien über eine Geschichte berichten – wenn sie es tun, ist die Geschichte definitionsgemäß nachrichtenwürdig. In der modernen Zeit ist ein Kürzel für Nachrichtenwürdigkeit, ob eine Meldung sich in den sozialen Medien viral verbreitet. Wenn die Menschen bereits über eine Geschichte oder einen Tweet sprechen, sind sie nahezu per definitionem nachrichtenwürdig. In beiden Fällen dient die Präsenz anderer Medien und anderer Stimmen dazu, eine tautologische Festung zu errichten: Das, worüber alle berichten, ist nachrichtenwürdig, weil alle darüber berichten.

Diese Einstellung kann das Land in seltsame, ärgerliche Sackgassen führen. Ich erinnere mich, wie ich einmal aus einem Urlaub ohne Internet zurückkam und feststellte, dass alle politischen Medien sich über ein virales Video stritten, das zeigte, wie Schüler der Covington Catholic High School mit MAGA-Kappen (»Make America Great Again«) anscheinend auf Nathan Phillips losgingen, einen Ältesten aus der amerikanischen Urbevölkerung, der trommelte. In dem Originalvideo, das bei einer Protestkundgebung auf der National Mall aufgenommen worden war, sah es so aus, als würden die Teenager Phillips feixend verspotten und Bewegungen in seine Richtung machen, als würden sie mit einem Tomahawk zuschlagen. Ein längeres Video war nicht mehr so eindeutig, es enthielt Hinweise, dass die Teenager selbst zuvor von Mitgliedern der Splittergruppe der sogenannten Schwarzen Hebräer angegriffen worden waren. Schon bald waren die Medien voll von Kommentaren und Gegenkommentaren, und Präsident Trump persönlich schaltete sich ein. »Nick Sandmann und die Schüler von Covington sind zu Symbolen für Fake News geworden und wie schlimm sie sein können«, twitterte er. [19]

Als ich in diese Debatte stolperte ohne den Vorteil (oder Nachteil), die anfängliche Eskalation miterlebt zu haben, verblüffte mich, wie aufgebracht alle über etwas waren, was objektiv gar keine Rolle spielte. Wen interessierte schon eine unschöne – aber letztlich gewaltlose – Auseinandersetzung bei einer Protestveranstaltung, von der nur wenige wussten, dass sie überhaupt stattgefunden hatte? Was war daran nachrichtenwürdig? Die Antwort lautet, dass der Vorfall das ganze Wochenende über die sozialen Medien beherrscht hatte, und deshalb war er nachrichtenwürdig. Und warum hatte er die sozialen Medien beherrscht? Weil es sich um einen perfekten Zusammenprall politischer Identitäten handelte: Teenager mit MAGA-Kappen gegen einen friedlichen, trommelnden Ältesten der amerikanischen Ureinwohner. Liberale Nachrichtenmedien brachten das Land gegen konservative, christliche Kinder aus einer Konfessionsschule auf. Wie mein Kollege Zack Beauchamp schrieb, war das wie ein »magischer Schlüssel zu unserer zunehmend identitätsorientierten Politik«. [20] Und noch mehr als das, es war eine Demonstration, wie die Vorliebe der sozialen Medien für identitäre Konflikte die Medien auf identitäre Konflikte konditioniert, selbst wenn derartige Zusammenstöße auf beinahe schon absurde Weise seltsam sind.

Diese Dynamik beutet Trump, der sich meisterhaft darauf versteht, identitäre Konflikte in den sozialen Medien anzuzetteln, jeden Tag aufs Neue aus. Er nutzt Ungeheuerlichkeit, Anstößigkeit und Identitätshinweise als Waffen, um ein Ausmaß an medialer Aufmerksamkeit zu erlangen, das es in der modernen Zeit noch nicht gegeben hat. Er zeigt, dass man in einem von Konkurrenz geprägten medialen Umfeld – vor allem in einem Umfeld, das auf soziale Plattformen reagiert – die Medien beherrschen kann, wenn man Granaten in unsere tiefsten gesellschaftlichen Spaltungslinien wirft. Eröffnet man den Wahlkampf damit, dass man mexikanische Einwanderer als Vergewaltiger und Kriminelle bezeichnet, wird man zum Marktführer sowohl bei den Personen, die einen hassen, weil man deren Identität und Gruppe bedroht, wie auch bei den Personen, die schon sehnsüchtig auf jemanden gewartet haben, der eine goldene Rolltreppe heruntergefahren kommt und endlich für sie und ihre Überzeugungen eintritt. Einfach ausgedrückt: In einer Medienwelt, die von Identität und Leidenschaft beherrscht wird, haben identitäre Kandidaten, die besonders starke Leidenschaften entfachen, einen Vorteil. Leidenschaft kann man durch Inspiration entfachen, wie Obama es gemacht hat, oder durch Konflikt, wie Trump es macht. Nur langweilig darf man nicht sein.

Trump hat das verstanden und seinen Konkurrenten den medialen Sauerstoff entzogen, den sie gebraucht hätten, um ihren eigenen Botschaften Gehör zu verschaffen. Wie soll man Trump in den Umfragen schlagen, wenn man nicht zu Wort kommt? Am 7. Dezember 2015 wurde die erste Umfrage veröffentlicht, danach rangierte Trump in Iowa hinter Ted Cruz auf dem zweiten Platz. Später am selben Tag trat Trump auf die Bühne und verlas, ungewöhnlich für ihn, eine vorbereitete Erklärung: »Donald J. Trump ruft zu einem totalen und vollständigen Einreiseverbot für Muslime in die Vereinigten Staaten auf, bis die Vertreter unseres Landes wissen, was vorgeht.« Es war ein schockierender, verfassungswidriger Vorschlag – und Trump hatte damit die vollständige Kontrolle über die Berichterstattung der Medien, die sich sonst wohl auf die Kandidatur von Cruz und Trumps bröckelnde Zahlen konzentriert hätten.

Die Medien spiegeln nicht nur die Politik wider, die wir haben, sie gestalten und erschaffen sie sogar. So viel wird darüber gesprochen, was Trump auf Twitter verbreitet, aber die demographische Zusammensetzung seiner Wähler ist genau das Gegenteil der demographischen Zusammensetzung der Twitter-User. Twitter nutzen die Jungen, Trump hat vor allem die Stimmen der Alten bekommen. Was er auf Twitter schreibt, ist wichtig, weil er damit die Agenda für jedes politische Nachrichtenmedium im Land festsetzt. Aus den Medien beziehen die meisten Amerikaner ihre Informationen über Politik und Politiker, und wenn die Medien einseitig bestimmten politischen Geschichten und Personen zuneigen oder dorthin geschoben werden, dann wird auch das politische System in diese Richtung kippen.

Trump ist ein Produkt dieses Vorgangs, aber er ist damit nicht der Erste, und er wird nicht der Letzte sein. Die politischen Medien sind einseitig, allerdings weniger in Richtung der Linken oder der Rechten, sondern in Richtung von allem, was laut ist, unerhört, grell, was Begeisterung weckt und Konflikte schürt. Sie neigen einseitig den politischen Geschichten und Personen zu, die unsere Identitätsgefühle aktivieren, weil sie einseitig dem Teil des Landes zuneigen und von ihm abhängen, bei dem die politischen Identitätsgefühle besonders stark sind.

Ach, und jetzt noch etwas Lustiges: So sind auch alle anderen in der Politik.

KAPITEL 7

Wenn sich Wähler nicht mehr überzeugen lassen

Bevor Matthew Dowd, seit 2000 Direktor für Umfragen und Planung bei George W. Bush und dessen Chefstratege im Wahlkampf 2004, für Bush arbeitete, war er Wahlkampfberater bei den Demokraten gewesen. Er gehörte einer sehr seltenen Spezies an: ein Wähler, der sich überzeugen ließ. Vielleicht erkannte er deshalb, als er die Wahlergebnisse von 2000 gründlich studierte, dass er vom Aussterben bedroht war.

»So ziemlich als Erstes schaute ich mir nach 2000 an, wie die tatsächlichen Zahlen für die Republikaner und die tatsächlichen Zahlen für die Demokraten aussahen«, erinnerte er sich in einem langen Interview mit *Frontline* von PBS, »nicht nur, wie die abgestimmt hatten, die sich als Republikaner oder Demokraten bezeichneten, sondern auch Unabhängige, wie sie wirklich gewählt hatten, ob sie für alle auf unterschiedlichen Ebenen von der Partei aufgestellten Kandidaten gestimmt hatten oder nicht. Ich schaute mir das für das Jahr 2000 an, und dann schaute ich mir an, wie es bei den letzten fünf oder sechs Wahlen gewesen war.« [1]

Dowd stellte fest, dass der Anteil echter Unabhängiger – die Zahl der Menschen, die unentschieden waren und ihre Stimme genauso gut der einen oder der anderen Partei geben konnten – bei den letzten Wahlen eingebrochen war, nach seinen Berechnungen von rund 22 Prozent auf sieben Prozent. Die Implikationen fand er »ziemlich revolutionär, weil alle bisher immer behauptet hatten, die Wechselwähler seien ausschlaggebend«.

Als Dowd seine Tabelle betrachtete, wurde ihm klar, dass die Wahlkampfverantwortlichen bei Präsidentschaftswahlen mit einem völlig falschen Konzept an die Sache herangingen. Sie waren nämlich bisher davon ausgegangen, die Masse der Wähler sei offen dafür, sich überzeugen zu lassen, und hatten deshalb »80 Prozent unserer Ressourcen für Überzeugung und 20 Prozent für die Mobilisierung der Basis eingesetzt«. In Wahrheit hatten sich jedoch mittlerweile fast alle Wähler bereits entschieden. Man musste sie nicht mehr von einem Kandidaten überzeugen – genau genommen *konnte* man sie gar nicht mehr von einem Kandidaten überzeugen. Vielmehr galt es, diejenigen unter ihnen zu mobilisieren, die, wenn sie wählen gingen, für den eigenen Kandidaten stimmen würden. Diese Leute mussten sich in die Wählerverzeichnisse eintragen lassen, sie mussten wissen, in welchem Wahllokal sie abzustimmen hatten, sie mussten sich die Zeit nehmen, um zur Wahl zu gehen. Amerika ist nicht wie Australien, wo Wahlpflicht besteht. Bei uns herrscht nicht nur Freiwilligkeit, was das Wählen betrifft, sondern es ist an vielen Orten auch schwierig, deshalb braucht man, um den Wahlkampf zu gewinnen, nicht einfach nur Unterstützer, sondern motivierte Unterstützer.

2000 kandidierte Bush als »Einiger, nicht Spalter«. Ralph Nader als Kandidat einer dritten Partei erhielt unter anderem deshalb so viel Unterstützung, weil es ihm gelang, viele Amerikaner davon zu überzeugen, dass es auf das Gleiche hinauslief, ob man Bush oder Gore wählte. Die Geschichte widerlegte Nader in diesem Punkt gründlich, aber die Botschaft funktionierte, weil Bush und Gore ihr Augenmerk auf die zu überzeugende Mitte richteten, und das bedeutete, dass sie ihre rauen ideologischen Kanten abschliffen. Gore war ein neuer Demokrat, Bush ein empathischer Konservativer. Gore forderte eine verantwortungsvolle Fiskalpolitik und versprach, das Geld des Social Security Trust Fund, der Sozialversicherung, zusammenzuhalten. Bush kandidierte als Republikaner, der sich kümmerte, und versprach, die Kluft beim Schulerfolg von Schülern unterschiedlicher Hautfarben zu schließen.

Im Wahlkampf 2004, der in der polarisierten Atmosphäre nach dem Irakkrieg stattfand, ging es darum, die Unterschiede zwischen den Parteien schärfer herauszuarbeiten. Mark McKinnon, der als Medienstratege in Bushs Wahlkampfteam arbeitete, sagte *Frontline*: »Das erschien mir als politischem Berater ziemlich radikal, weil wir jahrelang immer über die beeinflussbaren Wähler der Mitte gesprochen hatten, alles hatte sich immer darum gedreht. Alles andere konnte man ignorieren. Alle Ressourcen flossen stets zu denen, die sich für uns gewinnen ließen.« [2] Das war nun vorbei. Jetzt musste man zwar immer noch die Wechselwähler gewinnen, aber oberste Priorität hatte die Mobilisierung der Basis. Diese Strategie, so Dowd, »hatte Einfluss auf alles, was wir taten. Sie beeinflusste, wie wir unsere Briefe formulierten, wie wir Telefongespräche führten, wie wir die Medien ansprachen, wie wir reisten, in welche Regionen der Präsident und der Vizepräsident reisten, wie wir uns organisierten, wo wir Mitarbeiter hatten.«

Demzufolge war im Jahr 2004 Bushs gesamter Wahlkampf – angesprochene Themen, geschaltete Werbespots, aktivierte Identitäten – darauf ausgerichtet, die Unterschiede zwischen Republikanern und Demokraten hervortreten zu lassen und diejenigen Wähler an die Urnen zu bringen, die für ihn stimmen würden. Bushs Botschaft im Jahr 2000 hatte gelautet, dass er ein Republikaner war, mit dem Demokraten gut leben konnten; seine Botschaft 2004 lautete, dass er ein Republikaner war, mit dem Republikaner sich großartig fühlen konnten. Es funktionierte. 2000 hatte Bush nach abgegebenen Wählerstimmen verloren (siegte aber, weil er die Mehrheit im Wahlmännerkollegium bekam), 2004 gewann er. Die Republikaner bauten ihre Mehrheit im Repräsentantenhaus und im Senat aus. Besonders aufschlussreich ist, dass sich zum ersten Mal in der Geschichte genauso viele Wähler als Republikaner bezeichneten wie als Demokraten, weil die Bemühungen von Bushs Wahlkampfteam, die Republikaner zu mobilisieren, Früchte getragen hatten. Die Strategie, auf die Mobilisierung der Basis zu setzen, war riskant gewesen, aber sie hatte sich ausgezahlt. »Gott sei Dank war es die richtige Entscheidung«, sagt Dowd.

Dass die Wahlkämpfe um das Präsidentenamt ihren Fokus hin zur Mobilisierung der Basis verschoben haben, wird durch eine Studie des Politikwissenschaftlers Costas Panagopoulos von der Northeastern University gestützt, die den amüsanten Titel trägt »All about that Base«. Im Rahmen des American National Election Survey werden Wähler seit 1956 gefragt, ob sie im Wahlkampf kontaktiert wurden. Panagopoulos erkannte, dass man aus den Antworten unterschiedliche Wählertypen herausfiltern und schauen konnte, ob in der Mehrzahl Unabhängige, schwache Parteianhänger oder starke Parteianhänger angesprochen wurden.

1956 gaben 20 Prozent der Unabhängigen und 17 Prozent der starken Parteianhänger an, im Wahlkampf kontaktiert worden zu sein. 2012, im letzten Jahr, für das Panagopoulos Daten vorlagen, gaben 32 Prozent der Unabhängigen und 45 Prozent der starken Parteianhänger an, etwas von einem Wahlkampfteam gehört zu haben. Bemerkenswerterweise fand Panagopoulos heraus, dass der Wendepunkt, an dem die Mobilisierung der Basis die politische Überzeugungsarbeit überholte, nicht das Jahr 2004 war, sondern das Jahr 2000 – in diesem Jahr nämlich kontaktierte das Wahlkampfteam von Bush 17 Prozent der Unabhängigen und 39 Prozent der starken republikanischen Parteianhänger. Wie auch immer, der Trend war klar: »Die Strategie der Präsidentschaftswahlkämpfe hat sich in der jüngsten Zeit geändert. Sie spiegelt jetzt eine stärkere Konzentration auf die Mobilisierung der Basis und geringere Bemühungen zur Überzeugung unabhängiger und unentschiedener Wähler sowie von Wechselwählern wider.« [3]

Wir haben einen grundlegenden Wandel bei unseren Wahlen

erlebt. Weil die Parteien sowohl demographisch wie ideologisch homogener wurden, wurde es immer schwerer und war es immer ungewöhnlicher, unentschieden zu bleiben. Es ist leicht, in der Mitte eines bunten Durcheinanders zu stehen, aber sehr viel schwerer, sich in der Mitte einer Schlucht zu behaupten. Eine stärker polarisierte Wählerschaft verändert die Strategien der Kandidaten. Die stärker polarisierten Strategien führen zu einer weiteren Polarisierung der Wählerschaft. Und so geht der Kreislauf immer weiter.

Die demokratischen Präsidenten vor und nach Bush sind in mancher Hinsicht sogar noch eindrücklichere Beispiele. Nachdem die Demokraten drei Präsidentschaftswahlen hintereinander verloren hatten, wollten sie 1992 unbedingt gewinnen und glaubten fest daran, dass Überzeugungsarbeit sie zurück an die Macht bringen müsste. Deshalb nominierten sie einen weißen Mann der Mitte aus den Südstaaten namens Bill Clinton, der versprach, die Sozialfürsorge zu reformieren und den Haushalt auszugleichen. Nach Bushs erfolgreichem Wahlkampf 2004 agierte die Demokratische Partei dann jedoch in einer Ära, in der die Mobilisierung der Basis angesagt war, und so nominierte sie 2008 jemanden, der Liberale begeisterte und die buntere demokratische Wählerkoalition widerspiegelte: einen jungen, charismatischen, liberalen afroamerikanischen Senator aus Chicago.

Bill Clinton war unter dem Gesichtspunkt der politischen Identität ein Kandidat, der die Wähler von zwei Seiten her ansprechen sollte: Er war Demokrat und konnte zum einen Demokraten über die Parteischiene und bestimmte politische Positionen erreichen, zum anderen Nichtdemokraten über regionale Herkunft, Hautfarbe, Geschlecht und seinen politischen Stil. Clinton forderte gern demonstrativ den linken Flügel der Partei heraus, signalisierte, dass er die Bedenken unentschiedener Wähler hinsichtlich besonders linker Stimmen und Ideen in der Partei kannte und teilte. Er versprach, »der Sozialfürsorge, wie wir sie kennen, ein Ende zu machen«, und sagte, »Abtreibungen sollten sicher, legal und die Ausnahme sein«. Obama hingegen war ein Kandidat für ein Zeitalter der übereinandergestapelten Identitäten: Seine Stärke lag nicht darin, Republikaner zu bekehren, sondern darin, in einem nie dagewesenen Ausmaß den Demokraten zugeneigte Wählerkreise zu mobilisieren.

Als Hillary Clinton 2016 für das Präsidentenamt kandidierte, machte sie einen Wahlkampf, der eher dem von Barak Obama glich als dem ihres Ehemannes. Soweit man das sagen kann, positionierte sie sich sogar links von Obama. Sie kam zwar nicht so leicht mit den jungen nichtweißen Wählern in Kontakt, denen Obama seinen Aufstieg verdankte, aber sie hatte viel zu sagen, was er nicht gesagt hatte, und versprach viel, was Obama die Wähler nur hatte vermuten lassen. Während Obama nur ungern über die Hautfarbe diskutierte und, wenn er es doch tat, sehr darauf bedacht war, die Ängste von Weißen aufzunehmen, diskutierte Hillary Clinton bereitwillig darüber und zielte mit ihren Kommentaren darauf ab, nichtweiße Wähler für sich zu gewinnen. »Um den systemischen Rassismus zu beenden, müssen wir alle unseren Beitrag leisten, vor allem diejenigen von uns, die ihn nicht selbst erfahren haben«, sagte sie und wurde damit zur ersten Kandidatin einer großen Partei, die den Begriff »systemischer Rassismus« in einer Rede verwendete. Während Obama in seiner ersten Amtszeit im Rahmen seiner Bemühungen, gemäßigte Anhänger für eine Reform der Zuwanderung zu gewinnen, für mehr Abschiebungen plädiert hatte, versprach Hillary Clinton, Immigranten ohne Papiere nicht abzuschieben, ausgenommen Gewalttäter und Terroristen, und positionierte sich damit deutlich links von Obama.

Ohne ein Urteil über die eine oder andere Seite zu fällen, lässt sich sagen, dass die Wahl zwischen der Partei von Hillary Clinton und der Partei von Donald Trump eine klarere war als die zwischen der Partei von Bill Clinton und der Partei von George H. W. Bush. Es lässt sich leichter sagen, ob man in Zeiten von Hillary Clinton mit den Demokraten übereinstimmte, als zu Zeiten von Bill Clinton. Und ebenso war es bei George W. Bush leichter zu sagen, wo man stand, als bei seinem Vater. Aber indem beide Parteien bestimmte Politikangebote machten, Unterschiede deutlich hervorhoben und Kandidaten auswählten, die eine polarisierte Wählerschaft mobilisieren sollten, polarisierten sie die Wählerschaft noch mehr. Klarere Stimmen bedeuten, dass es weniger unentschiedene Wähler gibt, die man überzeugen muss, und das wiederum verstärkt die Anreize, sich auf die Mobilisierung der Basis zu konzentrieren. Hier wie anderswo führt Polarisierung zu noch mehr Polarisierung; sie ist ein Schwungrad, kein Schalter.

Starke Parteianhänger, schwache Parteien und nicht funktionierende Vorwahlen

Dass die Zahl der Wähler abnimmt, die überzeugt werden müssen, klingt für die politischen Parteien wie eine gute Nachricht. Wie viel leichter ist es doch, sich auf die Masse der Wähler zu konzentrieren, die mit ihnen übereinstimmen – die bereits glauben, was sie glauben –, als auf die unübersichtliche Mitte. Doch auch die Parteien sind auf dem absteigenden Ast.

»Das definierende Merkmal unserer Zeit ist, dass die Parteien schwach sind und die Parteibindung stark«, schreibt die Politikwissenschaftlerin Julia Azari von der Marquette University. [4] Sie hat recht, und das ist eine der wichtigsten Erkenntnisse, um den Aufstieg von Trump, den Erfolg ideologisch extremerer Kandidaten und die zunehmende Anfälligkeit des amerikanischen Politiksystems für charismatische Demagogen zu verstehen. Zu Beginn dieses Buchs habe ich eine Frage gestellt: Wie konnte ein derart abnormaler Kandidat wie Trump die Vorwahlen der Republikaner gewinnen und am Ende einen so normalen Anteil der Wählerstimmen erringen? Schwache Parteien und starke Parteibindung sind die Antwort.

Trumps Sieg wäre in dem starken Parteiensystem, das wir vor 50 Jahren hatten, unmöglich gewesen. Angehörige der Eliten in der Republikanischen Partei betrachteten ihn mit Abscheu. Seine wichtigsten Gegner verbanden apokalyptische Befürchtungen mit ihm. Ted Cruz nannte Trump einen »pathologischen Lügner«, »durch und durch unmoralisch« und »narzisstisch in einem Ausmaß, wie es dieses Land wohl noch nicht erlebt hat«. Rick Perry sagte, Trumps Kandidatur sei »ein Krebsgeschwür im konservativen Lager, und es muss klar diagnostiziert, herausgeschnitten und beseitigt werden«. Rand Paul sagte über Trump, er sei »ein wahnhafter Narzisst und ein Schaumschläger mit einem orangeroten Gesicht. Jeder Schmutzfleck ist besser geeignet, Präsident zu sein.« Marco Rubio bezeichnete ihn als »gefährlich« und warnte, wir dürften »die Startcodes für die US-Atomwaffen nicht einem unberechenbaren Individuum in die Hand geben«.

Und dann hat jeder einzelne der genannten Republikaner Trump doch unterstützt. Ted Cruz empfahl den Amerikanern, für den pathologischen Lügner zu stimmen. Rick Perry drängte die Menschen, das Krebsgeschwür des konservativen Lagers zu wählen, und diente ihm als Energieminister. Rand Paul unterstützte den wahnhaften Narzissten. Marco Rubio machte Wahlkampf, um die Startcodes der Atomwaffen in die Hände eines unberechenbaren Individuums zu legen. Die Liste lässt sich fortsetzen. Paul Ryan, der republikanische Sprecher des Repräsentantenhauses, unterstützte Trump genauso wie Mitch McConnell, der Mehrheitsführer im Senat, und Reince Priebus, der Vorsitzende des Republican National Committee. Mike Pence, der Gouverneur von Indiana, bedauerte zusammen mit dem ehemaligen Bush-Berater Dan Senor, dass

Trump »inakzeptabel« sei – und wurde dann Vizepräsident an Trumps Seite. [5]

Mit solcher Unterstützung der Elite ist es nicht verwunderlich, dass Trump es schaffte, die den Republikanern zugeneigten Wähler hinter sich zu versammeln. Ob man als Republikaner Trump-Anhänger oder Cruz-Anhänger oder Ryan-Anhänger war oder einfach jemand, der Hillary Clinton nicht mochte, die Entscheidung war klar: Man stimmte für Trump. Trump ernannte republikanische Richter, verabschiedete republikanische Steuersenkungen, bekämpfte republikanische Gegner. Die Entscheidung für Trump sei »binär«, sagte Paul Ryan bei CNN: entweder Trump oder Clinton. Und Ryan wusste, für wen er war. »Wenn man alles betrachtet, überwiegt das Gute klar gegenüber den Dingen, denen ich nicht zustimme. […] Es gibt keine Kandidaten für Ämter, die all unsere Ansichten zu 100 Prozent widerspiegeln. So läuft es nicht.« [6]

Vor 50 Jahren hätten die Eliten der Republikanischen Partei Trump gestoppt, lange bevor die Entscheidung sich auf die binäre Wahl zwischen ihm und Hillary Clinton reduziert hätte. Bis in die siebziger Jahre wurden die Nominierungen der Partei von Funktionsträgern der Partei kontrolliert. Präsidentschaftskandidat konnte nur werden, wer die Delegierten beim Nominierungsparteitag hinter sich hatte. Das bedeutete, dass man die Parteibosse überzeugen musste, denen ihre eigene Macht mehr am Herzen lag als die Ideologie und für die vor allem zählte, dass sie mit der Person, die ins Amt kam, zusammenarbeiten konnten. Das Feilschen konnte heftig sein, vor allem dann, wenn es eine sogenannte Brokered Convention gab, also kein Kandidat mit einer Mehrheit der Delegierten im Rücken antrat: 1924 brauchten die demokratischen Delegierten mehr als hundert Wahlgänge, bis sie John W. Davis nominierten. Solchen offenen Nominierungsparteitagen verdanken wir das moderne Bild von den rauchgeschwängerten Hinterzimmern.

Seither sind beide Parteien dazu übergegangen, ihre Kandidaten für die Präsidentschaftswahlen in parteiinternen Vorwahlen zu nominieren, was bedeutet, dass ein Kandidat oder eine Kandidatin nicht mehr daran gemessen wird, ob er oder sie die Parteibosse für sich gewinnen kann, sondern ob es ihm oder ihr gelingt, die aktive Minderheit der Parteianhänger zu überzeugen, die bei Vorwahlen ihre Stimme abgeben (2016 beteiligten sich beispielsweise weniger als 30 Prozent der dazu berechtigten Wähler an den Vorwahlen – und das waren ungewöhnlich viele). Dadurch sind die Parteien schwächer geworden, die Parteianhänger stärker und das politische System Amerikas anfälliger für Demagogen.

Wie Steven Levitsky und Daniel Ziblatt in ihrem Buch *Wie Demokratien sterben* schreiben, ermöglicht die amerikanische Politik schon seit langem den Aufstieg demagogischer Showmänner mit einer starken Unterstützerbasis. Die Beschreibung trifft auf den antisemitischen Priester und Radiostar Father Coughlin genauso zu wie auf Henry Ford und Louisianas Gouverneur Huey Long. Doch obwohl 20 oder 30 Prozent der Bevölkerung sie liebten, hatten sie keine Chance, auf einem Nominierungsparteitag zu gewinnen:

> Andererseits erfüllte das Konventsystem seine Wächterrolle, indem es gefährliche Kandidaten systematisch aussiebte. Parteiinsider übernahmen eine Aufgabe, die Politologen »Peer Review« nannten, eine Begutachtung durch Experten des gleichen Fachgebiets. Bürgermeister, Senatoren und Abgeordnete des Repräsentantenhauses kannten die Kandidaten persönlich. Sie hatten jahrelang und unter verschiedenen Umständen mit ihnen zusammengearbeitet und waren daher in der Lage, ihren Charakter, ihr Urteilsvermögen und ihre Fähigkeit, unter Stress zu handeln, einzuschätzen. Die rauchgeschwängerten Hinterzimmer dienten als Prüfzentren, in denen Demagogen und Extremisten, wie sie anderswo auf der Welt die Demokratie aus den

Fugen geraten ließen, aussortiert wurden. Die amerikanischen Parteien schotteten sich derart ab, dass Außenseiter einfach nicht zum Zuge kamen. Deshalb versuchten es die meisten erst gar nicht. [7]

Heute führt jedoch der Weg zur Nominierung über Vorwahlen und Caucuses*, und beide Formen begünstigen Kandidaten mit aktiven Anhängern, selbst wenn es nicht die Kandidaten mit dem breitesten Rückhalt sind. Schließlich kann man einen Caucus an einem regnerischen, kalten Abend im Januar nur gewinnen, wenn man Unterstützer hat, die bereit sind, in die Nässe hinauszugehen und Stunden bei einer Caucus-Versammlung zu verbringen. Wir sind von einem System, das Kandidaten auswählte, die bei den Parteifunktionären breiten Anklang fanden, zu einem System gewechselt, bei dem sich die Kandidaten durchsetzen, die von der Wählerbasis verehrt werden. Anders formuliert: Weder Donald Trump noch Bernie Sanders hätten bei den Vorwahlen 1956 die geringste Chance gehabt, aber der eine hat bei den Vorwahlen 2016 gewonnen und der andere fast.

Durch diesen Wandel zieht sich wie ein roter Faden eine merkwürdige Tatsache, die das politische Leben in Amerika prägt: Wir halten es für nicht legitim, wenn Parteifunktionäre Einfluss auf die Nominierungsprozesse der Parteien nehmen. Das ist sehr deutlich an der Auseinandersetzung um die demokratischen »Superdelegierten« abzulesen. 2016 waren rund 85 Prozent der Delegierten auf dem Nominierungsparteitag der Demokraten normale Delegierte und damit an die Ergebnisse der Vorwahlen und Caucuses

* A. d. Ü.: Versammlung der Mitglieder und Anhänger einer Partei oder politischen Gruppierung, häufig zur Vorwahl eines Kandidaten für hohe politische Ämter. Bekannt sind insbesondere die so bezeichneten Versammlungen, in denen innerhalb einzelner Bundesstaaten der USA die Kandidaten für das Präsidentenamt parteiintern bestimmt werden.

gebunden; rund 15 Prozent waren aber sogenannte Superdelegierte, die so abstimmen konnten, wie sie wollten. Dazu zählten gewählte Amtsträger und andere hochrangige Parteifunktionäre, und auf sie konzentrierten sich die Anhänger von Bernie Sanders, die befürchteten, diese Superdelegierten könnten Clinton die Nominierung in den Schoß werfen, selbst wenn Sanders in den meisten Vorwahlen und Caucuses den Sieg davontragen sollte.

Theoretisch war das einleuchtend. In New Hampshire gewann Sanders die Vorwahlen mit mehr als 20 Prozentpunkten Vorsprung, was ihm 15 der regulären Delegierten des Bundesstaats einbrachte gegenüber neun für Hillary Clinton. Aber New Hampshire hatte außerdem acht Superdelegierte, von denen sich sechs für Clinton aussprachen, bevor die Vorwahl überhaupt stattgefunden hatte, und das bedeutete, dass Clinton aus den Vorwahlen mit weniger Wählerstimmen, aber Gleichstand bei den Delegiertenstimmen hervorging. Letzten Endes spielte es keine Rolle, weil Hillary Clinton bundesweit mehr Wählerstimmen in den Vorwahlen und mehr reguläre Delegierte gewann als Sanders, aber Sanders' Anhänger empörte, dass es die Superdelegierten überhaupt gab. Es erschien gemein und undemokratisch, dass womöglich eine Handvoll Parteifunktionäre der Zweitplatzierten in den Vorwahlen die Nominierung zuschanzen könnte. Das Democratic National Committee hörte den Aufschrei und änderte 2018 die Regeln: Seither dürfen im ersten Wahlgang zur Nominierung nur normale Delegierte abstimmen.

Man könnte das nach einer Wahl, in der aufseiten der Republikaner die Schwäche der Elite zur Nominierung Trumps geführt hatte, für eine seltsame Wende halten. Hatte dieser Vorgang denn nicht die Regel bewiesen, dass den Parteifunktionären die Aufgabe zukam, unqualifizierte Demagogen zu stoppen, selbst wenn es ihnen gelang, ein paar Vorwahlen zu gewinnen? Doch die Wahrheit ist die: Selbst wenn Parteifunktionäre die Macht hätten, als Kontrollinstanz gegenüber dem Willen der Basis zu wirken, so wären sie doch nicht mehr von den Wählern legitimiert, diese Macht einzusetzen: Die daraufhin folgende Gegenreaktion würde die Partei spalten. Die Parteien sind nicht schwach, weil die Regeln sich geändert haben, sondern die Regeln wurden verändert, weil die Parteien schwach sind.

Was für die Nominierung der Präsidentschaftskandidaten gilt, gilt auch für die Nominierung der Kandidaten für den Kongress. Ideologische Auseinandersetzungen in den Vorwahlen sind in den letzten Jahrzehnten häufiger geworden, besonders in der Republikanischen Partei. Der Politikwissenschaftler Robert Boatright von der Clark University stellte fest, dass der Anteil von Auseinandersetzungen in den Vorwahlen, die sich darum drehten, dass der Amtsinhaber als nicht konservativ genug angesehen wurde, von weniger als 25 Prozent in den siebziger Jahren auf mehr als 40 Prozent seit 2010 angestiegen ist; bei den Demokraten haben solche Auseinandersetzungen von etwas unter zehn Prozent auf etwas über zehn Prozent zugenommen (Auseinandersetzungen in den Vorwahlen der Demokratischen Partei drehen sich eher um die soziale Identität als um ideologische Fragen). [8]

Zwar ist es weiterhin selten, dass Amtsinhaber in den Vorwahlen einem Gegenkandidaten unterliegen, allerdings kommt es oft genug vor – und durchaus auch bei genügend prominenten Politikern –, als dass Kongressmitglieder sich ihrer Sache sicher sein könnten. Jeder Republikaner weiß, dass ihn das Schicksal des ehemaligen Mehrheitsführers im Repräsentantenhaus, Eric Cantor, ereilen kann, den der konservative Herausforderer Dave Brat mit einem schockierenden Überraschungserfolg besiegte. Und jeder Demokrat ist sich im Klaren, dass es ihm ergehen kann wie dem ehemaligen Abgeordneten Joe Crowley, der schon als künftiger Sprecher des Repräsentantenhauses gehandelt wurde, bis Alexandria Ocasio-Cortez seine Karriere beendete.

All das hat die Macht der Parteieliten ausgehöhlt und die Macht der Wähler, die sich an den Vorwahlen beteiligen, vergrößert, und diese Wähler sind eine sehr viel stärker polarisierte Gruppe als die Wähler, die bei der endgültigen Wahl abstimmen. Darüber hinaus hat es viele Kongressmitglieder, die überwiegend sichere Sitze innehaben, gezwungen, stärker auf Polarisierung zu setzen, um ihr Mandat auch weiterhin zu behalten. Natürlich ist politische Sicherheit eine Ressource, die man zumindest teilweise kaufen kann, sofern man das nötige Geld aufbringt. Und Geld ist ein weiterer Punkt, der dazu führt, dass die Parteien schwächer werden und die Parteianhänger stärker und dass polarisierende Kandidaten profitieren.

Institutionelle Spender korrumpieren, kleine Spender polarisieren

Am 9. September 2009 berief Präsident Obama eine gemeinsame Sitzung des Kongresses ein, bei der er eine seltene, landesweit im Fernsehen übertragene Rede vor beiden Kammern über das Gesundheitswesen halten wollte. Diese Rede, die zu einem Zeitpunkt gehalten wurde, als Gefahr für den Affordable Care Act bestand, ist heute weitgehend vergessen. Doch ein Vorfall in diesem Zusammenhang ist in die politischen Annalen dieser Ära eingegangen. Obama verteidigte seinen Plan und versuchte, die Verfälschungen geradezurücken, die sich in die landesweite Diskussion eingeschlichen hatten. »Manche behaupten auch, zu unserer Reformbemühung gehöre die Versicherung illegaler Immigranten«, sagte er. »Auch das ist falsch – die Reformen, die ich vorschlage, werden nicht für Menschen gelten, die illegal hier sind.« Einer der Zuhörer, der Kongressabgeordnete Joe Wilson, ein Republikaner aus South Carolina, konnte sich nicht zurückhalten. »Sie lügen!«, schrie er.

Obama hatte nicht gelogen. Der Wortlaut des Gesetzestexts schloss Immigranten ohne Papiere von Leistungen aus. Aber es war Wilsons Verstoß gegen die Etikette, nicht seine eher banale Verdrehung der Wahrheit, die sogar seine Kollegen verblüffte. »Absolut respektlos«, kommentierte Senator John McCain, der erst wenige Monate zuvor die Wahl gegen Obama verloren hatte. Die republikanische Führung drängte Wilson, sich zu entschuldigen, was dieser in gewisser Weise dann auch tat. »Ich wurde von meinen Gefühlen übermannt, als ich den Ausführungen des Präsidenten hinsichtlich der Absicherung illegaler Immigranten in dem Gesetzentwurf zur Gesundheitsreform zuhörte«, sagte er in einer Erklärung. Die Republikanische Partei war zwar nicht glücklich mit Wilsons Ausbruch, die republikanischen Wähler aber durchaus. Innerhalb weniger Wochen sammelte Wilson fast zwei Millionen Dollar von Konservativen ein, die er mit seinen Worten begeistert hatte – und wurde über Nacht von einem Hinterbänkler im Repräsentantenhaus zu einem Star in der Grand Old Party. Nicht nur, dass er Geld bekam, andere Republikaner baten ihn sogar, ihnen beim Einsammeln von Spenden zu helfen. »Ich habe Hunderte von Einladungen erhalten«, erzählte er. »Dutzende Mitglieder des Kongresses haben mich gebeten, in ihren Wahlbezirken aufzutreten. [Die republikanische Abgeordnete] Michele Bachmann sagte zu mir: ›Joe, in Minnesota bist du ein Held.‹« [9]

Indem Wilson ein Held für die Anhänger von Michele Bachmann geworden war, war er zu einem Bösewicht für die Anhänger Obamas geworden. Sein demokratischer Gegner in den bevorstehenden Senatswahlen von 2010, Rob Miller, begann ebenfalls, Wilsons Bekanntheit beim Spendensammeln zu nutzen. »Er sollte auf eine Entschuldigungstour gehen«, sagte er über Wilson, der sich nach dem Vorfall zu einer Danksagetour aufgemacht hatte. »Er sollte sich bei jedem Lehrer, jedem Vollzugsbeamten, jedem Mann, jeder Frau und jedem Kind in South Carolina entschuldigen, dass er dem Präsidenten gegenüber so respektlos gewesen ist.« Miller zog mit diesem Argument durch das Land und sammelte in den Wochen, nachdem sich Wilsons Ausfall viral verbreitet hatte, stolze 1,5 Millionen Dollar ein. »Das Spiel hat sich gedreht«, sagte er über seine Ausbeute. »Der Wahlkampf hat sich gedreht.« [10] Wilson und Miller sammelten weiter Spenden und gaben in dem Jahr mehr als doppelt so viel für ihren Wahlkampf aus wie andere Kandidaten in South Carolina, wobei das meiste von Spendern außerhalb des Bundesstaats stammte. (Trotzdem siegte Wilson mit ungefähr dem gleichen Abstand wie 2008.)

Die Affäre um Wilson enthielt eine wichtige Lektion, aber die hatte nichts mit dem Gesundheitswesen zu tun. Sie hatte mit Geld zu tun und damit, wie der Trend hochgradig ideologischer Kleinspender zur Bildung nationaler Netzwerke nicht nur die Wahlkampffinanzierung verändert, sondern auch die Art und Weise, wie die Kandidaten um dieses Geld konkurrieren.

Raymond La Raja und Brian Schaffner argumentieren in ihren Buch *Campaign Finance and Political Polarization,* Vorschriften würden das Geld nicht aus der Politik heraushalten, sondern vielmehr dafür sorgen, dass es durch andere Kanäle in die Politik fließe. Werden Grenzen für Spenden an politische Parteien festgesetzt, spenden die Menschen eben an die Kandidaten. Begrenzt man die Spenden an Kandidaten, dann spenden die Menschen eben an Super-PACs (politische Aktionskomitees, die Geld für den Wahlkampf eines Kandidaten sammeln). Das bedeutet, dass wir aus den unterschiedlichen Regelungen der verschiedenen Staaten ein bisschen mehr darüber erfahren können, wie unterschiedliche Regeln für das Einwerben von Spenden die Politik verändern. Insbesondere können wir Staaten, in denen die Parteien viel Geld einsammeln und an Kandidaten verteilen, mit solchen vergleichen, in denen die Kandidaten sich selbst das Geld für ihren Wahlkampf beschaffen müssen. Also trugen La Raja und Schaffner für den

Zeitraum von 1990 bis 2010 Daten für alle 50 Bundesstaaten zusammen und untersuchten, wie sich Beschränkungen bei Parteispenden auf die Polarisierung auswirkten.

Ihr Fazit fiel eindeutig aus: Je mächtiger die Parteien waren, desto weniger Polarisierung zeigten die Parlamente in den jeweiligen Bundesstaaten. Abgesehen davon, dass dies in den meisten Fällen zutraf, war es in jenen Staaten, in denen es am meisten auf Geld ankam, am stärksten ausgeprägt. Bei den 36 »professionellen« Parlamenten – das heißt in den Staaten, in denen »Abgeordneter« ein echter, bezahlter Job ist – verglichen La Raja und Schaffner solche, die zwischen 1997 und 2007 eine Obergrenze für Parteispenden festgesetzt hatten, mit denen, die keine Obergrenze hatten. »Die Zunahme der Polarisierung war in den 28 Parlamenten, die Beiträge an Parteien begrenzten, beinahe dreimal so groß wie in den acht Parlamenten, die Spenden in unbegrenzter Höhe zuließen«, schreiben sie. [11]

Ich bezweifle, dass Gesetze zur Wahlkampffinanzierung diese Ergebnisse vollständig erklären, aber trotzdem ist es ein aufschlussreicher Befund – und relevant für die Bundespolitik, in der seit dem McCain-Feingold Act von 2002 die Höhe von Privatspenden an Kandidaten stark begrenzt ist. Nach dem Gesamtbild, wie La Raja und Schaffner es zeichnen, wollen die Parteien gewinnen und unterstützen deshalb eher moderate Kandidaten. Doch es kann auch noch weiter gehen: Stärker ideologisch ausgerichtete Aktivisten werfen den Parteiorganisationen vor, Mäßigung auch dann hochzuhalten, wenn sie keinen Einfluss auf die Wahlchancen eines Kandidaten hat, und die Daten sprechen zugunsten dieser Einschätzung: Untersuchungen des Politikwissenschaftlers Hans Hassell von der Florida State University haben gezeigt, dass Parteinetzwerke auch dann eher gemäßigte Kandidaten unterstützten, wenn es um relativ sichere Sitze ging. [12] Wie immer auch deine Beweggründe aussehen – bist du ein Kandidat in einem Bundesstaat, in dem die Partei das Geld kontrolliert, und willst deinen Wahlkampf finanzieren, hast du einen Anreiz, deine Partei davon zu überzeugen, dass du gewinnen kannst, was häufig bedeutet, sie davon zu überzeugen, dass du ideologisch und von deinem Temperament her eine gemäßigte Position einnimmst.

Muss ein Kandidat sein Geld dagegen selbst beschaffen, sieht das ganz anders aus. Die meisten Menschen und ebenso die meisten Gruppen spenden nicht an Politiker. Diejenigen, die Geld geben, sind erwartungsgemäß entweder stärker polarisiert, stärker mit einer Partei verbunden, oder sie wollen etwas. Solche Menschen motiviert man entsprechend entweder durch Inspiration, Empörung oder ein Geschäft. Anders ausgedrückt: Diese Menschen erreicht man über Ideologie, Identität oder Bestechung.

La Raja und Schaffner unterschieden zwischen »Pragmatikern« und »Puristen«. Die Politik, so sagen sie, sei ein Kampf zwischen Pragmatikern, »denen es in erster Linie darum geht, an der Macht zu bleiben«, und Puristen, »die konkrete politische Entscheidungen einfordern« und denen es vor allem darum gehe, dass ihre Anliegen umgesetzt würden. Entzieht man den Parteien das Geld, stärkt man die Puristen und schwächt die Pragmatiker.

Ich denke, dass in dieser Typologie die machtvolle Rolle fehlt, die politische Identität und negative Parteibindung spielen. Hier wie anderswo geht es bei politischen Auseinandersetzungen nicht einfach nur um politische Entscheidungen und auch nicht einfach nur um Macht. Es geht um Gruppenkonflikte. Das ist, um es mal klar zu sagen, etwas ganz anderes, als wenn es ums Gewinnen ginge. Wenn es ums Gewinnen ginge, würden die Menschen bei den besonders engen Rennen spenden, und zwar auf der Grundlage von Expertenaussagen darüber, welche Sitze von einer Partei zur anderen wechseln könnten. Die Menschen spenden aber oft für jene Rennen, die ideologisch besonders aufgeladen sind, und zwar unabhängig von den Erfolgsaussichten (sehen wir uns nur an, welche Beträge Demokraten für das Rennen um den Senatssitz von Texas 2018 spendeten; ihr Abscheu gegenüber Ted Cruz mobilisierte mehr Geld, als in anderen Konstellationen floss, und stach die Verlockung, mehr Wahlen gegen weniger gehasste Amtsinhaber zu gewinnen, bei weitem aus). Wilson bekam seine Millionen nicht deshalb zusammen, weil er die klarere politische Agenda hatte oder weil er einen »swing seat«, einen stark umkämpften Sitz, innehatte, den er nur einem knappen Vorsprung verdankte. Er bekam das Geld, weil die Konservativen Obama hassten und in Wilson kurzfristig ihren Champion sahen, ganz unabhängig davon, wo im Land sie lebten.

Hierin liegt ein weiterer Unterschied zwischen parteizentriertem und kandidatenzentriertem Spendensammeln. Die Parteien wissen, wer wo für ein Amt kandidiert. Sie bezahlen eine Phalanx von Mitarbeitern, die untersuchen, welche Wahlbezirke verwundbar sind, welche Kandidaten etwas draufhaben, welche Hautfarbe Geld bekommen sollte. Die Wähler aber haben keine Vollzeitmitarbeiter, die sechs Tage in der Woche die Dossiers der Kandidaten durchkämmen. Deshalb müssen Kandidaten, die viel Geld von Einzelpersonen einwerben wollen, sich diesen irgendwie bekannt machen. Das kann gelingen, wenn man ein politisches Ausnahmetalent ist wie Barack Obama, als er 2004 für den Senat kandidierte. Man kann auch gegen jemanden antreten, den die eigene Partei richtig hasst, so wie O'Rourke gegen Ted Cruz. Oder man kann eine Kontroverse vom Zaun brechen, die dafür sorgt, dass man im Zentrum eines landesweiten Aufruhrs steht, wie es Wilson getan hat. Man kann es auch durch maximale Aufmerksamkeit in den sozialen Medien erreichen, wie es Alexandria Ocasio-Cortez macht, oder indem man sich andauernd in den Nachrichten interviewen lässt, wofür Senator Chuck Schumer in New York berühmt war. Oder man beschafft sich Listen ehemaliger Parteispender und schickt ihnen Bettelbriefe per E-Mail oder ruft sie persönlich an, um ihre Aufmerksamkeit zu wecken. Doch egal wie, man muss auffallen. Man muss beachtet werden, die eigenen Tweets müssen weitergeleitet werden, man muss eingeladen werden. Und im Allgemeinen wird beachtet, wer laut ist. Wer extrem ist. Wer die Konfrontation sucht. Moderate, versöhnliche, abwägende Kandidaten finden eher weniger Beachtung.

Zu den politischen Trends kommen hier noch technologische hinzu. Ich war im Vorfeld der Präsidentschaftswahl 2004 Praktikant im Wahlkampfteam von Howard Dean, das als Erstes das Internet nutzte, um Unterstützer zu suchen, zu organisieren und zur Finanzierung des Wahlkampfs heranzuziehen. Damals blickte ich verblüfft wie alle anderen auf das große rote Thermometer, das anzeigte, wie viel Geld aus privaten Spenden eingegangen war, und das noch vor Ablauf des dritten Quartals bei fast 15 Millionen Dollar stand. Das hatte zuvor noch niemand geschafft. Und zwar deshalb, weil es nicht zu schaffen war. Bevor es E-Mails gab – das war vor der Revolution durch die sozialen Medien, und, ja, ich fühle mich alt –, war es sehr teuer, im Wahlkampf direkt mit Unterstützern zu kommunizieren, selbst wenn man sie hatte, und es war schwierig für Unterstützer, für den Wahlkampf eines bestimmten Kandidaten zu spenden, selbst wenn sie es wollten. Das Verschicken von Millionen Briefen kostet eine Menge Geld, und außerdem ist dieser Weg zu langsam, um davon zu profitieren, wenn ein Ereignis im Nachrichtenkreislauf kurzfristig Wellen schlägt. Digitale Instrumente dagegen sind ohne Zeitverzug einsetzbar und beinahe kostenlos. Man kann Unterstützer dauernd anpingen, ihnen auf den Fersen bleiben, sie miteinander in Kontakt bringen und so ihre Verbindung mit einem bestimmten Kandidaten stärken.

Was waren wir damals idealistisch angesichts der Möglichkeiten! Deans Wahlkampfmanager Joe Trippi veröffentlichte ein Memoire / Manifest mit dem Titel *The Revolution Will Not Be Televised.* Untertitel: *Democracy, the Internet, and the Overthrow of*

Everything, was damals eher hoffnungsvoll und nicht so düster klang. »Das war nichts Geringeres als der erste Schuss in Amerikas zweiter Revolution«, schrieb Trippi, »nichts Geringeres als der erste Schritt, den die Menschen unternahmen, um sich ein System zurückzuholen, das schon lange vergessen hatte, dass sie existierten.« [13] Die Demokratie der vielen kleinen Spender würde uns retten! Sie würde die Korruption aus der Politik vertreiben, neuen Bewerbern ermöglichen zu kandidieren und zu gewinnen, Wähler mobilisieren, die man bisher zugunsten von Spendern mit tieferen Taschen vernachlässigt hatte. Es war aufregend. Und teilweise stimmte es sogar.

Aber wir sahen die Kehrseite nicht klar genug. Howard Dean, der wenig bekannte Gouverneur aus Vermont, elektrisierte den Wahlkampf, weil er bereit war zu sagen, was zu viele führende Demokraten nicht sagen wollten: Der Irakkrieg war ein Fehler, und die Präsidentschaft von George W. Bush war ein Desaster. Er hatte recht. Auch spätere Kandidaten sollten, genau wie er, feststellen, dass man enorme Summen Geld auftreiben und große Menschenmengen begeistern konnte, wenn man Dinge sagte, die nach dem Wunsch von Millionen Amerikanern ausgesprochen werden sollten, auch wenn die Parteien nicht wollten, dass ihre Führungspersonen sie sagten. Das ist ein echter Wert. Aber über diese Kanäle können sich rassistische Lügen und fremdenfeindliche Demagogie genauso leicht verbreiten wie überfällige Wahrheiten. Der Sturz von allem, in der Tat.

Mit der Weiterentwicklung dieser Instrumente, Regeln, Trends und Technologien explodierten auch die Bemühungen um Spenden kleiner Geldgeber. Die Politikwissenschaftler Karen Sebold und Andrew Dowdle haben sich die Zuwendungen kleiner Spender für Präsidentschaftswahlkampagnen in dem alles entscheidenden Jahr vor den Vorwahlen angeschaut. Das ist ein kritischer Zeitraum für die Kampagnen, die Unterstützung mobilisieren wollen, und liegt noch vor dem Zeitraum, in dem die Presse und die meisten Wähler dem Thema Präsidentschaftswahl Aufmerksamkeit schenken. Sebold und Dowdle stellten fest, dass sich »die Gesamtzahl kleiner Spenden von 55 000 im Jahr 2000 auf über 566 000 im Jahr 2016« erhöht hatte, ein Anstieg um mehr als das Zehnfache. [14] Weil es leichter geworden ist, Wahlkämpfe mit Hilfe von Einzelspenden zu finanzieren, tun das inzwischen immer mehr Kandidaten. Allerdings hat sich dadurch auch das Profil der Kandidaten verändert, die in den Vorwahlen erfolgreich sind.

2016 brach Bernie Sanders bei den Zuwendungen kleiner Einzelspender alle Rekorde: Er sammelte über 130 Millionen Dollar von kleinen Geldgebern ein und ließ damit Hillary Clinton und Martin O'Malley weit hinter sich. Auf republikanischer Seite profitierte Donald Trump stark von kleinen Spenden [15] und schlug in finanzieller Hinsicht John McCain und Mitt Romney bereits Monate vor der Wahl. Ich halte Trump und Sanders nicht für moralisch gleichwertige Politiker, aber beide verkörpern den rückläufigen Einfluss der politischen Parteien.

Die Nationalisierung der Politik ist zugleich Ursache und Folge dieser Trends. Wie Daniel Hopkins in seinem Buch *The Increasingly United States: How and Why American Political Behavior Nationalized* schreibt, ist der Anteil einzeln aufgeführter Spenden – das heißt von Zuwendungen über 200 Dollar, die der Bundeswahlkommission gemeldet werden müssen – an Personen, die in einem Bundesstaat für ein politisches Amt kandidieren, von zwei Dritteln im Jahr 1990 auf ein Drittel im Jahr 2012 gefallen. Das ist ein starker Einbruch, aber er ist nachvollziehbar. Weil sich die politischen Medien immer stärker landesweit ausrichten statt lokal, erfahren wir mehr über landesweite Kandidaten. Hopkins stellt bezeichnenderweise fest, dass die Zahl der Amerikaner, die den Namen ihres Gouverneurs angeben können, abnimmt, während die Zahl derjenigen, die den Namen des Vizepräsidenten kennen, unverändert bleibt. Er stellt auch fest, dass auf die Frage, welchen Politiker sie am meisten ablehnen, nur 15 Prozent der Befragten jemanden in ihrem eigenen Bundesstaat nennen. Und wir alle wissen, dass die Wahlbeteiligung bei Präsidentschaftswahlen sehr viel höher ist als bei anderen Wahlen, aber Hopkins zeigt, dass auch Senatswahlen, die als Teil der nationalen politischen Story gelten, in letzter Zeit mehr Wähler an die Urnen locken als Gouverneurswahlen im eigenen Bundesstaat. Wir hören mehr über landesweite Kandidaten, Kontroversen und Konflikte. Das sind die Geschichten, mit denen wir uns beschäftigen. Unsere Spenden folgen unserem Interesse.

Es lohnt sich, bei diesem Punkt einen Augenblick innezuhalten, weil er eine fundamentale Debatte in der Politik und eine der Argumentationslinien in diesem Buch illustriert. Nach materialistischen Theorien des politischen Engagements, die besagen, dass Menschen partizipieren, weil sie ihren Anteil an den von den Politikern kontrollierten Ressourcen maximieren wollen, ergibt dieses Partizipationsmuster keinen Sinn. Politische Entscheidungen auf bundesstaatlicher und lokaler Ebene sind für die meisten Menschen in ihrem Alltagsleben wichtiger als die landesweiten politischen Debatten. Die Menschen haben viel mehr Macht, auf ihren Bürgermeister, den Senator oder den Gouverneur ihres Bundesstaats Einfluss zu nehmen als auf den Präsidenten. Eigentlich sollten sich die Menschen am stärksten bei den greifbaren politischen Anliegen engagieren, die in ihren unmittelbaren Erfahrungsbereich fallen, und nicht bei den eher abstrakten Kontroversen auf der nationalen Bühne.

Aber nach einem Identitätsmodell des politischen Engagements, wonach die Menschen partizipieren, um auszudrücken, wer sie sind, wen sie unterstützen und wen sie ablehnen, ist das absolut einleuchtend. Natürlich spendet man eher, damit der Politiker besiegt wird, der in den politischen Dramen, die man zu sehen bekommt, der Bösewicht ist, als das Geld einem lokalen Parlamentarier zu geben, dessen Namen man sich nicht merken kann. Natürlich ist die nationale Politik mit ihren Titanenkämpfen zwischen Gut und Böse, ihren in den sozialen Medien und den Late-Night-Comedyshows allgegenwärtigen Kontroversen fesselnder als Verordnungen mit lokal begrenzter Gültigkeit. Aber wenn wir mehr Geld für nationale Kandidaten und weniger Geld für lokale Kandidaten spenden, dann erzeugt das bei Kandidaten einen Anreiz, sich stärker an Fragen der landesweiten Politik zu orientieren und auf jene polarisierenden Themen zu fokussieren, die Geldgeber in allen Postleitzahlenbereichen elektrisieren, statt auf lokale Themen zu setzen, die speziell in ihrem Bundesstaat und Wahlkreis wichtig sind. Wie virale Superstars beider großer Parteien regelmäßig feststellen, sind die Belohnungen auf nationaler Ebene gewaltig. Man wird nicht landesweit zum Superstar, wenn man langweilig ist.

Natürlich sammelten weder Trump noch Sanders bei den Vorwahlen 2016 tatsächlich das meiste Geld ein. Denn kleine Spender – und auch individuelle Spender – machen nicht das ganze Bild aus. Es gibt auch noch einen endlosen Geldstrom von Spendern, die »Zugang« wollen. In einem interessanten Artikel untersucht Michael Barber einen weiteren Unterschied bei den bundesstaatlichen Gesetzen zur Wahlkampffinanzierung und vergleicht Staaten, die eine Obergrenze für individuelle Zuwendungen an Kandidaten haben, mit solchen, die die Zuwendungen von politischen Aktionskomitees (PACs) an Kandidaten begrenzen. [16] Er stellt fest, dass die Kandidaten dort stärker polarisiert sind, wo die Regeln individuelle Zuwendungen begünstigen. Wo die Regeln die Schleusen für das Geld von PACs öffnen, treten die Kandidaten gemäßigter auf. Individuelle Spender wollen einen Kandidaten glühend verehren oder hassen. Sie fühlen sich wohl, wenn sie Kandidaten unterstützen, die keine großen Chancen auf den Sieg haben, ihnen aber mehr Bestätigung ihrer Identität liefern. Institutionelle Spender sind pragmatischer. Sie wollen Kandidaten, die gewinnen werden, und sie wollen Kandidaten, die nach ihrem Sieg Dinge anpacken.

Das ist weniger harmlos, als es klingt. Institutionelle Spender wollen, dass die Regierung arbeitet, das stimmt – aber sie wollen, dass die Regierung im Sinne ihrer Interessen arbeitet. Während ein individueller Spender Geld als Ausdruck seiner Identität spendet, verstehen institutionelle Spender ihr Geld als Investition. Individuelle Spender polarisieren, institutionelle Spender korrumpieren. Daher spricht die amerikanische Politik zwei Arten von Menschen an: die polarisierten und die reichen.

In der Physik gelten je nach Größenordnung unterschiedliche Regeln (bitte schalten Sie jetzt nicht ab). Die Eigenarten der Quantenphysik gelten für das sehr, sehr Kleine, und die spezielle Relativitätstheorie beschreibt das sehr, sehr Große. Genauso verhält es sich auch mit dem Geld in der Politik. Nach meiner Erfahrung bildet *transactional giving** die Triebkraft hinter den Gesetzesentwürfen, von denen niemand gehört hat, den Regelungen, die nur wenige lesen, den regulatorischen Prozessen, die die Öffentlichkeit und die Medien gern übersehen. Aber auf der Makroebene – der Ebene der Politik des Präsidenten und der parlamentarischen Auseinandersetzungen, die Tag für Tag die Titelseiten füllen – bestimmt Parteiengeld, wie die Ergebnisse aussehen. Könnte die Wirtschaft in allen Bereichen ihren Vorlieben gemäße Ergebnisse kaufen, wären die Reform der Zuwanderung und Investitionen in die Infrastruktur schon lange verabschiedet, und Jeb Bush wäre Präsident. Sobald ein Thema zum Gegenstand einer Kontroverse zwischen den beiden großen Parteien geworden ist, tritt Geld aus der Wirtschaft häufig gegenüber der Nullsummenlogik der Parteibindung oder dem Zorn der Basis zurück. Aber das bedeutet nicht, die Macht

* A. d. Ü.: Privates Sponsoring; Gegenleistung wird erwartet und gilt als vereinbart.

von zugangsorientiertem Geld zu unterschätzen: Über das meiste, was Politiker tun, hören wir nichts, und damit bleibt ein wirklich großer Raum für den korrumpierenden Einfluss von transaktionsorientierter Geldbeschaffung zur einseitigen Verzerrung von Politik. Und manchmal schmieden Geschäftemacher und Polarisierer auch eine Allianz: So war es unter der Regierung Trump schon oft, die morgens Tweets über kniende Footballspieler absetzt und abends Steuersenkungen für Unternehmen verabschiedet.

Der Supreme Court hat in einer Reihe von Entscheidungen seit den siebziger Jahren geurteilt, dass politische Spenden unter die verfassungsmäßig garantierte Meinungsfreiheit fallen und man sie deshalb nicht verbieten kann. Aber das bedeutet, dass wir in einem Dilemma stecken: Einerseits sind tragfähige Reformen denkbar, die die Macht der kleinen Spender vergrößern, mit der Folge, dass die Probleme der Polarisierung verstärkt werden, andererseits solche, die zulassen, dass institutionelles Geld das System überschwemmt, mit allen Folgen für die Korruption. Solange die Politik auf Basis privater Spenden funktioniert, so lange bleibt uns auch das unlösbare Problem erhalten, dass Menschen, die spenden, etwas anderes wollen als Menschen, die nicht spenden.

Der Niedergang der Parteien und der Aufstieg der Parteianhänger

Donald Trump hat die Republikanische Partei nicht behutsam für sich gewonnen. Es war eine feindliche Übernahme. George W. Bush sei »ein lausiger Präsident« gewesen, ließ er per Twitter verlauten. Und über John McCain sagte er: »Ich mag Leute, die nicht gefangen genommen wurden.« Mitt Romney nannte er »einen der dümmsten und schlechtesten Kandidaten in der Geschichte der republikanischen Politik«.

Trump attackierte nicht nur die republikanischen Kandidaten, er attackierte die republikanische Politik. Er versprach, Medicare, Medicaid und die Sozialversicherung zu erhalten und für Leute wie ihn die Steuern zu erhöhen (das war gelogen). Er versprach eine Krankenversicherung für alle (ebenfalls gelogen), ein Ende des Freihandels, einen weicheren Kurs gegenüber Russland, eine Mauer an der Grenze. Vieles davon kam bei Umfragen gut an und trieb die Unterstützung für Trump in die Höhe. Aber es entfremdete ihm auch große Teile der Republikanischen Partei, die entweder die Menschen mochten, die Trump beleidigte, oder die ideologischen Positionen, die er verriet, oder beides. Es war seine Strategie, um eine entfremdete Minderheit der republikanischen Basis zu mobilisieren, mit dem Ziel, sich in einem überfüllten, zersplitterten Feld zu behaupten, und obwohl die Strategie in den Vorwahlen funktionierte, wussten alle – oder glaubten zu wissen –, dass eine mit sich selbst im Clinch liegende Partei keine allgemeine Wahl gewinnen konnte. In den politischen Kommentaren wurde häufig eine Niederlage der Republikaner prophezeit, gefolgt von einem innerparteilichen Bürgerkrieg. »Ich denke, die GOP [Grand Old Party] wird als nationale Partei neu aufgebaut werden müssen«, sagte Matthew Dowd im Gespräch mit *Politico.* »Es zeichnet sich kein Weg ab, wie man all das wieder zusammensetzen könnte.« [17]

Diese Voraussagen basierten auf einem alten Verständnis von Politik, als die Parteibindung noch schwächer war und Abweichungen bei der Kandidatenauswahl strenger bestraft wurden. 1964 steuerte Barry Goldwater einen harten Rechtskurs, und die Republikaner bezahlten dafür. Goldwater hatte fünf Bundesstaaten des Deep South und seinen Heimatstaat Arizona hinter sich. Er bekam sieben Millionen Wählerstimmen weniger, als Richard Nixon vier Jahre zuvor erhalten hatte. Wie der Historiker Geoffrey Kabaservice in *Rule and Ruin* schreibt, fand »das richtige Blutbad weiter unten auf der Kandidatenliste statt. Die Partei büßte 38 Sitze im Repräsentantenhaus ein, wodurch die Fraktionsstärke auf das niedrigste Niveau seit der Wahl von 1936 fiel. […] In den Parlamenten der Bundesstaaten verlor die Partei rund 90 Mitglieder in den oberen Kammern und fast 450 in den unteren, was ihre Stärke ebenfalls auf Niveaus drückte, die es seit der Weltwirtschaftskrise nicht mehr gegeben hatte.«

Die Demokraten erlebten nach ihrem Linksruck 1972 einen ähnlichen Niedergang. Damals gewann George McGovern die Vorwahlen, obwohl ein großer Teil der Partei ihm mit Misstrauen und sogar Angst begegnete. Wichtige Interessengruppen in der Partei wie der Gewerkschaftsdachverband AFL-CIO erklärten, sie würden ihn bei der Präsidentschaftswahl nicht unterstützen, und führende demokratische Politiker, darunter die ehemaligen Gouverneure von Florida, Texas und Virginia, organisierten »Demokraten für Nixon«. McGovern verlor mit weniger als 40 Prozent der Stimmen, ein miserables Ergebnis, das zustande gekommen war, weil Demokraten einem nominierten Kandidaten, der ihnen inakzeptabel erschien, den Rückhalt verweigerten.

Bei Trump ist nichts Dergleichen passiert. Und dabei gab es durchaus Republikaner, die er mit seinem Verhalten abgestoßen hatte, und Interessengruppen, denen er mit seinen Alleingängen auf die Nerven gegangen war. Aber die Parteien sind stärker polarisiert, also war die Alternative – Hillary Clinton – undenkbar. Hier liegt der Schlüssel zu der Dichotomie schwache Parteien / starke Parteibindung: Bedrohung ist als Motivationskraft genauso mächtig wie Zuneigung. Und das traf auf Trumps Anhänger 2016 zu. Nachwahlbefragungen zeigten, dass Hillary Clinton 53 Prozent der Wähler gewonnen hatte, die sagten, ihre Wahlentscheidung sei durch »starke Unterstützung« für die von ihnen favorisierte Kandidatin motiviert gewesen, aber Trump hatte einen Vorsprung von elf Prozentpunkten bei den Wählern, die sagten, sie hätten in erster Linie gegen die andere Seite gestimmt. Mit anderen Worten: Trump profitierte sehr stark von Wählern, die in erster Linie gegen Clinton stimmten – in einigen Vorwahlbefragungen hatte sogar eine Mehrheit der Trump-Anhänger angegeben, ihre Motivation läge eher in der Angst vor Clinton als in der Bewunderung für Trump.

Als Liberaler musste man Hillary Clinton nicht mögen, um für sie zu stimmen; alles, was Trump tat und sagte, belegte, dass die Republikanische Partei den Verstand verloren hatte und um jeden Preis von der Macht ferngehalten werden musste. Ein Großteil von Clintons Wahlkampf spielte sich in diesem Rahmen ab: Es ging weniger darum, warum sie Präsidentin werden sollte, sondern vor allem darum, warum Trump es nicht werden sollte. Allerdings diente Clinton den Konservativen für denselben Zweck. Sie ist eine der am stärksten polarisierenden politischen Persönlichkeiten der modernen Zeit. Sie siegte in den Vorwahlen, indem sie sich bei den Themen Hautfarbe und Geschlecht sogar noch links von Bernie Sanders positionierte, und der gesamte republikanische Wahlkampf baute darauf auf, sie als Kriminelle hinzustellen, die buchstäblich »hinter Gitter« gehörte – wenn man den Republikanern zuneigte oder sich einfach mit der ethnisch gemischten Koalition nicht wohlfühlte, die die Demokraten offenbar anstrebten, um an die Macht zu kommen, musste man Trump nicht mögen, um gegen Clinton zu stimmen.

Dasselbe gilt für den Kongress. Stephen Utych schaute sich 2019 in einem Artikel mit dem Titel »Man Bites Blue Dog« Wahlkämpfe um Kongresssitze an und folgerte daraus, dass »während die Gemäßigten in der Vergangenheit einen Vorteil gegenüber ideologisch extremen Kandidaten« gehabt hätten, »dieser Unterschied in den letzten Jahren verschwunden« sei. [18] Heute, so Utych, »haben gemäßigte und extreme Kandidaten die gleichen Wahlchancen«. Weil die Parteiidentifikation wichtiger wird, verlieren die individuellen Merkmale der Kandidaten an Bedeutung. Vielleicht zieht ein

Wähler einen gemäßigten Republikaner einem Feuer spuckenden Konservativen vor, aber angesichts des Anblicks, den die Linke aktuell bietet, ist ihm alles lieber als ein Demokrat.

Ich sollte noch sagen, dass diese Erkenntnis umstritten ist. Andrew Hall kommt in seinem Buch *Who Wants to Run? How the Devaluing of Political Office Drives Polarization* zu dem Schluss, dass die gemäßigten Kandidaten immer noch einen Vorsprung haben, wenn sie gegen ideologisch stärker polarisierte antreten, dass dieser Vorteil aber schrumpft. Interessant ist allerdings der Grund, den Hall für die größeren Wahlchancen der gemäßigten Kandidaten gefunden hat: Die Nominierung eines extremen Kandidaten treibt die Wahlbeteiligung der *anderen* Partei in die Höhe – wieder ein Beispiel für negative Parteibindung. Verändert hat sich Hall zufolge, dass gemäßigte Politiker sich zunehmend vom politischen System abgestoßen fühlten, von den Kompromissen und dem Spendensammeln, die nötig seien, wenn man kandidieren wolle, und so sagt er, dass dies der hauptsächliche Grund sei, warum sich immer weniger Gemäßigte zur Wahl stellten. Das ist eine interessante Debatte, aber ich glaube nicht, dass sie an der grundsätzlichen Geschichte etwas ändert: Wir sehen bei Wahlmustern weniger Veränderung als Folge von Ideologie und mehr Stabilität als Folge von Parteibindung. Was absolut einleuchtet.

Gibt man seine Stimme einem Kandidaten oder einer Kandidatin, wählt man nicht nur ihn oder sie. Man stimmt über alles ab, worüber wir bisher diskutiert haben. Man stimmt für die eigene Seite, um die andere Seite zu schlagen. Man wählt, um die eigene Identität auszudrücken. Man wählt, damit die Kongressmitglieder der eigenen Seite Gesetze durchbringen. Man wählt, damit die Richter der eigenen Seite ernannt werden. Man wählt, damit die arroganten Idioten, mit denen man sich auf den Leserbriefseiten Schlachten liefert, nicht gewinnen, damit die Tante oder der Onkel, mit der oder dem man sich an Thanksgiving streitet, einen nicht mit Herablassung behandelt. Man wählt, um zu sagen, dass die eigene Gruppe recht hat und würdig ist und die andere Gruppe unrecht hat und unwürdig ist. Das ist wichtiger als die Frage, wer Präsident wird. Und es gilt sogar dann, wenn die Eigenschaften des Kandidaten der gegnerischen Partei den eigenen Kandidaten wie einen dekadenten Widerling aussehen lassen.

Wenn jemand zur Wahl geht, will er oder sie einen Kandidaten, eine Koalition, eine Bewegung, ein mediales Ökosystem, bestimmte Geldgeber und eine Menge Leute, die er oder sie nicht mag und vielleicht sogar fürchtet, von der Macht fernhalten. All das sind Gründe, sich mit dem eigenen Kandidaten zu arrangieren, und wenn das nicht funktioniert, dienen sie als Rechtfertigung dafür, ihn trotzdem zu wählen. Es ist absolut rational, mehr an das Parteietikett zu denken als an den Charakter eines Kandidaten. Politik dreht sich um Parteien, nicht um Personen.

Aber schauen wir uns an, was das bedeutet: Parteien, und besonders die Republikanische Partei, verlieren die Kontrolle über die Nominierungen. Doch sobald eine Partei eine Person nominiert – sobald sie irgendjemanden nominiert –, ist dieser Person die Unterstützung der Parteieliten und ihrer Wähler sicher. Anders als zu den Zeiten von Barry Goldwater und George McGovern, als es üblich war, bei einer Wahl für die Kandidaten verschiedener Parteien zu stimmen (Ticketsplitting), kann heute jeder Kandidat, dem es gelungen ist, die Vorwahlen seiner Partei zur Nominierung für die Präsidentschaftswahl zu gewinnen, auf die Unterstützung seiner Partei zählen und hat eine verdammt gute Chance, Präsident zu werden.

Es ist beängstigend, dass diese Dynamik noch intensiver zu werden scheint, wenn ein demagogischer Kandidat die Präsidentschaftswahl gewonnen hat. Im Januar 2016 veröffentlichte die *National Review*, lange Zeit so etwas wie der Torwächter des Konservatismus, einen Beitrag mit dem Titel »Against Trump« (Gegen

Trump). Darin fragten die Redakteure: »Was würde es über die Konservativen aussagen, sollte Trump Präsident werden oder auch nur der nominierte Kandidat der Republikanischen Partei oder auch nur ein gescheiterter Kandidat mit breiter konservativer Unterstützung? Die Bewegung, die die Sowjetunion in die Knie gezwungen und dem Sozialismus zumindest vorübergehend seinen Glanz genommen hat, wäre einem profitgierigen Geschäftemacher aufgesessen. Die Bewegung, der solche ›festgefügten Dinge‹ wie eine verfassungsmäßige Regierung, die Ehe und das Recht auf Leben am Herzen liegen, wäre zum Claqueur für einen Twitter-Feed geworden.« [19]

Im November 2019, als das Impeachment-Verfahren des Repräsentantenhauses gegen Trump lief, schilderte der Herausgeber des *National Review*, Rich Lowry, meinem Vox-Kollegen Sean Illing, wie sich seine Ansichten entwickelt hätten. Trump sei unerschütterlich geblieben »beim Schutz des Lebens, bei Gewissensfreiheit, bei Richtern«. Die Kehrseite sei, so räumte Lowry ein, die folgende: »Er respektiert die Gewaltenteilung in unserem Regierungssystem nicht, er denkt nicht von der Verfassung her, und er sagt und tut Dinge, die ein Präsident nicht tun oder sagen sollte.« Das klingt nach einer ziemlich schwerwiegenden Kehrseite! Aber, so Lowry weiter, »am Ende des Tages müssen wir uns entscheiden, ob wir hinter Trump stehen oder Elizabeth Warren unterstützen oder Bernie Sanders oder Joe Biden oder Bürgermeister Pete [Buttigieg], die in praktisch allen Belangen Positionen vertreten, die uns widerstreben. Also ist es eine ziemlich einfache Rechnung.« [20]

Mittlerweile betrachte ich das als die zentrale Fehlstelle in unserer Wahlsoftware. In einer Zeit mit starker Polarisierung, schwachen Parteien und starker Parteibindung ist leicht zu sehen, wie Extremisten und, noch schlimmer, Demagogen das System unterwandern. Amerika hatte – falls man das überhaupt so sagen kann – das Glück, dass Trump, als er erst einmal im Amt war, sich selbst entlarvte: leicht abzulenken, faul und ohne jegliches Interesse, seiner autoritären Rhetorik auch Taten folgen zu lassen. Er hat viel Schaden angerichtet, aber er hat sich nicht zu einem Diktator aufgeschwungen und die Kontrolle über die politischen Institutionen Amerikas übernommen, wie viele Liberale direkt nach seiner Wahl befürchteten. Doch die Welt bringt auch clevere, disziplinierte Demagogen hervor. Sie sind die wahre Bedrohung demokratischer Systeme, und sie liegen schon auf der Lauer.

KAPITEL 8

Wenn parteiübergreifende Zusammenarbeit unmöglich wird

Am 13. Februar 2016 starb Richter Antonin Scalia. Scalia war ein Kämpfer, buchstäblich der Anker der konservativen 5:4-Mehrheit am Supreme Court. Er konnte brillant formulieren und zählte zu den wenigen Richtern, die mit ihrer Sprache auch ein Laienpublikum erreichten; 2004 erschien ein Buch mit seinen Urteilen unter dem Titel *Scalia Dissents* (Scalia stimmt dagegen). Seine Fangemeinde liebte nicht nur seine juristischen Argumente, sondern auch die vernichtende Härte, mit der er auf seine Gegner eindrosch, und die wilde Entschlossenheit, mit der er auf der Richterbank für den Konservatismus stritt.

Scalia wurde 1986 von Präsident Reagan in den Supreme Court berufen und vom Senat einstimmig bestätigt. Wie viele konservative Theoretiker seiner Zeit bildete er seine Rechtsauffassung in Opposition zum Warren Court aus. Unter Earl Warrens Vorsitz hatte das Oberste Gericht die Verfassung als lebendiges Dokument betrachtet, das sich mit dem Land, welches sie einst begründet hatte, weiterentwickelte. Der Warren Court und seine Nachfolger suchten und fanden in der Verfassung Schutzinstrumente, die vorangegangene Generationen übersehen hatten: für Schwarze, für abtreibungswillige Frauen, für Männer, die andere Männer liebten.

Scalia hielt das für absurd. Die Verfassung, sagte er, sei »kein lebendiges Dokument. Sie ist tot, tot, tot.« [1] Er war nach eigenem Bekunden dem Originalismus verpflichtet: Die Verfassung besage lediglich das, was die Männer, die sie aufsetzten, in der Zeit, in der sie sie aufsetzten, nach seinem Verständnis meinten. In die funkelnden Worte auf dem Papier könne man alle möglichen Schutzvorkehrungen hineinlesen, doch da sie Scalias Verständnis nach nicht in der Absicht der Autoren gestanden hatten, waren sie auch im Gesetz nicht vorhanden. [2]

Scalia war immer konservativ gewesen, doch je älter er wurde, desto mehr gefiel er sich in der Rolle des Kulturkriegers. Im Jahr 2013 erklärte er in einem Interview mit dem *New York Magazine,* er habe seine Abonnements der *Washington Post* und der *New York Times* gekündigt. »Es lag daran, wie so gut wie alle konservativen Belange behandelt wurden«, sagte er. »Das war schief und oft boshaft. Wissen Sie, warum soll ich mich jeden Morgen ärgern?« [3] Nachrichten beziehe er aus eher geistesverwandten Quellen: der *Washington Times*, dem *Wall Street Journal* und von ultrarechten Radiomoderatoren wie Bill Bennett.

Richter werden auf Lebenszeit an den Supreme Court berufen. Deshalb ist ihr Rückzug meist geplant: Sie scheiden zur rechten Zeit aus, damit ihre Freunde und Verbündeten die Nachfolge regeln können. Doch Scalias unerwarteter Tod brachte alles durcheinander; das Gericht büßte seine mächtigste konservative Stimme und auch noch die konservative Mehrheit ein, und das, während der Demokrat Präsident Obama im Weißen Haus saß. Doch Obama konnte nicht frei über Scalias Nachfolge verfügen. Die Verfassung fordert für Richternominierungen »Rat und Zustimmung« *(advice and consent)* des Senats, und im Jahr 2014 hatten die Republikaner die Senatsmehrheit zurückerlangt. So entschied sich Obama für einen konsensfähigen Kandidaten, Merrick Garland, Vorsitzender Richter am Berufungsgericht des District of Columbia.

Garlands Name war schon einmal gefallen: Im Jahr 2010 hatte der republikanische Senator Orrin Hatch, vormals Vorsitzender des Justizausschusses, Garland als »Konsenskandidaten« empfohlen; seine Nominierung sollte den erbitterten Kampf zwischen den

Parteien schlichten, der Berufungen ans Oberste Gericht in einen offenen Parteienkrieg verwandelt hatte. »Ich bin mir sicher, dass Garland viele Stimmen erhalten würde«, sagte Hatch. »Und ich werde ihm mit aller Kraft helfen, sie zu bekommen.« [4]

Doch das war 2010, als die Demokraten die Senatsmehrheit hatten. Im Jahr 2016, als Hatchs eigene Partei die Kammer kontrollierte, half er Richter Garland nicht, die nötigen Stimmen zu bekommen. Vielmehr weigerten sich die Republikaner im Senat, über Garlands Nominierung abzustimmen oder auch nur eine Anhörung durchzuführen. Das Problem sei, so Mehrheitsführer Mitch McConnell, dass in diesem Jahr noch gewählt werde, und es sei absurd, in einem Wahljahr einen Posten am Supreme Court zu besetzen. Nein, die Richterwahl stehe Obamas Nachfolger zu, und der Senat werde keine Nominierung Obamas für Scalias Nachfolge berücksichtigen, egal, wie qualifiziert oder gemäßigt der Kandidat sei. Hier gehe es nicht um Garland, sondern um die Demokratie.

So etwas hatte es noch nie gegeben. »Bis dahin hatte in 103 Fällen ein gewählter Präsident – wie Präsident Obama bei der Nominierung Richter Garlands – den Berufungsprozess für eine Vakanz am Supreme Court im Vorfeld der nächsten Präsidentenwahl begonnen«, schrieben die Juraprofessoren Robyn Bradley Kar und Jason Mazzone. »In allen 103 Fällen konnte der Präsident den neuen Richter sowohl nominieren als auch einsetzen, mittels und kraft des Rats und der Zustimmung des Senats. Das trifft auch auf alle acht Fälle zu, in denen der Nominierungsprozess in einem Wahljahr begann.« [5]

McConnells Spiel ging auf. Trump gewann die Wahl 2016 – man kann sogar behaupten, dass die konservative Mobilisierung im Kontext der Richterernennung Trump über die Ziellinie half –, berief den konservativen Juristen Neil Gorsuch auf den offenen Posten und bewahrte der GOP ihre 5:4-Mehrheit. »Es war einer meiner stolzesten Momente«, sagte McConnell, »als ich Barack Obama in die Augen blickte und sagte: ›Mr President, Sie werden die Vakanz am Supreme Court nicht besetzen.‹« [6]

Die Affäre Garland ist für Liberale eine offene Wunde, die illustriert, dass die Republikaner vor nichts zurückschrecken, um Macht zu erlangen und zu behalten. »Ich bin der dienstälteste Senator. Ich habe nie etwas Derartiges erlebt, weder mit Republikanern noch mit Demokraten«, sagte Patrick Leahy, Demokrat aus Vermont. »Wir legen alle einen Eid ab, die Verfassung zu wahren. Die Verfassung besagt, dass der Präsident nominieren soll und dass wir Rat und Zustimmung geben sollen. Der Präsident hat sich an die Verfassung gehalten. Der Senat hat dagegen verstoßen.« [7]

Im Jahr 2019 änderte McConnell sein Spiel. Als er bei einem Lunch der US-Handelskammer in Kentucky eine Rede hielt, wurde er gefragt, was er tun würde, wenn 2020, dem Jahr der nächsten Präsidentenwahl, eine Position am Supreme Court frei würde. Ted Barrett von CNN berichtete, was als Nächstes geschah: »Der Mehrheitsführer nahm einen ausgiebigen Schluck von seinem Getränk, es war wohl Eistee, ehe er mit einem Lächeln verkündete: ›Oh, wir werden sie besetzen‹, womit er im Publikum lautes Gelächter erntete.« [8] McConnells Gedankengänge waren durchaus kein Mysterium, doch hier machte er sie öffentlich. Die einfachste Methode, »lang anhaltend Einfluss« zu nehmen, sei für Politiker die Ernennung von Richtern. »Alles andere ändert sich«, sagte McConnell, doch Richter dienen lebenslang.

Schwierig ist nicht die Frage, warum McConnell Garlands Nominierung blockierte. Schwierig ist die Frage, warum jemals jemand hätte erwarten sollen, dass er – oder andere – anders handelten.

Das instabile politische System der USA

Eine besonders einflussreiche Kritik am politischen System der USA kam 1990 von dem spanischen Politiksoziologen Juan Linz.

Linz untersuchte die amerikanische Politik und vor allem ihre Mythen und Schutzbehauptungen von außen. 1927 in der Weimarer Republik geboren und in der spanischen Franco-Diktatur aufgewachsen, erlebte und erforschte Linz, unter welchen Umständen politische Systeme scheitern. Die Ursachen für einen Kollaps waren häufig bereits in die Architektur der Regierung eingeschrieben. Linz zeigte auf, dass Systeme, die sich auf einen unabhängigen Präsidenten stützen, zur Auflösung neigen, weil Konflikte zwischen Exekutive und Legislative häufig unlösbar sind und unlösbare Konflikte in Krise und Kollaps enden.

Doch das politische System der USA stellte Linz vor ein Rätsel. Als Außenstehender war er frei von der quasireligiösen Verehrung, die wir Amerikaner unseren Gründungsdokumenten entgegenbringen. Er wusste, dass das politische System der USA, wurde es woanders ausprobiert, stets gescheitert war. Er wusste, dass die USA ihr System anderen nur sehr ungern überstülpten: So gern wir Amerikaner uns in das Abenteuer der Staatenbildung stürzen, installieren wir in einem Land, das sich zu einer Demokratie entwickelt, doch nie ein System, das dem unserem gleicht. Linz wusste jedoch auch, dass das politische System der USA im eigenen Land funktioniert hatte.

Im Jahr 1990 erläuterte Linz in einem Aufsatz unter dem Titel »The Perils of Presidentialism« die Gefahren des Systems. Die »große Mehrheit stabiler Demokratien« in der Welt seien parlamentarische Systeme, in denen die Mehrheit in der Legislative auch Macht über die Exekutive ausübe. [9] Amerika dagegen ist eine präsidiale

Demokratie: Der Präsident wird unabhängig vom Kongress gewählt und ist häufig mit ihm uneins. Mit diesem System hätten es schon viele Länder versucht, so Linz. Beunruhigenderweise sei Amerika das einzige, in dem es überlebt habe.

Das Problem liegt auf der Hand. In parlamentarischen Systemen führt der Ministerpräsident die Koalition, die die Legislative kontrolliert. Wenn diese Koalition eine Wahl verliert, verliert sie die Macht. Doch es hat immer nur eine Partei oder Koalition die Macht inne. In einem Präsidialsystem dagegen kann eine Partei die Gesetzgebung kontrollieren und eine andere die Präsidentschaft. Beide Parteien können daher für sich beanspruchen, demokratisch legitimiert zu sein. »Wer hat unter solchen Umständen den größeren Anspruch darauf, im Namen des Volkes zu sprechen: der Präsident oder die gesetzgebende Mehrheit, die seine politischen Maßnahmen ablehnt?«, fragte Linz.

Und es kommt noch schlimmer. Was geschieht, wenn die Mehrheiten, die Präsident und Kongress repräsentieren, unterschiedliche Mehrheiten sind, die zu unterschiedlichen Zeiten und mit unterschiedlichen Methoden gewählt haben? Ein Präsident werde tendenziell von der Wählerschaft gewählt, doch ein Parlament spiegele eher geographische Verhältnisse wider, so Linz, Kleinstädte und ländliche Gebiete erhielten überproportional viel Macht. Es ist schwer genug, einen demokratischen Dissens innerhalb eines Wahlvolks zu lösen. Was macht man mit einem Dissens, der verschiedene Wählerschaften widerspiegelt?

Auf diese Frage gibt es keine Antwort. Meist gehen wir davon aus, dass ein solches System Kompromisse fördert, und das stimmt auch, wenn die rivalisierenden politischen Koalitionen für Kompromisse offen sind. Aber dieses System kann auch Krisen fördern – in anderen Ländern sahen sich durch solche Krisen »häufig die Streitkräfte aufgerufen, als vermittelnde Macht einzuschreiten«. [10]

Deshalb gibt es abgesehen von den Vereinigten Staaten keine traditionsreichen Präsidialdemokratien. Und deshalb drängen die USA ihre spezifische Regierungsform anderen auch nicht auf. »Man denke an Deutschland, Japan, Italien und Österreich«, so Matt Yglesias auf Vox:

> Das sind Länder, die im Zweiten Weltkrieg von den US-Streitkräften besiegt wurden und deren neue Verfassung von einheimischen Politikern in enger Zusammenarbeit mit den Besatzungsbehörden aufgesetzt wurde. Es fällt auf, dass die US-Verfassung in der politischen Kultur Amerikas zwar wie ein heiliger Text behandelt wird, wir aber keines dieser Länder drängten, unser Regierungssystem zu übernehmen. [11]

Wie Linz später einräumte, konnte er die Frage, was in den USA genau anders ist, nicht vollständig beantworten. Er vermutete, dass »der beispiellos diffuse Charakter der politischen Parteien in Amerika – der ironischerweise viele Politologen zur Verzweiflung treibt und dazu veranlasst, von den Parteien mehr Verantwortung und ideologische Disziplin einzufordern – etwas damit zu tun hat«. Unabhängig von der Erklärung, fuhr Linz fort, »scheint der amerikanische Fall eine Ausnahme zu sein; die Entwicklung moderner politischer Parteien, insbesondere in sozial und ideologisch polarisierten Ländern, trägt normalerweise nicht zur Schlichtung, sondern zur Verschärfung von Konflikten zwischen Legislative und Exekutive bei«. [12]

Linz schrieb das 1990, als die politischen Parteien in den USA noch viel außergewöhnlicher, viel durchmischter und moderater waren als heute. Doch was sich 1990 wie eine Erklärung dafür las, was das politische System der USA besonders auszeichnete, liest sich heute wie eine Analyse dessen, warum sich das US-System in der Krise befindet. Die Garland-Affäre ist ein ausgezeichnetes Beispiel. Bei all dem Ärger über McConnells Taktik: Was war eigentlich so falsch an seinem Verhalten?

In der Wahl des Jahres 2014 erlangten die Republikaner mit 54 Sitzen die klare Mehrheit im Senat. Sicher, 2014 war die Wahlbeteiligung die niedrigste einer Senatswahl seit 70 Jahren, und, stimmt, nur ein Drittel der Senatssitze steht jeweils alle zwei Jahre zur Wahl, und, ja, der Senat ist eine grauenhaft undemokratische Institution, die einem Wähler in Wyoming sechsmal so viel Macht überträgt wie einer Wählerin in Kalifornien, aber die Regeln sind nun einmal, wie sie sind. McConnell war nun also Mehrheitsführer der Republikaner im US-Senat. Er hatte die nötigen Stimmen, um alle Nominierungen Obamas zu blockieren – warum sollte er sie nicht nutzen? Wollten die Wählerinnen und Wähler, die ihm diese Mehrheit verschafften, wirklich, dass er Obama den verstorbenen Richter Scalia durch einen demokratischen Richter ersetzen ließ, und wenn er noch so gemäßigt war? Wäre es nicht ein größerer Betrug an seiner Wählerschaft gewesen, wenn er mit der neuen republikanischen Mehrheit im Senat Obama geholfen hätte, im Supreme Court eine liberale 5:4-Mehrheit herzustellen?

Man kann, wie viele das getan haben, dagegenhalten, dass Obamas demokratische Mehrheit stärker legitimiert war. Er hatte 2012 eine landesweite Wahl mit einer deutlich höheren Wahlbeteiligung gewonnen. Er war Präsident der Vereinigten Staaten von Amerika. Mit der Nominierung eines zweifelsfrei qualifizierten Kandidaten war er dem historischen Standard gerecht geworden. McConnells Verhalten war beispiellos und gefährlich: Indem er sich schlicht weigerte, egal welchen vom Präsidenten der anderen Partei nominierten Kandidaten zu berücksichtigen, etablierte er ein Prinzip, das den Supreme Court zerstören könnte. Da die kleinen Staaten im Senat überproportional stark vertreten sind, ist gut vorstellbar, dass die Macht über längere Zeiträume gespalten ist, und mit McConnells erfolgreicher Taktik der totalen Blockade ist auch gut vorstellbar, dass Vakanzen am Gericht dauerhaft nicht besetzt werden.

Aber warum ist das McConnells Problem? Warum sollte er nachgeben? Vielleicht hätte ja auch Obama den Siegern der jüngsten Wahl entgegenkommen und einen scaliaähnlichen Konservativen für die Vakanz nominieren sollen. Es mag grotesk klingen, aber sowohl McConnell als auch Obama repräsentierten legitime gewählte Mehrheiten, und es gab keine naheliegende Lösung für diesen Konflikt.

Ideologische Differenzen lassen sich leichter beilegen, wenn sie nicht so groß sind. Deshalb machte Linz den »beispiellos diffusen Charakter der politischen Parteien in Amerika« für den ungewöhnlichen politischen Erfolg der USA verantwortlich. Die ideologische und demographische Vielfalt der republikanischen und demokratischen Koalitionen senkte im 20. Jahrhundert das Risiko parteipolitischer Streitigkeiten erheblich. Große Spaltungen zeichneten sich nicht nur zwischen, sondern auch innerhalb der beiden Parteien ab. Aber diese Zeit ist vorbei.

McConnells neue obstruktive Methoden verursachen die derzeitigen Spaltungen nicht nur, sie resultieren auch aus ihnen. Vakanzen am Supreme Court werfen in der modernen Ära andere Fragen auf als früher. Das liegt daran, dass in einem polarisierten politischen System auch das Oberste Gericht polarisiert ist (und wie im Fall Garland das politische System weiterpolarisiert – denken wir an die Feedbackschleife!).

Nachdem sich Richter Anthony Kennedy in den Ruhestand verabschiedet hatte, schrieben die Juraprofessoren Lee Epstein und Eric Posner in der *New York Times*, dass in den fünfziger und sechziger Jahren »die ideologische Voreingenommenheit aufseiten der von Republikanern beziehungsweise von Demokraten ernannten Richter relativ gering war«. [13] Noch in den neunziger Jahren stimmten die Richter regelmäßig »ideologisch unvorhersehbar«

ab. Im Jahr 1991 traf beispielsweise der von Demokraten berufene Byron White »konservativere Entscheidungen als die von Republikanern ernannten Richter, Antonin Scalia und William Rehnquist einmal ausgenommen«.

Doch das hat sich geändert. In den letzten zehn Jahren »haben Richter so gut wie nie gegen die Ideologie des Präsidenten abgestimmt, der sie ernannt hat«, so Epstein und Posner. »Nur bei Richter Kennedy, der von Ronald Reagan berufen wurde, kam das häufiger vor.« Ihr Schaubild ist beeindruckend:

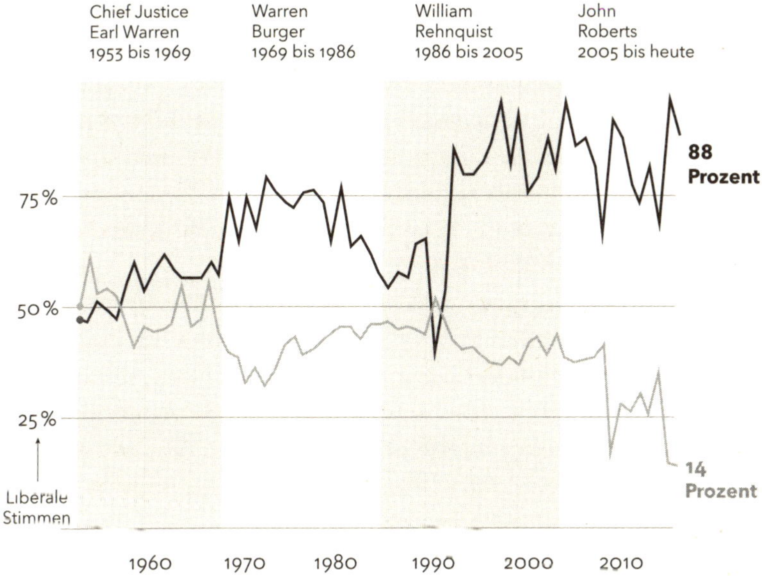

Der Supreme Court ist für die USA eine einflussreiche Institution, und oft war er eine kontroverse Institution, doch nicht immer war er eine politisch polarisierte Institution. Als sich die Parteien immer stärker ideologisch ausrichteten, stellten sie jedoch auch entsprechende Anforderungen an die Richter des Supreme Court.

Wenn man eine Analyse wie die von Epstein und Posner liest, kommt man leicht auf den Gedanken, dass die Autoren ein goldenes Zeitalter beschreiben. Aber das ist alles eine Frage der Perspektive. Die Zeiten relativer Mäßigung gelten auch als Zeiten des Scheiterns und des Verrats durch die politischen Parteien, die dafür verantwortlich sind. Die Republikaner klagen über Abweichler wie Earl Warren, John Paul Stevens, David Souter und Anthony Kennedy, und es waren genau diese unberechenbaren Richter, die die Parteien dazu veranlassten, stärker ideologisch geprägte und verlässlichere Auswahlkriterien für Richter zu entwickeln.

Einer dieser eher ideologisch geprägten Richter war Scalia, und er verteidigte diesen Ansatz auch explizit. »Es ärgert mich, wenn das Gericht als politisiert bezeichnet wird«, sagte er 2012. »Vielleicht sind die Legislative und der Präsident ja gar nicht so dumm, wie viele denken. Jedenfalls haben sie diese Leute wegen ihrer Ausrichtung ausgewählt, und wenn sie ans Gericht kommen, bleiben sie, was sie sind.« [14] Nach dieser Logik soll im Nominierungsprozess ein Kandidat gefunden werden, der mit seinem Abstimmungsverhalten die Erwartungen seiner Fürsprecher erfüllt. Künftige Abweichungen im Abstimmungsverhalten sprechen nicht etwa für eigenständiges Denken, sondern für eine mangelhafte Prüfung des Kandidaten.

Die Wahrscheinlichkeit, dass Kandidaten für Vakanzen im Supreme Court ihre Förderer überraschen, geht heute gegen null. Wer für eine Nominierung in Frage kommt, hat der Partei jahrzehntelang ideologisch und beruflich gedient. Kennedys Nachfolger Brett Kavanaugh war ranghoher Mitarbeiter in der Regierung George W. Bushs und außerdem Mitglied der konservativen Juristengruppierung Federalist Society.

Nicht nur steht bei Supreme-Court-Nominierungen mehr auf dem Spiel, wenn die Kandidaten ideologisch verlässlich sein sollen. Mit der tieferen politischen Spaltung werden auch die verhandelten Fälle parteiischer. Ein Beispiel sind die langjährigen Versuche der Rechten, Obamacare vom Gericht kippen zu lassen. Nach der Verabschiedung von Medicare oder Medicaid gab es solche Kampagnen nicht. Durch die Uneinigkeit zwischen den Parteien und die Lähmung im Kongress sind Gerichtsentscheidungen folgenreicher, wenn etwa das Gericht einen Gesetzentwurf kassiert oder ein Programm außer Kraft setzt. Nur selten können die Parlamentarier einen überparteilichen Konsens herstellen oder hat die einzelne Partei die Macht, das Gesetz noch einmal aufzugreifen und mit Änderungen auf das Gerichtsurteil zu reagieren.

Das also ist der Kontext zum Streit um Garland. Ja, McConnell brach mit der Tradition, indem er sich weigerte, qualifizierte Kandidaten der Demokraten überhaupt zu berücksichtigen. Aber er agierte in einer Zeit, in der das Oberste Gericht bereits eine ausgeprägt parteigebundene Institution war, die parteiische Urteile in parteiischen Fällen sprach. Die wahren Abläufe im System entsprechen schon lange nicht mehr dem Prinzip, dass Kandidaten nicht nach philosophischer Ausrichtung, sondern nach fachlichen Verdiensten ausgewählt werden. Es gibt wohl im US-Senat keine einzige Entscheidung von so langfristiger ideologischer Tragweite wie die lebenslange Ernennung eines Richters an den Supreme Court, und es wäre grotesk, von den Senatoren zu fordern, dass sie diese eine und nur diese Entscheidung von ihren ideologischen Versprechen an ihre Wählerschaft abkoppeln.

Dieses Problem beeinflusst die amerikanische Staatsführung massiv. Die Regeln, die von der Verfassung und unseren Institutionen festgelegt werden, provozieren im Parteienstreit Störungen, Konflikte und sogar Zusammenbrüche. Das System stellt keine formalen Mechanismen für die Beilegung hartnäckiger Dispute bereit, sondern bietet nur informelle Normen für Kompromiss, Nachsicht und Mäßigung, die in sich zusammenfallen, wenn zu viel auf dem Spiel steht. McConnell verstieß nicht gegen Gesetze, erfand keine neuen Befugnisse, um Garland zu verhindern; er brachte seine Partei lediglich dazu, dass sie gegen die historische Gepflogenheit verstieß, Richtern, mit denen sie ideologisch nicht einverstanden ist, an das Oberste Gericht zu verhelfen – eine historische Gepflogenheit, die Parteien zwingt, immer mal wieder zum Wohle des Systems gegen ihre ideologischen Überzeugungen und ihre Wählerschaft zu stimmen. Als McConnell mit dieser Tradition brach, entsprach er dem Wunsch seiner Wählerschaft, die ihn in der nächsten Wahl dafür belohnte. Warum sollte auch nur einer seiner Nachfolger anders handeln?

Man stelle sich nun aber eine Welt vor, in der die Republikaner aufgrund ihrer Vorteile in den kleinen Bundesstaaten üblicherweise den Senat beherrschen, während die Demokraten, die in sechs der letzten sieben Präsidentschaftswahlen die Mehrheit der Wählerstimmen errangen, regelmäßig das Weiße Haus erobern. Was geschieht in dieser Welt mit dem Supreme Court? Bleiben Vakanzen einfach unbesetzt? Was, wenn die Demokraten dem Supreme Court seine Legitimität am Ende grundsätzlich absprechen, weil seine konservative Mehrheit darauf beruht, dass die Republikaner Kandidaten der Demokraten einfach nicht berücksichtigen? Werden sich die Demokraten dann weiter an seine Urteile halten?

Wie Linz darstellte, kann ein Präsidialsystem, in dem die Macht zwischen verschiedenen Bereichen aufgeteilt ist, funktionieren, wenn die Parteien, die diese Bereiche kontrollieren, ideologisch so weit durchmischt sind, dass sie miteinander kooperieren. Das war über lange Strecken des 20. Jahrhunderts hinweg das Geheimnis, das den Erfolg des politischen Systems in den USA erklärte. Heute aber sind die politischen Parteien in Amerika ideologisch polarisiert. Und sie haben sich vor allem auf die Nation ausgerichtet, gewissermaßen »nationalisiert«.

Politik ist nicht mehr regional

Ben Nelson, Senator aus Nebraska, brachte die entscheidende Stimme für den Affordable Care Act. Nelson, ehemalige Führungskraft im Versicherungswesen, war ein gemäßigter Demokrat alter Schule. Der Mann mit dem silbergrauen Haar pflegte einen transaktionalen Führungsstil und hielt sich mit demonstrativ gemäßigter Politik und einem fast schon laserartigen Fokus auf die Interessen der Maisfarmer in einem ansonsten roten Bundesstaat im Amt. Aber nun steckte er in der Klemme. Bei Obamacare hieß es ja oder nein. Die Demokraten brauchten seine Stimme, um das Gesetz durchzubringen. Nelson wollte, dass das Gesetz durchging. Doch bei ihm zu Hause war Obamacare unbeliebt, und Nelson stand 2012 zur Wiederwahl. Er steckte zwischen Karriere, Partei und Gewissen fest.

Nelsons Lösung bestand darin, die ideologischen Interessen der Republikaner in Nebraska von den finanziellen Interessen der Menschen in Nebraska zu trennen. Medicaid, die Gesundheitsfürsorge für Bedürftige, wird normalerweise im Verhältnis 60 zu 40 von Bundesregierung und Bundesstaaten finanziert. Der Affordable Care Act sah nun vor, dass die Bundesregierung drei Jahre lang 100 Prozent der neu entstehenden Medicaid-Kosten übernehmen werde und bis 2020 sukzessive ein Verhältnis von 90 zu 10 erreicht werden solle. Einige Konservative behaupteten, auch diese zehn Prozent seien für die Bundesstaaten nicht zu stemmen. Besonders laut erhob diesen Vorwurf der beliebte republikanische Gouverneur von Nebraska, Dave Heineman. Also handelte Nelson für seinen Bundesstaat einen gesonderten Deal aus: Für Nebraska sollte die Bundesregierung dauerhaft die Kosten der Medicaid-Erweiterung zu 100 Prozent übernehmen, das entsprach einer Subvention in Höhe von mehr als 100 Millionen Dollar.

Nelson agierte, wie Mitglieder des Kongresses schon seit der Geburtsstunde unseres demokratischen Systems agieren: Er sicherte seine Zustimmung für ein polarisierendes politisches Vorhaben auf nationaler Ebene zu und holte im Gegenzug ein massives Zugeständnis für seinen Bundesstaat heraus.

Das politische System Amerikas gründet auf einem starken Regionalbewusstsein. Im Repräsentantenhaus sollen nicht zwei Parteien zusammenkommen, sondern 435 Bezirke. Der Senat soll nicht Republikaner und Demokraten, sondern die Interessen von 50 Bundesstaaten repräsentieren. Darin spiegelt sich die – damals durchaus zutreffende – Überzeugung der Gründerväter, dass unsere politische Identität in den Städten und Bundesstaaten verwurzelt ist, nicht im eher abstrakten Zusammenhalt der Nation. »Viele Überlegungen [...] deuten zweifelsfrei darauf hin, dass die Menschen zuallererst und natürlicherweise mit der Regierung ihres jeweiligen Bundesstaates verbunden sein werden«, schrieb James Madison 1788 in *Federalist No. 46*.

Die zentrale Bedeutung der Bundesstaaten und der regionalen Belange wirkte innerhalb des politischen Systems der USA als Bremsklotz für eine Polarisierung. Die regionalen Interessen von Politikern, die zuallererst an einem bestimmten Ort verwurzelt waren, wirkten dem Nullsummenspiel, das sich im Wettbewerb zweier Parteien entfaltete, entgegen: Sicher, ich bin Republikaner, und das Gesetz kommt von den Demokraten, aber ich bin doch, verdammt noch mal, ein Republikaner aus Oklahoma, und das Gesetz ist gut für Oklahoma. Da die Mehrheitsführer im Kongress die Möglichkeit hatten, Partikularinteressen eines Kongressmitglieds zu befriedigen, sei es durch die unmittelbare Ausgestaltung eines Gesetzes oder durch andere, davon unabhängige Vorzüge, konnten sie Koalitionen bilden, die die Parteienlogik eigentlich verbot: Deine Partei mag nicht wollen, dass du dieses Gesetz absegnest, aber wenn du dafür stimmst, bekommt dein Bezirk Geld für die dringend benötigte Brücke, die mit deinem Namen verbunden sein wird, und das ist ja wohl mehr wert als die Zufriedenheit deiner Parteifreunde.

So war das jedenfalls mal.

In seinem Buch *The Increasingly United States* geht Daniel Hopkins dieser beunruhigenden Hinwendung zur Nation, der »Nationalisierung« in der amerikanischen Politik, auf den Grund. Im Kern dieser Entwicklung steht die Umkehrung einer höchst selbstverständlichen Annahme der Gründerväter, nämlich dass wir uns stärker mit unserem Bundesstaat identifizieren als mit unserem Land. Hopkins untersuchte die Veränderungen mittels kluger Methoden. Er unternahm eine Textanalyse digitalisierter Bücher vom Jahr 1800 bis heute und verglich die Häufigkeit der Verwendung des Satzes »Ich bin Amerikaner« mit »Ich bin Kalifornierin, Texaner, New Yorkerin« usw. Vor dem Bürgerkrieg wurde eine bundesstaatliche Identität viel häufiger zum Ausdruck gebracht als eine nationale Identität. Im Vorfeld des Ersten Weltkriegs übernahm die nationale Identität die Führung, fiel danach aber wieder hinter die bundesstaatliche zurück. Erst um das Jahr 1968 herum erlangten Ausdrücke nationaler Identität sehr rasch die Mehrheit, und diesen Spitzenplatz haben sie bis heute inne. Würden die Menschen in Amerika bei Umfragen gebeten, ihre Identitäten einzustufen, so Hopkins, würden so gut wie alle einen der ersten drei Plätze an die Nationalität vergeben, wohingegen Bundesstaat, Stadt oder Viertel weiter hinten folgten. Die Menschen verletze es eher, wenn Amerika kritisiert werde, als wenn sich jemand über ihren Bundesstaat oder ihre Heimatstadt lustig machte. Auf die Frage, warum sie stolz seien auf ihre Nation oder ihren Bundesstaat, würden sie ihren Nationalstolz stets im Zusammenhang mit politisch relevanten Werten formulieren, während der Stolz auf den Bundesstaat eher geographische Merkmale in den Blick nehme, so Hopkins weiter. Ich liebe Amerika wegen der Freiheit; ich liebe Kalifornien wegen der Strände.

Wenn das für uns Amerikaner auf der Hand liegt, wenn also die zentrale Bedeutung der nationalen Identität völlig normal ist, dann ist der Nachweis damit schon erbracht: Was für die Gründerväter unvorstellbar war, ist für uns heute selbstverständlich.

Wie mit der Identität, so auch mit der Politik. Im Rahmen einer Analyse von mehr als 1600 Wahlprogrammen aus den Bundesstaaten seit 1918 stellte Hopkins fest, dass »die Wahlprogramme früherer Zeiten häufiger spezifische Themen der Bundesstaaten aufgriffen«, wohingegen moderne Wahlprogramme »Themen betonen, die auf der landesweiten Agenda« stehen. Wenn 1972 bekannt war, »wie ein Bundesstaat zur Politik des Präsidenten stand, sagte das noch nichts über das wahrscheinliche Ergebnis einer Gouverneurswahl aus«. [15] Heute weiß man damit alles, was man wissen muss.

Nach den Übeltätern, die dafür verantwortlich sind, muss man nicht lange suchen. In den letzten Jahrzehnten haben sich sowohl die Medien als auch die politischen Milieus immer stärker nationalisiert. Wer heute als Wählerin oder Wähler die Politik beobachtet, erhält ununterbrochen Stichwörter, die das Augenmerk auf die nationale Politik richten, während die Berichterstattung über Bundesstaaten und Kommunen abnimmt. So las ich als Jugendlicher die *Los Angeles Times* und hörte den örtlichen Radiosender KCRW, die mir Beiträge sowohl über die landesweite Politik als auch über den Bundesstaat und die Kommune lieferten. Das Ergebnis war, dass ich in meiner Identität recht stark auf die kalifornische Politik ausgerichtet war, und diese war weniger stark polarisiert als die nationale und nahm verschiedenste Themen in den Blick. Nie las ich die *New York Times*, denn die konnten wir gar nicht kaufen; nie hörte ich mir Podcasts zur Landespolitik an, denn so etwas gab es noch gar nicht.

Würde ich heutzutage in der Gegend um Los Angeles aufwachsen, so würde ich vielleicht die wiederbelebte *LA Times* kaufen, doch wahrscheinlicher ist, dass ich als Politikfreak die *New York*

Times, die *Washington Post* und Vox lesen, politische Podcasts hören und einen landesweiten Nachrichtensender sehen würde. Ein solcher Medienkonsum entspräche meinem bürgerschaftlichen Interesse und wäre informativ, würde jedoch meine nationale politische Identität stärken und gleichzeitig jene Bereiche meiner politischen Prägung, die in meinem Lebensumfeld verwurzelt sind, schwächen. Nationalisierte Medien formen eine nationalisierte politische Identität.

Früher unterschied sich die politische Kultur in den einzelnen Bundesstaaten deutlich von der der Nation als Ganzes. Kongressmitglieder brachten daher aus ihren Bundesstaaten andere Impulse mit als die, die sie von ihrer jeweiligen Partei auf nationaler Ebene bekamen, und diese Impulse überschnitten sich. Heute jedoch stapeln sich diese Impulse, wie so vieles andere, übereinander. Hopkins schreibt dazu: »Statt zu fragen: ›Wie wird sich dieses Gesetz auf meinen Wahlbezirk auswirken?‹, fragen Kongressmitglieder in einem nationalisierten Politiksystem: ›Ist meine Partei für oder gegen das Gesetz?‹ Dies erschwert die Bildung von Koalitionen, weil alle Volksvertreter die eingebrachten Gesetzentwürfe durch dieselbe parteigebundene Linse betrachten.« Eine stärker nationalisierte Politik ist auch stärker polarisiert.

Dass Hopkins recht hat, lässt sich leicht beweisen: Würden regionale Interessen Abstimmungen entscheiden, hätte das Abstimmungsverhalten der Kongressmitglieder zum Affordable Care Act daraus abgeleitet werden können, ob die Quote der Nichtversicherten in ihrem Wahlkreis über oder unter dem landesweiten Durchschnitt lag. Das Gesetz stellte vor allem eine direkte Subventionierung von Gebieten mit einer höheren Nichtversichertenquote durch Gebiete mit einer niedrigeren Quote dar. Doch wie ein Kongressmitglied abstimmte, ließ sich anhand seiner oder ihrer Parteizugehörigkeit beinahe auf den Punkt genau vorhersagen, denn kein einziger republikanischer Senator stimmte dafür und kein einziger demokratischer Senator dagegen. Die Verhältnisse in den einzelnen Bundesstaaten ließen diesbezüglich keinerlei Vorhersagen zu.

Als wir unsere Politik nationalisierten, geschah etwas Merkwürdiges: Wir waren zunehmend angewidert davon, auf welche Weise regionale Interessen die nationale Politik beeinflussten. Ein Beispiel ist die Zweckbindung von Steuermitteln. Kongressabgeordnete hefteten sogenannte »Earmarks« an Gesetzentwürfe, um eine Straße, ein Krankenhaus oder ein Ausbildungsgesetz im eigenen Bundesstaat zu finanzieren. Earmarks dienten dazu, Kooperation über Parteigrenzen hinweg, jawohl, zu erkaufen. Der Kongressreporter Jon Allen beschrieb 2015 in einem Artikel für Vox das Prozedere wie folgt:

> Im Jahr 2003 befragte ich den Demokraten Jack Murtha, der für Verteidigungsausgaben zuständig war und jährlich die Vergabe von Earmarks im Wert von mehr als vier Milliarden Dollar überwachte, nach dem republikanischen Fraktionsvorsitzenden Tom DeLay, der wegen seiner Fähigkeit, Abgeordnete auf ein bestimmtes Wahlverhalten festzunageln, »The Hammer« genannt wurde. Murtha saß im Repräsentantenhaus ganz hinten, im letzten Winkel des demokratischen Teils, weit weg von der Presse. DeLay schaute vor einer umstrittenen Abstimmung ab und an bei ihm vorbei. Brauchte er Stimmen der Demokraten, so Murtha, »dann kommt er zu mir in meine Ecke, und wir klamüsern das aus«. Weil Murtha so viel Einfluss auf die Mittelverwendung hatte, schuldeten ihm viele Kollegen einen Gefallen. Indem er einigen wenigen Abgeordneten etwas mehr Geld zugestand, konnte er ihr Abstimmungsverhalten problemlos drehen, damit DeLay seine Gesetzesvorlage durchbrachte. Murtha und DeLay waren sich kaum in etwas einig, doch dank der Earmarks blieben sie im Gespräch und arbeiteten zusammen. [16]

Im Jahr 2011 schaffte der Kongress Earmarks vollständig ab, weil sie als korruptes und korrumpierendes Element der Politik betrachtet wurden. Eherne Prinzipien und Parteidisziplin sollten im Kongress an die Stelle der schmutzigen Hinterzimmergeschäfte treten, die bis dahin spürbare Ergebnisse für die Wählerschaft gebracht hatten. Ideologen halten Feilschen in der Politik für grundsätzlich unanständig. Diejenigen, die gerne feilschen, halten Ideologen für selbstzerstörerisch.

Genau das besiegelte letztlich auch Ben Nelsons Karriereende. Statt von den konservativen Medien zu Hause in Nebraska dafür gefeiert zu werden, dass er einen so guten Deal ausgehandelt hatte, wurde er von ihnen in der Luft zerrissen. Sein Entgegenkommen wurde als »Cornhusker Kickback«, Maisfarmerschmiergeld, gebrandmarkt, und sein eigener Gouverneur wies ihn an, die Gelder abzulehnen. »Jetzt geht es ums Prinzip«, so Heineman in *Politico*. »Die Bundesregierung kann das Geld behalten.« [17] Nelson nannte ihn »töricht«, musste aber nachgeben. Der Zusatz wurde aus dem Gesetzentwurf gestrichen. Nelson, der die Zeichen der Zeit erkannte, trat 2012 nicht zur Wiederwahl an und wurde von einem Republikaner ersetzt.

Noch im selben Jahr warnte Heineman seine Wählerschaft vor einer Ausweitung von Medicaid, die sie umsonst hätte bekommen können. »Falls die Medicaid-Erweiterung, die nicht gegenfinanziert ist, umgesetzt wird, kürzen wir die Bildungszuschüsse und die Mittel für die University of Nebraska oder erhöhen die Steuern«, drohte er. [18]

Mehr Wettbewerb, mehr Probleme

Dem Erfolg des Systems lag möglicherweise noch ein anderes Geheimnis zugrunde. Dieses wurde mir jedoch erst bewusst, als ich das Buch *Insecure Majorities* des Politikwissenschaftlers Frances Lee von der Princeton University las. Das amerikanische Politiksystem war während seiner gesamten Geschichte so gut wie nie besonders stark von Wettbewerb geprägt. Und entgegen der gängigen Meinung war das vielleicht ganz gut so oder angesichts der Eigenheiten des Systems zumindest notwendig.

In Staatsbürgerkunde habe ich das so nicht gelernt. Dort hieß es, ein harter Wettbewerb würde dazu führen, dass die Wählerschaft eine echte Auswahl habe, dass Politiker zur Verantwortung gezogen werden könnten und dass beide Seiten die öffentliche Meinung und das öffentliche Wohl im Kopf behalten müssten. Fehle echter Wettbewerb, verkomme auch eine strukturell gut aufgestellte Demokratie zu einer korrupten Autokratie.

Doch Lee wendet Folgendes ein: In der amerikanischen Geschichte herrschte überwiegend, und zwar auch in Phasen kooperativer, weitsichtiger Regierungsführung, die in den Staatskundebüchern besonders liebevoll abgehandelt werden, nur wenig politischer Wettbewerb. [19] Samuel Lubell schrieb dazu bereits 1965: »Unser politisches Sonnensystem […] besteht nicht aus zwei gleich starken Sonnen, sondern eher aus einer Sonne und einem Mond.« [20] Die Republikanische Partei dominierte die US-Politik fast das gesamte späte 19. und den Anfang des 20. Jahrhunderts über. In den Jahrzehnten nach der Großen Depression und dem Zweiten Weltkrieg hielten die Demokraten die Zügel in der Hand. Und die Mehrheiten, sowohl bei Präsidentschaftswahlen wie auch im Kongress, waren häufig sehr eindeutig.

Sehen wir uns einmal Lees Schaubild an, das die Anteile der beiden Parteien bei den landesweiten Präsidentschaftswahlen, den Anteil der Sitze im Repräsentantenhaus und den Anteil der Sitze im Senat zusammenführt. Je weiter die Linie nach links reicht, desto größer war der Vorsprung der Demokraten, je weiter sie nach rechts geht, desto stärker war die politische Macht der GOP.

Eine Geschichte der Parteimehrheiten

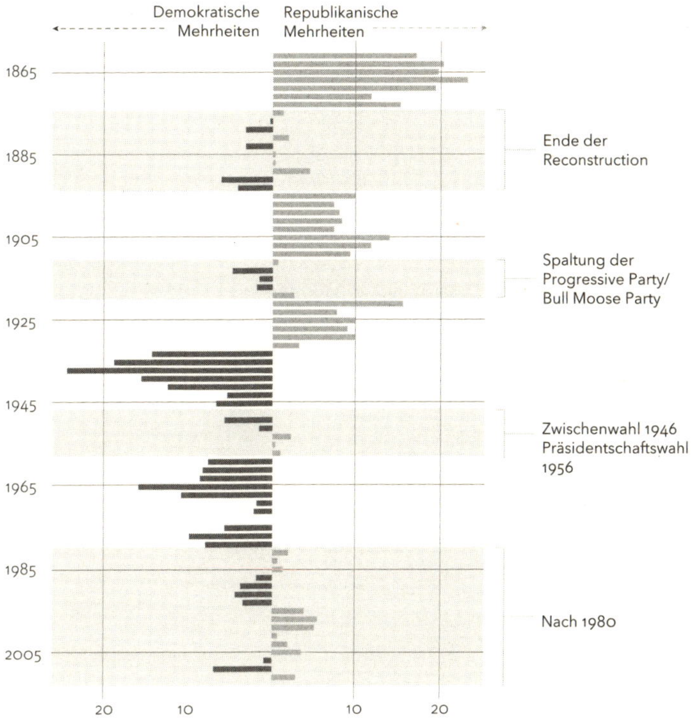

Wie lange eine Partei früher an der Macht war, wird leicht übersehen, weil sich Schilderungen der politischen Geschichte der USA zumeist mit den Präsidenten befassen und die Präsidentschaft meist stärker umkämpft war als die Macht im Kongress. Betrachtet man jedoch die politische Macht durch eine größere Linse, dann ist unsere Ära ein Ausreißer. Innerhalb des dargestellten Zeitraums von 150 Jahren war die politische Macht nie so schwach wie während der letzten vier Jahrzehnte. Und das gilt sowohl für die Häufigkeit, mit der die Regierungsmacht wechselt, als auch für die Machtfülle der jeweiligen Mehrheitspartei.

Wie stabil die amerikanische Politik war, lässt sich auch aus der Medienberichterstattung ablesen. Lee durchforstete das Archiv der *New York Times* von 1958 bis 2014 und stellte fest, dass dort »vor 1982 nur in zwei Wahljahren über mögliche Machtverlagerungen im Kongress spekuliert« wurde. Im Jahr 2010 dagegen erschienen mehr als 70 solcher Artikel.

Diese Ergebnisse spiegeln wohl auch sich wandelnde Konventionen innerhalb der politischen Berichterstattung wider. Im Nachrichtenteil der Zeitungen wird heutzutage intensiver über Wahlergebnisse spekuliert als in früheren Jahrzehnten, doch Tatsache ist und bleibt: Ein politisches System, in dem Machtwechsel im Kongress seltener vorkommen und seltener thematisiert werden, ist in seinen Hierarchien stabiler und fühlt sich auch so an.

Darum geht es Lee vor allem. Dominiert dauerhaft eine Partei, hat die Oppositionspartei Anlass zur Kooperation, weil das ihre einzige realistische Chance ist, Einfluss zu nehmen. Entweder arbeitet man gut mit der Mehrheitspartei zusammen, oder man hat politisch keine Mitsprache und kann seinen Wählern zu Hause keine Ergebnisse liefern.

Einem Politiker sind folgende Ziele wichtig, und etwa in dieser Reihenfolge:

1. Wiederwahl sichern
2. Mehrheit erlangen
3. Regierungshandeln so weit wie möglich mitbestimmen

Das Regierungshandeln steht nicht an dritter Stelle, weil Politiker Zyniker wären (auch wenn sie das häufig sind), sondern weil man, wenn man die Wiederwahl verpasst, überhaupt nicht regieren kann, und wenn man die Mehrheit nicht erlangt, nicht wirksam regieren kann. Kann man sich aber die Mehrheit nicht sichern, dann sieht die Aufzählung so aus:

1. Wiederwahl sichern
2. Regierungshandeln so weit wie möglich mitbestimmen

In dieser Reihenfolge gehen die beiden Ziele sogar zusammen, denn die Wiederwahl lässt sich leichter sichern – so war es jedenfalls in früheren Phasen der US-Politik –, wenn man Geld mit nach Hause in den eigenen Wahlbezirk bringen und Gesetze vorweisen kann, die den eigenen Namen tragen. Damit diese beiden Ziele aber zusammengehen, muss man ein gutes Verhältnis zur Mehrheitspartei pflegen und darf nicht andauernd Blockade und Sabotage betreiben.

Lee argumentiert, dass ein harter Wettbewerb, in dem »sich keine Partei dauerhaft in der Mehrheit oder dauerhaft in der Minderheit sieht«, ungebremste Parteigefechte erzeugt. Wird die Erlangung der Mehrheit möglich, ist Kooperation nicht mehr sinnvoll. Wer die Gesetzesvorlagen der Mehrheit absegnet und sich mit den dabei errungenen Zusatzregelungen brüstet, stützt die Wiederwahlstrategie der Mehrheit. Wer aber verhindert, dass die Mehrheit überhaupt ein Gesetz erlässt, und so dazu beiträgt, dass die Leute die Nase voll haben von der Politik, dem könnten die Wähler eher einen Wechsel bescheren.

Darin besteht das Paradox der überparteilichen Zusammenarbeit in einem Zweiparteiensystem: Die »unterwürfige, ängstliche Mentalität der permanenten Minderheit«, wie Bob Michel, in den achtziger Jahren Mehrheitsführer der Republikaner im Repräsentantenhaus, es nannte, [21] macht es ihr leichter, mit der Mehrheit zu kooperieren, erschwert es aber, die Mehrheit zurückzugewinnen – ein Konflikt zwischen Regieren und Wahlkampf.

Hat sich eine politische Partei erst einmal entschlossen, den Weg in die Regierung über die Wiedererlangung der Mehrheit zu suchen und nicht über die Zusammenarbeit mit der bestehenden Mehrheit, gelten andere Anreize. Statt eine gute Beziehung mit den Vertretern der anderen Fraktion zu pflegen, müssen diese zerstört werden, weil man auch die Wählerschaft davon überzeugen muss, sie zu zerstören.

Dick Cheney, damals Mitglied des Repräsentantenhauses, brachte es 1985 auf den Punkt: »Die Konfrontation passt in unsere Strategie«, sagte er. »Polarisierung zeitigt oft positive Ergebnisse. Wenn alles über Kompromiss und Schlichtung läuft, bleiben keine echten Streitpunkte, die uns von den Demokraten trennen, warum also sollte das Land anders wählen und uns zur Mehrheit machen?« [22]

Diese Überlegung ist nicht weiter ungewöhnlich. Die Logik des Nullsummenwettbewerbs ist überall dieselbe. Ungewöhnlich ist das politische System der USA, denn es lässt eine gespaltene Regierung zu und hält zahlreiche Instrumente bereit, mit deren Hilfe Minderheiten Regierungshandeln blockieren können.

Stellen Sie sich vor, Sie arbeiten in einem Büro, und Ihr Chef, den Sie für einen Idioten halten, braucht Ihre Hilfe für seine Projekte. Helfen Sie ihm, behält er seinen Job und wird womöglich noch befördert. Weigern Sie sich, werden Sie Chef, und er wird womöglich gefeuert. Fügen wir nun noch eine gehörige Dosis Uneinigkeit hinzu – Sie mögen seine Projekte nicht, finden sie schädlich für das Unternehmen oder gar die Welt – sowie ein paar Kollegen, die Ihren Chef ebenfalls nicht leiden können und sauer auf Sie sind, wenn Sie ihm helfen. Glauben Sie, Sie würden ihn unter diesen Umständen unterstützen?

Das ist im Grunde der Zustand der US-Politik heute. Kooperation über die Parteigrenzen hinweg ist häufig notwendig, um überhaupt zu regieren, aber für die Partei, die in der Minderheit ist, wäre es unvernünftig, sie anzubieten. Wirklich eine echte Zwickmühle.

Diese bizarre Struktur tat über weite Strecken der US-Geschichte ihren Dienst, weil meist eine Partei so dominant war, dass sich Kooperation für die Minderheit lohnte. Lee zitiert Theodore Lowis Analyse aus dem Jahr 1963 »Towards Functionalism in Political Science«, nach der das Parteiensystem, das am besten zur bizarren politischen Struktur der USA passt, »kein auf Konkurrenz beruhendes Zweiparteiensystem ist, sondern ein System, in dem die zweite Partei sehr schwach ist, das heißt, ein ›modifiziertes Einparteiensystem‹«. Doch ein solches System haben wir seit fast 40 Jahren nicht mehr, und es ist nicht ersichtlich, wie man zu ihm zurückkehren könnte, wenn man es wollte. Die Frage der Kooperation hat sich erledigt. Die Meinungsverschiedenheiten gehen tief, die Debatten sind zu stark nationalisiert, die Koalitionen zu unterschiedlich, die politischen Identitäten zu mächtig. So brechen derzeit die Normen und Übereinkünfte, die das informelle System stützten, zusammen, und darunter kommt seine dysfunktionale Struktur zum Vorschein, mit verheerenden Folgen für den Regierungsalltag.

Ein Beispiel ist der Filibuster.

Den Kongress zermürben, um ihn zu kontrollieren

Der Filibuster im Senat, also das Verzögern von Abstimmungen durch endloses Reden, hat einen Haken: Es dürfte ihn eigentlich gar nicht geben. Sarah Binder, die gemeinsam mit Steven Smith das Buch *Politics or Principle: Filibustering in the United States Senate* verfasste, grub tief nach den Ursprüngen der Filibusterregel und stellte fest, dass sie eigentlich keinen konkreten Ursprung hat.

Zunächst gab es sowohl im Repräsentantenhaus als auch im Senat die »previous question motion«, mit der ein Abgeordneter die Beendigung der Debatte zum aktuellen Tagesordnungspunkt – in der Sprache des Parlaments die »previous question«, die vorstehende Frage – und die sofortige Abstimmung darüber beantragen konnte. Das Repräsentantenhaus wendet diese Regel bis heute an, um mit Hilfe eines solchen Antrags eine Debatte zu beenden. Auch der Senat hatte diese Regelung, schaffte sie allerdings ab und schuf damit unbeabsichtigt den Filibuster.

»Im Jahr 1805 hat Aaron Burr gerade Alexander Hamilton getötet«, erzählte mir Binder. »Er kommt zurück in den Senat und hält seine Abschiedsrede. Im Grunde sagt Burr, ihr seid ein tolles Gremium. Ihr seid gewissenhaft und weise, ihr gebt euch nicht den Launen der Leidenschaft hin. Aber eure Regeln sind das reinste Chaos. Und er nimmt sich die Geschäftsordnung vor und weist auf Dubletten und unklare Punkte hin.« [23]

Wir sollten hier nicht unterschlagen, dass das eine berühmte Rede war. Der Überlieferung zufolge rührte Burr, der nicht unbedingt als großartiger Redner bekannt war und kurz zuvor in einem Duell einen prominenten Politiker getötet hatte, die Senatoren mit seinem Vortrag buchstäblich zu Tränen. Es ist leicht, Menschen zu begeistern, wenn man ihnen sagt, wie großartig sie sind und wie wunderbar sich ihr Erbe im historischen Rückblick darstellen wird.

Ein Vorschlag Burrs lautete, den Antrag »previous question« abzuschaffen, was prompt geschah. Offenbar fiel niemandem auf, dass man damit soeben die Möglichkeit abgeschafft hatte, eine Debatte zu beenden. »Heute heißt es, der Senat habe den Filibuster eingeführt, um Minderheiten und das Debattierrecht zu schützen«, sagt Binder. »Das ist Quatsch! Es ist ein Irrtum. Glauben Sie mir, ich hätte liebend gern den rauchenden Colt, den schlagenden Beweis dafür gefunden, dass der Senat beschloss, ein Beratungsgremium zu schaffen. Stattdessen dauert es Jahre, bis überhaupt jemand bemerkt, dass sie gerade den Filibuster erschaffen haben.«

Der Filibuster war damals nicht, was er heute ist. Heute kann er mit 60 Stimmen beendet werden, ein Vorgang, der als *cloture* bekannt ist. Damals war der Filibuster nicht aufzuhalten, solange ein Senator oder eine Gruppe von Senatoren redete. Auch wenn bis auf einen einzigen alle Senatsmitglieder unbedingt abstimmen wollten, konnten sie nichts ausrichten. Daher glichen Filibuster früher einem Krieg, der mit körperlichem Durchhaltevermögen und politischer Taktik ausgefochten wurde.

So verzögerte 1908 Senator Thomas Gore mit Unterstützung von Senator William Stone mit Hilfe eines Filibusters die Verabschiedung eines Währungsgesetzes. Gore wollte das Wort an Stone weitergeben, doch da dieser blind war, hatte er nicht gemerkt, dass Stone den Saal verlassen hatte. Die Senatsmehrheit schon, und sie nutzte den Schnitzer, um das Wort wieder an sich zu reißen und die Abstimmung durchzuführen. [24] Brutal.

Erst 1917, als eine Gruppe von Senatoren Präsident Woodrow Wilsons Gesetzentwurf zur Bewaffnung von US-Handelsschiffen gegen deutsche U-Boote 23 Tage lang verschleppte, überzeugte Wilson, studierter Politikwissenschaftler mit einer klaren Haltung zu den parlamentarischen Abläufen, den Senat davon, die Cloture-Regel zu beschließen, die es erlaubt, Filibuster mit einer Zweidrittelmehrheit des Gremiums zu durchbrechen. Und erst 1975 wurde die Schwelle auf die derzeitige Dreifünftelmehrheit gesenkt.

Wenn man sich nun ansieht, wie der heutige, schwächere Filibuster den US-Senat lähmt, wie konnte das Gremium in der langen Ära, in der die Dauerrede nicht zu knacken war, überleben, ja erfolgreich agieren? Die Antwort lautet, dass der Filibuster zwar nach der Geschäftsordnung über weite Teile der US-Geschichte viel stärker war als heute, durch die Normen jedoch geschwächt wurde. Er wurde kaum angewandt. Nur weil ein Senator, eine Gruppe von Senatoren oder eine ganze Partei voller Senatoren Ermüdungsreden halten konnten, hieß das noch lange nicht, dass sie es auch taten. Denn wenn alle ständig Gesetze verschleppten, wie sollte der Senat dann noch irgendetwas auf die Reihe bringen?

Mein Lieblingsbeispiel dafür stammt aus einem Brief, in dem Präsident Lyndon B. Johnsons Kontaktmann im Senat, Mike Manatos, nach der Senatswahl 1964 darüber schrieb, wie sich das Wahlergebnis auf die Chance auswirken würde, Medicare durch die

Kammer zu bringen. Nachdem er alle Gewinner und Verlierer einzeln aufgezählt hatte, kam er zu dem Schluss: »Wenn alle unsere Unterstützer da sind und wählen, würden wir die Abstimmung 55 zu 45 gewinnen.« [25] Man stelle sich das mal vor! Es ist also noch gar nicht so lange her, dass der Senat einen derart folgenreichen Gesetzentwurf wie Medicare beraten konnte, ohne sich auf einen Filibuster gefasst machen zu müssen.

Die Filibusterregel wird auch genutzt, um anderes Unheil anzurichten, das nicht auf den ersten Blick ersichtlich ist. Denn eine Cloture-Abstimmung hat ihren Preis: Sie bringt mindestens 30 Stunden zusätzlicher Debatte mit sich, was bedeutet, dass die Minderheit, auch wenn sie schon weiß, dass sie verlieren wird, die Mehrheit ausbremsen, den Senat im Würgegriff halten und damit verhindern kann, dass andere Aufgaben erledigt werden. So wurden etwa Nominierungen von Richtern mit einem Filibuster verzögert und anschließend einstimmig angenommen. Im Jahr 2009 erzählte mir Senator Tom Harkin, Demokrat aus Iowa, von einem besonders unerhörten Beispiel, das sich ausgerechnet mitten in der Finanzkrise ereignet hatte. »Uns lag ein Vorschlag zur Ausweitung der Arbeitslosenversicherung vor«, sagte Harkin. »Wir bekamen einen Filibuster, das mehr als drei Wochen dauerte. Die haben alles zum Stillstand gebracht. Und am Ende ging die Abstimmung 97 zu 1 aus.« [26] Ein Filibuster dient nicht etwa einem einsamen Senator dazu, ein missliebiges Argument zur Sprache zu bringen, vielmehr wird er von der Minderheitspartei im US-Senat genutzt, um die Regierungsfähigkeit der Mehrheit zu sabotieren, in der Hoffnung, dass die Wählerschaft die Partei, die ja doch wohl das Sagen hat, abstrafen wird.

Früher kamen Filibuster im Senat nur selten zur Anwendung (mit einer grausigen Ausnahme: Regelmäßig wurden damit Antilynch- und Bürgerrechtsgesetze blockiert). Offiziellen Protokollen zufolge stimmte der Senat zwischen 1917 und 1970 49-mal ab, um einen Filibuster zu brechen, also durchschnittlich knapp einen pro Jahr. In den Jahren 2013 und 2014 fanden 218 solcher Abstimmungen statt. Man sollte meinen, damit hätte die Behinderung des Senats ihren Gipfel erreicht, doch eine Rückkehr zu den niedrigeren Zahlen der Vorjahre fand nicht statt: In der Sitzungsperiode 2015 / 2016 gab es 123 Cloture-Abstimmungen, 2017 / 2018 sogar 168.

Genau das war Linz' und Lees Forschungsergebnissen nach zu erwarten gewesen. Als Wettbewerb und Polarisierung in der US-Politik noch nicht so stark ausgeprägt waren, kamen Filibuster seltener vor. Das lag zum einen daran, dass die Parteien ideologisch vielfältig waren, was eine koordinierte und strategische Behinderung im parteiinternen Schulterschluss verhinderte, zum anderen daran, dass die Minderheitspartei kaum Chancen auf die Wiedererlangung der Macht sah und daher lieber darauf verzichtete, die Mehrheit gegen sich aufzubringen. Doch heute, da zwischen den Parteien ein tiefer Dissens herrscht und die Kontrolle des Senats auf Messers Schneide steht, ist der Filibuster eine feste Größe. Die amerikanische Politik folgt derzeit eher einer konfrontativen Nullsummenstrategie, die in den formalen Regularien angelegt ist, als dem kooperativ-toleranten Ansatz, den die informellen Normen bestärkten.

Ein weiteres gutes Beispiel für diese Dynamik ist die Schuldenobergrenze, vielleicht die sonderbarste und gefährlichste Sprengfalle in der US-Politik. Sie funktioniert so: Kongress und Präsident treffen regelmäßig Entscheidungen über Ausgaben, die als vorhersehbare Konsequenz zusätzliche Schuldenaufnahmen durch den Bund nach sich ziehen. Doch anstatt diese Kredite dann zu genehmigen, wenn die Ausgaben beschlossen werden, stimmt der Kongress gesondert und zeitversetzt darüber ab, ob die Bundesregierung Geld aufnehmen darf, um Rechnungen zu begleichen.

Was auf den ersten Blick vielleicht eher unerheblich erscheint, ist in Wahrheit eine im Zentrum des globalen Finanzsystems tickende Bombe. Zehnjährige US-Staatsanleihen, sogenannte T-Bonds, gelten als die sichersten der Welt. Sie werden von Staaten, Pensionsfonds, Hedgefonds, Investmentbanken, ja sogar von einfachen Investoren in großer Zahl erworben und erfüllen immer denselben Zweck: Als risikolose Anlage sind sie das einzige Finanzprodukt, bei dem man sich darauf verlassen kann, dass es sich rechnet. Ein Großteil des Finanzsystems gründet daher auf US-Staatsanleihen: Sie gelten als »risikolos«, und ihr Zinssatz dient anderen Produkten von Hypotheken bis hin zu Autokrediten als Referenzwert, dem das jeweilige Risiko der Darlehen hinzugerechnet wird.

Eine Finanzkrise entsteht, vereinfacht ausgedrückt, wenn eine wichtige Gruppe von Vermögenswerten, denen der Wert X zugeschrieben wird, in Wahrheit weit von X entfernt ist und der Markt erkennt, dass im gesamten System die Kurse nicht stimmen. Märkte gründen auf Informationen, und wenn das Kernstück dieser Informationen auf einmal im Chaos versinkt, kann das katastrophale Folgen haben. Vergleichbares geschah 2008, als sich das Risiko für Subprime-Hypothekenanleihen, das der Markt als niedrig eingestuft hatte, in Wahrheit als hoch erwies, was die Kreditmärkte schwer erschütterte.

Gelänge es nun der US-Regierung nicht, eine Erhöhung der Schuldenobergrenze zu verabschieden, und könnte sie somit ihre Schulden nicht mehr zahlen, müssten die Finanzmärkte ihre wichtigste Kerninformation neu bewerten. Die Folge wäre eine globale Finanzkrise, ausgelöst durch interne Machtkämpfe im Kongress.

Gesetzesvorlagen für die Schuldenobergrenze wurden auch früher oft dazu genutzt, die Gegenseite zu blamieren, nie jedoch dazu, echten politischen Druck auszuüben, weil die Folgen schlichtweg verheerend wären. Das änderte sich 2011, als sich die neu gewählten Tea-Party-Vertreter in der Republikanischen Partei weigerten, die Schuldenobergrenze anzuheben, um über diesen Hebel Ausgabenkürzungen durchzudrücken (diese dogmatische Ablehnung von Defiziten löste sich bezeichnenderweise in dem Moment in Luft auf, als ein Republikaner das Weiße Haus eroberte). Die daraus entstehende Krise erschütterte die Finanzmärkte und führte dazu, dass die Ratingagentur Standard & Poor's die US-Staatsanleihen herabstufte.

Mit der Annahme, dass ihnen die Schuldenobergrenze ein Druckmittel an die Hand gab, um Zugeständnisse einzufordern, lagen die Republikaner im Kongress völlig richtig. Der Kongress hätte auch einfach beschließen können, Entscheidungen über Kreditaufnahmen und über Ausgaben aneinanderzukoppeln, um zu verhindern, dass Abgeordnete einen Zahlungsausfall erzwingen können. Stattdessen ließ er das Thema in der Schwebe und gab damit skrupellosen Volksvertretern, die bereit sind, ihr eigenes Land in Geiselhaft zu nehmen, wenn sie nicht bekommen, was sie wollen, eine geladene Waffe in die Hand. Früher tat so etwas niemand, weil so etwas in der US-Politik einfach nicht üblich war. Inzwischen ist es üblich.

Und diese Dynamik durchzieht heute das gesamte politische System der USA. Normen der Kooperation und Rücksicht zerbrechen, und es folgen Krisen, Lähmung und Polarisierung. Haushaltssperren kommen häufiger vor, Richternominierungen hängen nicht mehr von der Zustimmung der Senatoren aus den jeweiligen Bundesstaaten ab, und eine Revision der Regularien schränkt Gesetzesänderungsverfahren und Debatten in den Ausschüssen ein. Das hat alles seine Logik und ist vielleicht sogar unvermeidbar: Warum sollten nicht beide Seiten die Regeln zu ihrem Vorteil nutzen und, wenn möglich, verändern? Das Problem dabei ist, dass wir ein politisches System haben, in dem die Regeln unlösbare Konflikte, Stillstand und sogar globale Finanzkrisen hervorrufen.

»Das ist gefährlich«, so Senator Michael Bennet, Demokrat aus Colorado und bekannt für seine überparteiliche Ausrichtung. »Wir sind eine demokratische Republik. Wenn wir keine Entscheidungen fällen können, weil wir strukturelle Probleme im politischen System haben oder weil wir von unserer Mentalität her anderen keinen Platz auf dem Spielfeld zugestehen, dann kann nicht mehr regiert werden. Das ist eine existenzielle Bedrohung für die nächsten Generationen.« [27]

KAPITEL 9

Der Unterschied zwischen Demokraten und Republikanern

Als ich 2005 nach Washington zog, waren Thomas E. Mann und Norm Ornstein gerade in den nur äußerst Wenigen vorbehaltenen Olymp des politischen Journalismus aufgestiegen: Sie waren zu Klischees geworden. Mann und Ornstein – die beiden Co-Autoren, von denen immer als Duo gesprochen wurde wie von Sonny und Cher – waren für eine ganze Generation des Washingtoner politischen Establishments, dem sogenannten Beltway, die erste Adresse in Sachen Kongresspolitik gewesen. Sie wussten alles, sprachen mit jeder und jedem, waren überall. Sie wurden so allgegenwärtig, dass ich Verleger kannte, die ihren Reportern verboten, die beiden Gelehrten zu zitieren, um einfach mal ein paar neue Stimmen in ihre Storys zu bekommen.

Eine der Hauptursachen für die Allgegenwart dieser beiden war die Tatsache, dass sie unnachgiebig und demonstrativ ausgewogen agierten. Mann hatte es sich an der Mitte-links-gerichteten Brookings Institution gemütlich gemacht, Ornstein am offen konservativ eingestellten American Enterprise Institute. Daher verkörperten die beiden, zusätzlich zu ihrem tiefgehenden Wissen und ihrer umfassenden Kenntnis des Kongresses und ihrem Talent, passend zum Abgabetermin das perfekte Zitat anzubieten, eine fundamentale Grundannahme der amerikanischen Politik: dass die beiden Parteien zwar ideologische Gegner seien, in allen anderen Dingen jedoch gleich. Die Präsenz des Duos in einem Artikel vermittelte daher eine Metabotschaft in Sachen Unparteilichkeit.

Doch so langsam wurde den beiden mulmig. Sie selbst mochten ausgewogen sein, doch das politische System, für dessen Verständnis sie bezahlt wurden, war aus der Balance geraten. Schlimmer noch, sie gelangten zur Überzeugung, dass die durch die Medien stattfindende Fetischisierung eben dessen, was sie repräsentierten, die Wahrheit der amerikanischen Politik verschleierte. Also beschlossen Mann und Ornstein, die Wahrheit selbst auszusprechen.

Es gibt nur wenige wahrhaft mutige Akte politischer Analyse, doch dieser war einer. Mann und Ornstein warfen das gesamte politische Kapital in die Waagschale, das sie ein Leben lang angesammelt hatten, um eine sorgfältig konstruierte Marke zur Explosion zu bringen und so den Leuten die Augen dafür zu öffnen, was aus der Republikanischen Partei geworden war – und auch für die Rolle, die die Medien dabei gespielt hatten. Im Jahr 2012 brachten die beiden Gelehrten ein Buch mit dem Titel *It's Even Worse Than It Looks* heraus, und sie nahmen darin kein Blatt vor den Mund:

> Die Republikanische Partei von heute […] ist ein Haufen aufrührerischer Außenseiter. Sie ist ideologisch extrem geworden; sie verachtet die traditionellen politischen Abläufe in Gesellschaft und Wirtschaft; sie verachtet den Kompromiss; sie zeigt sich unbeeinflusst von dem konventionellen Verständnis für Fakten, Beweise und wissenschaftliche Erkenntnisse; sie spricht ihrem politischen Gegner die Legitimität ab und scheint der Regierung den Krieg erklärt zu haben. Die Demokratische Partei, die zwar auch kein Musterbeispiel bürgerlicher Tugenden abgibt, steht ideologisch stärker in der Mitte und ist diverser; sie stellt sich schützend vor die Rolle der Regierung, wie sie sich im Verlaufe des letzten Jahrhunderts herausgebildet hat; sie ist offen für grundlegende, mit den Republikanern ausgehandelte Veränderungen in der Politik; und sie ist weniger anfällig dafür, sich entweder offen zu zeigen für einen Konflikt zwischen

den Parteien, der nach dem Motto abläuft: »Es werden keine Gefangenen gemacht«, oder sich in einen solchen zu begeben. Diese Asymmetrie zwischen den Parteien, die von Journalisten und Gelehrten auf ihrer Suche nach »Ausgewogenheit« häufig beiseitegeschoben oder beschönigt wird, stellt ein riesiges Hindernis für effizientes Regierungshandeln dar. [1]

Manns und Ornsteins Diagnose war zu diesem Zeitpunkt kontrovers, und die Gelehrten mussten plötzlich feststellen, dass sie aus sonntäglichen Diskussionsrunden ausgeladen wurden, für die sie vorher so regelmäßig gebucht gewesen waren, und dass sie von Reportern ignoriert wurden, die sie bisher so eifrig angerufen hatten. Liberale fanden ihr Buch natürlich großartig, doch die Medien betrachteten ein Zitat von ihnen mittlerweile als Signal für etwas völlig anderes: Die beiden wurden nun nicht mehr als Repräsentanten der allseits geschätzten Annahme der Gleichwertigkeit der Parteien wahrgenommen, sondern als Repräsentanten von deren wechselseitiger, kontrovers geprägter Ablehnung.

Wenige Jahre später tauchte Trump auf wie ein Golem, den Manns und Ornsteins Worte heraufbeschworen hatten. Er war die Inkarnation ihrer Beschreibung der Grand Old Party, ergänzt um schütteres orangefarbenes Haupthaar, ein Blutgefäßsystem und einen Twitter-Account. Im August 2015, als eine Nominierung Trumps – von einer Präsidentschaft Trumps ganz zu schweigen – immer noch wie eine lächerliche Voraussage klang, argumentierte Ornstein im *Atlantic*, dass Trump tatsächlich gewinnen könnte und dass seine Kandidatur und sein Triumph die Folge der ungezügelten Radikalisierung wären, die die Republikanische Partei auf allen Ebenen befallen habe:

Ich habe einen Kongress der GOP gesehen, bei dem das selbst sehr konservative Parteiestablishment den Kampf um die Ko-

> optierung der radikalen Tea-Party verloren hat und stattdessen größtenteils selbst von dieser kooptiert oder zumindest eingeschüchtert wurde.
>
> Im Zuge des Wandels der Kongresspartei hat sich auch die aktivistische Komponente der Partei außerhalb von Washington gewandelt. Innerhalb der Parlamente, Parteiapparate und Plattformen der Bundesstaaten tauchen regelmäßig Statements oder Positionen auf, die selbst die extremsten Abgeordneten in Washington blass aussehen lassen.
>
> Immer weiter angestachelt durch Talkradio, Fernsehnachrichten, rechtsgerichtete Blogs und soziale Medien sind die aktivistischen Wähler, aus denen die Wählerschaft bei Vor- und Caucus-Wahlen besteht, immer wütender geworden, und zwar nicht nur auf den amtierenden sozialistischen Präsidenten aus Kenia, sondern auch auf ihre eigenen Anführer. [2]

Für die meisten Beobachter verkörperte Trump den radikalen Bruch mit den Traditionen und Narrativen der Republikanischen Partei. Für Ornstein war er der nächste logische Schritt für eine Partei, die sich selbst, ihre Institutionen und ihre Anführer in Vehikel revanchistischen Zorns verwandelte.

Wieder und wieder entschieden sich Konservative für den Weg der maximalen Konfrontation und Behinderung, versammelten sich hinter Schreihälsen, die versprachen, dorthin zu gehen, wo ihre Vorgänger sich nicht hingewagt hätten, Worte auszusprechen, die vormals nur geflüstert wurden, Taktiken zu übernehmen und anzuwenden, die einst vermieden wurden.

Trump sei kein Bruch mit der Republikanischen Partei. Er sei der authentischste Ausdruck ihrer modernen Psychologie. Die Vorwahlen sollten Ornstein recht geben.

Eine solche Geschichte lässt sich über die Demokratische Partei nicht erzählen, die, obwohl sie ideologisch nach links gerückt ist, den traditionellen Institutionen und Verhaltensweisen verbunden blieb. Man kann sich ein gutes Stück in die Einzelheiten der vorliegenden Daten einwühlen, die zeigen, dass republikanische Kongressabgeordnete stärker nach links gerückt sind als Demokraten nach rechts – ich habe das gemacht, glauben Sie mir –, doch die einfache Tatsache ist die, dass die Republikaner 2016 Donald Trump nominierten und die Demokraten Hillary Clinton. Soll heißen, eine Partei nominierte einen Kandidaten, der die etablierten Normen verachtete, der erpicht darauf war, politische Gegner wegzusperren, und besessen von Verschwörungstheorien. Die andere Partei … nicht.

Und die Präsidentschaftswahl war auch kein einmaliger Ausrutscher. Zwischen 2012 und 2018 vertrieben die Republikaner im Repräsentantenhaus John Boehner vom Posten ihres Sprechers mit der Begründung, er wäre nicht radikal genug, und machten anschließend Paul Ryan das Leben so zur Hölle, dass er seinen Posten nach nur drei Jahren aufgab. Die Fraktion der Demokraten wurde dagegen 2019 von demselben Team geführt, das sie 2006 gewählt hatten.

Während der Regierung Bill Clintons verfolgten die Republikaner eine unpopuläre und bizarre Impeachment-Kampagne. Während Barack Obamas Präsidentschaft hätten sie beinahe die Schuldenobergrenze verletzt und eine zweite globale Finanzkrise ausgelöst, um den Demokraten zum Einlenken zu zwingen. Während beider Präsidentschaften legten sie wiederholt die Regierungsgeschäfte lahm. In allen diesen Fällen brachten führende Republikaner ihr Unbehagen mit dem Weg zum Ausdruck, den die Partei eingeschlagen hatte, schienen aber hilflos zu sein und nichts anderes tun zu können, als den Zorn ihrer Parteibasis zu kanalisieren.

Ungeachtet aller Wut, die die Demokraten 2006 gegenüber George W. Bush und 2018 gegenüber Donald Trump empfanden, haben sie keine Versuche unternommen, ihr Wahlergebnis zu verbessern, indem sie das weltweite Finanzsystem in Gefahr brachten. Bei den Wahlen zum Repräsentantenhaus 2006 widerstand Nancy Pelosi, damals Vorsitzende der demokratischen Minderheitsfraktion, allen Aufforderungen, die Finanzierung des Irakkriegs einzustellen. Merkwürdigerweise und vielsagenderweise begann der längste Shutdown in der Ära Trump, als die Republikaner die Mehrheit im Kongress hatten und Trump selbst ihn erzwang, und zwar im Zusammenhang mit einem von den Republikanern eingegangenen Kompromiss bei den Staatsausgaben, der seiner Mauer die Finanzierung verweigerte.

Täuschen Sie sich nicht: Jede Menge Liberale werden diesen kurzen historischen Abriss als Geschichte der Schwäche der Demokraten lesen. Der Unterschied zwischen den beiden Parteien in diesem Zusammenhang ist folgender: Es war nicht so, dass liberale Aktivisten nicht den Wunsch gehabt hätten, die Demokratische Partei möge aus der Opposition heraus ihre Taktiken eskalieren lassen; vielmehr war es so, dass die gewählten Demokraten im Großen und Ganzen imstande waren, solchen Forderungen zu widerstehen.

Die polarisierenden Kräfte, die ich im Verlaufe dieses Buches beschrieben habe, wirken auf beide Koalitionen. Warum also ist es der Demokratischen Partei gelungen, ihnen weitestgehend zu widerstehen, und den Republikanern nicht? Warum sind die beiden Parteien so verschieden? Die Antwort auf diese Frage hat zwei Komponenten: Diversität und Demokratie. Sie sind dem Immunsystem der Demokraten quasi eingeschrieben, dem der Republikaner dagegen nicht. Dies hat zwar nicht dazu geführt, dass die Demokraten von den Kräften der Polarisierung gänzlich unberührt blieben, so viel ist mal sicher. Doch wenn die Polarisierung der Demokratischen Partei eine Grippe beschert hat, dann hat sich die Republikanischen Partei durch sie eine Lungenentzündung eingefangen.

Die Vorteile der Diversität

Bei den Vorwahlen der Demokraten zu den Präsidentschaftswahlen 2020 passierte etwas Interessantes. Demokratische Kandidaten wurden plötzlich gefragt, was sie von Entschädigungszahlungen an die Nachkommen ehemaliger Sklaven hielten. Einige wenige von ihnen – vor allem Kamala Harris und Elizabeth Warren – brachten ihre Unterstützung für dieses Anliegen zum Ausdruck. Doch anstatt eine direkte Entschädigungszahlung an die Nachkommen der Sklaven vorzuschlagen, stellte sich heraus, dass die Demokraten eine Politik für, nun ja, jedermann befürworteten. »Harris hat monatliche Zahlungen an alle anspruchsberechtigten Bürger ungeachtet ihrer Hautfarbe in Form einer steuerlichen Entlastung ins Spiel gebracht!«, berichtete *Associated Press* im Februar 2019. »Warren hat sich für ein allgemeines Kindergeld starkgemacht, das von der Geburt bis zum Schulanfang gezahlt werden soll.« Das waren universalistische Programme – Programme, die allen Menschen ungeachtet ihrer ethnischen Herkunft helfen würden –, angepriesen auf partikularistische Art und Weise. [3]

Als politischer Akt war das ein bizarrer Kompromiss, der das Schlechteste aus beiden Welten in sich vereinte. »Es besteht das Risiko, dass dieser Vorschlag sowohl Kritik vonseiten der Republikaner erntet als auch von schwarzen Wählern und Aktivisten abgelehnt wird, falls die Vorschläge als leere Geste wahrgenommen werden, die einfach existierenden politischen Konzepten einen neuen Namen verpasst, damit sie als Entschädigungszahlungen durchgehen«, schrieb *AP*. Warum sollte man eine weithin populäre Politik nehmen, wie Harris mit einer weitreichenden Entlastung bei der Einkommensteuer, und sie an eine spalterische Idee wie Entschädigungszahlungen binden? Die Ursache findet sich in einem tiefgreifenden Unterschied zwischen den Parteien.

In Kapitel 2 haben wir diskutiert, wie die beiden Koalitionen sich nach Ideologie, Hautfarbe, Religion, Geographie und Psychologie sortierten. Doch nicht jede Sortierung ist gleich. Sortierung hat die Demokraten diverser und die Republikaner homogener gemacht. Dies wird oft als Schwäche der Demokraten angesehen. Sie sind eine Ansammlung von Interessengruppen, eine Partei der Listenmacher, ein endloser Zählappell. Doch es spielt eine unverzichtbare Rolle dabei, die Reaktionen der Partei auf Polarisierung in gemäßigte Bahnen zu lenken.

Die Republikaner sind in überwältigender Weise abhängig von weißen Wählern. Die Demokraten sind eine Koalition aus liberalen Weißen, Afroamerikanern, Hispanics und Asiaten. Die Republikaner sind überwiegend abhängig von Christen. Die Demokraten sind eine Koalition aus liberalen und nichtweißen Christen, Juden, Muslimen, New Agers, Atheisten, Buddhisten und so fort. Betrachtet man die fixierten im Gegensatz zu den fluiden psychologischen Dimensionen, die wir oben diskutiert haben, sind die Republikaner überwiegend eine Partei der fixierten Wähler. Die Demokraten dagegen sind, wie Hetherington und Weiler in ihrem Buch *Prius or Pickup?* feststellen, nur unter weißen Wählern psychologisch sortiert. »In Communities of Color gibt es jede Menge Leute, die traditionelle Familienhierarchien und von oben nach unten funktionierende Autoritätsstrukturen schätzen«, schreiben sie. »Die Gruppe, deren Mitglieder mit der höchsten Wahrscheinlichkeit eine fixierte Weltsicht haben, sind die Afroamerikaner.« [4] Doch die Republikanische Partei hat nichtweiße Wähler dermaßen abgestoßen, dass diese jetzt ungeachtet ihrer psychologischen Verfasstheit den Demokraten zuneigen.

Sprechen wir von Sortierung, dann kann das leicht nach einem symmetrischen Vorgang klingen: Die Republikaner sind zur Partei der weißen Wähler geworden, die Demokraten zur Partei der nichtweißen Wähler. Wir haben es hier aber mit zwei völlig unterschiedlichen Parteistrukturen zu tun. Sortierung hat die Demokraten zu einer Koalition der Unterschiede gemacht, während sie die Republikaner immer weiter in die Gleichförmigkeit trieb. Demzufolge müssen die Demokraten, wollen sie Demokraten ansprechen, eine breite Vielfalt verschiedenster Menschen mit unterschiedlichsten Interessen ansprechen. Es bedeutet, liberale Weiße in New Hampshire und traditionelle Schwarze in South Carolina zu gewinnen. Es bedeutet, irische Katholiken in Boston genauso anzusprechen wie Karmajünger in Kalifornien. Die Demokraten müssen sich sehr breit aufstellen, um ihre Anhänger zu überzeugen, und sie müssen sich, wie wir noch sehen werden, auch auf rechtsgerichtete Territorien begeben, um an die Macht zu kommen. Die Republikaner können es sich leisten, in die Tiefe zu gehen.

Das zeigt sich in allen Meinungsumfragen. Der Anteil der Amerikaner, die sich selbst als konservativ bezeichnen, übertrifft seit langer Zeit den Anteil derjenigen, die sich als liberal bezeichnen. Im Jahr 1994 schlugen die Konservativen die Liberalen mit 38 zu 17 Prozent. Diese Kluft hat sich in den zurückliegenden Jahren etwas geschlossen, doch im Januar 2019 waren die Konservativen mit 35 zu 26 Prozent immer noch vorn. Drei Viertel der Republikaner bezeichnen sich selbst als konservativ, während nur die Hälfte der Demokraten sich selbst als liberal bezeichnet – was für die Demokraten ein historischer Höchststand ist. Die Anzahl der selbsterklärten Gemäßigten übertraf bis 2008 die Anzahl der Liberalen in der Demokratischen Partei. [5] Das bedeutet, dass es den Republikanern gelungen ist, ihre Anhänger über ideologische Kanäle anzusprechen. Den Demokraten nicht. Sie mussten einer Koalition aus Weißen und Nichtweißen, Liberalen und Gemäßigten, Fixierten und Fluiden Zugeständnisse machen. Dies taten sie, indem sie unterschiedlichen Gruppen unterschiedliche Politikstrategien versprachen – also einen eher transaktionalistisch als ideologisch geprägten Ansatz zur Parteienbildung anboten.

Mit ihrem Buch *Asymmetric Politics: Ideological Republicans and Group Interest Democrats* bieten Matt Grossmann und David Hopkins die bisher sorgfältigste Studie zu den Unterschieden zwischen der Koalition der Republikaner und der Koalition der Demokraten an. Sie fanden Folgendes heraus: Die Demokratische Partei ist eine diversifizierte Ansammlung von Interessengruppen, die von politischen Zielen zusammengehalten werden, während die Republikanische Partei auf einer stärker geeinten Basis aufbaut, die ihre Berührungspunkte in abstrakteren, stärker ideologisch geprägten Formen des Engagements findet. [6]

Grossmann und Hopkins belegen diesen Unterschied auf vielfältige Weise. So geben bei demokratischen Vorwahlen mehr als doppelt so viele Interessengruppen Unterstützungserklärungen ab als bei republikanischen Vorwahlen. Einer Analyse der Präsidentschaftsdebatten von 1996 bis 2012 zufolge »erwähnten Präsidentschaftskandidaten der Republikaner mit einer mehr als doppelt so hohen Wahrscheinlichkeit Ideologien oder Prinzipien als die der Demokraten«, und Demokraten »zitierten mit signifikant höherer Wahrscheinlichkeit gesellschaftliche und demographische Gruppen sowie Interessengemeinschaften als Republikaner« und sprachen außerdem mehr über neue Politikvorschläge. In Meinungsumfrage um Meinungsumfrage, sowohl unter demokratischen wie auch republikanischen Präsidenten, sagten Demokraten, sie würden Politiker bevorzugen, die Kompromisse eingingen, um die Dinge voranzubringen, während Republikaner sagten, sie würden Politiker präferieren, die an ihren Positionen festhielten.

In einem wesentlichen Punkt stimme ich mit Grossmann und Hopkins nicht überein: Ich denke, sie halten eine Identitätsbewegung irrtümlicherweise für eine ideologische Bewegung. Würden Konservative im Hinblick auf die Macht der Exekutive, die beschränkten Einflussmöglichkeiten des Staates und das Primat des Kongresses wirklich glauben, was zu glauben sie vorgeben, dann hätten sie Trumps Präsidentschaft als Krise empfunden. Und für einige war sie das auch. George Will, langjähriger Kolumnist der *Washington Post*, verließ die Republikanische Partei. Mark Sanford, Mitglied des Repräsentantenhauses und eisenharter Konservativer aus South Carolina, weigerte sich, die Klappe zu halten, und verlor die Vorwahlen gegen einen Herausforderer. Justin Amash, Abgeordneter des Repräsentantenhauses und libertärer Republikaner aus Michigan, forderte ein Impeachment-Verfahren gegen Präsident Trump und gab seine Parteimitgliedschaft auf.

Doch die meisten Konservativen, ob nun prominente Politikexperten oder gewöhnliche Wähler, sahen letztlich keinen Widerspruch zwischen Konservatismus und Trumpismus. Eigentlich ganz im Gegenteil. Einer Umfrage zufolge, die das Meinungsforschungsinstitut Gallup im September 2019 durchführte, fanden 75 Prozent der selbsterklärten Konservativen und 91 Prozent der selbsterklärten konservativen Republikaner, Trump mache einen guten Job. [7] Das kommt daher, weil Konservatismus für die meisten Menschen keine Ideologie ist, sondern eine Gruppenidentität.

Die Politikwissenschaftler Michael Barber und Jeremy Pope untersuchten dies 2018 mit einem Experiment und veröffentlichten die Ergebnisse in einem cleveren Aufsatz. Trump nahm unablässig einander widersprechende Positionen zu bestimmten Themen ein, und sein Ruf, alles Mögliche zu sagen und zu tun, brachte Wähler zu der Überzeugung, er hätte wirklich immer all das gesagt, was man ihnen vorlegte. »Es hat noch niemals einen Präsidenten gegeben (oder den Anführer einer Partei), der so oft zwischen liberalen und konservativen Positionen zu bestimmten Themen hin und her gesprungen ist«, schrieben die Autoren und dass dies den Raum für eine aufschlussreiche Studie eröffne. [8]

Und so hat sie funktioniert: Barber und Pope baten Wähler um ihre Meinung (Zustimmung bzw. Ablehnung) zu unterschiedlichen politischen Strategien. Wegen der, ähm, Flexibilität von

Trumps Rhetorik waren darunter auch solche, zu denen Trump einmal eine liberale Position und ein andermal eine konservative Position bezogen hatte. Anschließend wurden die Befragten in vier Gruppen aufgeteilt: eine Kontrollgruppe; eine Gruppe, die nach ihrer politischen Meinung gefragt wurde, ohne irgendwelche Informationen zu bekommen, die in Beziehung zu Trump standen; dazu zwei Gruppen, die man zu ihren politischen Positionen befragte und denen man entweder Trumps liberale Ansichten oder seine konservativen Ansichten an die Hand gab.

Wäre Konservatismus zuallererst eine Ideologie, dann müsste eine stärkere Bindung an diese Ideologie zur Folge haben, dass die Befragten sich stärker gegen Trumps fortwährende Meinungsänderungen stemmten. Stattdessen traf das genaue Gegenteil zu. Menschen, die sich am stärksten als konservativ empfanden, hatten die höchste Wahrscheinlichkeit, ihre Meinung entsprechend seiner Äußerungen zu ändern. Und dieser Effekt war etwa gleich groß, egal, ob Trump die konservative oder die liberale Position einnahm. Was zählte, war die Richtung, die Trump verfolgte, nicht die Richtung, die die Politik verfolgte. Unter den Befragten, die stark liberal eingestellt waren, gab es diese oder eine gegenläufige Reaktion interessanterweise nicht: Sie veränderten ihre Position nicht so stark, um gegen Trump zu sein.*

Ebendies ist der Punkt, in dem Trump die Konservativen verstand und der so vielen seiner Kritiker entging: Es handelte sich bei ihnen um eine Identitätsgruppe unter Beschuss, und jemandem, der ihnen Schutz und Siege versprach, würden sie in die Hölle folgen und zurück. Amash hat das in einem Interview, das er nur wenige Tage vor seinem Austritt aus der Grand Old Party mit Jane Coaston von Vox führte, sehr gut auf den Punkt gebracht:

* Dies beweist nicht, dass Liberale nicht dasselbe Verhalten gegenüber Obama oder Sanders an den Tag legen würden. Es belegt lediglich, dass sie es nicht im Negativen gegenüber Trump zeigten.

Eine ganze Menge Trump-Republikaner haben dieses Mindset, dass sie diesen totalen Krieg gegen die Linken führen müssen. Und wenn sie Big Government dazu nutzen müssen, dann geht das für sie absolut in Ordnung. Wenn ich also auf Twitter gehe und dort über ausufernde Staatsausgaben oder die Größe der Regierung spreche, dann bekomme ich jede Menge Reaktionen von Trump-Unterstützern, die sagen: »Wen interessiert schon, wie groß die Regierung ist«, oder »Wen interessiert schon, wie viel wir ausgeben, solange wir illegale Einwanderung bekämpfen und die Linken zurückdrängen.« [9]

Der Fox-News-Effekt

Entscheidend ist, dass die Demokratische Partei nicht nur stärker divers ist, was ihre Mitgliedschaft angeht; sie ist auch stärker divers in Bezug auf die Informationsquellen, denen sie vertraut. Das Pew Research Center führte 2014 eine Umfrage durch, mit der das Vertrauen in verschiedene Medienquellen ermittelt werden sollte. Man gab den Befragten 36 verschiedene Medienkanäle vor und bat sie, diese nach dem Vertrauen zu bewerten, das sie ihnen entgegenbrachten. Diejenigen Teilnehmer, die als »konsequente Liberale« zählten, vertrauten einer breiten Anzahl verschiedener Medienkanäle von Mitte-rechts bis links: ABC, Al Jazeera America, der BBC, Bloomberg, CBS, CNN, *The Colbert Report, Daily Kos, The Daily Show,* dem *Economist, The Ed Schultz Show,* Google News, dem *Guardian,* der *Huffington Post, Mother Jones,* MSNBC, NBC, dem *New Yorker*, der *New York Times*, NPR, PBS, *Politico, Slate, USA Today*, dem *Wall Street Journal*, der *Washington Post* und Yahoo!.

Bei konsequent Konservativen war das anders. Von den 36 genannten Medienkanälen sprachen die Befragten, die zu dieser Gruppe zählten, lediglich einer Handvoll zutiefst ideologisch geprägter Quellen mehr Vertrauen aus als Misstrauen: Fox News, Breitbart, dem *Wall Street Journal*, Blaze, Drudge Report, *The Sean Hannity Show, The Glenn Beck Program* und *The Rush Limbaugh Show*.

Pew fragte konsequent Liberale und Konservative auch, welcher Medienkanal ihre »wesentliche« Nachrichtenquelle sei. Auch hier war der Unterschied enorm. Die Liberalen hatten keine dominante Nachrichtenquelle. Für 15 Prozent von ihnen war CNN die erste Wahl, gefolgt von NPR mit 13 Prozent, MSNBC mit zwölf Prozent und der *New York Times* mit zehn Prozent. Bei den konsequent Konservativen entschieden sich 47 Prozent für Fox News, gefolgt von den »Lokalnachrichten« mit elf Prozent.

Zwei Jahre später führte Pew dieselbe Umfrage während der Wahlen 2016 durch, um zu messen, woher die Wählerinnen und Wähler von Clinton beziehungsweise Trump ihre Nachrichten bezogen. Bei den Wählerinnen und Wählern von Clinton war die beliebteste Antwort CNN. Der Nachrichtensender wurde mit 18 Prozent als häufigste Nachrichtenquelle genannt, gefolgt von MSNBC, den neun Prozent favorisierten. Unter den Wählerinnen und Wählern von Trump nannten 40 Prozent Fox News. [10]

Die Ergebnisse von Pew bestätigen die Ergebnisse anderer Forscher. In ihrer Studie »Partisanship, Propaganda, and Disinformation: Online Media and the 2016 U.S. Presidential Election«, in der sie die Ergebnisse ihrer Untersuchungen über Mediendynamiken während der Präsidentschaftswahl 2016 vorstellten, zogen sechs Forscher aus Harvard folgende Schlussfolgerung:

> Die Leitmedien auf der rechten und linken Seite des Spektrums sind in verschiedenen Traditionen und journalistischen Praktiken verwurzelt. Auf der konservativen Seite wurde Medienkanälen, die zutiefst parteiisch pro Trump waren, mehr Aufmerksamkeit gewidmet. Im Gegensatz dazu lag der Schwerpunkt auf

der liberalen Seite im Wesentlichen auf lange bestehenden Medienorganisationen, die tief verwurzelt sind in den Traditionen und Praktiken des objektiven Journalismus. [11]

Politische Parteien existieren innerhalb informationeller Ökosysteme. Diese Ökosysteme schaffen den Kontext, innerhalb dessen Wähler Forderungen aufstellen, Politiker strategische Entscheidungen treffen, Präsidentschaftsanwärter Botschaften entwickeln. Das informationelle Ökosystem der Demokratischen Partei kombiniert Mainstreamquellen, die nach Objektivität streben, liberale Quellen, die Vorurteile bestärken, und sogar einige Mitte-rechts gerichtete Quellen mit hervorragendem Ruf, wie den *Economist* und die Nachrichtenseiten des *Wall Street Journal*. Liberale vertrauen bei jeder beliebigen Frage sowohl Quellen, die sie nach links ziehen, ebenso wie Quellen, die sie in die Mitte ziehen; Quellen, die sich Richtung Eskalation orientieren, ebenso wie Quellen, die sich Richtung eines moderaten Ausgleichs orientieren; Quellen, deren Identität in einer politischen Bewegung wurzelt, ebenso wie Quellen, die sorgfältig ihren Ruf pflegen, politischen Bewegungen antagonistisch gegenüberzustehen.

Das informationelle Ökosystem der GOP weist keine ähnlich geartete Diversität auf. Es ist gänzlich um konservative Nachrichtenquellen herum konstruiert, von denen viele propagandistisch sind. Konservative äußern ihren Protest gegen die ihrer Meinung nach liberal voreingestellten Medien und sagen, sie hätten ja gar keine andere Wahl gehabt, als sich ihr alternatives Netzwerk aufzubauen. Meiner Erfahrung nach stimmt es, dass Reporter, die für Mainstreammedien arbeiten, im Hinblick auf ihre persönlichen politischen Ansichten kulturell liberal bis links eingestellt sind, im Hinblick auf ihre Ansichten in Wirtschaftsfragen und Fragen der Außenpolitik jedoch gemischter. Die Nachrichtenredaktionen, die ich kenne, sind in ihrer überwältigenden Mehrheit für das Recht auf Abtreibung, haben jedoch gleichzeitig Vorurteile gegenüber ausufernder Staatsverschuldung und dem nationalen Sicherheitsestablishment. Die dominante Ideologie, soweit es sie überhaupt gibt, folgt *Morning Joe*, nicht *The Nation*. Abgesehen davon sind die Nachrichtenredaktionen der Mainstreammedien um Anreize herum aufgebaut, die sich vom Liberalismus als politischer Bewegung unterscheiden oder ihm sogar widersprechen. Die *New York Times* und ABC News fürchten sich davor, in den Ruf zu geraten, (links-)liberal zu sein – sie wollen sich als neutrale Vermittler der Wahrheit verstanden wissen –, und eine oppositionelle und unbequeme Berichterstattung über die Demokratische Partei ist sowohl Teil ihrer selbsterklärten Identität als auch ihres Geschäftsmodells.

Genauso wichtig ist vielleicht die Tatsache, dass die Vermischung von Mainstreammedien und linken Nachrichtenquellen eine Anpassung an bestimmte journalistische Berufspraktiken erzwingt. Die Reporter und wichtigsten Nachrichtensprecher von MSNBC möchten von den Reportern der *Washington Post* respektiert werden. Die Autorinnen und Autoren von *Slate* möchten Artikel schreiben, die ihnen eine Anstellung bei der *New York Times* verschaffen. Und so disziplinieren die Geschäftsmodelle der Mainstreammedien und die von ihnen angestrebte Reputation nicht nur deren eigene Arbeit; sie disziplinieren auch die Arbeit der Journalistinnen und Journalisten, die für stärker liberal eingestellte Medienkanäle arbeiten und sie bewundern.

Im Gegensatz dazu operieren Breitbart, Limbaugh und Blaze innerhalb eines in sich abgeschlossenen konservativen Ökosystems, das seine Attraktivität zum Teil aus offen geäußerter Feindseligkeit gegenüber den Mainstreaminstitutionen bezieht. Immer und immer wieder kann man beobachten, wie konservative Medien daran arbeiten, andere Medienformen und sogar andere Formen der Information zu diskreditieren. Der Fox-News-Slogan »Fair and Balanced« unterstellt, dass alle anderen Medien unfair und voreingenommen seien. Limbaugh geht sogar noch weiter. Er bezeichnet die Medien, die Wissenschaftler, die Universitäten und die Regierung als die »vier Eckpfeiler des Betrugs« und sagt seinen Hörern:

> Wir leben in zwei verschiedenen Universen. Das eine Universum ist eine Lüge. Eine totale Lüge. Alles, was von den Linken hierzulande und weltweit betrieben, dominiert und kontrolliert wird, ist eine Lüge. Das andere Universum ist das, in dem wir leben. Dort ist die Wirklichkeit die uneingeschränkte Herrscherin über alles, und wir gehen damit um. Und es kommt nur sehr, sehr selten vor, dass diese beiden Universen sich überschneiden. [12]

Die konservative Bewegung kämpft seit vielen Jahren gegen liberale Voreingenommenheit in Medien und Akademikerkreisen. Einige ihrer Beschwerden waren sogar berechtigt. Doch anstatt diese Institutionen zu reformieren oder ähnlich glaubwürdige Wettbewerber aufzubauen, hat die Rechte sich komplett von ihnen abgekoppelt und ein informationelles Ökosystem geschaffen, das eher auf Reinheit der Lehre basiert als auf permanenter Weiterentwicklung. In ihrem Aufsatz »How Information Became Ideological« beschreiben Grossmann und Hopkins das Ergebnis wie folgt:

> Nur die Republikanische Partei hat sich aktiv gegen die zentralen gesellschaftlichen Institutionen der Informationssammlung und -verbreitung – Universitäten und Nachrichtenkanäle – gestellt. Die Demokraten hingegen sind diesen Institutionen stets treu verbunden geblieben und nutzen sie nach wie vor, um politische Entscheidungen zu rechtfertigen und sich in politischen Debatten zu engagieren, wobei sie sie sowohl als unabhängige Vermittler als auch als Verbündete betrachten. Ungeachtet dessen, dass heute Parteieliten, Aktivisten und Wähler auf ver-

schiedenste Wissensquellen zurückgreifen und die Botschaften, die sie von diesen erhalten, selektiv interpretieren, liegt die Quelle dieser Informationspolarisierung in dem jahrzehntelangen Kampf der konservativen Bewegung gegen Institutionen, die sie für unverbesserlich liberal halten. [13]

In einem für Vox verfassten Essay bezeichnet Dave Roberts dies als »Stammesepistemologie«. Der Begriff beschreibt das Phänomen, bei dem »Informationen nicht auf der Basis ihrer Konformität mit einer gemeinsamen Weltsicht eingeschätzt werden, sondern danach, ob sie die Werte und Ziele des Stammes unterstützen und die Zustimmung der Stammesführer finden«. [14] Das klingt ganz klar durch, wenn zum Beispiel Lamar Smith, ein Republikaner aus Texas, sagt: »Besser, Sie beziehen Ihre Nachrichten direkt vom Präsidenten. Im Grunde könnte das sogar die einzige Möglichkeit sein, die ungeschminkte Wahrheit zu erfahren.« [15]

All dies ging Trumps ständiger Leier von »FAKE NEWS!« voraus und verleiht ihr zugleich ihren aktuellen Kontext. Auch in dieser Beziehung stellt Trump keineswegs einen Bruch mit den jüngsten republikanischen Traditionen dar, sondern bildet vielmehr deren logische Erweiterung.

Eine interessante Frage ist, warum die Rechte keine Institutionen aufgebaut hat, die dem gleichen Ethos und den gleichen Praktiken verpflichtet sind wie jenen, die sie zu ersetzen suchen, nur eben besetzt mit konservativen Mitarbeitern. 2009 enterte Tucker Carlson bei der CPAC, einer jährlich stattfindenden politischen Konferenz konservativer Aktivisten und gewählter Volksvertreter aus den gesamten USA, die Bühne und legte der Rechten eindringlich ans Herz, eine starke eigene journalistische Kultur zu entwickeln. »Die *New York Times* ist ein liberales Blatt, aber sie ist auch [...] eine Zeitung, die wirklich streng auf Korrektheit achtet«, sagte er. »Konservative müssen Institutionen aufbauen, die solche Institutionen widerspiegeln.« Carlson, der für diese Rede enormen Beifall erhielt und seinen Bekanntheitsgrad erheblich steigern konnte, gründete daraufhin *Daily Caller*, ein rechtsgerichtetes Internetmeinungsmedium, das inzwischen weit hinter seine anfänglich hohen Ideale zurückgefallen ist und heute konservative Paranoia mit Diashows von heißen Mädels mischt.* [16] Und dann bekam er noch Prime-Time-Sendezeit auf Fox News, wo er den TV-Experten gibt, der die weiße Angst vor einem immer dunkelhäutiger werdenden Amerika am besten hätscheln kann.

Es gibt durchaus Beispiele für starke Institutionen mit konservativ geprägter Kultur, die sich direkt mit der *New York Times* messen können – etwa Murdochs *Wall Street Journal* –, aber bei diesen handelt es sich um Ausnahmen, nicht um oft kopierte Leitmodelle. Ich habe keine endgültige Antwort auf die Frage, warum das so ist, vermute jedoch, es spiegelt den Marktanteil wider, den sie sich herausschneiden können: Da die Mainstreammedien und der akademische Sektor eigentlich gar nicht so liberal sind und meistenteils sehr wohl Wahrheitssuche vor Parteibindung stellen, ist die Nachfrage nach Alternativen nicht allzu groß. Das Publikum, das sich von den Mainstreamkanälen genügend ausgegrenzt fühlt, um hier Geschäftsmöglichkeiten zu eröffnen, ist einheitlich konservativ, und die Entwicklung eines ausreichend differenzierten Produktes, das sie anspricht, bedeutet die Entwicklung eines Produktes, das sich dafür entscheidet, konservative Identität eher zu pflegen, als

* Hier einige Beispiele: »Dieses sexy Model erobert gerade das Internet im Sturm [DIASHOW]«; »Der Instagram-Account von diesem UFC Octagon Girl ist absolut heiß [DIASHOW]«; und – das ist kein Scherz von mir – »13 syrische Flüchtlinge, die wir sofort aufnehmen würden [FOTOS]«, will heißen: »Während die Liste der Gouverneure, die verkünden, dass sie keine syrischen Flüchtlinge in ihren Bundesstaat mehr einreisen lassen wollen, immer länger wird, denken wir, diese Frauen könnten ihre Meinung ändern. Die heißen syrischen Luder.«

diese routinemäßig herauszufordern. Das Ergebnis jedoch ist, dass Demokraten sich auf sehr diverse Informationsquellen verlassen, die ihre geistigen Höhenflüge disziplinieren, während Republikaner sich auf einige wenige Medieninstitutionen stützen, die ihre Polarisierung weiter befördern.

Ein solches Verhalten gehört gründlich überprüft. Eine Partei, die die Anzahl der Quellen, auf die sie hört, derart einschränkt, schränkt auch die Anzahl der Wähler ein, die sie ansprechen kann. Und politische Parteien wollen letztlich Wahlen gewinnen. Verliere genügend von ihnen genügend oft, und selbst die verstocktesten Ideologen werden Reformen akzeptieren. Mit anderen Worten, Demokratie sollte gegen Polarisierung anarbeiten. Aber Amerika ist keine Demokratie.

Amerika, das undemokratische

»In den meisten Demokratien«, schreibt der Politikwissenschaftler Jonathan Rodden in seinem Buch *Why Cities Lose*, »ist der Weg zum Sieg relativ einfach: Gewinne mehr Wählerstimmen als deine Konkurrenten. Für die Demokratische Partei in den Vereinigten Staaten ist das allerdings häufig nicht ausreichend.« [17]

Während ich diese Worte schreibe, kontrollieren die Republikaner das Weiße Haus, den Senat und den Supreme Court. Der einzige Arm der Nationalregierung, der unter demokratischer Kontrolle steht, ist das Repräsentantenhaus. Und dennoch gewannen die Demokraten nicht nur mehr Wählerstimmen bei den Wahlen zum Repräsentantenhaus. Sie gewannen auch mehr Wählerstimmen bei den Wahlen zum Senat. Sie gewannen mehr Stimmen sowohl bei der Präsidentschaftswahl 2016 als auch 2000. Wäre Amerika eine Demokratie, dann würden die Demokraten das Repräsentantenhaus kontrollieren, den Senat und das Weiße Haus und hätten durch diese Siege auch eine Mehrheit im Supreme Court. Ihre Schwäche ist das Ergebnis von Geographie, nicht mangelnder Popularität.

In den einzelnen Bundesstaaten sind die Probleme der Demokraten womöglich sogar noch schlimmer. Wie Rodden feststellt, »kontrollierte die Republikanische Partei beinahe 40 Jahre lang ununterbrochen den Senat von Pennsylvania, und das, obwohl sie die Hälfte dieser Zeit nach abgegebenen Wählerstimmen verlor. Den Senat von Ohio haben die Republikaner 35 Jahre lang kontrolliert, während die Demokraten im selben Zeitraum die Hälfte der Wahlen zum US-Senat in diesem Staat gewonnen haben und etwa ein Drittel der Gouverneurswahlen.«

Die USA sind keine Demokratie. Unser politisches System baut auf geographischen Einheiten auf, die alle spärlich besiedelte Gebiete gegenüber urbanen, dicht besiedelten Gebieten privilegieren. Besonders grell scheint diese Wahrheit im Senat auf, wo Vermont dieselbe Macht hat wie New York. Doch es gilt auch für das Repräsentantenhaus, und zwar wegen der Art und Weise, wie die Wahlbezirke zugeschnitten sind, und ebenso für das Weiße Haus wegen des Wahlmännerkollegiums, und daher wiederum gilt es *auch* für den Supreme Court, in dem sich die Ergebnisse der Präsidentschaftswahlen und der Senatswahlen widerspiegeln. Und Macht gebiert natürlich Macht. Die Republikaner nutzen ihre Mehrheiten, um parteiische Pläne für den Zuschnitt von Wahlbezirken, für gesetzliche Regelungen zur Wahlkampffinanzierung durch große Unternehmen, für rigide Regelungen zur Wählerregistrierung und Antigewerkschaftsgesetze durchzubringen, und für Entscheidungen des Supreme Court, die die Wahlperformance der Demokraten weiter schwächen. Ich will hier nicht darauf hinaus, dass das ungerecht ist, obwohl ich davon überzeugt bin. Stattdessen möchte ich die Art und Weise in den Fokus nehmen, wie dieses System die

Polarisierung bei den Demokraten in Grenzen hält und bei den Republikanern ins Kraut schießen lässt.

Um zu gewinnen, müssen die Demokraten nicht nur die Wähler der Mitte ansprechen, sondern auch jene einigermaßen rechts der Mitte. Nate Silver von FiveThirtyEight schätzt, dass der durchschnittliche Bundesstaat sechs Prozentpunkte stärker republikanisch als der Durchschnittswähler ist. [18] Konkurrieren also die Demokraten um Posten im Senat, sind sie gezwungen, eine Wählerschaft anzusprechen, die weitaus konservativer ist als das Land als Ganzes. Ebenso wird davon ausgegangen, dass die Demokraten bei Wahlen zum Repräsentantenhaus eine deutliche Mehrheit unter den abgegebenen Stimmen erreichen müssen, um das Ruder in die Hand zu nehmen. [19] Und die Tatsache, dass die Demokraten zwei der letzten fünf Präsidentschaftswahlen wegen des Wahlmännerkollegiums verloren haben – die beiden einzigen Male, dass dies in der amerikanischen Geschichte passiert ist –, weist auch dort auf eine wachsende Unausgewogenheit hin. In der Tat kommt eine von Michael Geruso, Dean Spears und Ishaana Talesara durchgeführte Studie zu dem Ergebnis, es sei zu erwarten, »dass Republikaner 65 Prozent der Rennen um die Präsidentschaft gewinnen werden, bei denen sie nach Wählerstimmen knapp verlieren«. [20]

Die Wähler, die die gegenwärtige Machtverteilung in der amerikanischen Politik aufrechterhalten, sind weißer, älter und zu einem größeren Teil christlich geprägt als das Land als Ganzes. Und so vereidigte die gemäßigte New Democrat Coalition, nachdem sich der Staub der Wahlen 2018 gelegt hatte, ungeachtet all des Geredes von demokratischem Sozialismus und dem Starruhm von Alexandria Ocasio-Cortez 40 neue Mitglieder und machte damit dieses Bündnis aus politisch moderaten und zentristischen Abgeordneten zur größten Fraktion innerhalb der Demokratischen Partei im Repräsentantenhaus.

Die geographischen Vorteile, über die die GOP verfügt, erlauben ihr das Führen von Wahlkampagnen, die auf einen Wähler abzielen, der ein gutes Stück rechts des Median-Amerikaners steht. Es wird oft darauf hingewiesen, dass die Republikaner nach der Anzahl der abgegebenen Wählerstimmen bei sechs der sieben vergangenen Wahlen verloren haben. Hätten sie auch sechs der letzten sieben Präsidentschaftswahlen verloren, hätten sie ihre Botschaft und ihre Agenda gründlich überholt, um wieder wettbewerbsfähig zu werden. Hätte Trump 2016 verloren, wäre er – und ebenso der Politikstil, den er verkörpert – dafür diskreditiert gewesen, eine gewinnbare Wahl in den Wind geschossen zu haben. Die gemäßigten Republikaner, die ihrer Partei rieten, sich stärker schwarzen und hispanischen Wählern zuzuwenden, wären gestärkt worden.

Der Schock, den Trumps unerwarteter Wahlsieg 2016 auslöste, verdeckte seine schlechte Performance. In einem frühen Stadium der Wahl nahm sich Vox die führenden politikwissenschaftlichen Modelle vor, mit deren Hilfe der Ausgang von Präsidentschaftswahlen vorhergesagt werden kann, gewichtete diese nach ihrer Korrektheit in der Vergangenheit und erstellte daraus in Zusammenarbeit mit Jacob Montgomery von der Washington University in St. Louis und Florian Hollenbach von der Texas A&M University ein Modell, dass alle Modelle in sich vereinte. Das Ergebnis? Angesichts der Wirtschaftslage, Obamas Zustimmungsraten und anderer Faktoren stand zu erwarten, dass die Republikaner etwa 50,5 Prozent der auf die beiden großen Parteien entfallenden Stimmen holen würden.

Trumps Umfragewerte lagen stabil weit unterhalb dieser Vorhersage, und während des gesamten Wahlkampfes verfolgten wir die Unterschiede zwischen seinen Ergebnissen und der mit Hilfe des Modells erstellten Prognose mit. Wir nannten es die »Trump-Steuer« – am Wahltag betrug sie 3,8 Prozentpunkte. »Was wir hier offenbar sehen, ist ein bemerkenswertes Beispiel dafür, wie eine große politische Partei eine absolut gewinnbare Wahl vergeigt«, schrieben wir in einer von vielen Einschätzungen, die am Wahltag allesamt in den Schredder wanderten.

Dennoch, während Trump letztlich nur aufgrund der Intervention des Wahlmännerkollegiums siegte, ist es sehr wahrscheinlich, dass ein anderer Republikaner, wie etwa Marco Rubio oder John Kasich, Hillary Clinton mit einer überzeugenden Mehrheit bei den abgegebenen Wählerstimmen geschlagen hätte (was durch hypothetische Abgleiche der Umfragewerte fortlaufend untermauert wurde). Hätte der Ausgang der Wahl die Anzahl der abgegebenen Wählerstimmen widergespiegelt, würden Trump und seine Unterstützer heute dafür gescholten, ein sicheres Rennen verloren und den Supreme Court für eine Generation den Liberalen überlassen zu haben.

Und dass Sie sich da bloß nicht irren: Eine andere, auf breiterer Front konkurrenzfähige Republikanische Partei ist durchaus möglich. Seit dem zweiten Quartal 2019 waren die beiden populärsten Gouverneure im Land – Charlie Baker in Massachusetts und Larry Hogan in Maryland – Republikaner in blauen Staaten. [21] Die Grand Old Party hat auf jeden Fall eine Botschaft, die echte Mehrheiten erzeugen kann. Doch befreit von der Notwendigkeit, den Median-Wähler anzusprechen, haben die Republikaner an einem stärker konservativ orientierten und konfrontativeren Weg festgehalten, als das Land bevorzugen würde. Sie haben gelernt, Macht zu gewinnen, indem sie Land gewinnen, und nicht, indem sie die Herzen und Hirne gewinnen.

Die Republikaner wissen ganz genau, dass ihre Koalition bedroht ist, gebeutelt von demographischen Gegenwinden und einer alternden Basis. Und das hat ihrer Strategie eine beinahe panische Dringlichkeit verliehen. Hinter dem taktischen Extremismus der GOP lauert ein geradezu apokalyptisches Gefühl, dass in politischer Hinsicht alles auf dem Spiel steht. Für viele fühlt es sich so an, als würden sie, hätten sie erst einmal verloren, niemals wieder gewinnen. Und da steckt vielleicht angesichts ihrer derzeitigen Koalition sogar ein Körnchen Wahrheit drin. Dennoch gibt es nichts Gefährlicheres als eine Gruppe, die es gewohnt ist, Macht auszuüben, und spürt, wie ihr die Kontrolle entgleitet. In ihrem Buch *The Tea Party and the Remaking of Repulican Conservatism* berichten Theda Skocpol und Vanessa Williamson, dass es dieses Gefühl der Verzweiflung war, das den Aufstieg der Tea Party in der Ära Obama befeuerte:

> »Ich will mein Land zurück!«, sagte uns ein Mann in Massachusetts 2010. »Wir müssen uns unser Land zurückholen«, wiederholte eine Frau aus Virginia im darauffolgenden Jahr. Dieser elegische Aufruf ist das vielleicht charakteristischste und beständigste Thema der Graswurzelbewegung des Tea-Party-Aktivismus. Wie Mark Lloyd von den Virginia Tea Party Patriots erklärt, werden Menschen von der Tea Party magisch angezogen, sobald sie unter der Angst leiden, »die Nation zu verlieren, die sie lieben, das Land, das sie ihren Kindern und Enkeln hinterlassen wollen«. Als ein neuer Präsident mit diversen ethnischen Wurzeln versprach, »Amerika zu verwandeln«, veranlasste diese vermeintliche Bedrohung des grundlegenden Wesens »unseres Landes« viele Menschen, darunter insbesondere ältere, sich mit der Tea Party einzulassen. [22]

In der heißen Phase des Wahlkampfes 2016 veröffentlichte der konservative *Claremont Review of Books* einen einflussreichen Aufsatz, dessen anonymer Verfasser sich für Trump starkmachte. »2016 ist die Flug-93-Wahl«, hieß es dort. »Stürme das Cockpit, oder du stirbst!« Die Dinge stünden auf Messers Schneide, und es gebe keine Garantie für Erfolg. »Vielleicht stirbst du ja sowieso. Du – oder die Anführer deiner Partei – können es vielleicht ins Cockpit schaffen, wissen aber nicht, wie man ein Flugzeug fliegt oder landet. Es gibt keinerlei Garantien. Außer einer: Wenn du es nicht versuchst, dann ist der Tod gewiss.« Anschließend ging das Papier hart mit den Konservativen ins Gericht, die Jahrzehnte damit verbracht hätten, vor einer Krise zu warnen, Trump jedoch naserümpfend ablehnten:

> Lassen Sie uns in diesem Punkt mal ganz offen sein: Wenn Sie wirklich der Meinung sind, dass alles einfach so weiterlaufen kann, dass keine grundlegenden Veränderungen nötig sind, dann haben Sie damit implizit zugegeben, dass *Konservatismus falsch ist.* […] Dies ist das Kennzeichen einer Partei, einer Gesellschaft, eines Landes, eines Volkes, einer Zivilisation, die sterben will. Trump ist als einziger Kandidat für das höchste Amt des Landes während dieser oder der (mindestens) letzten sieben Wahlrunden aufgestanden und hat gesagt: Ich will leben. Ich will, dass meine Partei lebt. Ich will, dass mein Land lebt. Ich will, dass mein Volk lebt. Und ich will diesen Irrsinn beenden. [23]

Als Autor dieses apokalyptischen Machwerks wurde später Michael Anton enthüllt, und er übernahm einen Job als nationaler Sicherheitsbeamter in der Regierung Trump.

Solche fatalen Rationalisierungen durchdringen die höchsten Ränge des republikanischen Establishments. Als William Barr im Februar 2019 als Justizminister in die Trump-Administration kam, war das eine irritierende Entscheidung. Barr hatte zuvor bereits als Justizminister unter George H. W. Bush gedient und es sich mittlerweile in einer komfortablen Dämmerzone als respektiertes Mitglied des rechtspolitischen Establishments der Republikaner gemütlich gemacht. Die Stellung als Justizminister in Trumps Weißem Haus stand erst zur Disposition, nachdem der Präsident Jeff Sessions aus dem Amt gejagt hatte, weil dieser in exzessiver

Weise ethische Positionen vertrat und nicht ausreichend loyal war. Barr hingegen bewies recht schnell, dass er all das Gewünschte verkörperte. Er trieb mit Begeisterung die persönlichen Rachefeldzüge des Präsidenten voran und flog um die ganze Welt, um die Verschwörungen gegen diesen aufzudecken. Warum schrieb er das Ende einer erfolgreichen Karriere auf diese Weise neu? Warum machte er dies zu seinem Erbe?

Bei einer Rede in der Pariser Kirche Notre-Dame im Oktober 2019 stellte Barr seine Beweggründe klar. Er argumentierte, der Konflikt des 20. Jahrhunderts hätte darin bestanden, dass die Demokratie gegen Faschismus und Kommunismus angetreten sei – ein Kampf, den die Demokratie gewonnen hätte, und zwar mit viel Geschick und richtigerweise. »Im 21. Jahrhundert sehen wir uns einer vollkommen anderen Herausforderung gegenüber«, warnte er. Amerika, so sagte er, sei auf der Einsicht aufgebaut, dass »eine freie Regierung nur für ein religiöses Volk angemessen und nachhaltig« sei. Während der letzten 50 Jahre habe die Religion jedoch zunehmend unter Beschuss gestanden, sei »von der wachsenden Anhängerschaft des Säkularismus und der Doktrin des moralischen Relativismus« aus der Öffentlichkeit vertrieben worden. Dies sei ein Krieg, so meinte Barr, den die Progressiven bisher gewonnen hätten und in dem die Konservativen im Angesicht seit langem bestehender institutioneller Ungleichheiten kämpften. Die Linke, so sagt er, hätte sich »der geballten Macht von Massenkommunikation, Populärkultur, Unterhaltungsindustrie und akademischer Welt bedient und sie für einen unermüdlichen Angriff auf die Religion und die traditionellen Werte benutzt. Diese Instrumente werden nicht nur eingesetzt, um auf affirmative Weise eine säkulare Orthodoxie zu befördern, sondern auch, um Gegenstimmen auszutrocknen und zum Schweigen zu bringen und Abweichler auf bösartige Weise zu attackieren und der Lächerlichkeit preiszugeben.«

In einer anschließenden Rede vor der Federalist Society, einer Organisation konservativer und libertärer Anwälte, Jurastudierenden und Rechtsgelehrter, weitete Barr seine Analyse aus. »Sogenannte Progressive behandeln Politik als ihre Religion«, sagte er. »Ihre heilige Mission besteht darin, die geballte Macht des Staates zu nutzen, um Mensch und Gesellschaft auf der Basis eines abstrakten Ideals von Perfektion nach ihrem Bilde neu zu formen. Daher sind jegliche Mittel, die sie anwenden, welcher Art auch immer, gerechtfertigt, weil sie per definitionem ein tugendhaftes Volk sind, das einen göttlichen Zweck verfolgt. Um ihre Ziele zu erreichen, würden sie alles tun, um sich einen momentanen Vorteil zu verschaffen, ungeachtet der kollateralen Konsequenzen und der Implikationen für das Gesamtsystem.« Im Gegensatz dazu, fuhr er fort, hätten »die Konservativen […] tendenziell mehr Skrupel bezüglich ihrer politischen Taktiken und nur selten das Gefühl, dass der Zweck die Mittel heiligt. Und genauso sollte es auch sein, doch lässt sich die Tatsache nicht ignorieren, dass dies den Konservativen zum Nachteil gereicht, wenn die Progressiven ihnen den Heiligen Krieg erklären, insbesondere dann, wenn sich das Ganze unter dem Druck hyperparteiischer Medien vollzieht.«

Noch einmal: Hier spricht nicht irgendein beliebiger konservativer Meinungskolumnist, sondern der Justizminister der Vereinigten Staaten.

In diesen Reden klang Barr wie der Präsident der Alberti University, Jerry Falwell jr., Sohn des rechten christlichen Anführers Jerry Falwell, der im September 2018 twitterte: »Konservative & Christen müssen aufhören, ›nette Jungs‹ zu wählen. Die mögen zwar großartige christliche Anführer abgeben doch die Vereinigten Staaten brauchen Straßenkämpfer wie @realDonaldTrump auf jeder Ebene der Regierung, denn die liberalen Faschisten-Dems meinen es ernst, & viele Führer der Repubs sind echte Schlappschwänze!«

Dies ist der Kontext, der letztlich dafür sorgte, dass ein Großteil des republikanischen Establishments Trump mit offenen Armen willkommen hieß. Worin auch immer Trumps moralische Verfehlungen bestehen, er ist ein rücksichtsloser Straßenkämpfer und wie geschaffen für eine Ära der politischen Schlachten. Ob zu Recht oder Unrecht, viele Konservative – und insbesondere christliche Konservative – glauben, sie seien von ihrem Gespür für Rechtschaffenheit, Anstand und Vornehmheit zurückgehalten worden, und im Ergebnis seien sie nun kurz davor, besiegt zu werden, und Amerika ginge für immer verloren. Trump ist der Feind, den die Linke ihrer Meinung nach verdient, und die vielleicht einzige Hoffnung, die christliche Konservative haben.

Die Demokraten werden oft dafür verspottet, Identitätspolitik zu betreiben, doch gibt es diesbezüglich in Wahrheit keinen Unterschied zwischen den beiden Parteien. Die Republikaner haben ihre Koalition ebenso um Identitätspolitik herum gebaut. Der Unterschied liegt darin, dass demokratische Kandidaten gezwungen sind, viel mehr Identitäten und skeptischere Wähler anzusprechen als die Republikaner. Erfolgreiche nationale Demokraten schaffen breite Koalitionen, und diese Praxis ist geeignet, den Anreizen purer Polarisierung die Stirn zu bieten.

Die nationalen Republikaner haben gelernt, tiefe Koalitionen aufzubauen, die sich auf demographisch und ideologisch eher homogene Wählerschaften stützen. Anstatt die Macht dadurch zu gewinnen, dass sie die Stimmen der meisten Wähler gewinnen, gewinnen sie sie, indem sie die Stimmen der meisten Orte gewinnen. Das hat dazu geführt, dass sie eine Wählerschaft ansprechen, die deutlich rechts der Mitte steht, dass sie mit Entscheidungen und Kandidaten davonkommen, die jede andere Partei in Brand gesetzt hätten. Doch ebenso hat es sie abhängig gemacht von einer Wählerschaft, die ihre Macht entgleiten sieht und eine Reaktion einfordert, die ihren Ängsten angemessen ist.

Hier haben wir die Erklärung, warum die Parteien nicht strukturell symmetrisch sind und daher nicht auf dieselbe Weise auf eine polarisierende Zeit reagieren: Die Demokraten können einfach nicht gewinnen, indem sie dieselben Kampagnen führen und dieselben Taktiken anwenden, die für die Republikaner funktionieren. Sie können nach links rücken – und das tun sie auch –, aber weder können sie die Mitte aufgeben noch, angesichts der Geographie der amerikanischen Politik, die rechte Mitte und dennoch die Macht behalten. Und das wissen sie.

Im Dezember 2018, als Trump schon eine ganze Weile regierte, befragte Gallup Demokraten und Republikaner, ob sie sich wünschten, dass ihre Partei liberaler, konservativer oder gemäßigter werde. Republikaner wünschten sich mit einem Anteil von 57 zu 37, ihre Partei solle konservativer werden; Demokraten wünschten sich mit einem Anteil von 54 zu 41, ihre Partei solle gemäßigter werden. [24]

KAPITEL 10

Mit Polarisierung umgehen – und mit uns selbst

Einen Politiker als Polarisierer zu bezeichnen ist eine Beschimpfung. Einen Wähler als polarisiert zu bezeichnen ist eine Herabsetzung. Daher enden Bücher, die sich der Untersuchung dieses Themas widmen, typischerweise mit dem Vorschlag, unsere Unstimmigkeiten zu unterdrücken und unsere gemeinsamen Bindungen als Landsleute wiederzuentdecken. Wie herzergreifend!

Ich halte Polarisierung an sich nicht für ein Problem. Genauso oft ist sie die Lösung. Der moderne Umgang der USA mit Polarisierung hat seine Wurzeln in der Ära der Bürgerrechtsbewegung, in dem Entschluss der Demokratischen Partei, die Gleichheit der Rassen anzuerkennen und zu vertreten, und dem Entschluss der Republikanischen Partei, dem weißen Backlash eine Heimat zu bieten. Die Polarisierung, die auf diesen Fortschritt folgte, war der Unterdrückung, die ihr vorausgegangen war, mit Sicherheit vorzuziehen. In einem Vielparteiensystem ist Polarisierung manchmal nötig, damit unsere politischen Unstimmigkeiten Ausdruck finden können. Die Alternative ist häufig nicht Konsens, sondern Unterdrückung. Über Probleme, die wir nicht diskutieren, streiten wir uns nicht. Die Kehrseite davon ist, dass wir sie dann aber auch nicht lösen.

Das soll nicht heißen, dass in der amerikanischen Politik nicht manches im Argen läge. Doch wir sollten eine präzise Diagnose stellen. Das politische System der Vereinigten Staaten ist einzigartig, und in jenen Phasen, als es am besten zu funktionieren schien, stützte es sich auf durchmischte Parteien. Da wir uns alle noch sehr gut an ein weniger polarisiertes Land erinnern können, besteht die Tendenz, sich die Rückkehr in eine idealisierte Vergangenheit vorzustellen. Dies muss die Abirrung sein und jenes der natürliche Zustand.

Doch wie ich in diesem Buch zu zeigen versucht habe, ist die Polarisierung, die wir überall um uns herum beobachten, die logische Folge eines komplexen Systems von Impulsen, Technologien, Identitäten und politischen Institutionen. Sie schließt Kapitalismus und Geographie, Politiker und politische Institutionen, die menschliche Psychologie und unsere sich wandelnden demographischen Gegebenheiten ein. Und sie wird uns wohl vorerst noch für eine ganze Weile erhalten bleiben. Da eine externe Kraft, die uns einigen könnte (wie zum Beispiel ein Krieg), fehlt, werden die Gräben – oder Schlimmeres –, die wir heute sehen, zur neuen Norm werden, während die depolarisierten politischen Strategien aus der Mitte des 20. Jahrhunderts künftig die Ausnahme darstellen. Und gelingt es uns nicht, diesen Prozess wieder umzukehren (was ich vermute), dann ist der Weg nach vorne klar: Wir müssen unser politisches System so reformieren, dass es unter den Bedingungen der Polarisierung funktionieren kann.

Ich sollte ehrlich mit Ihnen sein: Ich mag keine Schlusskapitel. Autoren schreiben ganze Bücher über unsere teuflisch komplexen gesellschaftlichen Probleme, um abschließend einige Stichpunkte aufzulisten und zu behaupten, damit ließen sie sich lösen. Ich dagegen habe mehr Vertrauen in meine Diagnose als in mein Rezept und hoffe vor allem, dass es mir hier gelungen ist, ein Rahmenwerk anzubieten, das andere politische Akteure nutzen werden, um unsere Probleme zu verstehen und das System zu verbessern.

Was ich im Folgenden skizziere, ist keine umfassende politische Agenda, sondern eine Reihe von Einzelansätzen. Bezüglich der »Lösungen« mache ich mir keine Illusionen – weder was das Problem der Schräglage der sozialen Medien Richtung Empörung und Hass noch die Sensibilitäten des menschlichen Gehirns in Bezug auf Identität oder die verwirrende Eskalation des politischen Konflikts betrifft. Was ich hier vorhabe, ist eher begrenzt: Ich möchte einige Prinzipien anbieten, die uns vielleicht helfen können, ein politisches System zu schaffen, das inmitten von Polarisierung funktionieren kann. Prinzipien, die uns helfen können, unsere eigenen politischen Identitäten so zu formen, dass wir in der Lage sind, uns auf eine Weise politisch zu engagieren, die nicht nur besser ist für das Land, sondern auch besser für uns selbst.

Doch beginnen wir mit dem System. Es gibt drei Kategorien von Reformen, die meiner Meinung nach der Betrachtung wert sind: Bombensicher machen, Demokratisieren und Ausbalancieren.

Bombensicher machen

Wie wir wissen, macht es die Tatsache, dass sich unsere beiden Parteien immer stärker polarisieren, immer schwieriger, parteiübergreifende Übereinstimmung zu erzielen. Wie wir wissen, reagieren Politiker immer stärker auf Medien, die Konflikte verstärken, und auf eine Basis, die Schwäche hasst. Wie wir wissen, sind Konfrontation und Lähmung immer stärker zum Normalzustand einer gespaltenen Regierung geworden. Einige dieser politischen Kämpfe sind nötig. Manches an diesem totalen Stillstand spiegelt einfach ein gespaltenes Land wider. Wir sollten jedoch den Schaden, den das anrichten kann, begrenzen. Wir sollten, soweit möglich und unter Beachtung der politischen Verantwortung, das Funktionieren der Regierung bombensicher machen gegen politische Katastrophen.

Die Kandidatin, die in dieser Beziehung zuerst ins Auge springt, ist die Schuldenobergrenze. Wie bereits in Kapitel 8 diskutiert, ist die Schuldenobergrenze geeignet, das routinemäßige Gezanke und Gezerre im Kongress in eine ungebremst wütende globale Finanzkrise zu verwandeln. Selbst dann, wenn man überzeugt ist, dass keine der beiden Parteien sich ernsthaft einen Zahlungsausfall wünscht, ist anzunehmen - und ich denke, das ist nachvollziehbar –, dass unter den derzeit bestehenden Bedingungen bei jeder beliebigen Konfrontation zu diesem Thema eine fünfprozentige Chance besteht, dass die Berechnungen falsch sind und irgendetwas entsetzlich schiefgeht. Glauben Sie das, dann glauben Sie auch, dass es ein paar Jahrzehnte später aller Wahrscheinlichkeit nach zumindest einmal einen Zahlungsausfall gegeben haben wird.

Die Schuldenobergrenze ist bizarr und unnötig. Sie koppelt die Entscheidung des Kongresses, Geld auszugeben, von seiner Entscheidung ab, seine Rechnungen zu bezahlen. Wir können und sollten sie abschaffen. Kongressabgeordneten bieten sich jede Menge anderer Möglichkeiten, ihre Ansichten zu vertreten, politische Unterstützung zu finden und vor ihren Wählern eine gute Figur zu machen, die nicht mit der Gefahr verbunden sind, dass die globale Wirtschaft zusammenbrechen könnte und das weltweite Vertrauen in amerikanische Staatsanleihen für immer erschüttert wird.

Und es gibt hier auch noch alle möglichen anderen Kandidaten. Das Haushaltsverfahren im Kongress funktioniert seit Jahren schon nicht mehr. Anstatt den Staatshaushalt zu verabschieden, ist er üblicherweise damit beschäftigt, endlos zu debattieren, und es gibt häufig Stillstand und Shutdowns wegen andauernder Streits um »Continuing Resolutions«. Dieser peinliche kleine Verwandte des Staatshaushaltes sorgt dafür, dass eine bestehende Bewilligung über die Verwendung von Finanzmitteln des Bundeshaushalts übergangsweise verlängert werden kann. So wird eine längerfristige Finanzplanung verhindert, und zwar in beinahe allen betroffenen Ressorts.

Die Verwaltung der Staatsausgaben liegt zu Recht in der Verantwortung des Kongresses, allerdings schließt diese Verantwortung – zumindest theoretisch – ein, dass er sie *gut* verwaltet. Eine Umgestaltung des Haushaltsverfahrens, die die Verabschiedung der Staatsausgaben stärker zu einem Automatismus macht und zugleich über einen Mechanismus verfügt, der vorhersehbare Veränderungen bei den Mittelzuweisungen zulässt, die auch beim Fehlen eines neuen Haushalts greifen, wäre ein weitaus vernünftigerer Weg, um die Staatsausgaben zu finanzieren. Und er würde es dem Kongress erlauben, seine Kämpfe nicht mehr so stark auf Kosten des amerikanischen Volkes und der Dienstleistungen, von denen die Menschen abhängen, zu führen.

Auch gehörte es zu den Lektionen der Finanzkrise, dass die Beziehung zwischen Polarisierung und großflächigen wirtschaftlichen Schäden gefährlich dysfunktional ist. Notlagen wie der Zusammenbruch von Lehman Brothers mögen die Schwerfälligkeit des Systems eine Zeitlang durchbrechen, doch je länger die Krise dauert, desto größer wird die Versuchung für die Minderheitspartei, jegliche Kooperation aufzukündigen und nur noch Kritik zu üben – die öffentliche Wut, die Rezessionen generieren, ist eine sehr gute Waffe in Wahlkämpfen. Eine mögliche Lösung für dieses Problem bestünde in der Ausweitung automatischer Stabilisatoren für die Wirtschaft: Steigt die Arbeitslosenquote, ist es der Bundesregierung gestattet, automatisch einen höheren Anteil an den Medicaid-Kosten zu übernehmen, das Arbeitslosengeld zu erhöhen und den Verkauf von Lebensmittelmarken anzukurbeln sowie die Lohnsteuer zu senken oder die Zahlungen der staatlichen Rentenversicherung auszuweiten.

Strebern könnten noch Hunderte andere Ideen einfallen. Doch das zugrunde liegende Prinzip ist einfach: Dort, wo Inaktivität aufseiten des Kongresses großen Schaden anrichten kann, sollten wir uns fragen, ob die Vorteile endloser Senatsdebatten wirklich die

Risiken unnötiger Katastrophen aufwiegen. Repräsentation ist in unserem politischen System ein hochgeschätzter Wert, doch jetzt, im September 2019, während ich diese Worte schreibe, beträgt Umfragen des Meinungsforschungsinstituts RealClearPolitics zufolge die durchschnittliche Zustimmungsrate zur Politik des Kongresses 16,6 Prozent und der Anteil derjenigen, die mit der Politik des Kongresses unzufrieden sind, 71,4 Prozent. Mir ist daher nicht klar, ob sich die Bürgerinnen und Bürger dieses Landes wirklich so gut repräsentiert fühlen.

Was mich zum nächsten Prinzip bringt.

Demokratisieren

Im vorigen Kapitel habe ich diskutiert, auf welche Weise das Sich-der-Demokratie-Aussetzen als eine Art Immunsystem für die Demokratische Partei erwiesen hat, während die Republikanische Partei von ihrer Fähigkeit, Wahlen zu gewinnen, ohne eine Mehrheitsagenda auszuarbeiten, verformt wurde. Wenn wir wollen, dass Politiker einen breiteren und weniger polarisierenden Ansatz sowohl im Hinblick auf Politik im Allgemeinen als auch politische Strategien im Besonderen verfolgen, müssen wir von ihnen verlangen, breitere, weniger polarisierte Koalitionen zu schmieden. Eine Republikanische Partei, die Mehrheiten bei den abgegebenen Wählerstimmen zusammenbringen müsste, wäre eine gesündere Partei, und dies würde auch zu einer gesünderen Politik führen.

Eine Neubelebung der amerikanischen Demokratie hätte verschiedene Formen und würde verschiedene Ebenen betreffen. Auf der Präsidentschaftsebene würde es einfach bedeuten, das überkommene Wahlmännerkollegium abzuschaffen. Dies ist auf dem Wege eines Verfassungszusatzes schwer zu erreichen, jedoch leicht mit Hilfe gesetzgeberischen Handelns: Im Rahmen des National

Interstate Popular Vote Compact stimmen einzelne Bundesstaaten zu, ihre Wahlmännerstimmen demjenigen Präsidentschaftskandidaten zu geben, der die Mehrheit der Wählerstimmen auf sich vereint. Die Vereinbarung erlangt in dem Moment Gesetzeskraft, in dem Staaten, die insgesamt über eine Mehrheit von 270 Stimmen im Wahlmännerkollegium verfügen, sie unterzeichnen. Bis jetzt verfügen die Staaten, die diesem Mechanismus beigetreten sind, über 196 Stimmen des Wahlmännerkollegiums, womit bereits mehr als 70 Prozent des Weges geschafft sind.

Auf der Ebene des Repräsentantenhauses könnte und sollte sich das in so etwas wie proportionaler Repräsentation niederschlagen. Wir sind es gewohnt, dass die Bundesstaaten sich selbst in auf Mehrheiten angelegte Wahlbezirke einteilen, doch die Verfassung fordert diese Struktur nicht ausdrücklich, und auch andere Länder nutzen sie nicht. Ein klügerer Ansatz, so argumentiert Lee Drutman, Senior Fellow des Think-Tanks New America, bestünde darin, Wahlbezirke mit gemischter Wählerschaft und Mehrheitswahlrecht zuzuschneiden und den Wählern die Möglichkeit einzuräumen, Listenplätze zu vergeben. In diesem System würden die einzelnen Bundesstaaten in Wahlbezirke aufgeteilt, die von vielen verschiedenen Kongressabgeordneten vertreten würden. Wähler würden die von ihnen bevorzugten Kandidatinnen und Kandidaten in einer Rangliste aufführen. Anschließend würde der oder die Unbeliebteste von der Liste gestrichen, und die zugehörigen Stimmen wurden der jeweiligen zweiten Wahl zugezählt. In einem Wahlbezirk, der, sagen wir mal, drei Abgeordnete entsenden kann, würde dieser Prozess so lange fortgesetzt, bis die drei Spitzenkandidaten feststünden.

Dies hat einige Vorteile. Einer davon ist der, dass die Wähler sich für den Kandidaten entscheiden können, den sie am meisten mögen, und dies in dem Wissen, dass ihre Stimme auch dann zählt, wenn ihr Favorit oder ihre Favoritin verliert. Ein weiterer ist, dass

Wählerinnen und Wähler nicht mehr in dem kleinen Bruchteil von Swing Districts leben müssten, damit ihre Stimme zählt. Parteien müssten um alle Wählerstimmen konkurrieren, und zwar überall. Doch der dritte und wichtigste Vorteil eines solchen Systems liegt darin, dass auch Drittparteien konkurrenzfähig würden, was im Gegensatz zu unserem »The Winner Takes it all«-System dazu führen würde, dass eine Partei, die 22 Prozent der Stimmen erringt, auch 22 Prozent der Sitze bekommt statt gar keinen.

Um den Unterschied zu verdeutlichen, den das machen würde, stellen Sie sich eine Wahl vor, bei der die Republikaner 40 Prozent Zustimmung haben, die Demokraten 45 Prozent und die Libertären 15 Prozent. Nach unserem derzeitigen System gehen die Libertären leer aus, und ihre Wähler wären mit hoher Wahrscheinlichkeit verantwortlich für den Sieg der Demokraten. Das ist der Grund, warum Systeme wie das unsere Zwei-Parteien-Duopole hervorbringen. In einem System mit Verhältniswahlrecht dagegen wären die Libertären die entscheidende politische Kraft. Darum fördern Systeme mit Verhältniswahlrecht die Mehrparteiendemokratie.

Manche sehen in der Mehrparteiendemokratie das Allheilmittel für alles, woran wir kranken. Ich nicht. Ein kurzer Blick nach Europa, wo die Mehrparteiendemokratie das vorherrschende Modell ist und viele Länder ihre ganz eigenen politischen Krisen erleben, genügt, um die Erwartungen zu dämpfen. Dennoch kann man, denkt man über das amerikanische Parteiensystem um die Mitte des vorigen Jahrhunderts nach, durchaus zu dem Schluss kommen, dass es eigentlich ein Vierparteiensystem war: die Demokraten, die Dixiekraten, die konservativen Republikaner und die liberalen Republikaner. Und es scheint, als hätte dieses System reibungsloser funktioniert. Vielleicht kann uns eine Form der proportionalen Repräsentation wieder ein bisschen stärker in diese Richtung schubsen, wenngleich mit weniger Rassismus.

Unsere Verfassung sorgt dafür, dass der Senat schwieriger zu demokratisieren ist als das Repräsentantenhaus. Als Kalifornier halte ich es für absolut schwachsinnig, dass mein Bundesstaat über exakt genauso viel Repräsentation verfügt wie Wyoming. Doch in Anbetracht der Gründungsfundamente der Vereinigten Staaten können wir uns des Senates nicht entledigen, also wird meine Unzufriedenheit wohl weiter auf kleiner Flamme vor sich hin köcheln. Dennoch könnten wir zweierlei tun.

Als Erstes könnten wir den Filibuster abschaffen, der einer an sich bereits undemokratischen Institution noch eins draufsetzt, und zwar in Form des Erfordernisses einer absurden qualifizierten Mehrheit. Die alte Hoffnung, dass der Filibuster Kompromisse befördern würde, ist gescheitert. Und dieser Punkt ist nicht mal kontrovers: Wir haben heute mehr Filibuster und weniger Kompromisse als je zuvor.

Die schlimmste Sünde des Filibusters besteht jedoch darin, dass er Verantwortlichkeit austrocknet. In der Theorie funktioniert die amerikanische Politik so, dass eine Partei an die verantwortliche Stelle gesetzt wird, dass diese Partei regiert und anschließend die Wähler darüber befinden, ob ihnen die Ergebnisse gefallen. In der Praxis lässt der Filibuster zu, dass die Minderheit im Senat in der Lage ist, die Mehrheit handlungsunfähig zu machen. Das wäre auch in Ordnung, solange alle Wähler Kongressreporter wären, die dafür bezahlt würden, sich die fortwährenden verfahrenstechnischen Manöver, von denen die Kammer geprägt ist, anzuschauen. Das sind sie aber nicht. Sie wissen bloß, ob ihre Straßen repariert werden, dass ihre Jobs verloren gegangen sind und dass Washington offenbar gar nichts tut, um ihnen zu helfen. Daher geben sie verständlicherweise der Mehrheit die Schuld, auch wenn es eigentlich nicht die Schuld der Mehrheit ist. In einem System, in dem es dermaßen schwer ist herauszufinden, warum etwas *nicht* passiert ist, können die Wähler nicht als effiziente Kontrollinstanz des Gesetzgebers agieren. In einer Zeit, in der parteiübergreifende Zusammenarbeit unmöglich wird, garantiert die Tatsache, dass es Parteimehrheiten unmöglich gemacht wird, gut zu regieren, nur eines: dass wir schlecht regiert werden.

Verteidiger des Filibuster – und von denen gibt es in beiden Parteien eine ganze Menge – werden all die schrecklichen Gesetze anführen, die die andere Seite womöglich durchgebracht hätte, wenn es diese Regel nicht gäbe. Das stimmt auch irgendwie. Doch im Grunde genommen wirft es die folgende Frage auf: Haben wir lieber die Probleme des Regierens oder die Probleme des Stillstands? Ich bin für das Regieren, teilweise deshalb, weil ich dem amerikanischen Volk zutraue, sich letztlich um seine Belange selbst zu kümmern.

Demokraten, die fürchten, Obamacare wäre ohne Filibuster kassiert worden, vertrauen zu wenig auf ein Land, das es sehr wohl bemerkt hätte, wenn zig Millionen Menschen die Krankenversicherung gestrichen worden wäre. Das Thema Krankenversicherung liegt den Menschen entweder am Herzen oder nicht, doch es kann nicht gleichzeitig eine zentrale Rolle in ihrem Leben spielen und irrelevant für ihre politischen Einstellungen sein. Und Republikaner, die daran glauben, dass sich das amerikanische Volk gegen ungezügelten Liberalismus zur Wehr setzen würde, sollten sich fragen, warum sie so viel Angst davor haben, dem Land zu gestatten, die wahren Farben der Demokraten zu sehen.

Zum Zweiten ist es schon lange überfällig, dass Washington, D. C., und Puerto Rico eine Repräsentanz im Kongress bekommen. Dass der Senat Bundesstaaten repräsentiert und nicht Menschen, ist eine Sache. Eine andere ist es, dass so vielen Amerikanern ihr Recht auf Repräsentation entzogen ist, weil den Orten, an denen sie leben, aus politischen Gründen eine Anerkennung als Bundesstaat verweigert wurde. Wir leben in einem Land, das auf dem Prinzip der Repräsentation beruht. Die Tatsache, dass wir diese Repräsentation so vielen unserer Mitbürger verweigern, ist unentschuldbar. Die Tatsache, dass wir sie vor allem jenen Orten verweigern, an denen viele Afroamerikaner und Hispanics leben, verschlimmert historische Ungerechtigkeiten und lässt das System in Richtung weiße Wähler kippen. Bekämen D. C. und Puerto Rico eine Repräsentation, wäre das ein weiterer Anstoß für die Republikanische Partei, von der Vertiefung der Polarisierung nach Hautfarbe als Wahlstrategie Abstand zu nehmen.

All diese Reformen können natürlich nur dann funktionieren, wenn die Menschen tatsächlich die Chance bekommen, zur Wahl zu gehen. Es gibt eine Menge Möglichkeiten, die Stimmabgabe zu erleichtern – ich selbst bin ein Fan der automatischen Wählerregistrierung und des Briefwahlsystems in Oregon –, doch wichtiger als solche Details ist ein einfaches Prinzip: Wählen muss einfach sein, nicht schwierig. Je schwieriger man die Stimmabgabe macht, desto sicherer ist, dass nur die am stärksten polarisierten Bürger tatsächlich hingehen.

Es ist ein Desaster, dass die Demokratie selbst zu einem parteipolitisch umstrittenen Thema geworden ist und die Republikaner alle Anstrengungen zur Ausweitung des Wahlrechts als Verschwörung zur Schwächung ihrer Partei betrachten. Es ist möglich, dass ein demokratischeres Amerika stärker ein Amerika der Demokraten wäre, doch es ist ebenso möglich, dass eine Republikanische Partei, die um mehr und verschiedenartigere Wähler konkurrieren müsste, die Aufgabe angehen würde, sich selbst zu reformieren, um diesen Wettbewerb zu gewinnen. Wie ich oben bereits gesagt habe, sind die populärsten Gouverneure des Landes die moderaten Republikaner, die blaue Staaten führen; es gibt also keinen Grund zu glauben, der Partei käme ihre Popularität abhanden, wenn ihre Impulse angemessen auf Linie gebracht würden. Eine weniger dysfunktionale GOP ergäbe eine besser funktionierende Politik, und der Weg zu einer weniger dysfunktionalen GOP ist der, die Partei zu zwingen, ihre Reichweite auf das Gebiet jenseits der ethnonationalistischen Koalition auszudehnen, die Trump zum Sieg verhalf.

Die Alternative zur Demokratisierung der USA ist weitaus furchteinflößender als reine Polarisierung: Es wäre eine Legitimitätskrise, die die Grundfesten unseres politischen Systems angreifen würde. Bis 2040 werden 70 Prozent der amerikanischen Bevölkerung in den 15 größten Bundesstaaten leben. Das bedeutet, dass dann 70 Prozent der amerikanischen Bevölkerung von lediglich 30 Senatoren repräsentiert würden, die übrigen 30 Prozent hingegen von 70 Senatoren. [1] Es ist nicht schwierig, sich ein Amerika vorzustellen, in dem die Republikaner dauerhaft den Präsidenten stellen, obwohl sie nur selten die Mehrheit der Wählerstimmen gewinnen; in dem sie typischerweise sowohl das Repräsentantenhaus als auch den Senat kontrollieren, obwohl sie nur selten mehr Wählerstimmen bekommen als die Demokraten; in dem ihre Dominanz des Supreme Court nicht in Frage gestellt wird und in dem all diese Macht benutzt wird, um ein System parteiischer Wahlkreisschiebungen zu untermauern und Gesetze zur Wahlkampffinanzierung durch große Unternehmen, rigide Regelungen zur Wählerregistrierung und Antigewerkschaftsgesetze durchzubringen und so die Wahlperformance der Demokraten immer weiter zu schwächen. Ein solches System würde sich langfristig nicht als stabiles System erweisen.

So haarsträubend sich das auch anhören mag, ist es doch lediglich eine Beschreibung der Welt, in der wir heute leben, ergänzt um die Annahme, dass sich das alles so fortsetzt. Nehmen Sie Wisconsin. Dort haben die Republikaner auf Bundesstaatsebene die Sitze durch Wahlkreisschiebungen so verteilt, dass eine Kontrolle durch die Demokraten beinahe unmöglich ist. [2] Nehmen Sie Citizens United. Die konservative gemeinnützige Organisation verschaffte den Republikanern bei Wahlen zu den Landesparlamenten einen Stimmenzugewinn von fünf Prozentpunkten. [3] Nehmen Sie die

Versuche der Trump-Administration, den Fragebogen zur Volkszählung um eine Frage nach der Staatsbürgerschaft zu erweitern. Sie war dazu gedacht, Latinos davon abzuschrecken, das Formular auszufüllen; der Verfasser des Entwurfs merkte an, dieser wäre »vorteilhaft für Republikaner und nichthispanische Weiße«. [4]

Im politischen System der USA wird viel zu viel durch Anstrengungen entschieden, den Kreis der Wahlberechtigten einzuschränken oder, wie bei Wahlkreisschiebungen, das Gewicht zu manipulieren, das den abgegebenen Wählerstimmen zukommt. Ein demokratischeres System würde die Polarisierung nicht beenden, aber es würde zu einer gesünderen Form des Wettbewerbs führen.

Ausbalancieren

Dieses Prinzip wird sich für die Leute am befremdlichsten anfühlen. Um ehrlich zu sein, es fühlt sich sogar für mich befremdlich an.

Die größte Bedrohung für die Vereinigten Staaten von Amerika war seit jeher Uneinigkeit. Zum Zeitpunkt ihrer Gründung waren die stärksten Identitäten, die auch politisch am meisten ins Gewicht fielen, die Bundesstaatsidentitäten, und die zentrale Spannung bestand zwischen denen, die (weiß, männlich) ein allgemeines Wahlrecht fürchteten, und jenen, die auf dieses vertrauten; daher haben wir ein System geschaffen, das dazu gedacht war, diese Gräben einzuebnen. Wir balancierten große und kleine Staaten im Senat miteinander aus. Wir balancierten demokratische Herrschaft und Herrschaft durch eine Elite aus, indem wir das Repräsentantenhaus den Wählern übergaben, den Senat den Abgeordneten der einzelnen Bundesstaaten (allgemeine Wahlen zum US-Senat wurden erst mit der Ratifizierung des 17. Verfassungszusatzes 1913 eingeführt) und das Weiße Haus, im Zuge der besonderen Institution der Wahlmänner, an beide.

Ein zentrales Problem in jedem beliebigen freiheitlichen politischen System ist die Sicherstellung eines ausgewogenen Wettbewerbs. Das Problem mit unserem System ist, dass nicht mehr um das konkurriert wird, worin wir ausbalanciert sind. Die stärksten, politisch am meisten ins Gewicht fallenden Identitäten sind heute Parteiidentitäten. Wir reden nicht von großen Staaten und kleinen Staaten, sondern von roten Staaten und blauen Staaten. Wenn es eine Bedrohung für die Einheit Amerikas gibt, dann besteht diese nicht in den spezifischen Sorgen der Bewohner von Virginia oder Alaska, sondern in der wachsenden Feindschaft zwischen Demokraten und Republikanern. Und jetzt kommt's: Die Gründerväter haben nicht darüber nachgedacht, wie Parteien ausbalanciert werden können, weil sie nicht davon ausgingen, dass Parteien existieren würden.

»Wenn es sich bei den konkurrierenden Gruppen um Bundesstaaten handelt, braucht man eine ganze Reihe von Regelungen, die sicherstellen, dass der Wettbewerb fair ist«, sagt Lilliana Mason. »Handelt es sich bei den konkurrierenden Gruppen um Parteien, dann braucht man eine ganze Reihe von Regelungen, die sicherstellen, dass der Wettbewerb zwischen den Parteien fair ist.«

Diejenigen, die der Weisheit der Gründerväter vertrauen, müssen diesen Punkt ernster nehmen: Besäßen sie die Weitsicht zu erkennen, dass die stärksten politischen Einheiten auf eine ausbalancierte, vorhersehbare Weise im System repräsentiert sein müssen, dann läge der Weg, dieser Erkenntnis Tribut zu zollen, darin, ihre Versäumnisse zu korrigieren. Vielleicht gibt es ja Stellen im politischen System, wo wir, anstatt die Parteien zu entfesseln und sie auf Leben und Tod um jedes bisschen Macht miteinander kämpfen zu lassen, den Einsatz ein bisschen verringern könnten, indem wir ihnen – oder, in einem Mehrparteiensystem, jeder Partei, die ein gewisses Maß an Unterstützern jenseits einer bestimmten Schwelle erreicht – die gleiche Macht garantieren.

Ein interessanter Vorschlag hierfür kommt von den Juraprofessoren Daniel Epps und Ganesh Sitaraman. [5] Sie argumentieren, dass der Konflikt, der um den Supreme Court tobe, inzwischen gefährliche Ausmaße angenommen habe. Auslöser für diese Eskalation sei die ablehnende Haltung McConnells gegenüber Garland gewesen, die eine Phase eingeläutet habe, in der beim Kampf um die Macht jedes Mittel recht sei. Die Demokraten hingegen würden in einem allerletzten, verzweifelten Versuch, McConnells Winkelzügen entgegenzutreten, eine parteiliche Besetzung des Supreme Court mit Ausweitung der Anzahl der Richter diskutieren. Epps und Sitaraman schlagen vor, den Supreme Court so umzubauen, dass er 15 Richter hat: Jede Partei kann fünf benennen, und anschließend müssen die zehn parteilichen Richter einstimmig die verbleibenden fünf benennen. Solange nicht über alle 15 Einigkeit besteht, wäre das Gericht nicht in der Lage, Anhörungen und Verhandlungen durchzuführen.

Dieses System hätte einige Vorteile. Erstens könnte es den Konflikt beruhigen, der derzeit auf allen Ebenen eine Institution politisiert, die dazu gedacht ist, zumindest ein wenig Abstand von der Politik zu wahren. Zweitens würde sich damit ein Weg auftun, dort als Richter zu dienen, der Kandidaten belohnen würde, die als weniger stark parteiisch und ideologisch verlässlich gelten (was im Grunde alle, die derzeit Ambitionen haben, disqualifiziert). Theoretisch würden sich dann beide Seiten gleichberechtigt im Gericht vertreten fühlen und es auch sein, und die von offener Kriegsführung geprägte Situation der letzten Jahre würde sich entspannen. Ob ich sicher bin, dass dies funktionieren würde? Nein. Worin ich mir jedoch sicher bin, ist, dass das, was wir im Moment tun, auch nicht funktioniert und daher kreatives Denken gefragt ist.

Im Kongress könnten die Regeln so umgeschrieben werden, dass Teilhabe und Mitsprache nicht mehr allein an der Vetomacht des Filibusters hängen. Es wäre dann zum Beispiel für die Minderheit einfacher, vollständige Gesetzesvorlagen einzubringen. Im Repräsentantenhaus verhindert die sogenannte Hastert-Regel – der zufolge Republikaner und häufig auch Demokraten eine Gesetzesvorlage erst dann einbringen, wenn sie eine Mehrheit unter ihren eigenen Mitgliedern hat – eine Abstimmung über Gesetze, die mit Zustimmung ungewöhnlicher Koalitionen durchgehen könnten. Ebenfalls vorstellbar wäre das Recht auf eine echte, fortlaufende Debatte, die nicht an eine erforderliche qualifizierte Mehrheit geknüpft ist.

All dem liegt das Prinzip zugrunde, dass die beiden Parteien große Teile der amerikanischen Wählerschaft repräsentieren, und der Umstand, dass eine von ihnen die Mehrheit hat, nicht bedeutet, der anderen jede Stimme zu verweigern.

Uns selbst depolarisieren

Eines der Themen dieses Buches war, dass nicht nur wir als Individuen für die Veränderungen des politischen Systems verantwortlich sind; ebenso verändert das politische System uns. Die primäre Methode, mit der das System uns an den Haken bekommt, besteht darin, unsere politischen Identitäten entweder zu bedrohen oder auf andere Weise zu aktivieren und die daraus entstehende katalytische Energie zu nutzen, um uns dazu zu bringen, einen Beitrag zu leisten, wählen zu gehen, Kommentare zu lesen und zu teilen oder einfach nur allgemein stocksauer zu sein. Das ist natürlich nicht immer nur schlecht. Politik ist eine Unternehmung, bei der die Einsätze sehr hoch sind, und es gibt haufenweise Zeiten, in denen wir einen Beitrag leisten, wählen gehen, Kommentare lesen und teilen und, ja, auch stocksauer sein sollten.

Allerdings besteht ein Unterschied zwischen Polarisierung und Manipulation. Es ist ein Unterschied, ob wir Politik für unsere

Zwecke nutzen oder ob wir von der Politik benutzt werden, um den Zwecken anderer zu dienen. Daher möchte ich auch einige Methoden diskutieren, wie wir unser Verhältnis zur Politik so verändern können, dass es gesünder wäre für uns selbst wie auch für unser Land: achtsamer Umgang mit Identität und Wiederentdeckung einer Politik der Orte.

Achtsamer Umgang mit Identität

Alle Politik ist beeinflusst von Identität. Das liegt nicht daran, dass alle Politik eigentlich Identitätspolitik ist. Es liegt daran, dass unsere gesamte menschliche Wahrnehmung von Identität beeinflusst wird und Politik Teil der menschlichen Wahrnehmung ist. Wir können uns nicht von den Umständen abkoppeln, in denen wir existieren. Wir werden niemals vollständig wissen, wie umfassend wir von unserem jeweiligen Kontext geformt worden sind. Wer wir sind, wo wir aufgewachsen sind, wem wir vertrauen und wen zu fürchten, zu hassen, zu lieben, zu respektieren und abzulehnen wir gelernt haben, geht sehr viel tiefer als bewusstes Denken. Der automatische Ablauf mentaler Prozesse, die sich innerhalb jener Millisekunde aufbauen, die es braucht, um eine Identität zu aktivieren, ist nichts, was wir einfach so abschütteln können.

Doch wenn wir schon nicht in der Lage sind, die Macht, die Identität über uns hat, abzuschalten, dann können wir sie wenigstens nutzen. Erinnern Sie sich: Unsere Identitäten sind vielfältig. »Republikaner« ist eine Identität, genauso wie »Demokrat«. Doch ebenso verhält es sich mit »aufrichtig« oder »christlich« oder »neugierig« oder »New Yorker«. Sich selbst als Anwalt der Armen, der Tiere oder der Kinder zu sehen kann genauso eine Identität sein, wie Mitglied einer politischen Partei zu sein. Der Punkt bei den organisierten Identitäten, die durch politische Koalitionen gefördert werden, ist der, dass es einen riesigen Apparat gibt, der diese Identitäten definiert, überwacht und aktiviert. Ein Ausstieg aus dieser Superstruktur erfordert Arbeit. Aber er ist möglich.

Am Anfang unseres weisen Umgangs mit Identitätspolitik steht die Erkenntnis, dass wir alle uns ständig identitätspolitisch engagieren. Den Pfad der Weisheit in Sachen Identitätspolitik zu beschreiten heißt, sorgfältig darauf zu achten, welche unserer Identitäten jeweils gerade aktiviert werden, sodass wir uns ganz gezielt vornehmen können, an der Aktivierung welcher Identitäten wir arbeiten. Genauso wie ein Muskel oder Nerv werden jene Identitäten, die wir am meisten nutzen, am meisten gestärkt, und die, die brachliegen, geschwächt. Das können wir zu unserem Vorteil nutzen. Am Anfang dieses Weges steht Achtsamkeit.

Ich weiß, ich weiß. Die politische Abhandlung des liberalen Veganers aus Kalifornien endet mit einem Aufruf zur Achtsamkeit. Doch atmen Sie jetzt bitte zehnmal langsam ein und aus. Stellen Sie sicher, dass Ihr Geist nicht abdriftet, und hören Sie mir bis zum Ende zu. Wir alle leben in Umfeldern, die dafür geschaffen sind, bestimmte Identitäten zu aktivieren und andere nicht. So sieht man in unserem Land zum Beispiel an jeder Ecke amerikanische Flaggen. Das politische Leben ist voll von Dingen, die uns an den Graben zwischen Rot und Blau erinnern und daran, auf welcher Seite wir stehen. Das religiöse Leben soll uns in eine bestimmte Richtung ziehen, der Konsumismus der Hipster in eine andere, und, hey, was ist eigentlich mit dieser örtlichen Sportmannschaft, deren Kultrequisiten sprichwörtlich überall zu finden sind? Wohin wir uns auch wenden, überall finden massive und gut finanzierte Anstrengungen statt, um unsere Identitäten zu stärken. Es erfordert Mühe, in Echtzeit zu erkennen, was sich dabei in unserem Inneren abspielt. Aber ist es möglich.

Achtsamkeit ist zu unterscheiden von Meditation. Der herausragende Politikjournalist und buddhistische Gelehrte Robert Wright schreibt: »Das Wort ›Achtsamkeit‹, wie es zur Zeit seiner Übersetzung [aus den buddhistischen Schriften – A. d. Ü.] benutzt wurde, bedeutete ›an etwas denken oder auf etwas achtgeben; aufmerksam sein; etwas im Gedächtnis behalten‹. Mit anderen Worten, eine achtsame Person ist eine sehr aufmerksame Person, eine Person, die bei ihrem Vorgehen alle relevanten Faktoren sorgfältig und aufmerksam betrachtet.« [6]

In diesem Fall ist der relevante Faktor, auf den ich Sie so dringend zu achten bitte, Identität. Welche Identität ruft dieser Artikel in Ihnen auf? Welche Identität macht Sie defensiv? Wie fühlt es sich an, wenn Sie in eine Identität zurückgestoßen werden? Können Sie wahrnehmen, wann das geschieht? Wenn Sie sich neunmal pro Tag auf Twitter einloggen, sind Sie imstande, anschließend ein paarmal tief durchzuatmen und sich zu fragen, wie anders Sie sich fühlen im Vergleich zu dem Zeitpunkt, als Sie sich das erste Mal eingeloggt haben?

Die Grundidee besteht hier darin, sich der Methoden bewusster zu werden, die Politiker und Medien nutzen, um uns zu manipulieren. Es gibt eine Fülle von Forschungsergebnissen, die zeigen, dass unsere Reaktion auf politische Kommentare und Informationen, die wir nicht mögen, eine körperliche ist. Unser Atem geht schneller, unsere Pupillen verengen sich, unser Herz schlägt schneller. Der Versuch, sich darüber bewusst zu werden, wie Politik uns fühlen lässt, was passiert, wenn unsere Identitäten aktiviert, bedroht oder auf andere Weise entflammt werden, ist der notwendige erste Schritt, um etwas Kontrolle über diesen Prozess zu gewinnen.

Das soll nicht heißen, dass wir uns davor fürchten sollten, dass unsere Identitäten entflammt oder starke Emotionen in uns aufgerufen werden. Vielmehr sollten wir ausreichend achtsam sein gegenüber dem, was gerade passiert, um eine Entscheidung darüber zu treffen, ob wir uns mit der Situation wohl fühlen oder nicht. Manchmal lohnt es sich, wütend zu sein. Manchmal nicht. Nehmen wir uns nicht die Zeit, das eine vom anderen zu trennen, dann verlieren wir die Kontrolle über unsere Beziehung zur Politik und werden zu unwissenden Werkzeugen anderer.

Ich will in diesem Buch darauf hinaus, dass wir alle innerhalb eines größeren Kontexts existieren, der unser Handeln prägt. Manchmal lässt sich dieser Kontext nur schwer verändern. Doch ab und an eben schon. Einer diese veränderbaren Kontexte ist unsere informationelle Umgebung. Haben wir erst einmal begriffen, dass wir inmitten einer omnipräsenten Verschwörung existieren, die darauf angelegt ist, unsere Identitäten zu manipulieren, dann können wir mit der harten Arbeit beginnen, unser Umfeld zu gestalten, um jene Identitäten zu formen und zu stärken, in denen wir leben wollen. Und ich habe sogar einen Vorschlag, wo man anfangen kann.

Wiederentdeckung einer Politik der Orte

Im März 2018 veröffentlichte die *New York Times* einen Artikel, an den ich öfter denken muss. Überschrieben mit dem Titel »The Man Who Knew Too Little« zeichnete es die bizarre Welt nach, die Erik Hagerman sich nach der Wahl zurechtgebastelt hatte.

Zutiefst deprimiert vom Wahlergebnis beschloss er, dass er nichts, absolut gar nichts über Trump wissen wollte. »Es war drakonisch und allumfassend«, sagte er. »Es ist nicht so, dass ich das Thema Trump einfach nur umschiffen oder das Gesprächsthema wechseln wollte. Es war, als sei ich ein Vampir, und ein einziges von Trumps Photonen könnte mich in Asche verwandeln.« [7]

Und so machte er sich daran, seine eigene Blase zu erschaffen. Hagerman, ehemaliges Mitglied der Führungsriege von Nike, lebt heute allein auf einer Schweinefarm im Südosten von Ohio. Im Coffeeshop lauscht er Bändern mit weißem Rauschen. Er zankt sich mit Freunden, die Politik auch nur erwähnen. Weder schaut er Nachrichten, noch ist er in den sozialen Medien unterwegs.

Einkaufen geht er sehr früh, um das Mithören von Gesprächen über aktuelle Ereignisse zu vermeiden. Als er seinen Bruder in San Francisco besuchte, »mussten wir strenge Vorkehrungen treffen – die Sonntagszeitung durfte nicht zu sehen sein, der Fernseher musste ausgeschaltet sein, seine Nichte und sein Neffe, beide im Teenageralter, erhielten spezielle Instruktionen«.

So weit, so irre. Doch dann, am Ende, drehte sich die Geschichte. Inmitten dieses kompletten Rückzugs hatte Hagerman seine gesamte Zeit mit der Konzentration auf ein »Masterprojekt« verbracht, »ein Projekt, mit dem er sich obsessiv beschäftigt und von dem er glaubt, es könnte als sein Dienst an der amerikanischen Gesellschaft gelten«. Er kaufte 18 Hektar ehemaliges Tagebaugelände und machte es zu seinem »Lebenswerk«. Er kultiviert es, schützt es und macht daraus einen wertvollen Ort für seine Gemeinde. Wie sich herausstellte, hatte Hagerman sich doch nicht so ganz und gar vom bürgerlichen Leben abgekoppelt. Er hatte sich lediglich von der nationalen Politik abgekoppelt und sich stattdessen auf Veränderungen vor Ort konzentriert. Und er hatte ein informationelles Ökosystem geschaffen, das diese Entscheidung unterstützte. Mag sein, dass er damit zu weit gegangen ist – viel zu weit –, doch die meisten von uns gehen nicht weit genug.

Ich wurde auf den Artikel aufmerksam, weil seinetwegen ein Sturm der Entrüstung durch das Internet fegte. »Die *New York Times* hat es geschafft, den ultimativen Leuchtturm weißer Privilegien zu finden – und zweifellos die unerträglichste Person in der ganzen Welt«, lautete ein repräsentativer Tweet. [8] Was bildete sich dieser Hagerman eigentlich ein? Dieser reiche weiße Typ müsste ja wohl nicht befürchten, ausgewiesen oder ins Gefängnis gesteckt zu werden, hätte wahrscheinlich unter der Trump-Regierung überhaupt nichts auszustehen. Was bildete der sich ein, einfach die Nachrichten auszublenden, wenn sie ihn traurig machten?

Andererseits, was bildeten wir uns denn ein? Taten diejenigen unter uns, die ihre Wut in den Äther hinaustrompeteten, tatsächlich mehr als dieser Kerl, der ein Stück Land renaturierte, um es seinen Nachbarn zurückzugeben?

Ich will hier keineswegs darauf hinaus, dass wir alle in informationeller Hinsicht unsere Köpfe in den Sand stecken sollten. Dennoch will ich es hier auf eine unverblümte Weise sagen, die klar meinem Berufsinteresse widerspricht: Wir zollen der nationalen Politik, obgleich wir nur sehr wenig dazu tun können, sie zu verändern, viel zu viel Aufmerksamkeit und der Politik auf bundesstaatlicher und lokaler Ebene, wo unsere Stimme weitaus mehr bewirken kann, zu wenig. Die Zeit, die wir damit verbringen, unserer Entrüstung über Trumps neuesten Tweet Luft zu machen (und damit, um es mal deutlich zu sagen, genau das tun, was er will; er legt es darauf an, allen Sauerstoff aus den Medien herauszusaugen, damit er die Kontrolle über das Gespräch behält), wäre weitaus besser genutzt, wenn wir mal schauen würden, was in unserer Nachbarschaft so passiert.

»Es gibt in den Vereinigten Staaten mehr als 500 000 gewählte Abgeordnete, von denen lediglich 537 einen Posten auf Bundesebene haben«, schreibt Daniel Hopkins in seinem Buch *The Increasingly United States.* [9] Diese 537 Regierungsvertreter sind diejenigen, über die wir die geringste Macht haben und die wir am wenigsten beeinflussen können, auch wenn sie im Durchschnitt die Mehrheit der Wählerschaft hinter sich haben. Dagegen kennen wir häufig nicht einmal die Namen der Politiker, die uns am nächsten sind, obwohl sie sich freuen würden, mit uns einen Kaffee zu trinken.

Das ist nicht deshalb so, weil wir faul wären oder schlechte Menschen. Es ist so, weil sich die Medien nationalisiert haben und insbesondere auf der bundesstaatlichen und lokalen Ebene immer weniger Medien ihr Publikum finden. Ich habe darauf keine Antwort – die Wiederbelebung des Journalismus auf bundesstaatlicher und lokaler Ebene wäre ein Buch für sich –, ich kann hier nur dazu raten, Versuche in diese Richtung zu unternehmen. Es ist durchaus möglich, solche Nachrichtenquellen verstärkt in Ihren Medienkonsum einzubeziehen und so Ihrer lokalen politischen Identität mehr Macht zu verschaffen. Nur so als kleine Erleichterung, besonders dann, wenn Sie von Ihren Freunden in den sozialen Medien nicht gerade darauf gestoßen werden oder solche Themen in den von Ihnen bevorzugten landesweiten Publikationen nicht vorkommen.

Doch es hat auch echte Vorteile, wenn wir einen größeren Teil unserer politischen Identitäten an den Orten verwurzeln, wo wir leben. Erstens neigen wir im Allgemeinen dazu, unter Menschen zu leben, die eher so sind wie wir, also ist die Politik dort weniger polarisiert. Zweitens sind die Fragen, die sich dort stellen, häufig handfester und weniger symbolisch aufgeladen, was die Diskussion darüber oftmals konstruktiver und weniger feindselig macht. Drittens können wir auf die Politik unseres Bundesstaates und die Lokalpolitik sehr viel stärker Einfluss nehmen als auf die nationale Politik, und einen Unterschied zu machen fühlt sich ermächtigend an. Und viertens (selbst dann, wenn Sie die nationale Politik zu Ihrer Herzenssache gemacht haben – ich bin ein Journalist, der über nationale Politik schreibt, ich versteh das schon) wird ihr politisches Engagement auf bundesstaatlicher oder lokaler Ebene dazu führen, dass Sie viel effektiver sind. Zum einen deshalb, weil es eine wertvolle Erfahrung ist, und zum anderen, weil aus Lokalpolitikern irgendwann einmal Bundespolitiker werden und sie Kontakt zu jenen halten werden, die ihre Wegbegleiter waren. Laufen dann die Vorbereitungen für die nächste Präsidentschaftswahl an, sind diejenigen, die sie am liebsten als ihre Freiwilligen im Wahlkampf sehen wollen, genau die, die bereits über Organisationserfahrung in ihren Gemeinden verfügen.

Noch einmal: Ich rate Ihnen nicht, sich ganz und gar von der nationalen Politik abzuwenden. Sie sollten jedoch Ihre Auswahl an Medienkanälen überprüfen und sich fragen, wie groß der Anteil der von Ihnen konsumierten politischen Berichterstattung jeweils auf nationaler beziehungsweise bundesstaatlicher oder lokaler Ebene ist. Beobachten Sie sich eine Woche lang und denken Sie darüber nach, wie viel von Ihren politischen Emotionen und Ihrer Energie in nationale Berichterstattung fließt. Sollte sich herausstellen, dass Ihre Mischung zu stark in Richtung nationale Ebene neigt, ziehen Sie in Betracht, die Waage wieder ein bisschen stärker auszubalancieren.

Es gibt keine Lösungen, nur Korrekturen

Ich will ehrlich sein: Schon das Aufschreiben dieser Lösungsvorschläge fühlt sich für mich ein bisschen unbehaglich an. Ich habe das Buch damit begonnen, über die Politikwissenschaftler in der Mitte des letzten Jahrhunderts zu schreiben, die verzweifelt nach stärker polarisierten Parteien riefen. Die amerikanische Politik ist so komplex und unvorhersehbar, dass manchmal Pläne, die in einer Ära als lange überfällige Lösungen gefeiert wurden, zu den prägenden Problemen der nächsten werden.

Aber ist das denn nicht genau der Punkt? Für die amerikanische Politik gibt es keinen Endzustand. Die Suche nach einer ein für alle Mal gültigen Antwort ist immer töricht. Es gibt nicht die eine beste Methode, damit das System funktioniert. Es gibt nur das Beste, was wir gerade jetzt tun können. Und wenn wir unseren Job einigermaßen gut machen, dann werden wir feststellen, dass die Erfolge von heute zu den Frustrationen von morgen erstarren. Was in einer Phase funktioniert, scheitert in der nächsten. Das ist in Ordnung. In Wirklichkeit geht es darum, beim Übertritt in diese nächste Phase den größtmöglichen Fortschritt zu erzielen und Gewalt so weit wie möglich zu vermeiden.

Ich werde oft gefragt, ob ich eher Optimist oder Pessimist bin, was die amerikanische Politik betrifft. Ich denke, eher Optimist, doch das liegt daran, dass ich versuche, unsere Vergangenheit realistisch zu betrachten. Ungeachtet all unserer Probleme waren wir an beinahe jedem anderen Punkt in unserer Geschichte ein schlechteres und hässlicheres Land.

Man muss gar nicht bis in die Geburtsstunde der USA zurückgehen – als die Neuankömmlinge aus Europa in alle Himmelsrichtungen ausschwärmten und die indigenen Völker umbrachten; als sie Millionen afrikanischer Sklaven ins Land holten und Gesetze schrieben, die Frauen zu Bürgern zweiter Klasse machten –, um es zu sehen. Noch vor wenigen Jahrzehnten waren politische Morde an der Tagesordnung. 1963 wurde Präsident John F. Kennedy in Dallas auf offener Straße erschossen. 1965 wurde Malcolm X. in einem überfüllten New Yorker Ballsaal erschossen. 1968 wurde Martin Luther King jr. getötet, genau wie Robert F. Kennedy. 1975 hob Lynette »Squeaky« Fromme, die etwa auf Armeslänge entfernt von Gerald Ford stand, ihr Gewehr, zielte auf den Präsidenten und drückte ab – die Waffe hatte Ladehemmung. Harvey Milk, Stadtrat von San Francisco und Vorreiter der Schwulenbewegung, wurde 1978 getötet. Auf Präsident Ronald Reagan wurde 1981 ein Anschlag verübt; die Kugel zertrümmerte eine Rippe und drang in den linken Lungenflügel ein.

Einen Großteil des 20. Jahrhunderts über galt das Wahlrecht nicht für Afroamerikaner. Lynchjustiz war allgegenwärtig. Im gesamten Süden der USA wurden Freedom Riders brutal verprügelt. Die Polizei musste afroamerikanische Kinder zur Schule eskortieren, während aufgeputschte Massen rassistische Beschimpfungen schrien und sie anzugreifen drohten.

Bei der Democratic National Convention 1968 kam es zu einem Ausbruch der Gewalt. Städte im ganzen Land wurden von Ausschreitungen heimgesucht. Die Kriminalitätsrate stieg. Die

Vereinigten Staaten begannen einen illegalen, geheimen Bombenkrieg in Kambodscha. Mitglieder der Nationalgarde feuerten auf protestierende Studierende der Kent State University und töteten mehrere von ihnen. Richard Nixon zog auf einer riesigen Welle des Backlashs gegen die Bürgerrechtsbewegung in das Weiße Haus ein, startete eine Spionagekampagne gegen seine politischen Gegner, provozierte eine Verfassungskrise und wurde der erste amerikanische Präsident, der im Rahmen eines Impeachment-Verfahrens gezwungen wurde, sein Amt aufzugeben.

Dies ist im Übrigen kein kontraintuitiver Blick auf die Geschichte unseres Landes. Unter Experten ist er sogar näher am Konsens. Das Projekt Varieties of Democracy, das seit 1900 Fachleute zum Zustand der Demokratien auf der Welt befragt, gab dem politischen System der USA auf einer Skala von 1 bis 100 im Jahr 1945 eine 48 und im Jahr 1965 eine 59. Erst nach der Bürgerrechtsbewegung bekam das Land Wertungen in den Siebzigern und Achtzigern und war somit dieser Skala zufolge auf dem Weg, zu einer weitgehend erfolgreichen Demokratie zu werden. [10]

Die Ära, die wir so häufig als Goldenes Zeitalter der amerikanischen Demokratie hochhalten, war weit weniger demokratisch, weit weniger liberal, weit weniger anständig als unsere heutige Zeit. Selbst Trumps unkontrollierteste Ausbrüche, seine beleidigendsten Denkweisen wirken im Vergleich zu den Meinungen, die noch in der jüngsten Geschichte den Mainstream formten, ziemlich blass. Und die politischen Institutionen im Amerika von heute sind eine riesige Verbesserung gegenüber den Regimen, die noch vor gar nicht allzu langer Zeit herrschten. Können wir es morgen ein bisschen besser machen, werden wir es sehr viel besser machen als je zuvor.

DANK

In diesem Buch geht es darum, wie Individuen die Menschen, Gemeinschaften und Systeme widerspiegeln, die sie umgeben. Insofern müsste der Dank, wollte ich allen gerecht werden, sehr viel länger ausfallen als der gesamte restliche Text. Da ich mit hinreichender Verlässlichkeit weiß, wie verpönt dies im Verlagswesen ist, entschuldige ich mich gleich vorab bei all denen, die jetzt übergangen werden. Ebenso entschuldige ich mich bei den Genannten: Nichts, was ich hier schreibe, kann der Rolle, die ihr bei der Gestaltung dieses Projekts und der Ausprägung meiner Persönlichkeit gespielt habt, auch nur ansatzweise gerecht werden.

Zunächst gilt mein Dank Ben Loehnen bei Simon & Schuster. Er glaubte nicht nur an das Buch, das ich ihm bei unserem ersten Gespräch vorschlug, sondern auch an das vollkommen andere, das ich ihm sechs Jahre später tatsächlich schrieb. Ohne sein Vertrauen, seine Geduld, Redaktion und Ermutigung würden Sie es jetzt nicht in den Händen halten. Meinem Agenten Andrew Wylie ist es gelungen, einen wunderbaren Mittelweg zu finden, wenn er mich daran erinnerte, endlich aus dem Knick zu kommen, ohne mir Angst zu machen, weil es noch so viel zu tun gab. Ich hoffe, das Warten hat sich gelohnt. Teile des vorliegenden Buches erschienen zuerst als Artikel auf Vox und im *New Yorker*, und beiden Herausgebern schulde ich Dank, weil sie bei der Gestaltung halfen und mir gestatteten, die Ergebnisse für mein Buch zu nutzen. Ben Kalin hat den Text mit beachtlicher Strenge und Fröhlichkeit auf

Fakten überprüft. John Sides, Lilliana Mason und Yuval Levin lieferten entscheidende Kommentare zu einem frühen Entwurf, und vor allem John ist mir in der Welt der Politologie nicht nur ein unschätzbarer Sherpa, sondern auch ein guter Freund gewesen. Sie alle haben dieses Buch zu etwas Besserem gemacht, und die noch vorhandenen Fehler und Mängel sind einzig und allein mir zuzuschreiben.

Meinen ersten Arbeitsplatz als Journalist bekam ich bei der Zeitschrift *American Prospect*, wo Mike Tomasky trotz meines kompletten Mangels an beruflicher Erfahrung das Risiko einging, mich einzustellen, und sich die Zeit nahm, einen Journalisten aus mir zu machen. Sein »Pick up the damn phone!« – oder PUTDP, wie ich es im Stillen für mich abkürzte – klingt mir auch Jahre später noch in den Ohren.

Mein Freundeskreis in D.C. hieß mich in der ersten sozialen Welt willkommen, in der ich mich wirklich zu Hause fühlte. Das hat mir mehr bedeutet, als sie sich je werden vorstellen können. Vor allem meine Zimmergenossen im Hobart House – Ben Adler, Brian Beutler und Ben Miller – verdienen besondere Erwähnung, ebenso wie Kate Steadman und Ethan Pollack.

Dass die *Washington Post* mich anheuerte, war äußerst unorthodox, und ich werde Steve Pearlstein auf ewig dankbar sein, weil er sie überzeugte, mich zu nehmen, ebenso wie dafür, dass er mein Mentor war und für die Streits, die Freundschaft, die Lektionen und die Abendessen. Ein Dankeschön an Kelly Johnson als wunderbare Redakteurin, Freundin und Vertraute; an Marcus Brauchli, Raju Narisetti, Greg Schneider, Marty Baron und Donald Graham mit ihrer geradezu vorbildlichen Anständigkeit, Neugier, Integrität und Freundlichkeit.

Doch Dank vor allem an die *Washington Post* dafür, dass sie an Wonkblog glaubte. Die Jahre der Partnerschaft mit Lydia DePillis, Neil Irwin, Suzy Khimm, Sarah Kliff, Tim Lee, Dylan Matthews und Brad Plumer bedeuten mir mehr, als ich sagen kann. Der beste Maßstab für unser Tun sind die Menschen, mit denen wir zusammenarbeiten, und die Tatsache, dass ich so lange mit Sarah und Brad zusammenarbeiten durfte und dies auch weiterhin mit Dylan tun kann, ist mir ein Zeichen, dass ich irgendetwas richtig mache.

Der Aufbau von Vox war die großartigste, herausforderndste und bedeutsamste Erfahrung in meiner beruflichen Laufbahn. Allein der Versuch, hier Namen zu nennen, versetzt mich in Angst und Schrecken, aber zumindest will ich mich bei Jim Bankoff und Trei Brundrett für die Schaffung eines so phantastischen Unternehmens bedanken; bei Lauren Williams, Allison Rockey und Joe Posner für ihre Führungsstärke, ihre Brillanz, ihren Fokus und ihre Großherzigkeit; bei Laura McGann für ihre vielen spätabendlichen Redaktionseinsätze und ihren Scharfblick; und bei unserem gesamten tollen Team. Ihr alle glaubt an unsere Vision und arbeitet tagtäglich so unglaublich hart und kreativ daran, sie Realität werden zu lassen. Wie die Endnoten zu diesem Buch beweisen, habe ich dank eurer Mühen unglaublich viel gelernt: mit klarem Blick, mit Herz und Verstand Nachrichten zu erklären.

Vox habe ich gemeinsam mit Matt Yglesias und Melissa Bell gegründet. Matts Collegeblog inspirierte mich zu meinem eigenen; seine Ermutigung half mir weiterzumachen; seine Empfehlung brachte mir die Stelle beim *American Prospect* ein; er führte mich in seine Clique in D.C. ein, und ich lerne jeden Tag von ihm. Mit keinem Dank der Welt, auch nicht dem allergrößten, könnte ich ihm Anerkennung zollen für die immense Rolle, die er in meinem Leben gespielt hat und noch immer spielt.

Melissa lernte ich bei der *Washington Post* kennen, wo sie in jeder Webkonferenz anwesend war, obwohl mir keiner erklären konnte, worin eigentlich ihre Aufgabe bestand. Am Ende fand ich es heraus: Willst du große Dinge stemmen, dann tu sie mit Melissa. An diese Lektion habe ich mich seither immer gehalten. Das letzte

Jahrzehnt kann ich mir ohne ihre Partnerschaft nicht vorstellen, noch weniger jedoch ohne ihre Freundschaft, selbst wenn wir uns uneins sind, wann genau diese Freundschaft begann.

Während meiner Arbeit an diesem Buch bin ich in die San Francisco Bay Area – das Schlaraffenland – gezogen und sehr, sehr dankbar für die wunderbare Gemeinschaft, die mich hier willkommen geheißen hat. Auch wenn es sich anfühlt, als würden wir uns sehr viel länger kennen – Bilal Siddiqi und ich schlossen unsere Freundschaft im Laufe dieses Projekts, und er hat mich beständig mit Ermutigung und Whiskey versorgt.

Tristan Reed lernte ich kennen, als ich zwölf war, Grant Gordon ein paar Jahre später. Seitdem sind sie meine besten Freunde. Ich habe keine Ahnung, wo ich ohne sie wäre. Grant hatte das besondere Pech, in meine Nähe zu ziehen, als ich gerade ernsthaft mit der Arbeit an diesem Buch begann, und er hat alle Schwierigkeiten fröhlich mitgetragen, mich immer wieder aufgemuntert, wenn ich feststeckte, mir Drinks spendiert, wenn ich sie am dringendsten brauchte, und war überhaupt in vielerlei Hinsicht für mich da. Ich danke dir.

Wie ich meiner Familie danken soll, weiß ich nicht. Die Liebe zur Politik habe ich von meinem Bruder Gideon Kracov, der mich zu Demos und Veranstaltungen mitnahm und an einem besonders denkwürdigen Tag zu einer Fahrt durch Los Angeles mit dem großartigen, schon längst verstorbenen Paul Wellstone. Ich werde immer versuchen, mir ein Beispiel an ihm zu nehmen. Meine Mutter Jacqueline Klein und mein Vater Abel Klein haben mir ihre bedingungslose Liebe geschenkt, selbst in Zeiten, wo ich sie ausreizte, und sie haben mich jeden Tag meines Lebens unterstützt, mir zugesehen und mich angefeuert. Meine Schwester Liliana Klein ist eine meiner besten Freundinnen und Erstanlaufstellen. Linda Levine und Sara Weissman sind erst später dazugekommen, aber ich empfinde sie jeden Tag als Bereicherung.

Ich habe das große Glück, mit der interessantesten Person verheiratet zu sein, der ich je begegnet bin. Die Welt an der Seite von Annie Lowrey erfahren zu dürfen ist eines der größten Geschenke, die ich je bekommen habe, und dank ihrer Partnerschaft bin ich in jeder Hinsicht ein besserer Mensch geworden. Sie ist die Redakteurin, Mitverschworene und Denkerin, der ich am meisten vertraue, und ich kann mir mein Leben ohne ihre Liebe, Fürsorge und ihr Leuchten nicht mehr vorstellen.

Und noch ein Letztes: Thomas Moses Lowrey-Klein ist während der Arbeit an diesem Buch zur Welt gekommen. Sein Vater zu sein ist die Identität, die ich am tiefsten schätze. Das weitaus Schlimmste an diesem Projekt waren die Stunden, in denen ich von ihm getrennt war. Möge es in kleinem Maße dazu beitragen, eine Welt zu bauen, die so gut ist wie er.

ANMERKUNGEN

Einleitung – Was nicht passiert ist

1 Rodham Clinton, Hillary: *What Happened.* New York: Simon & Schuster, 2017, S. 391. [Übersetzung der Zitate aus dem Englischen im gesamten Buch durch die Übersetzerin, sofern nicht anders vermerkt.]

2 Guskin, Emily, und Scott Clement: »Clinton Leads by Five Points Nationally as Trump Personality Concerns Persist, Post-ABC Tracking Poll Finds«, in: *Washington Post*, 6. November 2016, washingtonpost.com/news/the-fix/wp/2016/11/06/clinton-leads-by-five-points-nationally-with-large-advantages-on-temperament-and-qualifications-post-abc-tracking-poll-finds/ [Alle URLs Stand 27. 07. 2021.]

3 Gopnik, Adam: »Did the Oscars Just Prove That We Are Living in a Computer Simulation?«, in: *New Yorker*, 27. Februar 2017, newyorker.com/culture/cultural-comment/did-the-oscars-just-prove-that-we-are-living-in-a-computer-simulation

4 »Against Trump«, Leitartikel, *National Review*, 22. Januar 2016, nationalreview.com/2016/01/donald-trump-conservative-movement-menace

5 Gelman, Andrew, und Pierre-Antoine Kremp: »The Electoral College Magnifies the Power of White Voters«, Vox, 17. Dezember 2016, vox.com/the-big-idea/2016/11/22/13713148/electoral-college-democracy-race-white-voters

6 Dekker, Sidney: *Drift into Failure: From Hunting Broken Components to Understanding Complex Systems,* Farnham, UK; Burlington, VT: Ashgate 2011.

7 Zitiert nach ebd., S. xiii.

8 Taylor, Keeanga-Yamahtta: *How We Get Free: Black Feminism and the Combahee River Collective,* Chicago: Haymarket Books 2017.

Kapitel 1 -
Wie aus Demokraten Liberale wurden und aus Republikanern Konservative

1 Freeman, Joanne B.: *The Field of Blood: Violence in Congress and the Road to Civil War*, New York: Farrar, Straus and Giroux, 2018, S. 5.

2 American Political Science Associaton (Hrsg.): *Towards a More Responsible Two-Party System: A Report of the Committee on Political Parties*, Washington, D. C.: American Political Science Association, Vol. 44, Nr. 3, (Sept. 1950), jstor.org/stable/1950999

3 Ebd., APSA-Report.

4 Dewey, Thomas E.: »The Two-Party System« (1950), in: *Politics in the United States: Readings in Political Parties and Pressure Groups*, hrsg. von Henry Turner, New York: McGraw Hill, 1955, archive.org/stream/politicsinunitedooturn/politicsinunitedooturn_djvu.txt

5 Zitiert nach Dewey, ebd.

6 Zitiert nach ebd.

7 Zitiert nach ebd.

8 Zitiert nach Kabaservice, Geoffrey: *Rule and Ruin: The Downfall of Moderation and the Destruction of the Republican Party, from Eisenhower to the Tea Party*, (Studies in Postwar American Political Development), New York: Oxford University Press, 2012.

9 Rossiter, Clinton: *Parties and Politics in America*, Ithaca, NY: Cornell University Press, 1960, S. 108.

10 Fiorina, Morris P.: »Party Sorting and Democratic Politics«, Essay. A Hoover Institution Essay on Contemporary American Politics, Schriftenreihe Nr. 4, Hoover Institution, Stanford University, hoover.org/sites/default/files/research/docs/fiorina_party_sorting_and_democratic_politics_4.pdf

11 Abramowitz, Alan, und Steven Webster: »All Politics Is National: The Rise of Negative Partisanship and the Nationalization of U. S. House and Senate Elections in the 21st Century«, Annual Meeting of the Midwest Political Science Association, Chicago, Illinois, 16.–19. April 2015, stevenwwebster.com/research/all_politics_is_national.pdf

12 Ebd., Abramowitz und Webster, Ausweitung auf 2016 laut E-Mail von Webster an den Autor.

13 Smidt, Corwin: »Polarization and the Decline of the American Floating Voter«, in: *American Journal of Political Science* 61, Nr. 2 (Apr. 2017), S. 365–81, doi.org/10.1111/ajps.12218

14 Pew Research Center: »Partisanship and Political Animosity in 2016«, Juni 2016, people-press.org/2016/06/22/partisanship-and-political-animosity-in-2016

15 Wilentz, Sean: »The Mirage«, in: *New Republic*, 25. Oktober 2011, newrepublic.com/article/96706/post-partisan-obama-progressives-washington

16 Krupnikov, Yanna, und Samara Klar: »Why People Call Themselves ›Independent‹ Even When They Aren't«, in: *Washington Post*, 10. Januar 2014, washingtonpost.com/news/monkey-cage/wp/2014/01/10/why-people-call-themselves-independent-even-when-theyarent/?noredirect=on&utmterm=.f99ff7b6c2f2

17 Doherty, Carroll: »Key Takeaways on Americans' Growing Partisan Divide over Political Values«, *Fact Tank* (Blog), Pew Research Center, 5. Oktober 2017, pewresearch.org/fact-tank/2017/10/05/takeaways-on-americans-growing-partisan-divide-over-political-values

18 Pew Research Center: »The Partisan Divide on Political Values Grows Even Wider«, Oktober 2017, pewresearch.org/politics/2017/10/05/the-partisan-divide-on-political-values-grows-even-wider/

19 »A Reagan Legacy: Amnesty for Illegal Immigrants«, in: *NPR*, 4. Juli 2010, npr.org/templates/story/story.php?storyId=128303672

20 North, Anna: »How Abortion Became a Partisan Issue in America«, Vox, 10. April 2019, vox.com/2019/4/10/18295513/abortion-2020-roe-joe-biden-democrats-republicans

21 Gerald R. Ford Library: »1976 Republican Platform: Equal Rights and Ending Discrimination«, fordlibrarymuseum.gov/library/document/platform/rights.htm

22 Barrow, Bill, und Elana Schor: »Biden: Congress Should Protect Abortion Rights, if Necessary«, in: *Associated Press*, 22. Mai 2019, apnews.com/37bcf15a80a54014bd37fa4298d5d5c1

23 Smidt: »Polarization«.

24 Pew Research Center: »Partisanship and Political Animosity in 2016«.

Kapitel 2 – Das Dixiekraten-Dilemma

1 Crespino, Joseph: *Strom Thurmond's America*, New York: Hill & Wang 2012.

2 Bateman, David A., Ira Katznelson und John Lapinski: »Southern Politics Revisited: On V. O. Key's ›South in the House‹«, in: *Studies in*

American Political Development 29, Nr. 2 (Okt. 2015), S. 154–84, doi.org/10.1017/S0898588X1500005X

3 Mickey, Robert: *Paths Out of Dixie: The Democratization of Authoritarian Enclaves in America's Deep South, 1944–1972*, Princeton, NJ: Princeton University Press 2015, S. 4 f.

4 Klein, Ezra: »American Democracy Has Faced Worse Threats Than Donald Trump«, Vox, 10. Mai 2018, vox.com/2018/5/10/17147338/donald-trump-illiberal-undemocratic-elections-politics

5 Katznelson, Ira: *Fear Itself: The New Deal and the Origins of Our Time*, New York: Liveright 2014, S. 61.

6 Ebd., S. 63.

7 Mickey: *Paths Out of Dixie*, S. 38.

8 Anderson, Carol: *White Rage: The Unspoken Truth of Our Racial Divide*, New York: Bloomsbury 2016. S. 76 f.

9 Mickey: *Paths Out of Dixie*. S. 56.

10 Zitiert nach Wineapple, Brenda: *The Impeachers: The Trial of Andrew Johnson and the Dream of a Just Nation*, New York: Random House 2019, S. 227.

11 Mickey: *Paths Out of Dixie*. S. 50.

12 Katznelson: *Fear Itself*.

13 Zitiert nach ebd.

14 Kabaservice, *Rule and Ruin*.

15 Oreskes, Michael: »Civil Rights Act Leaves Deep Mark on the American Political Landscape«, *New York Times*, 2. Juli 1989, nytimes.com/1989/07/02/us/civil-rights-act-leaves-deep-mark-on-the-american-political-landscape.html

16 Noel, Hans: »Polarization is about more than just sorting, but sorting is polarization anyway«, Mischiefs of Faction (Blog), 25. Juni 2014, mischiefsoffaction.blogspot.com/2014/06/polarization-is-about-more-than-just.html

17 Klein, Ezra: »No One's Less Moderate Than Moderates«, Vox, 26. Februar 2015, vox.com/2014/7/8/5878293/lets-stop-using-the-word-moderate

18 Mason, Lilliana: *Uncivil Agreement: How Politics Became Our Identity*, Chicago; London: University of Chicago Press 2018, S. 34.

19 Vgl. Levitsky, Steven, und Daniel Ziblatt: *Wie Demokratien sterben. Und was wir dagegen tun können.* Aus dem Amerikanischen von Klaus-Dieter Schmidt, München: © DVA 2018, S. 200.

20 Pew Research Center: »Religious ›Nones‹ Now Largest Single

Religious Group among Democrats«, 23. Oktober 2015, pewforum.org/2015/11/03/u-s-public-becoming-less-religious/

21 Pew Research Center: »Partisan Divide«.

22 Levitzky und Ziblatt, S. 201.

23 Abramowitz, Alan: *The Great Alignment: Race, Party Transformation, and the Rise of Donald Trump,* New Haven, CT: Yale University Press 2018.

24 Korrespondenz des Autors mit Will Wilkinson, Vizepräsident für Forschung am Niskanen-Center.

25 Brownstein, Ronald: »How the Election Revealed the Divide between City and Country«, *The Atlantic*, 17. November 2016, theatlantic.com/politics/archive/2016/11/clinton-trump-city-country-divide/507902

26 Choi, David: Hillary Clinton: »I Won the Places That Are ›Dynamic, Moving Forward‹, while Trump's Campaign ›Was Looking Backwards‹«, *Business Insider*, 13. März 2018, businessinsider.com/hillary-clinton-says-trump-won-backwards-states-in-2016-2018-3

27 Muro, Mark, und Sifan Liu: »Another Clinton-Trump Divide: High-Output America vs. Low-Output America«, *Avenue* (Blog), Brookings Institution, 29. November 2016, brookings.edu/blog/the-avenue/2016/11/29/another-clinton-trump-divide-high-output-america-vs-low-output-america

28 Bishop, Bill: *The Big Sort: Why the Clustering of Like-Minded America Is Tearing Us Apart,* Boston: Houghton Mifflin 2008, S. 5.

29 Vgl.: Dave Wasserman (@Redistrict), Twitter, 10. 12. 2018, twitter.com/Redistrict/status/1071968383837618176

30 Mummolo, Jonathan, und Clayton Nall: »Why Partisans Do Not Sort: The Constraints on Political Segregation«, *Journal of Politics* 79, Nr. 1 (Okt. 2016): doi.org/10.1086/687569

31 Pew Research Center: »Partisan Divide«.

32 Johnston, Christopher D., Howard G. Lavine und Christopher M. Federico: *Open versus Closed: Personality, Identity, and the Politics of Redistribution,* Cambridge; New York: Cambridge University Press 2017.

33 Hetherington, Marc J., und Jonathan Weiler: *Prius or Pickup? How the Answers to Four Simple Questions Explain America's Great Divide,* Boston; New York: Houghton Mifflin Harcourt 2018, S. xi.

34 Hibbing, John R., Kevin B. Smith und John R. Alford: *Predisposed: Liberals, Conservatives, and the Biology of Political Differences,* New York: Routledge, 2013, S. 104.

35 Interview mit dem Autor.
36 Buckley jr., William F.: »Our Mission Statement«, *National Review*, 19. November 1955, nationalreview.com/1955/11/our-mission-statement-william-f-buckley-jr/
37 Hetherington, Weiler: *Prius or Pickup?*, S. 17.
38 Johnston, Lavine und Federico: *Open versus Closed*, S. 5.

Kapitel 3 – Was Ihr Gehirn von Gruppen hält

1 Tajfel, Henri: »Experiments in Intergroup Discrimination«, *Scientific American* 223, Nr. 5 (Nov. 1970), 96–103, jstor.org/stable/24927662
2 Robinson, W. Peter: *Social Groups and Identities: Developing the Legacy of Henri Tajfel*, Oxford: Butterworth Heinemann 1996, S. 2 f.
3 Ebd., S. 340.
4 Ebd., S. 15.
5 Tajfel: »Experiments in Intergroup Discrimination«.
6 Ebd.
7 Tajfel, Henri, u. a.: »Social Categorization and Intergroup Behaviour«, *European Journal of Social Psychology* 1, Nr. 2 (Apr./Juni 1971), S. 149–78, doi.org/10.1002/ejsp.2420010202
8 Bialik, Carl: »The Latest Kentucky Riot Is Part of a Long, Destructive Sports Tradition«, FiveThirtyEight, 6. April 2015, fivethirtyeight.com/features/the-latest-kentucky-riot-is-part-of-a-long-destructive-sports-tradition
9 Blythe, Will: *To Hate Like This Is to Be Happy Forever: A Thoroughly Obsessive, Intermittently Uplifting, and Occasionally Unbiased Account of the Duke – North Carolina Basketball Rivalry*, New York: HarperCollins 2006, S. 6.
10 Murthy, Vivek: »Work and the Loneliness Epidemic«, *Harvard Business Review*, September 2017, hbr.org/cover-story/2017/09/work-and-the-loneliness-epidemic
11 Hari, Johann: *Der Welt nicht mehr verbunden: Die wahren Ursachen von Depressionen – und unerwartete Lösungen.* Aus dem Englischen von Sonja Schuhmacher, Barbara Steckhan und Gabriele Gockel, Hamburg: © HarperCollins 2019, S. 126.
12 Heath, Joseph: *Enlightenment 2.0: Restoring Sanity to Our Politics, Our Economy, and Our Lives*, Toronto: HarperCollins 2014.
13 Miller, Patrick R., und Pamela Johnston Conover: »Red and Blue States of Mind: Partisan Hostility and Voting in the United States«,

Political Research Quarterly 68, Nr. 2 (Juni 2015): 225–39, doi.org/10.1177/1065912915577208

14 Klein, Ezra: »The Single Most Important Fact about American Politics«, Vox, 28. April 2016, vox.com/2014/6/13/5803768/pew-most-important-fact-american-politics

15 Johnston, Lavine und Federico: *Open versus Closed.*

16 Zitiert nach Klein, Ezra: »Obama: The Vox Conversation«, Interview mit Ezra Klein, Vox, 23. Januar 2015, vox.com/a/barack-obama-interview-vox-conversation/obama-domestic-policy-transcript

17 Anderson, Lessley: »Fanboys«, *Verge*, 21. Januar 2014, theverge.com/2014/1/21/5307992/inside-the-mind-of-a-fanboy

18 Zitiert nach Klein: »Obama: The Vox Conversation«.

19 Mason: *Uncivil Agreement*, S. 14.

20 »Conservatives Launch TV Attack Ad on Dean«, *Washington Times*, 5. Januar 2004, washingtontimes.com/news/2004/jan/5/20040105-103754-1355r

21 Donald J. Trump (@realDonaldTrump): »Just like the NFL, whose ratings […]«, Twitter, 5. September 2018, 6:39 Uhr, twitter.com/realdonaldtrump/status/1037334510159966214?lang=en

22 Brewer, Marilynn, und Sonia Roccas: »Social Identity Complexity«, *Personality and Social Psychology Review*, Bd. 6, 2. Auflage (1. Mai 2002).

23 Zitiert nach Mason: *Uncivil Agreement*, S. 24.

24 Gubler, Joshua R., und Joel Sawat Selway: »Horizontal Inequality, Cross-cutting Cleavages, and Civil War«, *Journal of Conflict Resolution* 56, Nr. 2 (Apr. 2012): 206–32, doi.org/10.1177/0022002711431416

25 Mason: *Uncivil Agreement*, S. 63.

26 Iyengar, Shanto, und Sean J. Westwood: »Fear and Loathing across Party Lines: New Evidence of Group Polarization«, *American Journal of Political Science* 59, Nr. 3 (Juli 2015): 690–707.

27 Klein, Ezra, und Alvin Chang: »›Political Identity Is Fair Game for Hatred‹: How Republicans and Democrats Discriminate«, Vox, 7. Dezember 2015, vox.com/2015/12/7/9790764/partisan-discrimination

28 Ebd.

29 Ebd.

30 Tajfel: »Experiments in Intergroup Discrimination«.

31 Zitiert nach Klein, Ezra: »Julian Castro's Quiet Moral Radicalism«, Interview mit Ezra Klein, Vox, 12. September 2019, vox.com/policy-and-politics/2019/9/12/20860452/julian-castro-2020-immigration-animals-policy-trump-climate-homeless

Kapitel 4 – Der Pressesprecher in Ihrem Kopf

1 Butler, Stuart M.: »Assuring Affordable Health Care for All Americans«, Heritage Foundation, 1989, thf_media.s3.amazonaws.com/1989/pdf/hl218.pdf

2 Friedman, Milton: »Gammon's Law Points to Health-Care Solution«, *Wall Street Journal*, 12. November 1991.

3 Zitiert nach Klein, Ezra: »An Interview with Mark Pauly, Father of the Individual Mandate«, von Ezra Klein, *Washington Post*, 1. Februar 2011, voices.washingtonpost.com/ezra-klein/2011/02/an_interview_with_mark_pauly_t.html

4 Interview mit dem Autor.

5 Zitiert nach Johnson, Haynes, und David Broder: *The System: The American Way of Politics at the Breaking Point*, Boston: Little, Brown, 1996.

6 Klein, Ezra: »Unpopular Mandate«, *New Yorker*, 18. Juni 2012, newyorker.com/magazine/2012/06/25/unpopular-mandate

7 Ebd.

8 Ebd.

9 Grassley, Chuck: »Fox News Sunday«, Interview mit Chris Wallace, 14. Juni 2009. realclearpolitics.com/articles/2009/06/14/senators_grassley_and_dodd_on_fox_news_sunday_96993.html

10 Ebd.

11 Prokop, Andrew: »The Change in Republican Voters' View of Putin Since Trump's Rise Is Remarkable«, Vox, 14. Dezember 2016, vox.com/2016/9/9/12865678/trump-putin-polls-republican

12 Heath: *Enlightenment 2.0*.

13 Asch, Solomon E.: »Opinions and Social Pressure«, *Scientific American*, November 1955, lucs.lu.se/wp-content/uploads/2015/02/Asch-1955-Opinions-and-Social-Pressure.pdf

14 Cohen, Geoffrey L.: »Party over Policy: The Dominating Impact of Group Influence on Political Beliefs«, *Journal of Personality and Social Psychology* 85, Nr. 5 (2003): 808–22, pdfs.semanticscholar.org/4ecc/34af1b002340a02ed830d296819f64e1172f.pdf

15 Brennan, Jason: *Gegen Demokratie: Warum wir die Politik nicht den Unvernünftigen überlassen dürfen.* Aus dem Amerikanischen von Stephan Gebauer, Berlin: Ullstein 2017.

16 Zitiert nach Illing, Jean: »Epistocracy: A Political Theorist's Case for Letting Only the Informed Vote«, Interview mit Sean Illing, Vox, 9. No-

vember 2018, vox.com/2018/7/23/17581394/against-democracy-book-epistocracy-jason-brennan
17 Kahan, Dan M., u. a.: »Motivated Numeracy and Enlightened Self-Government«, *Behavioural Public Policy* 1, Nr. 1 (Mai 2017), S. 54–86, doi.org/10.1017/bpp.2016.2
18 Perkins, D. N., Michael Farady und Barbara Bushey: »Everyday Reasoning and the Roots of Intelligence«, in *Informal Reasoning and Education*, hrsg. von James F. Voss, David N. Perkins und Judith W. Segal, Hillsdale, NJ: Lawrence Erlbaum, 1991, S. 83–105.
19 Kahan, Dan M., Ellen Peters u. a.: »The Polarizing Impact of Science Literacy and Numeracy on Perceived Climate Change Risks« (23. Dezember 2012), *Nature Climate Change* 2, S. 732–35 (2012); Temple University Legal Studies Research Paper Nr. 2013–04; Yale Law & Economics Research Paper Nr. 464; Yale Law School, Public Law Working Paper Nr. 278, verfügbar auf SSRN: ssrn.com/abstract=2193133
20 Kahan, Dan M., Hank Jenkins-Smith und Donald Braman: »Cultural Cognition of Scientific Consensus« (7. Februar 2010), *Journal of Risk Research* 14, S. 147–74 (2011); Yale Law School, Public Law Working Paper Nr. 205, verfügbar auf SSRN: ssrn.com/abstract=1549444
21 Achen, Christopher, und Larry Bartels: »It Feels Like We're Thinking: The Rationalizing Voter and Electoral Democracy«, Annual Meeting of the American Political Science Association, Philadelphia, PA, 2006.
22 Bartels, Larry: »The Irrational Electorate«, *The Wilson Quarterly* (Herbst 2008), wilsonquarterly.com/quarterly/fall-2008-the-glory-and-the-folly/the-irrational-electorate/
23 Achen, Christopher, und Larry Bartels: *Democracy for Realists: Why Elections Do Not Produce Responsive Government*, Princeton, NJ: Princeton University Press, 2016.
24 Kahan, Dan M.: »Making Climate-Science Communication Evidence-Based – All the Way Down« (13. Februar 2013), *Culture, Politics and Climate Change*, hrsg. von M. Boykoff und D. Crow, Milton Park, Abingdon, UK: Routledge Press, 2014, verfügbar auf SSRN: ssrn.com/abstract=2216469 oder dx.doi.org/10.2139/ssrn.2216469
25 Klein, Ezra: »The Disillusionment of David Brooks«, *The Ezra Klein Show* (Podcast), 2. Mai 2019, listennotes.com/podcasts/the-ezra-klein-show/the-disillusionment-of-david-OnVcTGXr46D
26 Zitiert nach Klein: »Unpopular Mandate«.
27 Thiessen, Marc A.: »Why Are Republicans So Awful at Picking Supreme

Court Justices?«, *Washington Post*, 2. Juli 2012, washingtonpost.com/opinions/marc-a-thiessen-why-are-republicans-so-awful-at-picking-supreme-court-justices/2012/07/02/gJQAHFJAIW_story.html?tid=ss_tw
28 Zitiert nach Klein: »Unpopular Mandate«.
29 Ebd.
30 Bloom, Paul: »The War on Reason«, *Atlantic*, März 2014, theatlantic.com/magazine/archive/2014/03/the-war-on-reason/357561

Kapitel 5 - Demographische Bedrohung

1 Cohn, D'Vera: »It's Official: Minority Babies Are the Majority among the Nation's Infants, but Only Just«, *Fact Tank* (Blog), Pew Research Center, 23. Juni 2016, pewresearch.org/fact-tank/2016/06/23/its-official-minority-babies-are-the-majority-among-the-nations-infants-but-only-just
2 Vespa, Jonathan, David M. Armstrong und Lauren Medina: *Demographic Turning Points for the United States: Population Projections for 2020 to 2060*, Current Population Reports, U. S. Department of Commerce, Economics and Statistics Administration, U. S. Census Bureau, 2018.
3 Klein, Ezra: »White Threat in a Browning America«, Vox, 30. Juli 2018, vox.com/policy-and-politics/2018/7/30/17505406/trump-obama-race-politics-immigration
4 Jed Kolko (@JedKolko): »Most common age in U. S. […]«, Twitter, 21. Juni 2018, 5:09 Uhr, twitter.com/JedKolko/status/1009770292418306054
5 Sáenz, Rogelio, und Kenneth M. Johnson: »White Deaths Exceed Births in a Majority of U. S. States«, Applied Population Lab, Juni 2018, apl.wisc.edu/data-briefs/natural-decrease-18
6 »Table 303.70. Total undergraduate fall enrollment in degree-granting postsecondary institutions, by attendance status, sex of student, and control and level of institution: Selected years, 1970 through 2026«, *Digest of Education Statistics*, National Center for Education Statistics, nces.ed.gov/programs/digest/d16/tables/dt16_303.70.asp
7 »Women More Likely Than Men to Have Earned a Bachelor's Degree by Age 29«, *TED: The Economics Daily*, Bureau of Labor Statistics, 13. April 2016, bls.gov/opub/ted/2016/women-more-likely-than-men-to-have-earned-a-bachelors-degree-by-age-29.htm
8 Monahan, Neil, und Saeed Ahmed: »There Are Now as Many Americans Who Claim No Religion as There Are Evangelicals and Catholics, a

Survey Finds«, CNN, 26. April 2019, cnn.com/2019/04/13/us/no-religion-largest-group-first-time-usa-trnd/index.html

9 Jones, Robert P.: *The End of White Christian America,* New York: Simon & Schuster 2016, S. 51.

10 Klein, Ezra: »Behind the Panic in White, Christian America«, *The Ezra Klein Show* (Podcast), 1. Juli 2019, listennotes.com/podcasts/the-ezra-kleinshow/behind-the-panic-in-white-YxmLpl2Ofsz

11 Baldwin, James: *Teufelswerk: Betrachtungen zur Rolle der Farbigen im Film,* Deutsch von Mark W. Rien, Reinbek bei Hamburg: © Rowohlt 1977, S. 73.

12 Craig Maureen A., und Jennifer A. Richeson: »On the Precipice of a ›Majority-Minority‹ America: Perceived Status Threat from the Racial Demographic Shift Affects White Americans' Political Ideology«, *Psychological Science* 25, Nr. 6 (2014), S. 1189–97, spcl.yale.edu/sites/default/files/files/Craig_RichesonPS_updated%20version(1).pdf

13 Craig, Maureen A., und Jennifer A. Richeson: »More Diverse yet Less Tolerant? How the Increasingly Diverse Racial Landscape Affects White Americans' Racial Attitudes«, *Personality and Social Psychology Bulletin* 40, Nr. 6 (Juni 2014), S. 750–61, groups.psych.northwestern.edu/spcl/documents/Craig%20&%20Richeson%202014 %20PSPB.pdf; Alexander Kuo, Neil Malhotra und Cecilia Hyunjung Mo, »Social Exclusion and Political Identity: The Case of Asian American Partisanship«, *Journal of Politics* 79, Nr. 1 (Januar 2017), journals.uchicago.edu/doi/abs/10.1086/687570

14 Enos, Ryan D.: »How Segregation Leads to Racist Voting by Whites«, Vox, 28. November 2017, vox.com/the-big-idea/2017/11/28/16707438/social-geography-trump-rise-segregation-psychology-racism

15 Tesler, Michael: *Post-Racial or Most-Racial? Race and Politics in the Obama Era,* Chicago; London: University of Chicago Press 2016, S. 48.

16 Lockhart, P. R.: »How Russia Exploited Racial Tensions in America During the 2016 Elections: New Reports Detail How Russian Internet Trolls Manipulated Outrage over Racial Injustice in America«, Vox, 17. Dezember 2018, vox.com/identities/2018/12/17/18145075/russia-facebook-twitter-internet-research-agendy-race

17 Chua, Amy: *Political Tribes: Group Instinct and the Fate of Nations,* New York: Penguin 2018, S. 177.

18 Bruell, Alexandra: »P&G Challenges Men to Shave Their ›Toxic Masculinity‹ in Gillette Ad«, *Wall Street Journal*, 14. Januar 2019, wsj.com/articles/p-g-challenges-men-to-shave-their-toxic-masculinity-in-gillette-ad-11547467200

19 Klein: »White Threat«.

20 Kessler, Ronald: »Donald Trump: Mean-Spirited GOP Won't Win Elections«, Newsmax, 26. November 2012, newsmax.com/Newsfront/Donald-Trump-Ronald-Kessler/2012/11/26/id/465363/

21 Zitiert nach Klein: »White Threat«.

22 Ebd.

23 Cooper, Betsy, u. a.: »How Immigration and Concerns about Cultural Change Are Shaping the 2016 Election: PRRI/Brookings Survey«, Public Religion Research Institute, Juni 2016, prri.org/research/prri-brookings-poll-immigration-economy-trade-terrorism-presidential-race/

24 Trende, Sean: »The Case of the Missing White Voters«, RealClearPolitics, 8. November 2012, realclearpolitics.com/articles/2012/11/08/the_case_of_the_missing_white_voters_116106.html

25 Jardina, Ashley: *White Identity Politics*, Cambridge; New York: Cambridge University Press 2019, S. 6.

26 »When You're Accustomed to Privilege, Equality Feels Like Oppression«, Quote Investigator, 24. Oktober 2016, quoteinvestigator.com/2016/10/24/privilege/

27 Sides, John, Michael Tesler und Lynn Vavreck: *Identity Crisis: The 2016 Presidential Campaign and the Battle for the Meaning of America*, Princeton, NJ: Princeton University Press 2018.

28 Beauchamp, Zack: »White Riot«, Vox, 20. Januar 2017, vox.com/2016/9/19/12933072/far-right-white-riot-trump-brexit

29 Kaufmann, Eric: *Whiteshift: Populism, Immigration, and the Future of White Majorities*, New York: Abrams 2019.

30 Klein: »White Threat«.

31 Ebd.

32 Ebd.

33 Bret Stephens (@BretStephensNYT): »The right to offend is […]«, Twitter, 7. Januar 2015, 13:16 Uhr [Account gelöscht].

34 Stephens, Bret: »Dear Millennials: The Feeling Is Mutual«, *New York Times*, 17. Mai 2019, nytimes.com/2019/05/17/opinion/biden-2020-millennials.html

35 Dave Karpf (@davekarpf): »The bedbugs are a metaphor […]«, Twitter, 26. August 2019, 14.07 Uhr, twitter.com/davekarpf/status/1166094950024515584

36 Pettit, Emma: »This Professor Compared a Columnist to a Bedbug. Then the Columnist Contacted the Provost«, *Chronicle of Higher Education*, 27. August 2019, chronicle.com/article/this-professor-compared-a/247013

37 Stephens: »Dear Millennials«.

38 Siehe: mediaite.com/news/bret-stephens-backs-out-of-public-debate-with-bedbug-professor-because-public-event-wouldnt-be-closed-to-the-public/

39 Klein: »White Threat«.

40 Yglesias, Matthew: »The Great Awokening«, Vox, 1. April 2019, vox.com/2019/3/22/18259865/great-awokening-white-liberals-racepolling-trump-2020

41 Klein: »White Threat«.

42 Ebd.

43 Ebd.

44 Zitner, Aaron, Dante Chinni und Brian McGill: »How Clinton Won«, *Wall Street Journal*, 8. Juni 2016, graphics.wsj.com/elections/2016/how-clinton-won

45 »Issues: Racial Justice«, Bernie 2020, berniesanders.com/issues/racial-justice

46 Zitiert nach Klein, Ezra: »Bernie Sanders: The Vox Conversation«, Interview mit Ezra Klein, Vox, 28. Juli 2015, vox.com/2015/7/28/9014491/bernie-sanders-vox-conversation

Kapitel 6 – Die Spaltung der Medien jenseits von rechts und links

1 Prior, Markus: »News vs. Entertainment: How Increasing Media Choice Widens Gaps in Political Knowledge and Turnout«, in: *American Journal of Political Science* 49, Nr. 3 (Juli 2005), S. 577–92.

2 Hamilton, James: *All the News That's Fit to Sell: How the Market Transforms Information into News,* Princeton, NJ: Princeton University Press 2004, S. 6.

3 Ebd.

4 Ahler, Douglas J., und Gaurav Sood: »The Parties in Our Head. Misperceptions about Party Composition and Their Consequences«, in: *Journal of Politics* 80, Nr. 3 (Juli 2018), S. 964–81, hier S. 964, doi.org/10.1086/697253

5 Zitiert nach Klein, Ezra: »How to Oppose Trump without Becoming More Like Him«, Interview mit Ezra Klein, *The Ezra Klein Show*, 22. Januar 2018, podcasts.apple.com/gd/podcast/how-to-oppose-trump-without-becoming-more-like-him/id1081584611?i=1000400418072

6 Zitiert nach Hayes, Chris: »Antisocial Media with Andrew Marantz«, *Why Is This Happening? With Chris Hayes*, ein Podcast von NBC News, 29. September 2019, podcasts.apple.com/us/podcast/antisocial-media-with-andrew-marantz/id1382983397?i=1000450994455

7 Tufekci, Zeynep: »YouTube, the Great Radicalizer«, *New York Times*, 10. Mai 2018, nytimes.com/2018/03/10/opinion/sunday/youtube-politics-radical.html

8 Tolentino, Jia: *Trick Mirror: Reflections on Self-Delusion*, New York: Random House 2019, S. 22.

9 Klein, »Obama: The Vox Conversation«.

10 Bail, Christopher A., u. a.: »Exposure to Opposing Views on Social Media Can Increase Political Polarization«, *PNAS* 115, Nr. 37 (Sept. 2018), S. 9216–21, doi.org/10.1073/pnas.1804840115

11 Zitiert nach Klein, Ezra: »When Twitter Users Hear Out the Other Side, They Become More Polarized«, Vox, 18. Oktober 2018, vox.com/policy-and-politics/2018/10/18/17989856/twitter-polarization-echo-chambers-social-media

12 Arceneaux, Kevin, und Martin Johnson: »Does Media Fragmentation Produce Mass Polarization? Selective Exposure and a New Era of Minimal Effects«, APSA 2010 Annual Meeting Paper, 2010, papers.ssrn.com/sol3/papers.cfm?abstractid=1642723

13 Siehe: pubs.aeaweb.org/doi/pdfplus/10.1257/aer.20160812

14 Mayer, Jane: »The Invention of the Conspiracy Theory on Biden and Ukraine«, *New Yorker*, 4. Oktober 2019, newyorker.com/news/news-desk/the-invention-of-the-conspiracy-theory-on-biden-and-ukraine

15 Sides, Tesler und Vavreck: *Identity Crisis.*

16 Sides, John, und Kalev Leetaru: »A Deep Dive into the News Media's Role in the Rise of Donald J. Trump«, *Washington Post*, 24. Juni 2017, washingtonpost.com/news/monkey-cage/wp/2016/06/24/a-deep-dive-into-the-news-medias-role-in-the-rise-of-donald-j-trump

17 Sides, Tesler und Vavreck: *Identity Crisis.*

18 Zitiert nach Klein, Ezra: »Is the Media Making American Politics Worse?«, Interview mit Ezra Klein, Vox, 22. Oktober 2018, vox.com/ezra-klein-show-podcast/2018/10/22/17991170/press-media-trump-polarization-jay-rosen-avenatti

19 Donald J. Trump (@realDonaldTrump): »Nick Sandmann and the students […]«, Twitter, 22. Januar 2019, 4:32 Uhr, twitter.com/realDonaldTrump/status/1087689415814795264

20 Beauchamp, Zack: »The Real Politics behind the Covington Catholic Controversy, Explained«, Vox, 23. Januar 2019, vox.com/policy-and-politics/2019/1/23/18192831/covington-catholic-maga-hat-native-american-nathan-phillips

Kapitel 7 – Wenn sich Wähler nicht mehr überzeugen lassen

1 Zitiert nach einem Interview in: »Karl Rove – The Architect«, *Frontline*, PBS, 2005, pbs.org/wgbh/pages/frontline/shows/architect/rove/2004.html

2 Zitiert nach ebd.

3 Panagopoulos, Costas: »All about that Base: Changing Campaign Strategies in U.S. Presidential Elections«, *Party Politics* 22, Nr. 2 (März 2016), S. 179–90, doi.org/10.1177/1354068815605676

4 Azari, Julia: »Weak Parties and Strong Partisanship Are a Bad Combination«, Vox, 3. November 2016, vox.com/mischiefs-of-faction/2016/11/3/13512362/weak-parties-strong-partisanship-bad-combination

5 Dan Senor (@DanSenor): »It's disorienting to have had commiserated w/ someone re: Trump – about how he was unacceptable, & then to see that someone become Trump's VP«, Twitter, 15. Juli 2016, 9:49 Uhr, twitter.com/dansenor/status/753994913830703104

6 Zitiert nach Helsel, Phil: »Paul Ryan: Trump Is Not Perfect, But He's Better Than Clinton«, NBCNews.com, 13. Juli 2016, nbcnews.com/politics/2016-election/paul-ryan-trump-not-perfect-better-hillary-n608336

7 Levitsky und Ziblatt: *Wie Demokraten sterben*, S. 53, © DVA 2018.

8 Boatright, Robert: *Getting Primaried: The Changing Politics of Congressional Primary Challenges,* Ann Arbor: University of Michigan Press 2013.

9 Zitiert nach Rosen, James: »Joe Wilson's Obama ›You Lie‹ Shout Having a Big Payoff«, McClatchy, 4. Oktober 2009, mcclatchydc.com/news/politics-government/article24557848.html

10 Ebd.

11 La Raja, Raymond, und Brian Schaffner: *Campaign Finance and Political Polarization: When Purists Prevail,* Ann Arbor: University of Michigan Press 2015.

12 Hassell, Hans J. G.: »Principled Moderation: Understanding Parties' Support of Moderate Candidates«, myweb.fsu.edu/hanhassell4/HassellPartiesasModerators.pdf

13 Trippi, Joe: *The Revolution Will Not Be Televised: Democracy, the Internet, and the Overthrow of Everything,* New York: ReganBooks 2004.

14 »Small Donations to Presidential Primaries Are on Rise, Study Finds«, Phys.org, 4. Oktober 2018, phys.org/news/2018-10-small-donations-presidential-primaries.html

15 Goldmacher, Shane: »Trump Shatters GOP Records with Small Donors«, *Politico*, 19. September 2016, politico.com/story/2016/09/trump-shatters-gop-records-with-small-donors-228338

16 Barber, Michael J.: »Ideological Donors, Contribution Limits, and the Polarization of American Legislatures«, *Journal of Politics* 78, Nr. 1 (Jan. 2016), S. 296–310, doi.org/10.1086/683453

17 Zitiert nach Thrush, Glenn, und Alex Isenstadt: »Welcome to the GOP Civil War«, *Politico*, 3. März 2016, politico.com/story/2016/03/gop-civil-war-2016-republicans-220209

18 Utych, Stephen M: »Man Bites Blue Dog: Are Moderates Really More Electable Than Ideologues?«, in: *Journal of Politics*, Vol. 82, Nr 1 (Jan. 2020), researchgate.net/publication/330565898_ Man_Bites_Blue_Dog_ Are_Moderates_Really_More_Electable_than_ Ideologues

19 »Against Trump«, *National Review*, 22. Januar 2016, nationalreview.com/2016/01/donald-trump-conservative-movement-menace/

20 Zitiert nach Illing, Sean: »Can American Nationalism Be Saved? A Debate with *National Review* Editor Rich Lowry«, Vox, 22. November 2019, vox.com/policy-and-politics/2019/11/22/20952353/trump-nationalism-america-first-rich-lowry

Kapitel 8 – Wenn parteiübergreifende Zusammenarbeit unmöglich wird

1 »Constitution a ›Dead, Dead, Dead‹ Document, Scalia Tells SMU Audience«, *Dallas Morning News*, 28. Januar 2013, dallasnews.com/news/highland-park/2013/01/28/constitution-a-dead-dead-dead-document-scalia-tells-smu-audience

2 Scalia wurde häufig dafür kritisiert, den Originalismus über Bord zu werfen, wenn es ihm politisch in den Kram passte. Siehe Sunstein, Cass: »Antonin Scalia, Living Constitutionalist«, Harvard Public Law Working Paper Nr. 16–15, *Harvard Law Review*, dx.doi.org/10.2139/ssrn.2759938

3 Zitiert nach Senior, Jennifer: »In Conversation: Antonin Scalia«, *New York*, 4. Oktober 2013, nymag.com/news/features/antonin-scalia-2013-10

4 Zitiert nach Ferraro, Thomas: »Republican Would Back Garland for Supreme Court«, Reuters, 6. Mai 2010, reuters.com/article/us-

usa-courthatch/republican-would-back-garland-for-supreme-court-idUSTRE6456QY20100506

5 Kar, Robin Bradley, und Jason Mazzone: »The Garland Affair: What History and the Constitution Really Say about President Obama's Powers to Appoint a Replacement for Justice Scalia«, *NYU Law Review* 91 (2016), nyulawreview.org/online-features/the-garland-affair-what-history-and-the-constitution-really-say-about-president-obamas-powers-to-appoint-a-replacement-for-justice-scalia

6 Zitiert nach DeBonis, Mike: »Will Hillary Clinton Stick with Merrick Garland If She Wins the White House?«, *Washington Post*, 16. August 2016, washingtonpost.com/news/powerpost/wp/2016/08/16/the-forgotten-nominee-merrick-garlands-fate-rests-on-forces-beyond-his-control/

7 Zitiert nach Bendery, Jennifer: »Democrats, Still Bitter over How Their SCOTUS Pick Was Treated, Now Weigh Trump's«, *HuffPost*, 31. Januar 2017, huffpost.com/entry/democrats-merrick-garland-supreme-court_n_58911e44e4b02772c4ea1f68

8 Barrett, Ted: »In Reversal from 2016, McConnell Says He Would Fill a Potential Supreme Court Vacancy in 2020«, CNN, 20. Mai 2019, cnn.com/2019/05/28/politics/mitch-mcconnell-supreme-court-2020/index.html

9 Linz, Juan: »The Perils of Presidentialism«, *Journal of Democracy* 1, Nr. 1 (Winter 1990), S. 51–69, scholar.harvard.edu/levitsky/files/1.1linz.pdf

10 Ebd.

11 Yglesias, Matthew: »American Democracy Is Doomed«, Vox, 8. Oktober 2015, vox.com/2015/3/2/8120063/american-democracy-doomed

12 Linz: »Perils of Presidentialism«.

13 Epstein, Lee, und Eric A. Posner: »If the Supreme Court Is Nakedly Political, Can It Be Just«, *New York Times*, 9. Juli 2018, nytimes.com/2018/07/09/opinion/supreme-court-nominee-trump.html

14 Zitiert nach Rogers, Abby: »Justice Scalia Flipped Out Last Night When People Asked Why the Court Was So Political«, *Business Insider*, 18. September 2012, businessinsider.com/scalia-speaks-out-about-politicized-court-2012-9

15 Hopkins, Daniel J.: *The Increasingly United States: How and Why American Political Behavior Nationalized*, Chicago: University of Chicago Press 2018.

16 Allen, Jonathan: »The Case for Earmarks«, Vox, 30. Juni 2015, vox.com/2015/6/30/8864869/earmarks-pork-congress

17 Zitiert nach Raju, Manu: »Neb. Gov. to Nelson: Keep the Money«, *Politico*, 23. Dezember 2009, politico.com/story/2009/12/neb-gov-to-nelson-keep-the-money-030947

18 Zitiert nach Pear, Robert, und Michael Cooper: »Reluctance in Some States over Medicaid Expansion«, *New York Times*, 29. Juni 2012, nytimes.com/2012/06/30/us/politics/some-states-reluctant-over-medicaid-expansion.html

19 Lee, Frances E.: *Insecure Majorities: Congress and the Perpetual Campaign*, London; Chicago: University of Chicago Press 2016.

20 Zitiert nach Lee, ebd.

21 Zitiert nach ebd.

22 Zitiert nach ebd.

23 Klein, Ezra: »How the Filibuster Was Invented«, *Washington Post*, 8. März 2010, voices.washingtonpost.com/ezra-klein/2010/03/how_the_filibuster_was_invente.html

24 Koger, Gregory: *Filibustering: A Political History of Obstruction in the House and Senate*, Chicago Studies in American Politics, Chicago: University of Chicago Press 2010.

25 Klein, Ezra: »How a Letter from 1964 Shows What's Wrong with the Senate Today«, *Washington Post*, 25. November 2009, voices.washingtonpost.com/ezra-klein/2009/11/how_a_letter_from_1964_shows_w.html

26 Harkin, Tom: »End the Filibuster! An Interview with Sen. Tom Harkin«, von Ezra Klein, *Washington Post*, 26. Dezember 2009, voices.washingtonpost.com/ezra-klein/2009/12/end_the_filibuster_an_intervie.html

27 Interview mit dem Autor.

Kapitel 9 – Der Unterschied zwischen Demokraten und Republikanern

1 Mann, Thomas E., und Norman J. Ornstein: *It's Even Worse Than It Looks: How the American Constitutional System Collided with the New Politics of Extremism*, New York: Basic Books 2012.

2 Ornstein, Norm: »Maybe This Time Really Is Different«, *Atlantic*, 21. August 2015, theatlantic.com/politics/archive/2015/08/Maibe-this-time-really-is-different/401900

3 Whack, Errin Haines: »2020 Democratic Hopefuls Embrace New Meaning of Reparations«, *Associated Press*, 25. Februar 2019, apnews.com/afdefe3ec65e488baa1917101a9a7f0b

4 Hetherington und Weiler, *Prius or Pickup?*, S. 4.

5 Saad, Lydia: »U. S. Still Leans Conservative, but Liberals Keep Recent Gaines«, Gallup, 8. Januar 2019, news.gallup.com/poll/245813/leans-conservative-liberals-keep-recent-gains.aspx

6 Grossmann, Matt, und David Hopkins: *Asymmetric Politics: Ideological Republicans and Group Interest Democrats,* New York: Oxford University Press 2016.

7 Jones, Jeffrey M.: »Subgroup Differences in Trump Approval Mostly Party-Based«, Gallup, 29. März 2019, news.gallup.com/poll/248135/subgroup-differences-trump-approval-mostly-partybased.aspx

8 Barber, Michael, und Jeremy C. Pope: »Does Party Trump Ideology? Disentangling Party and Ideology in America«, *American Political Science Review* 113, Nr. 1 (Feb. 2019), S. 38–54, doi.org/10.1017/S0003055418000795

9 Zitiert nach Coaston, Jane: »Justin Amash on Trump, Impeachment, and the Death of the Tea Party«, Interview mit Jane Coaston, Vox, 3. Juli 2019, vox.com/policy-and-politics/2019/7/3/18759659/justin-amash-trump-impeachment-gop-tea-party-republicans

10 Gottfried, Jeffrey, Michael Barthel und Amy Mitchell: »Trump, Clinton Voters Divided in Their Main Source for Election News«, Pew Research Center, 18. Januar 2017, journalism.org/2017/01/18/trump-clinton-voters-divided-in-their-main-source-for-election-news

11 Faris, Rob, u. a.: »Partisanship, Propaganda, and Disinformation: Online Media and the 2016 U. S. Presidential Election«, Berkman Klein Center, Harvard University, 16. August 2017, cyber.harvard.edu/publications/2017/08/mediacloud

12 Limbaugh, Rush: »Climategate Hoax: The Universe of Lies versus the Universe of Reality«, *Rush Limbaugh Show*, 24. November 2009, rushlimbaugh.com/daily/2009/11/24/climategate_hoax_the_universe_of_lies_versus_the_universe_of_reality/

13 Grossmann, Matt, und David A. Hopkins: »How Information Became Ideological«, Inside Higher Ed, 11. Oktober 2016, insidehighered.com/views/2016/10/11/how-conservative-movement-has-undermined-trust-academe-essay

14 Roberts, David: »Donald Trump and the Rise of Tribal Epistemology: Journalism Cannot Be Neutral toward a Threat to the Conditions That Make It Possible«, Vox, 19. Mai 2017, vox.com/policy-and-politics/2017/3/22/14762030/donald-trump-tribal-epistemology

15 Zitiert nach Roberts, David: »Donald Trump Is the Sole Reliable Source of Truth, Says Chair of House Science Committee: ›Better to Get Your News Directly from the President‹, said Rep. Lamar Smith of Texas«, Vox. 27. Januar 2017, vox.com/science-and-health/2017/1/27/14395978/donald-trump-lamar-smith

16 Hookstead, David: »This Sexy Model Is Blowing Up the Internet [SLIDESHOW]«, Daily Caller, 16. Dezember 2016, dailycaller.com/2016/12/16/this-sexy-model-is-blowing-up-the-internet-slideshow/; David Hookstead, »This UFC Octagon Girl's Instagram Account Is Sizzling Hot [SLIDESHOW]«, Daily Caller, 24. Dezember 2016, dailycaller.com/2016/12/24/this-ufc-octagon-girls-instagram-account-is-sizzling-hot-slideshow/; Kaitlan Collins, »13 Syrian Refugees We'd Take Immediately [PHOTOS]«, Daily Caller, 18. November 2015, dailycaller.com/2015/11/18/13-syrian-refugees-wed-take-immediately-photos/

17 Rodden, Jonathan A.: *Why Cities Lose: The Deep Roots of the Urban-Rural Political Divide,* New York: Basic Books 2019.

18 Klein, Ezra: »What Nate Silver's Learned about Forecasting Elections«, Vox, 23. Oktober 2018, vox.com/ezra-klein-show-podcast/2018/10/23/18014156/nate-silver-538-forecasting-2018-2020-ezraklein-podcast

19 Nwanevu, Osita: »How Much Do Democrats Need to Win By?«, *Slate*, 27. März 2018, slate.com/news-and-politics/2018/03/how-much-do-democrats-need-to-win-by.html

20 Geruso, Michael, Dean Spears und Ishaana Talesara: »Inversions in US Presidential Elections: 1836–2016«, *National Bureau of Economics Research,* Working Paper Nr. 26247 (September 2019), nber.org/papers/w26247

21 »Morning Consult's Governor Approval Rankings«, *Morning Consult*, Q2 2019, morningconsult.com/governor-rankings-q2-19/

22 Skocpol, Theda, und Vanessa Williamson: *The Tea Party and the Remaking of Republican Conservatism,* New York: Oxford University Press 2012, S. 7.

23 Publius Decius Mus [Michael Anton]: »The Flight 93 Election«, *Claremont Review of Books*, 5. September 2016, claremontreviewofbooks.com/digital/the-flight-93-election/

24 Brenan, Megan: »Democrats Favor More Moderate Party; GOP, More Conservative«, Gallup, 12. Dezember 2018, news.gallup.com/poll/245462/democrats-favor-moderate-party-gop-conservative.aspx

Kapitel 10 – Mit Polarisierung umgehen – und mit uns selbst

1 Wisnieski, Adam: »Next 100 Days: In the Era of Trump, NYS Is Out of Step and in the Crosshairs«, *City Limits*, 30. Juni 2017, citylimits.org/2017/06/30/next-100-days-in-the-era-of-trump-nys-is-out-of-step-and-in-the-crosshairs

2 Stephanopoulos, Nicholas: »The Research That Convinced SCOTUS to Take the Wisconsin Gerrymandering Case, Explained«, Vox, 11. Juli 2017, vox.com/the-big-idea/2017/7/11/15949750/research-gerrymandering-wisconsin-supreme-court-partisanship

3 Abdul-Razzak, Nour, Carlo Prato und Stephane Wolton: »*How Citizens United* Gave Republicans a Bonanza of Seats in U. S. State Legislatures«, *Washington Post*, 24. Februar 2017, washingtonpost.com/news/monkey-cage/wp/2017/02/24/how-citizens-united-gave-republicans-a-bonanza-of-seats-in-u-s-state-legislatures/?noredirect=on&utmterm=.9bcda4584bd6

4 Bahrampour, Tara, und Robert Barnes: »Despite Trump Administration Denials, New Evidence Suggests Census Citizenship Question Was Crafted to Benefit White Republicans«, *Washington Post*, 30. Mai 2019, washingtonpost.com/local/social-issues/despite-trump-administration-denials-new-evidence-suggests-census-citizenship-question-was-crafted-to-benefit-white-republicans/2019/05/30/ca188dea-82eb-11e9-933d-7501070ee669_story.html

5 Epps, Daniel, und Ganesh Sitaraman: »How to Save the Supreme Court«, Vox, 10. Oktober 2018, vox.com/the-big-idea/2018/9/6/17827786/kavanaugh-vote-supreme-court-packing

6 Wright, Robert: »›Mindful Resistance‹ Is the Key to Defeating Trump«, Vox, 9. Oktober 2017, vox.com/the-big-idea/2017/10/2/16394320/mindful-resistance-key-defeating-trump-mindfulness

7 Dolnick, Sam: »The Man Who Knew Too Little«, *New York Times*, 10. März 2018, nytimes.com/2018/03/10/style/the-man-who-knew-too-little.html

8 Shadi Hamid (@shadihamid): »The *New York Times* Managed to Find […]«, Twitter, 14. März 2018, 11:06 Uhr, twitter.com/shadihamid/status/973983762135515137

9 Hopkins: *Increasingly United States.*

10 Klein: »American Democracy Has Faced Worse Threats«.

BILDNACHWEISE

S. 72: Christina Animashaun. Quelle: Analyse der American National Election Studies, Daten von Alan Abramowitz, Emory University.

S. 75: Christina Animashaun. Quelle: Rodden, Jonathan A.: *Why Cities Lose: The Deep Roots of the Urban-Rural Political Divide*, New York: Basic Books 2019.

S. 277: Christina Animashaun. Quelle: Analyse der Supreme Court Database von Lee Epstein, Washington University in St. Louis, und Eric Posner University of Chicago.

S. 289: Christina Animashaun. Quelle: Lee, Frances E.: *Insecure Majorities: Congress and the Perpetual Campaign*, London; Chicago: University of Chicago Press 2016.